Prüfe dein Wissen
Rechtsfälle in Frage und Antwort

Dr. Hans Kudlich
Strafrecht Besonderer Teil II – Delikte gegen die Person und die Allgemeinheit

Strafrecht Besonderer Teil II

Delikte gegen die Person und die Allgemeinheit

von

Dr. Hans Kudlich

o. Professor an der Universität Erlangen-Nürnberg

4., neu bearbeitete Auflage, 2016

C.H. BECK

www.beck.de

ISBN 978 3 406 68061 8

Wilhelmstraße 9, 80801 München
Druck und Bindung: Nomos Verlagsgesellschaft mbH & Co. KG
In den Lissen 12, D-76547 Sinzheim

Satz: Druckerei C. H. Beck, Nördlingen

Umschlaggestaltung: Martina Busch, Grafikdesign, Homburg Saar

Gedruckt auf säurefreiem, alterungsbeständigem Papier
(hergestellt aus chlorfrei gebleichtem Zellstoff)

Vorwort

Mit dem vorliegenden Buch wird die 4. Auflage der PdW-Bände zum Besonderen Teil des Strafrechts komplettiert. Wie schon in dem Band zum Allgemeinen Teil (dessen 5. Auflage gerade in Arbeit ist) und in dem parallel erscheinenden Band zu den Vermögensdelikten wurden allfällige Korrekturen eingearbeitet und zahlreiche Aktualisierungen – aufgrund neuer Rechtsprechung ebenso wie aufgrund bzw. in Folge geänderter gesetzlicher Regelungen – vorgenommen. Insbesondere die vertiefenden Hinweise auf Beiträge in den Ausbildungszeitschriften wurden auf den neuesten Stand gebracht. Unterstützung bei allen damit verbundenen Arbeiten bis hin zu den Korrekturen habe ich vor allem von meiner wissenschaftlichen Mitarbeiterin *Jennifer Koch* sowie darüber hinaus von meiner wissenschaftlichen Mitarbeiterin *Derya Aksoy,* meinem wissenschaftlichen Mitarbeiter *Michael Stolzenberger* und von meiner wissenschaftlichen Mitarbeiterin *Elena Andres* erfahren. Mein Dank gilt darüber hinaus aber auch dem gesamten Lehrstuhlteam, das mittelbar durch die Unterstützung an anderen Fronten dazu beigetragen hat, dass ich mich den Arbeiten an diesem Buch widmen konnte.

Erlangen, im Februar 2016 *Hans Kudlich*

Aus dem Vorwort zur 1. Auflage (2004)

Die in diesem Band – einer verbreiteten Unterteilung in der modernen Lehrbuchliteratur folgende – gemeinsame Darstellung der Delikte gegen Persönlichkeitswerte und gegen Rechtsgüter der Gemeinschaft deckt eine sehr heterogene Materie ab. Herausragend prüfungsrelevante Gegenstände (etwa die Tötungsdelikte) sind dabei mit solchen vereint, die in Ausbildung und Prüfung kaum einmal eine Rolle spielen (wie z. B. das Umweltstrafrecht). Eine „mittlere Position" nehmen solche Delikte ein, die in der Vorlesung aus Zeitgründen oft nur gestreift werden können, in Examensklausuren aber dennoch in ihren Grundzügen sicher beherrscht werden müssen (so etwa die Aussage-, Straßenverkehrs- oder Brandstiftungsdelikte).

Der klar didaktischen Zielsetzung des Buches entsprechend, welche im Vorwort des Bandes zum Allgemeinen Teil beschrieben wird, werden diese Materien unterschiedlich ausführlich behandelt: Teils werden zahlreiche Fälle behandelt, die mehr oder weniger ins Detail gehen und an denen exemplarisch auch wichtige Argumentationsmuster dargestellt werden; teils werden nur übergeordnete Strukturen und die wenigen „Klassiker" einer Deliktsgruppe behandelt. Und nicht wenige Delikte – insbesondere aus dem Bereich der Staatsschutzdelikte –, die in der Bearbeitung von *Blei* noch einen breiten Raum eingenommen haben, bleiben mangels Prüfungsrelevanz vollständig ausgeblendet. So hoffe ich, dass auch dieser Band den prüfungsrelevanten Stoff im Wesentlichen abdeckt, zugleich aber durch die Art des argumentativen Umgangs mit den Fällen Anregungen für die eigenständige Lösung von unbekannten Fällen liefern kann.

[...]

Inhaltsverzeichnis*

* Paragrafen ohne Gesetzesangabe in diesem Buch sind solche des StGB.

Abkürzungsverzeichnis

a. A.	andere Ansicht
abl.	ablehnend
Abs.	Absatz/Absätze
a. E.	am Ende
a. F.	alte Fassung
AG	Aktiengesellschaft; Amtsgericht
AGG	Allgemeines Gleichbehandlungsgesetz
AktG	Aktiengesetz
a. l. i. c.	actio libera in causa
Alt.	Alternative
AO	Abgabenordnung
Art.	Artikel
BAK	Blutalkoholkonzentration
BayObLG	Bayerisches Oberstes Landesgericht
BDSG	Bundesdatenschutzgesetz
BeckRS	Beck-Rechtsprechung (Datenbank)
BeurkG	Beurkundungsgesetz
BGB	Bürgerliches Gesetzbuch
BGH	Bundesgerichtshof
BGHR	BGH-Rechtsprechung, herausgegeben von den Richtern des BGH (Loseblatt)
BGHSt	Sammlung der Entscheidungen des Bundesgerichtshofs in Strafsachen
BJagdG	Bundesjagdgesetz
Bsp.	Beispiel
BtMG	Betäubungsmittelgesetz
Buchst.	Buchstabe
BVerfG	Bundesverfassungsgericht
BVerfGE	Entscheidungen des Bundesverfassungsgerichts
BVerfGK	Sammlung der Kammerentscheidungen des BVerfG
bzw.	beziehungsweise
ca.	circa
ders.	derselbe
d. h.	das heißt
DRiG	Deutsches Richtergesetz
etc.	et cetera
f.	folgende
ff.	fortfolgende
FPersG	Fahrpersonalgesetz
FPersV	Fahrpersonalverordnung
FS	Festschrift

GA	Goltdammer's Archiv für Strafrecht
GG	Grundgesetz
GS	Großer Senat
GVG	Gerichtsverfassungsgesetz
h. A.	herrschende Ansicht
Halbs.	Halbsatz
h. L.	herrschende Lehre
h. M.	herrschende Meinung
i. V. m.	in Verbindung mit
JA	Juristische Arbeitsblätter (Zeitschrift)
JA-R	Juristische Arbeitsblätter – Rechtsprechungsreport
JGG	Jugendgerichtsgesetz
JR	Juristische Umschau (Zeitschrift)
Jura	Juristische Ausbildung (Zeitschrift)
JuS	Juristische Schulung (Zeitschrift)
JZ	Juristenzeitung
KrWG	Kreislaufwirtschaftsgesetz
lat.	lateinisch
LKA	Landeskriminalamt
Lkw	Lastkraftwagen
LM	Lindenmaier-Möhring – Kommentierte BGH-Rechtsprechung
LPartG	Lebenspartnerschaftsgesetz
m. a. W.	mit anderen Worten
m. E.	meines Erachtens
MfS	Ministerium für Staatssicherheit
Mio.	Million(en)
n. F.	neue Fassung
NJW	Neue Juristische Wochenschrift
Nr(n).	Nummer(n)
NStZ	Neue Zeitschrift für Strafrecht
NStZ-RR	NStZ-Rechtsprechungs-Report Strafrecht
o. Ä.	oder Ähnliches
o. g.	oben genannt
OLG	Oberlandesgericht
PEG	perkutane endoskopische Gastrostomie
PGO	Polizeigewahrsamsordnung
Pkw	Personenkraftwagen
RG	Reichsgericht
RGSt	Sammlung der Entscheidungen des Reichsgerichts in Strafsachen
RGZ	Entscheidungen des Reichsgerichts in Zivilsachen
Rn.	Randnummer(n)

Rspr.	Rechtsprechung
S.	Seite
sc.	scilicet (lat.: nämlich)
sog.	sogenannt
StA	Staatsanwaltschaft
StGB	Strafgesetzbuch
StPO	Strafprozessordnung
str.	strittig
StrÄndG	Strafrechtsänderungsgesetz
StrRG	Strafrechtsreformgesetz
StV	Strafverteidiger (Zeitschrift)
StVG	Straßenverkehrsgesetz
StVO	Straßenverkehrs-Ordnung
StVZO	Straßenverkehrs-Zulassungs-Ordnung
TÜV	Technischer Überwachungsverein
u. a.	unter anderem
u. Ä.	und Ähnliches
usw.	und so weiter
u. U.	unter Umständen
UWG	Gesetz gegen den unlauteren Wettbewerb
v.	von
VG	Verwaltungsgericht
vgl.	vergleiche
vs.	versus
VwVfG	Verwaltungsverfahrensgesetz
WHG	Wasserhaushaltsgesetz
wistra	Zeitschrift für Wirtschafts- und Steuerstrafrecht
z. B.	zum Beispiel
ZIS	Zeitschrift für internationale Strafrechtsdogmatik (www.zis-online.com)
ZJS	Zeitschrift für das Juristische Studium (www.zjs-online.com)
ZPO	Zivilprozessordnung
z. T.	zum Teil
zust.	zustimmend
ZVG	Gesetz über die Zwangsversteigerung und die Zwangsverwaltung
ZWH	Zeitschrift für Wirtschaftsstrafrecht und Haftung im Unternehmen
z. Zt.	zur Zeit

Literaturverzeichnis

Kühl	*Kühl,* Strafrecht – Allgemeiner Teil, 7. Aufl. 2012
Lackner/Kühl	*Lackner/Kühl,* Strafgesetzbuch, 28. Aufl. 2014
PdW AT	*Kudlich,* Strafrecht – Allgemeiner Teil, 4. Aufl. 2013 (Prüfe dein Wissen)
PdW BT I	*Kudlich,* Strafrecht – Besonderer Teil I, Vermögensdelikte, 4. Aufl. 2016 (Prüfe dein Wissen)
Rengier I	*Rengier,* Strafrecht – Besonderer Teil I, 17. Aufl. 2015
Rengier II	*Rengier,* Strafrecht – Besonderer Teil II, 16. Aufl. 2015
Roxin I	*Roxin,* Strafrecht Allgemeiner Teil, Bd. I, 4. Aufl. 2006
Roxin II	*Roxin,* Strafrecht Allgemeiner Teil, Bd. II, 2003
Wessels/Hettinger	*Wessels/Hettinger,* Strafrecht Besonderer Teil I, 39. Aufl. 2015

A. Delikte gegen das Leben

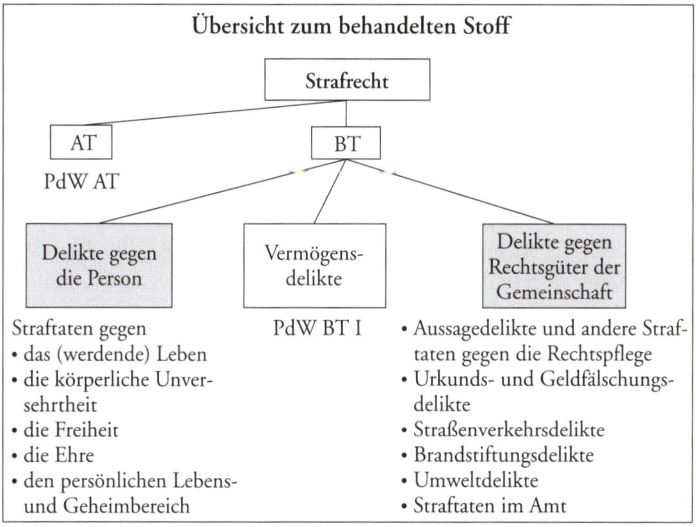

1. Die Fehldiagnose

Assistenzarzt T wurde während seines ärztlichen Notfalldienstes zur hochschwangeren O gerufen, die über Krämpfe im Unterleib klagte. T schob seine Vermutungen, es könne sich bei den Krämpfen um Vorwehen handeln, auch aufgrund der Angaben der O beiseite und verordnete krampflösende und schmerzdämpfende Medikamente. Er forderte O zugleich auf, sich am nächsten Tag bei ihrer Hausärztin zu melden. Als zwei Tage später die Krämpfe bei O wieder stärker wurden, setzte die Hausärztin die falsche wehenhemmende Medikation fort. Einen Tag darauf gebar O ein totes Kind, das an den Folgen eines Sauerstoffmangels während überlanger Geburt gestorben war. Hätte T eine geburtshilfliche Betreuung veranlasst, wäre das Kind lebend zur Welt gekommen. Die Strafkammer am Landgericht möchte T wegen fahrlässiger Tötung (§ 222) verurteilen. Was ist davon zu halten?
(vgl. BGHSt 31, 348; vgl. aber auch LG Aachen JZ 1971, 507 – Contergan)

Zur Vertiefung: *Wessels/Hettinger,* Rn. 9 ff.; *Rengier* II, § 3 Rn. 2–6; *Kaltenhäuser,* JuS 2015, 785 ff.

Nichts. T ist im Ergebnis **straflos.** Eine Strafbarkeit nach § 222 durch positives Tun würde schon daran scheitern, dass nicht ausgeschlossen werden kann, dass erst die Medikation durch die Hausärztin letztlich den Tod des Kindes verursacht hat. Allerdings trifft den T der Vorwurf, dass er es während seines Hausbesuches **fahrlässig unterlassen** hat, eine gynäkologische Untersuchung vorzunehmen und Vorbereitungen für die Geburt zu treffen. Indessen hat T dadurch **keinen Menschen** im Sinne des § 222 getötet. Für die erforderliche Abgrenzung der Tötungsdelikte zu den §§ 218 ff. mit Blick auf den Beginn des strafrechtlichen Lebensschutzes als

Mensch zieht die ganz h. M. die Grenze mit dem Beginn der Geburt, d. h. mit dem **Einsetzen der Eröffnungswehen** (bzw. bei operativer Entbindung mit der Vornahme des die Eröffnungsperiode ersetzenden Eingriffs). Die Abgrenzung bestimmt sich dabei danach, ob die zu einer Verletzung führende Kausalkette auf eine Leibesfrucht (dann §§ 218 ff., welche nur vorsätzliches Handeln erfassen) oder bereits auf einen Menschen trifft (dann umfassender Schutz durch §§ 211 ff. und §§ 223 ff.). Diese Abgrenzung gilt gleichermaßen bei nur fahrlässig herbeigeführter Todesverursachung, wobei es ohne Belang ist, ob das sorgfaltswidrige Verhalten in einem positiven Tun oder in einem Unterlassen bestand. Da zum **Zeitpunkt des Hausbesuches** bei O die Eröffnungswehen noch nicht eingesetzt hatten, traf das sorgfaltswidrige Unterlassen des T „quasi-kausal" nicht auf einen Menschen im Sinne der §§ 211 ff., sondern auf eine Leibesfrucht. Neu eintretende, eine Handlungspflicht des T nachträglich – also nach Abschluss des Notfalldienstes – auslösende Umstände sind vorliegend nicht ersichtlich. T hat sich daher nicht strafbar gemacht.

Ergänzende Bemerkungen: (1.) Die Abgrenzung der ganz h. M. führt in der Konsequenz dazu, dass fahrlässige pränatale Handlungen mit postnatalen Schäden (z. B. das Kind wird aufgrund fehlerhafter Medikation mit bleibenden Gesundheitsschäden geboren) weder über § 222 noch über § 229 erfasst werden. Dies ist die Folge des Anliegens des Gesetzgebers, die Schwangere in ihrer Lebensführung und ihrem mitmenschlichen Umgang nicht unzumutbar einzuschränken (gefährliche Sportarten, Rauchen etc.). Vom Einsetzen der Geburtswehen an ist die Schwangere freilich verpflichtet, diejenigen Maßnahmen zu treffen, die erforderlich sind, um das Leben des Kindes zu erhalten. Dabei ist auch die Inanspruchnahme von fremder (gegebenenfalls ärztlicher) Hilfe jedenfalls dann erforderlich, wenn im Hinblick auf bekannte Vorerkrankungen oder sonstige Risiken absehbar ist, dass bei der Geburt Gefahren für Leib oder Leben des Kindes entstehen können (vgl. BGH NStZ 2010, 214 bei Entscheidung für eine Hausgeburt).

(2.) Das Zivilrecht, bei dem es gegebenenfalls um einen finanziellen Ausgleich von hervorgerufenen Schäden geht, ist hier strenger und lässt im Rahmen der §§ 823 ff. BGB auch genügen, wenn das Verhalten des Schädigers sich in einer Gesundheitsschädigung nach der Geburt niederschlägt.

Zeitliche Grenzen des Lebensschutzes

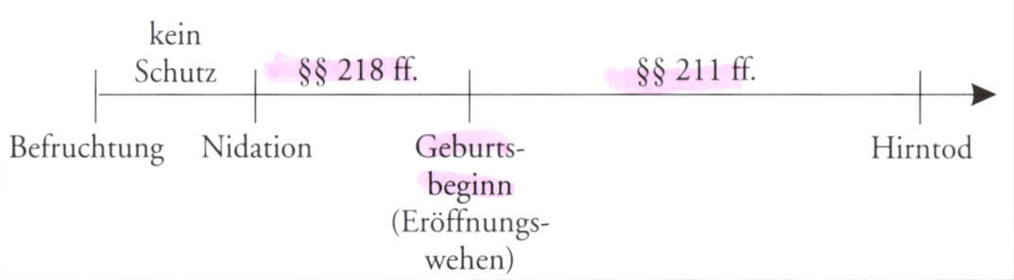

2. Schnipp-schnapp – ist die Magensonde ab

A war ein auf Medizinrecht spezialisierter Rechtsanwalt, der u. a. T, den Sohn der unheilbar kranken O, beriet, die seit Jahren in einem Wachkoma lag und über einen Zugang in der Bauchdecke (sog. PEG-Sonde) künstlich ernährt wurde. Obwohl an sich Einigkeit darüber bestand, dass ein Abbruch der künstlichen Ernährung dem wirklichen Willen der O entsprach, kam es trotz

mehrerer Anläufe letztlich nicht dazu, da die Heimleitung anordnete, die künstliche Ernährung durchzuführen und dem T ein Hausverbot androhte, falls er sich hiermit nicht einverstanden erklären sollte. Darauf erteilte A dem T den Rat, den Schlauch der PEG-Sonde unmittelbar über der Bauchdecke zu durchtrennen. T tat dies, allerdings bemerkte das Heimpersonal dies bereits nach einigen weiteren Minuten und O wurde auf Anordnung eines Staatsanwalts gegen den Willen des T in ein Krankenhaus gebracht, wo ihr eine neue PEG-Sonde gelegt und die künstliche Ernährung wieder aufgenommen wurde. O starb dort zwei Wochen darauf eines natürlichen Todes aufgrund ihrer Erkrankungen. Haben sich A und T nach dem StGB strafbar gemacht? (vgl. BGHSt 55, 191 m. Anm. *Hecker,* JuS 2010, 1027)

Zur Vertiefung: *Wessels/Hettinger,* Rn. 34 ff.; *Rengier* II, § 7 Rn. 7 ff.; *Brunhöber,* JuS 2011, 401 ff.; *Kubiciel,* JA 2011, 86 ff.; *Otto,* Jura 1999, 434 ff.; *Steinhilber,* JA 2010, 430 ff.

T könnte sich durch das Durchtrennen der PEG-Sonde wegen versuchten Totschlags strafbar gemacht haben. Wird – wie hier – einem schwer kranken Patienten seinem Willen entsprechend geholfen, das Leben zu beenden, so sind grundsätzlich drei **verschiedene Konstellationen** zu unterscheiden: Die sog. **aktive direkte Sterbehilfe,** bei welcher gezielt eine lebensverkürzende Maßnahme (etwa das Setzen einer Giftspritze) durchgeführt wird, ist stets unzulässig. Dies ergibt sich schon aus § 216, der ein solches Verhalten selbst dann unter Strafe stellt, wenn es durch ein konkretes, ausdrückliches und ernsthaftes Tötungsverlangen motiviert ist. Man mag dies in dieser Absolutheit rechtspolitisch für zweifelhaft halten – de lege lata ist die Vorschrift jedoch zu berücksichtigen. Demgegenüber soll die sog. **indirekte Sterbehilfe straflos** möglich sein. Denn eine solche liegt vor, wenn dem Kranken seinem Willen entsprechend schmerzlindernde Medikamente verabreicht werden, deren lebensverkürzende Nebenwirkungen in Kauf genommen werden. Teils wird hier schon keine „Tötungshandlung" angenommen, teils wird eine Rechtfertigung nach dem Gedanken des § 34 für möglich gehalten (vgl. BGHSt 42, 301). Der schwierigste Bereich ist die sog. **passive Sterbehilfe** (im Sinn einer „Hilfe durch Sterbenlassen"), wenn diese – wie bei Angehörigen oder Ärzten sehr häufig – durch einen Garanten erfolgt. Zwar ist überwiegend anerkannt, dass die Pflicht des Arztes zur Lebenserhaltung endet, sobald der Patient die unmittelbare Phase des Sterbens erreicht hat („Recht auf einen natürlichen Tod"). Problematisch sind aber solche Fälle, in denen diese Sterbephase noch nicht erreicht war, sondern ein Weiterleben bei entsprechender Versorgung und Ernährung noch mehr oder weniger lange Zeit möglich gewesen wäre. Auch in solchen Fällen hält der BGH einen straflosen Behandlungsabbruch bei entsprechendem Patientenwillen grundsätzlich für möglich, wobei freilich an die Feststellung eines mutmaßlichen Willens hohe Anforderungen zu stellen sind (vgl. BGHSt 40, 257).

Die Schwierigkeit im **vorliegenden Fall** liegt nun darin, dass das Durchtrennen der PEG-Sonde gerade durch eine andere Person als den behandelnden Arzt nach der traditionellen Dogmatik als aktives Tun (Unterbrechen einer fremden Rettungsmaßnahme) zu betrachten wäre, was in den Bereich der strafbaren aktiven Sterbehilfe führen würde. Der 2. Strafsenat hat die Bedeutung dieser Unterscheidung jedoch relativiert, da die „Grenze zwischen erlaubter Sterbehilfe und einer nach den §§ 212, 216 strafbaren Tötung [...] nicht sinnvoll nach Maßgabe einer naturalistischen

Unterscheidung von aktivem und passivem Handeln bestimmt werden (kann)". Der Senat betont, dass sich ein **Behandlungsabbruch** „nach seinem natürlichen und sozialen Sinngehalt nicht in bloßer Untätigkeit (erschöpft); er kann und wird vielmehr fast regelmäßig eine Vielzahl von aktiven und passiven Handlungen erfassen, deren Einordnung nach Maßgabe der in der Dogmatik und von der Rechtsprechung zu den Unterlassungsdelikten [...] zu entwickelnden Kriterien problematisch ist und teilweise von bloßen Zufällen abhängen kann". Entscheidend ist nach Auffassung des BGH vielmehr, dass das Verhalten **in einem normativen Zusammenhang mit der Beendigung der lebenserhaltenden Maßnahme** steht und dass dieser Behandlungsabbruch **vom Willen des Patienten getragen** ist. Diese geänderte Rechtsprechung korrespondiert auch mit der seit 2009 bestehenden Neuregelung durch das sog. Patientenverfügungsgesetz, welches dem vorher geäußerten Willen auch eines aktuell einwilligungsunfähigen Patienten unabhängig von Art und Stadium seiner Erkrankung Verbindlichkeit gewährt (vgl. § 1901a Abs. 3 BGB).

Fehlt es mithin bereits an einer tatbestandlichen Tötungshandlung (und sieht man das Verhalten des T nicht nur wie die Vorinstanz aufgrund eines unvermeidbaren Verbotsirrtums wegen des Rates des A als entschuldigt an), so fehlt es bereits an einer vorsätzlichen rechtswidrigen Haupttat, an welcher der A sich als Anstifter beteiligen könnte, so dass auch er straflos ist.

3. *(entfallen)*

4. Siriusfall

T suggerierte der keinerlei psychischen Störungen unterliegenden, aber dem T vollen Glauben schenkenden O, er sei ein Bewohner des Sterns „Sirius" und mit dem Auftrag auf die Erde gesandt worden, wertvolle Menschen, so auch O, für ein Weiterleben auf dem Sirius auszuwählen. Dafür sei es aber für O notwendig, sich von ihrem gegenwärtigen Körper zu trennen. Nach Ausscheiden aus dem „jetzigen Leben" stehe für sie dann in einem roten Raum am Genfer See ein neuer Körper bereit, in dem sie sich als Künstlerin wiederfinden werde. Da sie in ihrem neuen Leben Geld benötige, solle sie eine Lebensversicherung (bei Unfalltod 500.000 Euro) mit T als Bezugsberechtigtem abschließen, der ihr nach Auszahlung das Geld überbringen werde. O tat, wie ihr von T geheißen, schloss die Versicherung ab, händigte T weitere 4.000 Euro als „Startkapital" nach dem Erwachen am Genfer See aus, setzte sich in eine Badewanne und ließ einen eingeschalteten Fön in das Badewasser fallen. Der tödliche Stromstoß blieb aus technischen Gründen aus. Hat sich T wegen eines Tötungsdeliktes strafbar gemacht?
(vgl. BGHSt 32, 38; vgl. auch BGH GA 1986, 508)

Zur Vertiefung: *Wessels/Hettinger,* Rn. 43, 48 ff.; *Rengier* II, § 8 Rn. 2–7.

Ja, und zwar wegen **versuchten Mordes in mittelbarer Täterschaft** (§§ 211, 22, 25 Abs. 1 Alt. 2).

Für die Lösung dieses Falles und ähnlicher „Suizidfälle" ist entscheidend, wo die Grenze zwischen der aus Gründen der Akzessorietät straflosen Beihilfe zur Selbsttötung (vgl. aber Fall 24a) und strafbarer Tötungstäterschaft verläuft. Im Einklang mit der h. L. ist im Falle einer **freiverantwortlichen Selbsttötung** deren Veranlassung bzw. Unterstützung nicht als Tötung in mittelbarer Täterschaft strafbar. Das ergibt sich letztlich aus der grundsätzlichen Entscheidung des Gesetzgebers, die aktive Suizidbeteiligung mangels Strafbarkeit der Selbsttötung und damit mangels Haupttat (vgl. §§ 26, 27) unbestraft zu lassen. Sofern es hingegen an der Freiverantwortlichkeit des Suizids fehlt, besteht bei Vorliegen aller weiteren Voraussetzungen konstruktiv die Möglichkeit der Bestrafung wegen Tötung in mittelbarer Täterschaft.

Für die damit erforderliche Bestimmung der **„Freiverantwortlichkeit"** lassen sich zum einen die **Exkulpationsregeln** der §§ 19, 20, 35 (sowie § 3 JGG) heranziehen. Der Entschluss zum Suizid ist daher jedenfalls dann nicht eigenverantwortlich, wenn er unter Umständen gefasst wird, die bei einer Fremdschädigung zum Schuldausschluss führen würden. Da es jedoch ein wenig konsistentes Ergebnis wäre, wenn der Schutz des Lebens vor einer unfreiwilligen Selbsttötung weniger weit gehen würde als derjenige gegen Körperverletzungen bei willensfehlerhaften Einwilligungen, ist ein Fall der Unfreiwilligkeit mit der h. L. darüber hinaus auch dann anzunehmen, wenn die **Wirksamkeit einer Einwilligung** (z. B. wegen Irrtums oder Zwangs) zu verneinen wäre.

Im konkreten Fall kommt es aber auf diesen Streit nicht an. Da O davon ausging, sie werde als Mensch auf der Erde in einem anderen Körper mit **lediglich modifizierter physisch-psychischer Identität** weiterleben, hatte sie letztlich nicht die Vorstellung, sie werde ihrem Leben **überhaupt ein endgültiges Ende** setzen, mithin sich selbst töten. T, der diesen Irrtum hervorrief und das Geschehen zum geplanten Tode hin bewusst und gewollt steuerte, ist daher als Täter eines versuchten Mordes (Habgier) **kraft überlegenen Wissens** zu bestrafen.

Ergänzende Bemerkung: Die Problematik findet ihre Fortsetzung im Unterlassungsbereich, wenn nach einem eigenverantwortlichen Selbsttötungsversuch ein Garant auf den noch lebendigen, aber besinnungslosen Suizidenten trifft (bzw. bei der Selbsttötung sogar anwesend ist). Vgl. dazu Fall 24.

5. Heroinspritzenfall

O, der als Konsument harter Drogen bekannt war, eröffnete seinem seit langem freundschaftlich zugetanen Bekannten T, er habe Heroin, „das man zusammendrücken könne". Es sei ihm aber nicht möglich, eine Spritze zu besorgen. T besorgte alsbald drei Einwegspritzen, woraufhin sich O und T in der Toilette eines Restaurants jeweils selbst das Rauschgift injizierten. O starb an Atemstillstand, T überlebte. Hat sich T wegen fahrlässiger Tötung (§ 222) strafbar gemacht?
(vgl. BGHSt 32, 262; vgl. auch BGHSt 24, 342 und BGH JR 1979, 429)

Zur Vertiefung: *Wessels/Hettinger,* Rn. 65 ff.; *Rengier* II, § 8 Rn. 21–25; *Krawcyk/Neugebauer,* JA 2011, 264 ff.; *Stree,* JuS 1985, 179 ff.

Nein. Wer das zur Selbsttötung (oder Selbstverletzung) führende **eigenverantwortliche** Handeln des Selbstschädigers fahrlässig veranlasst, ermöglicht oder fördert, kann nicht strafbar sein, wenn er sich im Falle vorsätzlicher Veranlassung, Ermöglichung oder Förderung nicht strafbar machen würde. Anderenfalls würde ein Wertungswiderspruch zu den oben genannten Grundsätzen (vgl. Fall 4: keine Strafbarkeit bei eigenverantwortlichem Suizid, also **auch nicht aus § 222**) entstehen. Dies gilt aber ebenso wie oben nur dann, wenn die Selbsttötung als freiverantwortlich anzusehen ist, was wiederum an den Maßstäben der §§ 20, 35 bzw. nach Einwilligungsgrundsätzen beurteilt werden muss. Im vorliegenden Fall ist nichts dafür ersichtlich, dass T etwa das Risiko der Injektion besser erkannte als O oder dass O aus anderen Gründen nicht freiverantwortlich handelte. T hat sich demnach nicht wegen § 222 strafbar gemacht.

Ergänzende Bemerkungen: (1.) Anders wäre aber z. B. zu entscheiden, wenn festgestellt wird, dass beim Getöteten wegen starker Drogenabhängigkeit die Fähigkeit fehlte, die Risiken sachgerecht abzuwägen und nach dieser Einsicht zu handeln (so in BGH JR 1979, 429).

(2.) Hätte T dem O das Rauschgift injiziert, so käme er als Täter einer fahrlässigen Tötung (§ 222) bzw. einer Körperverletzung mit Todesfolge (§ 227) in Betracht; allerdings müsste eine Rechtfertigung kraft Einwilligung geprüft werden. Allein die Tatsache, dass es sich um eine illegale Droge handelt, muss nämlich nicht dazu führen, dass die Tat trotz Einwilligung gemäß § 228 gegen die guten Sitten verstößt (vgl. auch Fall 46), wenn nicht aufgrund der Gesamtumstände des Einzelfalles eine akute Lebensgefahr durch den konkreten Drogenkonsum besteht (vgl. zuletzt BGH NJW 2004, 1054).

(3.) Auch wer als Beifahrer an einem illegalen privaten „Autorennen" (auf einer öffentlichen Autobahn) teilnimmt (vgl. BGHSt 53, 55 = NStZ 2009, 148 m. Anm. *Jahn,* JuS 2009, 370 und *Kudlich,* JA 2009, 389; vgl. auch *Mitsch,* JuS 2013, 20 ff.) hat keine Tatherrschaft, wenn der Fahrer die Kontrolle über das Fahrzeug verliert, so dass eine eigenverantwortliche Fremdgefährdung ausscheidet. Eine rechtfertigende Einwilligung wird aufgrund der massiven Lebensgefahr mit Blick auf die Wertung der §§ 228, 216 ebenfalls ausscheiden (vgl. näher unten Fall 46).

5a. Daneben gegriffen

O besuchte T, mit dem er zusammen schon mehrfach Rauschgift konsumiert hatte. Auf seine Frage, ob er „ein bisschen Koks" habe, nickte T, holte etwas aus seinem Vorrat und portionierte es in einem zusammengerollten Zehn-Euro-Schein, den er O zum Konsum übergab. O konsumierte das ihm überlassene Rauschgift und verstarb wenige Stunden später infolge eines ausschließlich hierdurch verursachten zentralen Regulationsversagens, da T dem O – ohne dies selbst zu merken – kein Kokain, sondern reines Heroin überlassen hatte, welches er freilich für eine Mischung aus Kokain, Amphetamin und gekochtem Marihuana hielt. Hat sich T wegen fahrlässiger Tötung (§ 222) strafbar gemacht?
(vgl. BGHSt 53, 288)

Zur Vertiefung: *Wessels/Hettinger,* Rn. 65 ff.; *Rengier* II, § 8 Rn. 21 ff.

T ist zwar ohne Zweifel in pflichtwidriger Weise (Verstoß gegen das BtMG) kausal für den Tod des O geworden. Fraglich ist jedoch, ob er hierbei nicht nur an einer **eigenverantwortlichen Selbstgefährdung** teilgenommen hat. Wer einem anderen, rauschgifterfahrenen Konsumenten Betäubungsmittel überlässt, haftet für den Tod nach einem solchen eigenverantwortlichen Genuss grundsätzlich nicht nach § 222 (vgl. nur BGH NJW 2000, 2286, 2287). An dieser Eigenverantwortlichkeit kann es hier jedoch fehlen, da **O gerade nicht wusste,** dass er **Heroin erhalten** würde. Hätte T dem O absichtlich ein anderes (und gefährlicheres) Rauschgift gegeben, so käme er als mittelbarer Täter eines Tötungsdelikts in Betracht. Hieran fehlt es hier zwar; dies schließt jedoch nicht aus, dass T sich aufgrund der fehlenden vollständigen Erfassung der Gefährdungslage durch O wegen fahrlässiger Tötung strafbar macht. Stellt man freilich auf diesen Aspekt (Rauschgift-Verwechslung) ab, so müsste den T gerade auch **insoweit der Vorwurf einer Sorgfaltspflichtverletzung** treffen. Dies wäre der Fall, wenn er Heroin und Kokain nebeneinander aufbewahrt und fahrlässig „in die falsche Schublade gegriffen" hätte. Wenn dagegen dem T (für ihn objektiv nicht erkennbar) bereits von seinem Lieferanten der „falsche Stoff" überlassen worden ist, den er dann einfach nur weitergegeben hat, wäre durchaus fraglich, ob ihm ein Fahrlässigkeitsvorwurf gemacht werden kann.

Ergänzende Bemerkung: Eine vergleichbare Problematik hatte der BGH wenig später im „Psycholyse-Fall" zu behandeln, in dem ein Arzt seinen drogenerfahrenen Patienten in einer Gruppensitzung Drogen zur eigenverantwortlichen Einnahme zur Verfügung stellte, um sie in ein „Wachtraum-Erleben" zu versetzen. Aufgrund eines Fehlers beim Abwiegen verabreichte er eine deutlich zu große Menge, an der mehrere Patienten verstarben. Der BGH betont, dass der Arzt hier keine (vorsatz-)strafbegründende Handlungsherrschaft erlangt hat, da er das mit dem Drogenkonsum verbundene Risiko nicht grundsätzlich kraft überlegenen Fachwissens besser erfasste, als es die sich selbstgefährdenden Patienten selbst zu tun vermochten. Ein Dosierungsfehler führt nicht zu einer Tatherrschaft durch Irrtumsherrschaft, so dass eine Vorsatzstrafbarkeit (und damit auch eine solche nach § 227!) ausscheidet, sehr wohl aber eine Fahrlässigkeitsstrafbarkeit in Betracht kommt (vgl. BGH NStZ 2011, 341 m. Anm. *Jäger,* JA 2011, 474).

6. Verhältnis der Tötungstatbestände zueinander

In welchem Verhältnis stehen die Tötungstatbestände zueinander?

Zur Vertiefung: *Wessels/Hettinger,* Rn. 68 ff.; *Rengier* II, § 4 Rn. 1 f.; *Mitsch,* JuS 1995, 787 ff., 888 ff., JuS 1996, 26 ff., 121 ff., 213 ff., 309 ff., 407 ff. (Grundfälle zu den Tötungsdelikten).

Das ist umstritten. Nach **h. L.** bildet § 212 den **Grundtatbestand** der vorsätzlichen Tötung. § 211 ist hierzu **Qualifikations-** und § 216 **Privilegierungstatbestand.** Zwischen diesen drei Tatbeständen besteht somit ein Stufenverhältnis. Der BGH hingegen sieht in den §§ 211, 212 und 216 jeweils **eigenständige Tatbestände** mit arteigenem Unrechtsgehalt. Für den BGH sind demnach die in § 211 enthaltenen „besonderen persönlichen Merkmale" **strafbegründend (§ 28 Abs. 1)** und nicht etwa strafschärfend oder strafmildernd **(§ 28 Abs. 2).** Dies hat praktische Bedeutung für die Strafbarkeit von Teilnehmern (dazu unten Fälle 30 ff.).

Die **Rechtsprechung** zieht zur Begründung zum einen die **Stellung im Gesetz** heran, da es ungewöhnlich sei, dass die Qualifikation vor dem Grundtatbestand stehe; zum anderen argumentiert sie damit, dass in § 212 die Rede von einer Tötung **„ohne Mörder zu sein"** ist, was dafür spreche, dass „der Mörder" ein eigenständiges Unrecht verwirkliche. Gegen diese beiden Argumente kann man mit der **Literatur** einwenden, dass die exponierte Stellung des § 211 gewissermaßen nur **symbolischen Charakter** hat, da es sich um die **schwerste Straftat** gegen Individualinteressen im StGB handelt; die Bezeichnung „ohne Mörder zu sein" geht in ihrem Ursprung noch auf die im Zeitalter des Nationalsozialismus vertretene **Tätertypenlehre** zurück, welche in dieser Form in unserem Strafrecht keinen Platz mehr hat. Sind damit die Argumente der Rechtsprechung nicht zwingend, so kann sich die Literatur darauf berufen, dass die **Struktur** von §§ 212 und 211 (Verwirklichung des identischen Erfolges, bei § 211 aber noch ein zusätzliches Merkmal) genau derjenigen von Grundtatbestand und Qualifikation entspricht. Überdies ermöglicht das Verständnis der h. L., welches bei der **Beteiligung mehrerer** zur Anwendung von § 28 Abs. 2 (und nicht von § 28 Abs. 1) führt, eine einfachere Begründung von überzeugende(re)n Lösungen (vgl. Fälle 30 ff.).

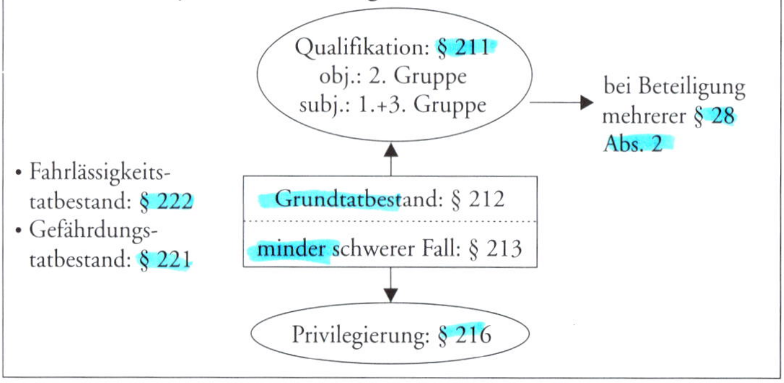

System der Tötungsdelikte nach der h.L.

Ergänzende Bemerkung: Die Tötungsdelikte (und damit auch deren Verhältnis zueinander), insbesondere aber der Mordtatbestand mit seinen Merkmalen, war in der jüngeren Vergangenheit Gegenstand intensiver Reformüberlegungen durch eine vom Justizminister eingesetzte Expertenkommission (vgl. zum Reformbedarf zusammenfassend *Köhne,* JuS 2014, 1071 ff.). Ob es in Folge des Abschlussberichts dieser Kommission zu einer Reform kommen wird, lässt sich gegenwärtig noch nicht absehen. Sollte es dazu kommen, ist jedenfalls auf der Grundlage der in der Experten-Kommission erörterten Vorschläge nicht damit zu rechnen, dass sich bei den einzelnen Mordmerkmalen – mit Ausnahme des schwierigen Merkmals der Heimtücke (vgl. Fälle 13 ff.) – viele Unterschiede ergeben werden. In der Diskussion standen dagegen insbesondere die Formulierung (Abkehr von der Tätertypenlehre, gegebenenfalls mit Auswirkungen auf den Meinungsstand bei der Beteiligungslehre) und die Rechtsfolgen (weiterhin zwingend lebenslange Freiheitsstrafe?).

7. Prüfungsschema zum Mord (als Qualifikationstatbestand)

Nach welchem Prüfungsschema lässt sich der Mord prüfen, wenn man mit der h. L. davon ausgeht, dass es sich insoweit um eine Qualifikation des Totschlagtatbestandes handelt?

Zur Vertiefung: *Wessels/Hettinger,* Rn. 134 ff.; *Rengier* II, § 4 Rn. 8.; *Grünewald,* JA 2012, 401 ff.; *Fahl,* JuS 2013, 499 ff. (zur Hemmschwellentheorie).

Auf der Grundlage dieser Ansicht ist es möglich, wie auch sonst Grundtatbestand und Qualifikation in einem Schritt (also unter einer Überschrift „§§ 212, 211“) zu prüfen, wobei die qualifizierenden Merkmale in den Tatbestandsaufbau „integriert“ werden.

Daraus ergibt sich folgendes Prüfungsschema:

I. Tatbestand
  1. Objektiver Tatbestand
    a) Tatobjekt: Mensch
    b) Tathandlung: Töten
    c) Vorliegen objektiver Mordmerkmale
      (1) Heimtücke
      (2) Grausamkeit
      (3) Gemeingefährliche Mittel
  2. Subjektiver Tatbestand
    a) Vorsatz (bei *dolus eventualis* „Hemmschwellentheorie" beachten)
    b) Vorliegen subjektiver Mordmerkmale
      (1) Mordlust
      (2) Befriedigung des Geschlechtstriebs
      (3) Habgier
      (4) Sonstige niedrige Beweggründe
      (5) Ermöglichungsabsicht
      (6) Verdeckungsabsicht
II. Rechtswidrigkeit
III. Schuld

Ergänzende Bemerkungen: (1.) In der Klausur sind nur solche Mordmerkmale zu prüfen, die nicht ganz fernliegend sind. Keinesfalls ist stets der gesamte Katalog des § 211 Abs. 2 in der schriftlichen Ausarbeitung durchzumustern.

(2.) Wer mit einer Mindermeinung einzelne subjektive Mordmerkmale als besondere Schuldmerkmale einordnet, darf diese erst im Rahmen der Schuld prüfen.

8. Restriktive Auslegung der Mordmerkmale

Welche Möglichkeiten haben Rechtsprechung und Literatur entwickelt, um im Einzelfall die von § 211 Abs. 1 als absolut angedrohte lebenslange Freiheitsstrafe zu „umgehen"?

Zur Vertiefung: *Wessels/Hettinger,* Rn. 74 ff., 87–91, 133; *Rengier* II, § 4 Rn. 3–5.

Ganz allgemein sollte versucht werden, den wegen der absoluten Strafandrohung zu beachtenden Anforderungen des Rechtsstaatsprinzips und des Grundsatzes der Verhältnismäßigkeit durch eine **restriktive Auslegung** der einzelnen Mordmerkmale Rechnung zu tragen. Diese Vorgehensweise lässt sich anschaulich an der Kasuistik der Auslegung des Mordmerkmals „Heimtücke" verdeutlichen (vgl. auch Fälle 13 ff.).

Insbesondere nach Ansicht der **Rechtsprechung** soll es ferner möglich sein, auf der **Rechtsfolgenseite** einen analog § 49 Abs. 1 Nr. 1 gemilderten Strafrahmen heranzuziehen, sofern **außergewöhnliche Umstände von schuldmindernder Bedeutung** die Verhängung der lebenslangen Freiheitsstrafe als unverhältnismäßig erscheinen lassen. Nach der Rechtsprechung des BVerfG (BVerfGE 47, 187) sowie des Großen

Strafsenats (BGHSt [GS] 30, 105) drohen solche Kollisionen mit dem Verhältnismäßigkeitsgrundsatz vor allem bei den Mordmerkmalen der **Heimtücke** und der Verdeckungsabsicht (während sie in Fällen von Habgier nach neuerer Rechtsprechung nicht vorstellbar sein sollen [vgl. BGHSt 42, 301], da diese ohnehin nur zu bejahen sei, sofern sie innerhalb eines Motivbündels „bewusstseinsdominant" sei). Freilich zieht auch die Rechtsprechung diesen Weg nur heran, wenn keine anderen Möglichkeiten (z. B. Auslegung des Mordmerkmals, §§ 32, 35 usw.) der Strafmilderung bestehen, und selbst in diesen Fällen ist das Vorgehen **methodisch** ausgesprochen **problematisch.**

Teile der **Literatur** hingegen setzen nicht erst auf der Rechtsfolgen-, sondern schon auf der Tatbestandsseite an und messen den in § 211 Abs. 2 genannten Merkmalen lediglich indizielle Bedeutung bei; darüber hinaus wird die Entscheidung, ob die Tötung als besonders verwerflich erscheint oder nicht, auf eine **Gesamtwürdigung** unter Berücksichtigung der Persönlichkeit des Täters und aller Tatumstände gegründet („Lehre von der Typenkorrektur"; dagegen ausdrücklich BGHSt [GS] 30, 105, 115).

9. Eine einmalige Chance auf der Bahnhofstoilette

Als T eine Toilette im Untergeschoss eines Bahnhofsgebäudes aufsuchte, dachte er bei sich, wenn man hier jemanden umbringen könnte, würde es niemand hören und bemerken. Als die junge O einige Zeit später die Toilette aufsuchte, sah er seine Chance gekommen und dachte: „Wenn ich jetzt niemanden töte, werde ich es nie mehr tun." Um dieses „nur wenigen vergönnte Erlebnis" nicht zu verpassen, tötete er die O. Entgegen seiner Einschätzung wurde der Tod der O aber bemerkt und T letztlich sogar als Täter überführt. Strafbarkeit des T?
(vgl. BGHSt 34, 59; vgl. dazu auch BGH NJW 1994, 2629)

Zur Vertiefung: *Wessels/Hettinger,* Rn. 94 f.; *Rengier* II, § 4 Rn. 11.

T hat aus **„Mordlust"** getötet und sich daher nach **§ 211** strafbar gemacht. Er beging die Tat aus „reiner Freude an der Vernichtung eines Lebens", ohne dass die O ihm den geringsten Anlass zur Tat gegeben hat. Weitere Beispielsfälle wären das Töten aus Neugier, Angeberei, zum Zeitvertreib usw.

Ergänzende Bemerkung: Die etwas skurril anmutende Sachverhaltsschilderung ist hier insoweit exemplarisch, als sich beim Vorliegen des Mordmerkmals „Mordlust" (jedenfalls unter im Übrigen „normalen Umständen") praktisch oft zugleich die Frage nach einer zumindest verminderten Schuldfähigkeit nach § 21 stellen wird. Das Gleiche gilt bei der Tötung zur Befriedigung des Geschlechtstriebs zumindest in den Fällen, in denen der sexuelle Lustgewinn aus dem Tötungsakt als solchem erzielt oder gezielt an der späteren Leiche gesucht werden soll.

10. Geldnot mit tödlichen Folgen

T war in Geldsorgen. Er beschloss, das in Aussicht genommene Tatopfer O zunächst nur zu überwältigen, damit es ihm über eventuell im Haus verstecktes

Geld Auskunft geben könne; anschließend wollte er O dann töten, um später nicht als Täter identifiziert zu werden. T begab sich daraufhin zum Haus des O, fesselte ihn, entnahm Brieftasche samt Scheckkarte aus der Gesäßtasche des O und nötigte ihm zugleich die Geheimnummer für deren Gebrauch ab. Dabei hatte er – planmäßig – noch keinen Tötungsvorsatz. Als T dann beim Durchsuchen des Hauses keinerlei Bargeld bzw. Wertgegenstände mehr vorfand, stach er O – seinem Tatplan folgend – mit direktem Tötungsvorsatz vielfach ins Herz. O verstarb. Wie hat sich T strafbar gemacht?
(vgl. BGH NJW 2001, 763)

Zur Vertiefung: *Wessels/Hettinger,* Rn. 94b, 97, 123 ff.; *Rengier* II, § 4 Rn. 13 ff.; *Martin,* JuS 2001, 613 f.

T hat sich wegen **schweren Raubes** (§ 250) in **Tateinheit** mit **Mord** strafbar gemacht. Unzweifelhaft hat T einen **Verdeckungsmord** begangen, da nach dem eindeutig zweiaktigen Tatplan O zur Verdeckung des vorangegangenen Raubes – der eine „andere Tat" im Sinne des § 211 Abs. 2 war – getötet werden sollte („um eine andere Straftat zu verdecken"). Fraglich ist hingegen, ob T zusätzlich aus **„Habgier"** tötete. Diese liegt nach h. M. vor, wenn sich die Tat als Folge eines noch über bloße „Gewinnsucht" hinaus gesteigerten abstoßenden Gewinnstrebens um jeden Preis darstellt. Handelt der Täter aus einem **Motivbündel** heraus, so muss eine Gesamtbetrachtung der verschiedenen Motive ergeben, dass dieses Gewinnstreben tatbeherrschend und damit **bewusstseinsdominant** war. Dies wäre der Fall gewesen, wenn T den O getötet hätte, um den noch gefährdeten Besitz an der Beute endgültig zu sichern (der Raub war zwar vollendet, aber noch nicht beendet!). Hier war O aber bereits gefesselt, und es war gerade nicht erforderlich, ihn zur Sicherung der Beute noch zu töten. Angesichts des Tatplanes und der daraus folgenden tatbeherrschenden Motivlage (Tötung zur Verdeckung) scheidet damit das Merkmal Habgier aus, da nicht ohne weiteres unterstellt werden kann, T habe O auch getötet, um eine mit der Entdeckung einhergehende Zurückgewinnung der Beute zu verhindern.

Ergänzende Bemerkungen: (1.) Eindeutige Fälle des Tötens aus Habgier liegen demgegenüber z. B. vor beim „Raubmörder" (Töten, um die Beute zu erhalten, zu sichern oder ungestört zu verwerten), wenn der Täter durch den Tod des Opfers dessen Erbe wird, wenn er durch den Tod als Begünstigter Leistungen aus einer Lebensversicherung erhofft oder wenn der Täter tötet, um dafür eine Belohnung zu erhalten („gedungener Killer"). Auch ist es nach h. M. unerheblich, ob ein Zugewinn erstrebt wird oder Aufwendungen (z. B. Unterhalt) erspart werden sollen. Denn entgegen einer Mindermeinung in der Literatur setzt „Habgier" begrifflich nicht den Willen zum Erlangen weiterer Vermögenswerte voraus, sondern kann nach seinem Wortlaut auch ein „Behalten-Wollen" umfassen. Die Motivationslage des Täters ist in beiden Fällen insoweit vergleichbar, als er sein Opfer zur Verbesserung seiner Vermögensverhältnisse tötet.

(2.) Lässt man mit der Rechtsprechung den Todeseintritt im Stadium zwischen Vollendung und Beendigung genügen und sieht in der gewaltsamen Beseitigung eines Zeugen auch noch die typische Gefahr eines Raubes verwirklicht, so käme in Fall 10 auch § 251 in Betracht.

11. Imponiergehabe ohne Sinn und Verstand (I)

Eine Gruppe Jugendlicher postierte sich gegenüber einem griechischen Restaurant und rief unentwegt ausländerfeindliche Parolen. T, der neu in die Gruppe hinzugekommen war und seinen „neuen Freunden zeigen wollte, dass

er einer der ihren ist", lief auf den aus dem Restaurant heraustretenden Inhaber O zu und stach ihm mit Tötungsabsicht ein Messer in den Hals. O überlebte. Hat sich T wegen versuchten Mordes strafbar gemacht? (vgl. BGH NStZ 1999, 129)

Zur Vertiefung: *Wessels/Hettinger,* Rn. 95 f.; *Rengier* II, § 4 Rn. 16–18; *Bosch,* Jura 2015, 803 ff.; *Schütz,* JA 2007, 23 ff. (jeweils allgemein zu den niedrigen Beweggründen).

Wohl ja. In Betracht kommen **„niedrige Beweggründe"** bei T. Beweggründe sind nach h. M. „niedrig", wenn sie nach allgemeiner sittlicher Wertung **auf tiefster Stufe** stehen, mithin in deutlich weiterreichendem Maße als bei einem Totschlag als verwerflich und deshalb als besonders verachtenswert erscheinen. Die Entscheidung hierüber hat aufgrund einer Gesamtwürdigung aller äußeren und inneren für die Handlungsantriebe des Täters maßgeblichen Faktoren zu erfolgen. **„Imponiergehabe"** (wie in diesem Fall) kann – ebenso wie Rachsucht oder Neid – einen niedrigen Beweggrund darstellen und damit eine Verurteilung wegen (versuchten) Mordes rechtfertigen.

Ergänzende Bemerkungen: (1.) Manche Gefühle wie Eifersucht, Zorn u. Ä. sind „ambivalent", weil sie einerseits zum Vorliegen eines niedrigen Beweggrundes führen, andererseits die Tat auch (minimal) „verständlicher" erscheinen lassen können. Als Leitlinie wird man einen solchen Beweggrund dann als niedrig einstufen, wenn er unbegründet bzw. objektiv nicht nachvollziehbar ist.

(2.) Exemplarisch hat der BGH (NStZ 2011, 35) die Einordnung von Eifersucht als niedriger Beweggrund in einem Fall beanstandet, in dem für den Angeklagten nach Auffassung des Senats „mehrfach begründeter Anlass zur Eifersucht [bestand], weil die Zeugin [sc. das spätere Opfer] Kontakte zu anderen Männern suchte und sich zweimal wegen einer neuen Bekanntschaft kurzzeitig vom Angeklagten getrennt hatte. Auch während des der Tat vorangegangenen Diskothekenbesuchs, für dessen Kosten – wie stets – der Angeklagte aufkam, flirtete sie intensiv mit dem Zeugen R, außerdem verursachte sie eine ungewöhnlich hohe Zeche".

12. Imponiergehabe ohne Sinn und Verstand (II)

Prüfer P fragt in der mündlichen Prüfung den Kandidaten K, ob dieser außer dem Imponiergehabe in Fall 11 noch einen anderen niedrigen Beweggrund erkennen könne, der zumindest diskutabel erschiene. Was wird K antworten?

Zur Vertiefung: *Wessels/Hettinger,* Rn. 96; *Rengier* II, § 4 Rn. 18.

K wird darauf hinweisen, dass T vielleicht aus einer **ausländerfeindlichen bzw. rassistischen Gesinnung** heraus töten wollte. Auch eine solche kommt regelmäßig als niedriger Beweggrund in Betracht. Mit Blick auf das Erfordernis der restriktiven Auslegung der Mordmerkmale wird man zwar gerade auch im vorliegenden Fall zu prüfen haben, ob T insoweit tatsächlich „aus" niedrigen Beweggründen gehandelt hat, da seine Motivation offenbar weniger nach außen („gegen Ausländer"), sondern eher „auf seine Freunde hin" gerichtet war. Allerdings geht der BGH (NJW 1994, 395) überzeugend davon aus, dass auch solche ausländerfeindlichen Motive, die der Täter sich „nur" **aus egoistischen Gründen** von anderen **zu eigen gemacht** hat, niedrige Beweggründe darstellen können. Denn auch die Tötung eines Menschen aufgrund der bloß unreflektierten Übernahme einer solchen Gesinnung ist sittlich in hohem Maße verachtenswert.

12a. Hauptsache, sauber eingeparkt

Der aus dem türkischen Kurdengebiet stammende G war nach einem versöhnenden Gespräch mit seinem verfeindeten Landsmann O hinterrücks erschossen worden. G's Sohn T nahm an, O sei dafür verantwortlich. Da die Tat von der zuständigen Justiz lange nicht aufgeklärt werden konnte, fühlte sich T von dieser im Stich gelassen. T machte O ausfindig, der seit der Tötung des G in steter Furcht vor Racheakten gelebt und massive Sicherheitsvorkehrungen ergriffen hatte. Am Tattag war O mit seinem Sohn auf dem Weg nach Hause, als dieser bemerkte, dass sie verfolgt wurden. Nachdem O seinen Sohn beruhigt hatte, schickte er ihn ins Haus. Daraufhin wendete O seinen Wagen, parkte und wurde von T erschossen. Strafbarkeit des T?
(vgl. BGH NJW 2006, 1008)

Zur Vertiefung: *Wessels/Hettinger,* Rn. 95 f. u. 105 ff.; *Rengier* II, § 4 Rn. 22; *Geppert,* Jura 2007, 270 ff.; *Kudlich,* JA 2006, 573 ff.; *Kudlich/Tepe,* GA 2008, 92 ff.; *Küper,* JZ 2006, 610 ff.

T hat den **Tatbestand des § 212** objektiv und subjektiv **erfüllt**. Fraglich ist nur, ob auch **Mordmerkmale** vorliegen. Aus § 211 Abs. 2 Gruppe 2 (tatbezogene Mordmerkmale) kommt Heimtücke als das Ausnutzen der Arg- und Wehrlosigkeit des Opfers in feindlicher Willensrichtung (vgl. näher Fälle 13 ff.) in Betracht. O rechnete aber grundsätzlich mit einem Angriff des T und erkannte ihn durch die Verfolgung auch in der konkreten Situation. Dass O seinen Sohn noch beruhigte und dabei möglicherweise äußerlich gar nicht so angespannt erschien, steht dem nicht entgegen, da es naheliegend ist, dass O in dieser Situation sein Kind nicht in Panik bringen wollte.

Aus der 1. Gruppe (täterbezogene Mordmerkmale) kommt ein (sonstiger) niedriger Beweggrund in Betracht, der in der Ausübung von **„Blutrache"** bestehen könnte. Niedrige Beweggründe sind nach allgemeiner Ansicht sittlich auf niedrigster Stufe stehende Motive (vgl. Fall 11). Blutrache ist ein solches, wenn sich in ihr ein „archaisches" Rachegefühl oder **übersteigertes Ehrgefühl** (demgegenüber der Täter den Wert menschlichen Lebens missachtet) ausdrückt. Daran ändert grundsätzlich auch nichts, wenn eine solche Tötung in der Heimat des Täters gesellschaftlich noch weithin akzeptiert ist; nur ganz ausnahmsweise wird der Täter noch so stark in seinen **heimischen Wertvorstellungen** verfangen sein, dass ihm das Motivationsbeherrschungspotenzial fehlt, um sich dem familiären Druck zu entziehen.

Allerdings ist zu beachten, dass – auch bei einem Täter, der aus einer Region stammt, in der die „Blutrache" als soziales Phänomen noch große Bedeutung hat – die Tötung desjenigen, der seinerseits einen Angehörigen des späteren Täters getötet hat, nicht immer ein solcher Blutracheakt sein muss. So liegt **nicht notwendig ein niedriger Beweggrund** vor, wenn die „Gegentötung" innerlich nicht auf Aggression, sondern nur auf der **eigenen Schwäche, Ohnmacht und Trauer des Täters** über seinen Verlust beruht. Für eine Entscheidung, ob ein niedriger Beweggrund vorliegt, fehlen im vorliegenden Fall also die nötigen Angaben. Ließen sich diese auch nicht ermitteln, wäre in dubio pro reo nicht wegen Mordes zu verurteilen.

13. Ich darf nicht schlafen

T erschlug seine Frau O und ihren gemeinsamen siebenjährigen Sohn S mit einem Beil, während beide schliefen. Strafbarkeit des T?
(vgl. BGHSt 23, 119)

Zur Vertiefung: *Wessels/Hettinger,* Rn. 105 ff. u. 120; *Rengier* II, § 4 Rn. 23 u. 29 f.; *Geppert,* Jura 2007, 270 ff.; *Kett-Straub,* JuS 2007, 515 ff.; *Küper,* JuS 2000, 740 ff. (jeweils allgemein zur Heimtücke).

T hat sich wegen **zweifachen Mordes** strafbar gemacht, da er **heimtückisch** zwei Menschen tötete. Nach einer vom BGH entwickelten, aber in diesem Kern vielfach geteilten Definition handelt heimtückisch, wer in **feindlicher Willensrichtung** die auf **Arglosigkeit beruhende Wehrlosigkeit** des Opfers **bewusst** zur Tötung ausnutzt. Der **Schlafende** ist in aller Regel arglos, wenn er einschläft, denn er überlässt sich dem Schlaf im Vertrauen darauf, dass ihm nichts geschehen werde. Er bleibt es auch bis zum – entscheidenden – Zeitpunkt des Beginns des ersten mit Tötungsvorsatz geführten Angriffs (vgl. dazu Fall 16), denn er „nimmt die Arglosigkeit mit in den Schlaf"; sie begleitet ihn, auch wenn er sich ihrer nicht mehr bewusst ist. Ob dies auch bei **Besinnungslosen** der Fall ist, die vom Schlaf „übermannt" werden, ist umstritten, wird letztlich aber mit dem BGH zu verneinen sein, da hier die Wehrlosigkeit nicht gerade auf der Arglosigkeit beruht.

14. Bitterer Nachgeschmack (I)

T tötete ihr drei Wochen altes Kind, indem sie fünf bis sechs Schlaftabletten in den Brei des Kindes mischte. Um den bitteren Geschmack zu verdecken, versetzte sie den ohnehin süßlichen Brei mit zusätzlichem Zucker. Sie sah hierin die einzige Möglichkeit, ihre Ehe zu retten. Hat T das Mordmerkmal der Heimtücke erfüllt?
(vgl. BGHSt 8, 216)

Zur Vertiefung: *Wessels/Hettinger,* Rn. 121; *Rengier* II, § 4 Rn. 27 f.; *Mitsch,* JuS 2013, 783 ff.

Nach der – im Ergebnis zustimmungswürdigen – Ansicht des BGH **ja.** Dabei ist allerdings zweifelhaft, ob mit einer verbreiteten und insoweit auch von der Rechtsprechung geteilten Ansicht davon ausgegangen werden kann, dass **Kleinstkinder** nicht arglos sein könnten, da ihnen bereits die Fähigkeit zum **Argwohn** fehle, sie also gar nicht in der Lage sind, die „böse Absicht" eines anderen wahrzunehmen. Mit der gleichen Berechtigung könnte man nämlich davon ausgehen, dass diese Kleinstkinder **„strukturell"** immer **arg- und wehrlos** sind.

Selbst wenn man dies anders sieht, soll allerdings nach dem BGH Heimtücke möglich sein, wenn wie hier ein **natürlicher Schutzinstinkt** des Kindes „überlistet" werde. Dies wird zwar teilweise mit dem Hinweis bestritten, dass das „Ausschalten" eines natürlichen Abwehrinstinkts kein Ausnutzen der Arglosigkeit sei. Wenn allerdings – vom Wortlaut nicht zwingend gefordert – eine Auslegung erfolgt, welche die Heimtücke aufgrund der natürlichen Konstitution eines Kleinstkindes ablehnt, ist nichts dagegen einzuwenden, wenn derartige Umstände auch zu einer näheren Konturierung solcher Einschränkungen herangezogen werden.

15. Bitterer Nachgeschmack (II)

Wie wäre Fall 14 zu entscheiden, wenn T den V, den Vater des Kindes, der sich um den langanhaltenden Schlaf des Kindes ernsthaft Sorgen machte, durch verschiedenartige Ausflüchte davon abgebracht hätte, einen Arzt zu holen, der das Kind hätte retten können?
(vgl. BGHSt 8, 216 sowie BGH NStZ 2013, 158)

Zur Vertiefung: *Wessels/Hettinger,* Rn. 121; *Rengier* II, § 4 Rn. 30 f.; *Jahn,* JuS 2013, 364 f.

Auch in diesem Fall hat sich T wegen Mordes strafbar gemacht. Sie hat heimtückisch gehandelt, da sie die vorhandene Arglosigkeit – und damit verbunden die Wehrlosigkeit bezüglich des Kindes – eines (in tatsächlicher Hinsicht) **schutzbereiten Dritten** planmäßig berechnend zur Tötung des Kindes ausgenutzt hat. Dies soll, wie der BGH in späteren Entscheidungen präzisiert hat (BGHSt 18, 37), auch bei der Tötung **Erwachsener** gelten, jedoch nur, sofern sie bei Tatbeginn zu überhaupt keiner Gegenwehr mehr fähig sind, wie dies etwa bei Schlafenden, Bewusstlosen oder insbesondere auch Koma-Patienten (dazu BGH NStZ 2008, 93 m. Anm. *Bosch,* JA 2008, 389) der Fall ist.

16. Einmal einen flotten Dreier und dann sterben

Die T und die O waren des Nachts mit dem K unterwegs. Nach dem Austausch wechselseitiger Zärtlichkeiten im Appartement der T geriet diese mit O aufgrund ihrer Rivalität bezüglich des K in einen Streit, in dessen Verlauf O damit drohte, sie werde anderen von der bisexuellen Veranlagung der T erzählen. Als der Streit sich kurz legte, fesselte T die O an Händen und Füßen, um so zu verhindern, dass sie in der Nacht die Wohnung verlässt; O war damit einverstanden, um zu demonstrieren, dass sie nicht vorhatte, in dieser Nacht die Wohnung der T zu verlassen. Als es nach der Fesselung zu weiteren verbalen Streitigkeiten kam, beschloss T nunmehr, die O zu töten. Vor ihren Augen nahm sie ein Kopftuch aus dem Kleiderschrank, faltete es mehrmals und schritt von vorn auf O zu. O war sogleich klar, was T vorhatte. Sie rief deshalb in Todesangst laut nach dem schlafenden K, hatte aber keinen Erfolg. T kniete sich hinter O, legte ihr das Kopftuch um den Hals und erdrosselte sie. Liegt eine heimtückische Tötung vor?
(vgl. BGHSt 32, 382)

Zur Vertiefung: *Wessels/Hettinger,* Rn. 118 f.; *Rengier* II, § 4 Rn. 24.

Nach Ansicht des BGH **nein.** Zum Zeitpunkt des **ersten mit Tötungsvorsatz geführten Angriffs** (Zuschreiten auf O mit gefaltetem Kopftuch in offen feindseliger Haltung) war O nicht mehr arglos, da sie vorher schon erfasst hatte, wozu T, die sich ihr bis dahin noch nicht genähert hatte, das Tuch faltete. Eine Arglosigkeit bei Tatvorbereitung (Hervorholen und beginnendes Falten des Tuchs) genügt aber nicht. Eine **Vorverlegung** des Zeitpunktes der Arglosigkeit, wie sie die Rechtsprechung in Ausnahmefällen annimmt, kommt ebenfalls nicht in Betracht. Zum einen kann O rechtlich nicht mit einem Schlafenden (dazu Fall 13) verglichen werden, als sie sich sozusagen arglos „in die Fesselung begeben hat", da sie anders als ein Schlafender wach und damit nach wie vor fähig war, später Argwohn zu schöpfen. Zum anderen liegt auch kein Fall vor, in dem der Täter sein Opfer planmäßig in eine „Falle" lockt und ihm erst dann offen feindselig gegenüber tritt (was als Fall von Heimtücke anerkannt ist). T fasste ihren Tötungsvorsatz vielmehr erst, als nach der Fesselung der letzte Streit entbrannt war. Letztlich kann Heimtücke auch nicht mit dem Ausnutzen der Arglosigkeit eines schutzbereiten Dritten (K) begründet werden, da O gerade nicht „gänzlich hilflos" war (dazu Fall 15), sondern zumindest um Hilfe rufen konnte. Im Ergebnis hat T damit lediglich die – **nicht auf Arglosigkeit beruhende** – Wehrlosigkeit der O ausgenutzt und deshalb auch keine heimtückische Tötung begangen.

16a. Wer wird denn so nachtragend sein?

T und O hatten sich im Herbst getrennt. T entwickelte in der Folge starke Hassgefühle gegen O, weil er annahm, sie habe ihn schon vor der Trennung mit N betrogen. Er nahm mehrfach Kontakt zu ihr auf und beschimpfte sie. Um den Jahreswechsel herum brachte T mehrfach Farbschmierereien am Grundstück der O und am Auto des N an. Ende März fuhr T dann nachts zur Wohnung des N, da er wusste, dass O bei N übernachtete. Er beschmierte den Griff zu N's Garagentor mit schwarzer Farbe. Als O in den frühen Morgenstunden die Wohnung verließ und die Farbe entdeckte, holte sie einen Lappen, um diesen sauber zu machen. Als O zurückkehrte, trat T unvermittelt mit einer Pistole in der Hand aus seinem Versteck. Mit den Worten „Jetzt ist Schluss mit lustig" gab er mit bedingtem Tötungsvorsatz drei Schüsse in Richtung der O ab, die aber nicht tödlich getroffen wurde. Strafbarkeit des T? (vgl. BGH NStZ 2009, 501)

Zur Vertiefung: *Wessels/Hettinger*, Rn. 110 ff.; *Rengier* II, § 4 Rn. 24 ff.

T hat jedenfalls unproblematisch einen versuchten Totschlag (§§ 212, 22) – sowie, falls O überhaupt getroffen wurde, dazu idealkonkurrierend eine vollendete gefährliche Körperverletzung (§§ 223, 224 Abs. 1 Nr. 2) – verwirklicht. Fraglich ist, ob durch das plötzliche Auftauchen aus dem Versteck auch eine zu § 211 führende **Heimtücke** vorlag. Dagegen könnte sprechen, dass es in den Monaten vor der Tat schon **mehrfach aggressive Verhaltensweisen** des T der O gegenüber gegeben hatte. Der BGH betont aber zu Recht, dass eine auf länger zurückliegenden Aggressionen oder einer generell feindseligen Atmosphäre beruhende **latente Angst des Opfers dessen Arglosigkeit nicht beseitigt;** es kommt vielmehr allein darauf an, ob das

Opfer im Tatzeitpunkt mit (lebensgefährlichen) Feindseligkeiten des Täters rechnet. Insbesondere auch der Umstand, dass O in dem Moment, in dem sie die schwarze Farbe am Garagentor bemerkt hatte, keinen Anlass zur Flucht oder anderen Sicherungsmaßnahmen sah, sondern Reinigungsmaterial holte und ohne weitere Vorsichtsmaßnahmen zur Garage zurückkehrte, macht deutlich, dass sie mit einer Anwesenheit des T in der Nähe und mit der Möglichkeit eines tätlichen Angriffs zu diesem Zeitpunkt nicht rechnete. T hat sich daher wegen versuchten Mordes strafbar gemacht.

17. Der Familientyrann

Die T verliebte sich wegen seiner „rebellischen, unangepassten Art" in O, der das Haupt einer Rockerbande war, und heiratete diesen. Bald begann O jedoch, sich – vorsichtig ausgedrückt – auch der T gegenüber „unangepasst" zu verhalten und versetzte ihr erst Ohrfeigen, später mehrere Faustschläge sowie Tritte mit seinen Springerstiefeln. Er trat ihr in den Bauch, als sie mit dem zweiten Kind schwanger war, und schlug sie ein anderes Mal bei einem Streit mit dem Kopf so heftig gegen eine Wand, dass er sie selbst vorübergehend sogar für tot gehalten hatte. Als die Eheleute eine Gaststätte übernahmen, fand T, die dem O rund um die Uhr zu Diensten sein musste und sich um die Kinder sowie das Lokal kümmern musste, kaum noch Schlaf und verfiel körperlich wie seelisch. Für den Fall einer Trennung oder Strafanzeige drohte er, er werde ihr und den Kindern Gewalt antun; dazu könne er seine Rockerbeziehungen selbst aus der Haft nutzen. Als T das Martyrium nicht mehr ertragen konnte, erschoss sie den O eines Nachts im Schlaf. T wird wegen Heimtückemordes angeklagt. Auf welche Gesichtspunkte könnte die Verteidigung ihre Argumentation stützen, um eine Verurteilung (zumindest nach § 211) zu verhindern?
(vgl. BGHSt 48, 255; BGH NStZ 1984, 20)

Zur Vertiefung: *Wessels/Hettinger,* Rn. 90, 108 ff.; *Rengier* II, § 4 Rn. 38 f.; *Beckemper,* JA 2004, 99 ff.; *Otto,* NStZ 2004, 142; *Rengier,* NStZ 2004, 233 ff.; *Rotsch,* JuS 2005, 12 ff.

T hat einen Menschen getötet und dabei zumindest auf den ersten Blick auch dessen **Arg- und gerade darauf beruhende Wehrlosigkeit** in feindseliger Willensrichtung ausgenutzt. Eine Argumentation damit, dass **Schlafende** grundsätzlich nicht heimtückisch getötet werden könnten, wäre angesichts der entgegenstehenden ganz h. M. (vgl. Fall 13) wohl wenig Erfolg versprechend und auch in der Sache nicht überzeugend. Die Verteidigung könnte jedoch zumindest an **drei Punkten** ansetzen (wobei Argumente für die Strafzumessung im Sinne der – hier abgelehnten, vgl. Fall 8 – Rechtsfolgenlösung unberücksichtigt bleiben sollen, da diese ja nicht die Frage des Schuldspruchs wegen § 211 betreffen):

(1.) In einer Reihe von Entscheidungen – und ganz maßgeblich in einem ähnlich gelagerten „Familientyrannen-Fall" (BGH NStZ 1984, 20) – hat der BGH trotz äußeren Vorliegens einer Ausnutzung der Arg- und Wehrlosigkeit Heimtücke mit dem Argument abgelehnt, es habe dem Täter am **„Ausnutzungsbewusstsein" auf der subjektiven Ebene** gefehlt. Dieser Weg scheint von der Rechtsprechung insbesondere beschritten zu werden, wenn sich der Täter in einer besonderen **Konfliktsituation** befindet oder aber in seiner Steuerungsfähigkeit eingeschränkt ist und daher die das Unrecht der Heimtücke kennzeichnende Verknüpfung zwischen Arg- und Wehrlosigkeit nicht hinreichend reflektiert. Bis zu einem gewissen Grad handelt es sich dabei zwar um eine „dogmatisch unklare Verlegenheitslösung“ (vgl. *Rengier,* NStZ 2004, 233, 234), allerdings dient sie im Ergebnis immerhin der gebotenen Einschränkung des Heimtückemerkmals insbesondere in den tragischen Situationen, in denen der Täter den Weg einer Tötung in Ausnutzung der Arg- und daraus resultierenden Wehrlosigkeit wählen muss, weil er dem Opfer, das ihn aufgrund seiner Überlegenheit lange drangsaliert hat, ansonsten unterlegen wäre. Dies schafft zumindest einen **gewissen Ausgleich** dafür, dass die besondere Pönalisierung der Heimtücke im Ergebnis vielfach gerade auf eine **schärfere Bestrafung der „Schwachen“** (z. B. misshandelte Kinder und Frauen) hinausläuft.

(2.) Des Weiteren könnte damit argumentiert werden, dass O in der konkreten Situation rein tatsächlich zwar sicher seine Arglosigkeit mit in den Schlaf genommen hat, dass eine solche **„Arroganz des überlegenen Gewalttätigen“** aber **normativ unberücksichtigt** bleiben muss. Anders gewendet: Wer einem schwachen Familienmitglied über Jahre hinweg gewalttätig ein Martyrium bereitet, soll sich bei normativer Betrachtung seiner Überlegenheit und Unangreifbarkeit nicht so sicher sein dürfen, dass seinem Leben der gesteigerte Schutz des Heimtückemerkmals gegenüber dem langjährigen Opfer zu Gute kommt. Diese Überlegung führt die neuere Rechtsprechung des BGH (BGHSt 48, 207) fort, nach der aufgrund einer vergleichbaren normativen Einschränkung die Heimtücke bei der „überraschenden“ Tötung eines Erpressers durch sein Opfer im **Beendigungsstadium der Erpressung** verneint worden ist; danach muss derjenige, der eine Notlage auslöst, mit einem tätlichen Gegenangriff des Opfers rechnen und ist auch dann nicht arglos, wenn das Opfer ihn aus dieser Notlage heraus tötet, selbst wenn dabei die Grenzen des durch Notwehr Gerechtfertigten überschritten werden.

(3.) Zuletzt sollte ein Verteidiger in Fällen der vorliegenden Art zumindest versuchen, die Verurteilung nicht nur auf § 212 zu beschränken, sondern vollständig vermeiden zu können: Zwar scheiden nach gemeinhin anerkannten und kaum erfolgreich in Frage zu stellenden Grundsätzen eine Notwehr in vergleichbaren Fällen mangels Gegenwärtigkeit eines Angriffs sowie ein rechtfertigender Notstand gemäß § 34 mangels möglicher Abwägung „Leben gegen Leben“ aus (wobei hinsichtlich der letztgenannten Frage durchaus auch die Wertung des § 228 BGB herangezogen werden könnte). Dagegen ist die Möglichkeit eines **entschuldigenden Notstandes** nach § 35 nicht gänzlich von der Hand zu weisen. Zwar wird hier von der Rechtsprechung regelmäßig die Erforderlichkeit der Tötung verneint („etwas Besseres als den Tod findet man immer“) bzw. dem Notstandsopfer zugemutet, auf andere Art und Weise (insbesondere mit Hilfe der Behörden) Schutz zu finden. So wichtig – gerade bei Kapitaldelikten – insoweit eine restriktive Auslegung der Notstandsregeln ist, um keine Selbstjustiz zu ermöglichen, so **unbefriedigend** ist jedoch der **pauschale Hinweis auf andere Möglichkeiten** in manchen Fällen. In extrem gelagerten Situationen, in denen das „Opfer eines Martyriums“ aufgrund der besonderen Gewalttätigkeit sowie der weitreichenden Kontakte des Täters realistischerweise davon ausgehen muss, sich seines eigenen Lebens sowie möglicherweise des Lebens der Kinder nie mehr wirklich sicher sein zu können, fällt es durchaus schwer, die Erforderlichkeit zu verneinen.

17a. Wirklich wichtige Fragen muss man verbindlich klären

Der unter dem Einfluss von Alkohol und Benzodiazepinen stehende T geriet im Juli 2014 während der Fußballweltmeisterschaft in einem Lokal mit O und N in Streit, wobei T fälschlicherweise bestritt, dass Italien bereits viermal Weltmeister geworden war. Als T die Diskussion zu dumm wurde, begab er sich nach Hause, nahm eine mit sechs Patronen geladene Pistole an sich und kehrte in das Lokal zurück. Dort ging er auf den hinter N am Tresen sitzenden O zu. Als O aufstehen wollte, nahm T die Waffe aus einer Plastiktüte, hielt sie mit den Worten „Da hast du deine vier Sterne" dem völlig überraschten und unvorbereiteten O an die Stirn und erschoss ihn. Als N den T daraufhin mit den Worten „Nein, bitte nicht mich" bat, ihn zu verschonen, entschloss T sich, auch den N zu töten und gab aus nächster Nähe zwei tödliche Schüsse auf ihn ab. Hat T bei den Tötungen heimtückisch gehandelt? (vgl. BGH NStZ 2012, 35)

Zur Vertiefung: *Wessels/Hettinger,* Rn. 110 ff.; *Rengier* II, § 4 Rn. 24 ff.

Bezüglich O ist eine Ausnutzung der Arg- und Wehrlosigkeit **unproblematisch** zu bejahen, da die vorangegangenen kleinen Streitigkeiten eine solche hier gewiss nicht ausschließen können und T das völlig unvorbereitete Opfer überraschend erschossen hat.

Fraglich ist jedoch, ob auch **gegenüber dem N** ein heimtückisches Verhalten vorliegt. Grundsätzlich kommt es hierfür auf die Arg- und Wehrlosigkeit des Opfers bei Beginn des ersten mit Tötungsvorsatz geführten Angriffs an, es sei denn die Zeitspanne zwischen dem Erkennen der Gefahr und dem unmittelbaren Angriff ist so kurz, dass dem Opfer keine Verteidigungsmöglichkeit bleibt, obwohl der Täter ihm offen feindselig gegenüber getreten ist. Geht man hier – wie im Sachverhalt beschrieben – davon aus, dass T bezüglich des N **seinen Tötungsentschluss überhaupt erst gefasst** hatte, als dieser aufgrund der Beobachtung der vorangegangen Tötung des O die Gefahr erkannt hatte und somit nicht mehr arglos war, fehlt es an einer Heimtücke. Allein der enge raumzeitliche Zusammenhang mit der vorangegangenen heimtückischen Tötung des O kann hierfür nicht genügen.

18. Zufall oder: Ein blindes Huhn findet auch mal ein Korn

T wollte O töten. Obwohl er ein unsicherer Schütze war, schoss er aus einiger Entfernung mit einer Pistole auf den O, der sich gerade inmitten einer großen Menschenansammlung befand. Zu T's eigener großer Erleichterung traf er tatsächlich O, nicht einen der umherstehenden Passanten. Staatsanwalt S erwägt, angesichts der Unsicherheiten des Heimtückebegriffs seine Anklage wegen Mordes noch „auf ein zweites Standbein" zu stellen und überlegt, ob nicht eine Tötung mit gemeingefährlichen Mitteln vorliege, da außer O auch alle umherstehenden Passanten gefährdet waren. Was ist davon zu halten? (vgl. BGHSt 38, 353)

Zur Vertiefung: *Wessels/Hettinger,* Rn. 103; *Rengier* II, § 4 Rn. 46–47b.

Nichts. Gemeingefährlich sind nämlich nur solche Mittel, deren **kumulative Wirkung** auf Leib oder Leben für eine Mehrzahl anderer Menschen der Täter nach den konkreten Umständen nicht in der Hand hat. Hier waren zwar viele Menschen gefährdet; allerdings stand bei Begehung der Tat von vornherein fest, dass realistischerweise nur eine Person lebensgefährlich getroffen werden konnte, auch wenn noch nicht feststand, welche dies war.

Ergänzende Bemerkungen: (1.) Hinsichtlich der nicht getroffenen Passanten könnte man auf den ersten Blick gewiss einen Tötungsversuch mit bedingtem Vorsatz in Gestalt eines *dolus alternativus* konstruieren. Indes sprechen die besseren Gründe in den *dolus-alternativus*-Fällen dafür, dass der Vorsatz jedenfalls dann, wenn das vorrangig anvisierte Objekt getroffen wird und tatbestandlich nicht geringwertiger ist als die alternativ gefährdeten Objekte, durch die Verurteilung wegen der Vollendungstat „verbraucht" ist (vgl. auch PdW AT, Fall 66).

(2.) Hat der Täter bei einer (objektiv-kumulativen) Gefährdung mehrerer Personen auch deren Tod in Kauf genommen, kommt es zu dem Paradox, dass hinsichtlich all dieser Einzelpersonen von der h. M. keine gemeingefährliche Begehung angenommen wird, so dass der Täter mit weiterreichendem Tötungsvorsatz privilegiert würde. Gerade bei einer schwer überschaubaren Masse stellt sich aber die Frage, ob man dann wirklich von einer die Gemeingefahr ausschließenden „individualisierten Mehrfachtötung" sprechen kann.

18a. Rauchen gefährdet Ihre Gesundheit

T ging davon aus, dass seine Lebensgefährtin O die Beziehung mit ihm beendet hatte. Hierüber war er verzweifelt und beschloss, aus dem Leben zu scheiden. Er öffnete die Gasleitung in seiner in einem Mehrfamilienhaus befindlichen Wohnung, um sich zu vergiften. Nachdem das Gas 10 bis 15 Minuten ausgeströmt war, verschloss er den Gashahn wieder. Kurz danach klingelte O, um ihre Sachen abzuholen. T öffnete ihr die Tür. Während die beiden sich unterhielten, sah T, dass O sich eine Zigarette anzünden wollte und unternahm dagegen nichts. Die Flamme des Feuerzeuges entzündete das in dem Raum befindliche Luft-Gas-Gemisch; die hierdurch verursachte Explosion brachte das gesamte Haus zum Einsturz. Von den Trümmern wurde ein Mitbewohner des Hauses erschlagen. T und O erlitten schwere Verletzungen. Das LG verurteilte T u. a. wegen versuchten gemeingefährlichen Mordes durch Unterlassen zu einer lebenslangen Freiheitsstrafe. Wird seine dagegen gerichtete Revision Erfolg haben?
(vgl. BGH NStZ 2010, 87)

Zur Vertiefung: *Wessels/Hettinger*, Rn. 103; *Rengier* II, § 4 Rn. 46–47a; *Hecker*, JuS 2010, 360; *Kudlich*, JA 2009, 901.

Die (hier versuchte, wenn man unterstellt, dass T die Situation tatsächlich überblickt und hinsichtlich der O Tötungsvorsatz gehabt hat) Tötung durch eine **Sprengstoffexplosion** ist an sich geradezu ein **klassischer Fall der gemeingefährlichen Begehung.** Hier ist freilich die Besonderheit zu berücksichtigen, dass nur eine **Tatbegehung durch Unterlassen** im Raume steht, was nach der Entsprechungsklausel des § 13 Abs. 1 erfordert, dass das Unterlassen der Verwirklichung des Tatbestands durch ein Tun entspricht (Modalitätenäquivalenz). Der Senat ist hier nun der Meinung, dass eine Tötung mit gemeingefährlichen Mitteln voraussetzt, dass diese vom Täter eingesetzt werden (und dass es nicht ausreicht, wenn eine bereits vorhandene gemeingefährliche Situation ausgenutzt wird, wobei es nicht davon abhängt, ob die Gefahr zufällig entstanden oder vom Täter selbst noch ohne Tötungsvorsatz geschaffen worden ist). Ein anschauliches Beispiel hierfür ist, dass das Ertrinkenlassen eines Menschen in einem gemeingefährlichen Hochwasser nicht ohne weiteres unter § 211 fällt (wobei dies aber wohl auch bei der Begehung gelten dürfte, wenn das Opfer in dem gemeingefährlichen Hochwasser untergetaucht wird). Kommt danach eine Tötung mit gemeingefährlichen Mitteln durch Unterlassung nur dann in Betracht, wenn der Täter bereits bei **der Gefahrsetzung mit Tötungsvorsatz** gehandelt hat, ist im vorliegenden Sachverhalt nicht auszuschließen, dass T beim Öffnen des Gashahnes zunächst nur an seine eigene Gefahr (Vergiftung) und nicht an die Gemeingefahr gedacht hat, weshalb der Senat die Verurteilung wegen versuchten Mordes aufgehoben hat. Zwingend ist dies freilich nicht: Man könnte hier wohl durchaus auch argumentieren, dass die **eigentlich gemeingefährliche Situation** noch nicht mit dem Ausströmen des Gases, sondern **erst mit der Explosion** geschaffen wurde und dass T jedenfalls in dem Moment, in welchem er es unterließ, die O vom Entzünden des Feuerzeugs abzuhalten, durchaus auch Vorsatz hinsichtlich der Gemeingefahr der drohenden Explosion hatte. Im Unterschied zum obengenannten Hochwasserfall ergibt sich durch die Explosion also eine nochmalige signifikante Gefahrsteigerung und die Tötung beschränkt sich nicht allein im Ausnutzen der bereits existierenden Situation.

18b. Tod den Fischköpfen

T, der an einer paranoid-halluzinatorischen Psychose litt, glaubte dass aus der unter ihm gelegenen Wohnung der O ständig Fangesänge für den von T verhassten Fußballverein Werder Bremen zu hören seien. Um O zur Rede zu stellen, gestattete T ihr einen Besuch ab, hatte aber ein langes Küchenmesser dabei, um ihr erforderlichenfalls ein bisschen Angst zu machen. Als O das Messer entdeckte, erschrak sie und schrie auf. T forderte sie auf, doch ruhig zu sein und in Zukunft nur die Musik nicht mehr so laut zu stellen. Als O erneut anfing zu schreien, stach T, der mit der Situation überfordert war, mehrfach mit dem Messer in O's Brust- und Bauchgegend, wobei er die Lebensgefährlichkeit seines Handelns erkannte. Während des anschließenden Gerangels bekam T Angst, dass er wegen der vorangegangenen Messerstiche nicht unerheblich bestraft werden könnte, wenn er O jetzt nicht tötete. Deshalb würgte er sie für mehrere Minuten, um sie zu töten und dadurch die Körperverletzung zu verdecken. O verstarb an einer Kombination aus Ersticken und Verbluten. Das LG möchte ihn unter anderem wegen Mordes in Verdeckungsabsicht verurteilen. Zu Recht?
(vgl. BGH NStZ 2015, 458)

Zur Vertiefung: *Wessels/Hettinger,* Rn. 130 f.; *Rengier* II, § 4 Rn. 65; *Eisele,* JuS 2015, 754; *Jäger,* JA 2015, 711.

Nein (und zwar ungeachtet der Frage, ob T's psychischer Zustand seine Zurechnungsfähigkeit beeinträchtigt hat, wozu der Sachverhalt keine exakten Angaben enthält). Zwar sind die Messerstiche als solche bereits eine vollendete Körperverletzung, welche als **zu verdeckende Vortat** grundsätzlich ohne weiteres in Betracht kommt. Eine „andere" Straftat verdeckt wird jedoch nicht, wenn der Täter nur die Handlung verdeckt, die er ohnehin gerade begeht. Auch ein **zäsurloser Übergang** vom bedingten zum unbedingten Tötungsvorsatz macht zeitlich vorhergehende Teile einer einheitlichen Tötungshandlung nicht zu einer anderen Straftat. Ein Verdeckungsmord kann in solchen Fällen nur angenommen werden, wenn zwischen einem erfolglosen ersten, mit Tötungsvorsatz angenommenen Angriff und einer erneuten, nunmehr mit Verdeckungsabsicht begangenen Tötungshandlung eine deutliche zeitliche Zäsur liegt. Das „Gerangel" während des Kampfes zwischen T und O dürfte dabei noch nicht die Dauer erreicht haben, die innerhalb eines äußerlich einheitlichen Geschehens an einem Ort zu einer solchen Zäsur führt.

19. Tödliche Spurenbeseitigung

Nachdem T den O in dessen Wohnung erstochen hatte, beschloss er, die Tatspuren dadurch zu verdecken, dass er das Haus in Brand setzte. Dabei wusste er, dass in den oberen Stockwerken zwei alte Frauen wohnten, die zu dieser Zeit vermutlich schliefen und durch den Brand getötet werden könnten. Diesen Erfolg nahm T billigend in Kauf, da ihm die Beseitigung der Tatspuren wichtiger war. Einige Einrichtungsgegenstände fingen zwar Feuer; dieses griff aber nicht auf das Gebäude über, sondern erlosch vorher mangels Sauerstoffs. Das Landgericht will T u. a. wegen versuchten Mordes in Verdeckungsabsicht verurteilen. Zu Recht?
(vgl. BGHSt 41, 358 [Verdeckungsabsicht]; vgl. auch BGHSt 39, 159 [Ermöglichungsabsicht]; zur früheren Ansicht des BGH in Unterlassungsfällen vgl. BGHSt 7, 287)

Zur Vertiefung: *Wessels/Hettinger,* Rn. 123 ff.; *Rengier* II, § 4 Rn. 48, 52, 57 f.; *Geppert,* Jura 2004, 242 ff.; *Köhne,* Jura 2011, 741 ff.; *Schmidt,* JuS 1996, 655; *Schroeder,* JuS 1994, 294 ff.

Ja. Dabei ist zweierlei näher zu begründen:

(1.) Das Mordmerkmal **„Verdeckungsabsicht"** setzt (ebenso wie die „Ermöglichungsabsicht", vgl. BGHSt 39, 159) nach heute h. M. nicht (mehr) zwingend voraus, dass gerade der **Tod** eines anderen das **Mittel** der Verdeckung ist. Es genügt, dass der Täter die **Tötungshandlung** als Mittel zur Verdeckung einer anderen Straftat einsetzt. Hierzu der BGH (BGHSt 41, 358, 360): „Mittel der Verdeckung ist der vom Täter in Gang gesetzte Ursachenverlauf, der dazu dienen soll, die vorangegangene Straftat nicht offenbar werden zu lassen, und der zugleich (vorsätzlich) zum Tod eines Menschen führt." Dieses Ergebnis lasse sich bereits aus dem Wortlaut des § 211 Abs. 2 ableiten. Auch sei vorliegend ein solches Vorgehen des Täters gegenüber der gezielten „Ausschaltung" von Tatzeugen (siehe Fall 10) nicht minder verwerflich, da hier sogar gänzlich **Unbeteiligte,** von denen Entdeckung nicht zu befürchten ist, um der Verdeckung willen (bedingt) vorsätzlich getötet werden.

(2.) Während hinsichtlich der Verdeckung Absicht im Sinne eines *dolus directus* I. Grades erforderlich ist, genügt hinsichtlich des **Todeseintritts** ***dolus eventualis.***

Zusammengefasst kann man damit eine Verdeckungs- (bzw. Ermöglichungs-)Absicht immer dann annehmen, wenn der Täter als Folge eines Handelns, das der Verdeckung (bzw. Ermöglichung) dient, den Tod des Opfers billigend in Kauf nimmt.

Ergänzende Bemerkungen: (1.) In Abkehr von der Rechtsprechung in BGHSt 7, 287 gilt dies nach Ansicht des BGH NJW 2000, 1730 (m. Anm. *Kudlich,* JA-R 2000, 142 ff.) auch für ein Unterlassen.

(2.) *Dolus eventualis* hinsichtlich des Todes ist dann nicht ausreichend, wenn gerade nur der Eintritt des Todes die Verdeckung garantieren kann, so bei der bedingt vorsätzlichen Tötung eines Zeugen, der den Täter erkannt hat.

(3.) Der beabsichtigte Erfolg muss nicht notwendigerweise eintreten, so dass weder die zu verdeckende Tat tatsächlich begangen noch die zu ermöglichende Tat überhaupt begehbar sein muss: Es reicht die (irrige) Vorstellung im Kopf des Täters. Zum umgekehrten Irrtum vgl. Fall 20.

(4.) Ob im konkreten Fall auch eine gemeingefährliche Begehung vorlag, ist Tatfrage: Waren durch das Feuer noch andere Personen gefährdet, ist das auch dann möglich, wenn sich T's Vorsatz auf beide alten Damen kumulativ bezog. Ist das nicht der Fall, wird man bei zwei Personen noch eine individualisierte Mehrfachtötung (vgl. Fall 18) annehmen können.

19a. Und das alles wegen einer ec-Karte – oder: Wer solche Nachbarn hat, braucht keine Feinde

Die T gelangte unbefugt in den Besitz der ec-Karte ihrer Nachbarn, der Eheleute O, und verwendete diese. Herr und Frau O bemerkten den Verlust, hatten T in Verdacht, erstatteten Anzeige und forderten T auf, zu einem persönlichen Gespräch in der Bankfiliale zu erscheinen, wo sie durch den Bankangestellten B identifiziert werden sollte. Da T sich vor der Aufdeckung ihrer Taten fürchtete, suchte sie Frau O in deren Wohnung auf, um herauszufinden, was die Eheleute O über die Sache wussten und welche Beweise vorlagen. Als man über die unberechtigten Abhebungen sprach, kam es zu einem Streit, in dessen Verlauf die wütende T mehrfach mit einem scharfkantigen Gegenstand auf den Kopf der O einschlug, was – wie gewollt – zum Tod der O führte. Das LG hat T „nur" wegen Totschlags (und anderer Delikte) verurteilt. Die Staatsanwaltschaft begehrt mit ihrer Revision auch eine Verurteilung wegen Mordes in Verdeckungsabsicht. Zu Recht?
(vgl. BGHSt 56, 239)

Zur Vertiefung: *Wessels/Hettinger,* Rn. 125 f.; *Rengier* II, § 4 Rn. 53; *Jahn,* JuS 2011, 942.

Das LG hat die Verdeckungsabsicht mit dem Argument verneint, dass T um den Verdacht wusste, den die Eheleute O und auch der B gegen sie hegten. Deshalb sei die Tötung der O nicht geeignet gewesen, die **weitere Aufdeckung ihrer Taten zu verhindern.** Der Senat hält dieses Verständnis für zu eng und lässt für die Annahme einer Verdeckungsabsicht auch genügen, wenn der Täter meint, „mit der Tötung eine **günstige Beweisposition aufrechterhalten** oder seine Lage verbessern zu können", auch wenn er bereits als Täter verdächtigt wird. Allein der Umstand, dass hier unberechtigte Verfügungen bereits entdeckt waren, schließt daher die Annahme einer Verdeckungsabsicht nicht aus, da die T immerhin ihre eigene Täterschaft verbergen wollte, die nach ihrer Vorstellung den Strafverfolgungsbehörden möglicherweise noch nicht bekannt gewesen ist. Dass der Tötungsentschluss hier in einer

unvorhergesehenen Augenblicksituation spontan gefasst wurde, steht nach Auffassung des BGH der Verdeckungsabsicht nicht entgegen, da diese „keine Überlegung des Täters im Sinne eines abwägenden Reflektierens über die eigenen Ziele" voraussetzt.

20. Ein Opfer für die Liebe

T verliebte sich in die H, die seinerzeit noch mit dem späteren Tatopfer O verheiratet war. T und H fassten den Plan, O zu töten, um jedenfalls auch an die für die bezugsberechtigte H zu erwartende Lebensversicherungssumme zu kommen. Tatbeherrschend für T war allerdings das Motiv, die H nach O's Tod zu heiraten und so eine Aufenthaltserlaubnis zu erhalten. T erkannte auch nicht, dass die Geltendmachung der Lebensversicherungssumme einen (versuchten) Betrug begründen würde. T tötete O. Hat er einen Mord begangen?
(vgl. BGH NStZ 1998, 352)

Zur Vertiefung: *Wessels/Hettinger,* Rn. 94b, 95, 123, 124a; *Rengier* II, § 4 Rn. 13, 16, 49.

Nach Ansicht des BGH **nein,** wenngleich dies zunächst überraschen mag. Die Annahme einer Tötung, „um eine andere **Straftat zu ermöglichen**", ist ausgeschlossen, weil sich T gerade **nicht** vorstellte, nach O's Tod eine weitere Straftat zu begehen. Auch **Habgier** scheidet aus, da **tatbeherrschend** letztlich der **Wunsch nach Heirat** und einer Aufenthaltsgenehmigung war. In Betracht kommt freilich ein **niedriger Beweggrund,** da die mangelnde „Freigabe" der H durch O an sich ein Anlass ist, der als Grund einer Tötung in hohem Maße verwerflich ist. Betont man allerdings das Erfordernis einer restriktiven Auslegung, so ist zu berücksichtigen, dass sich T in einer **„subjektiven Zwangslage"** befunden hat, bei der es auf den zeitlichen Unterschied zwischen dem sofortigen Tod des O und einer langwierigen Scheidung gegen den Willen des O entscheidend ankam. Lehnt man daher niedrige Beweggründe ab, so hat T lediglich einen Totschlag begangen.

Ergänzende Bemerkungen: (1.) In der umgekehrten Konstellation kommen niedrige Beweggründe in Betracht, wenn der Täter seinen trennungswilligen Partner tötet, weil er „nicht ertragen kann, wenn dieser ohne ihn lebt". Allerdings ist bei derartigen Gefühlsregungen stets zu prüfen, ob nicht Verzweiflung und Ausweglosigkeit die niedrigen Beweggründe ausschließen.

(2.) In Konsequenz der hier angestellten Überlegungen müsste eine Verdeckungsabsicht auch ausscheiden, wenn der Täter irrig davon ausgeht, dass die zu verdeckende Tat lediglich eine Ordnungswidrigkeit darstellt, denn eine solche ist gerade keine Straftat im Sinne des § 211. Allerdings ist das Vorliegen von sonstigen niedrigen Beweggründen sorgfältig zu prüfen, wenn wegen einer drohenden Geldbuße ein Mensch getötet wird.

(3.) Nach BGHSt 41, 8 soll es für eine Verdeckungsabsicht reichen, wenn der Täter zwar nicht mit Strafverfolgung hinsichtlich der vorausgegangenen (tatsächlich begangenen) Straftat rechnet, es ihm aber um die Vermeidung außerstrafrechtlicher Konsequenzen geht (z. B. Verlust der Beute). Im Hinblick auf die prinzipiell zu favorisierende restriktive Auslegung der Mordmerkmale (siehe Fall 8) erscheint dies zweifelhaft.

(4.) Selbstverständlich geht es nicht darum, dass ein Student den ganz konkreten Fall bzw. die vom BGH zu den unterschiedlichen Mordmerkmalen herangezogenen Argumente auswendig lernen müsste;

und ebenso selbstverständlich könnte man bei dem einen oder anderen Merkmal mit entsprechender Begründung gewiss auch eine abweichende Ansicht vertreten. Das vorliegende Beispiel soll vielmehr – wie auch eine Reihe anderer Fälle – exemplarisch aufzeigen, mit welchen Argumenten man die verfassungsrechtlich gebotene restriktive Auslegung der Mordmerkmale begründen kann (bzw. mit welchen Argumenten man sich in der Diskussion über ihr Vorliegen zumindest auseinandersetzen muss).

21. Schlechter Scherz im falschen Moment (I)

T war mit seinem Bekannten O nach einem Gasthausaufenthalt auf dem Heimweg. Als O einige scherzhaft gemeinte Bemerkungen über T's Familie und deren „zwielichtiges Treiben" geäußert hatte, geriet T derart in Wut, dass er dem ersichtlich überraschten O in offen feindseliger Weise gegenüber trat und ihn mit Fäusten attackierte. Im Verlaufe des Gerangels erschlug T den O dann mit einem Pflasterstein. Der Verteidiger möchte darauf plädieren, T sei aufgrund seines Zornes auf der Stelle zur Tat hingerissen worden, so dass § 213 Alt. 1 gelte. Zu Recht?
(vgl. BGHSt 34, 37)

Zur Vertiefung: *Wessels/Hettinger,* Rn. 171 ff.; *Rengier* II, § 3 Rn. 14 f.

Nein. § 213 Alt. 1 setzt nämlich voraus, dass die körperliche Misshandlung oder schwere **Beleidigung** durch das spätere Opfer **vorsätzlich begangen** worden sind. Fasst der Täter eine Äußerung als Beleidigung auf, die zwar nach dem objektiven Erklärungswert so verstanden werden kann, vom Opfer aber nicht so gemeint ist, etwa weil es eine beleidigende Bedeutung gar nicht bedacht hat, entfällt die Anwendung von § 213 Alt. 1. Gegen diese Ansicht wird in der Literatur mitunter der Rechtsgedanke des § 16 Abs. 2 herangezogen, wodurch gleichwohl eine Milderung des Strafrahmens nach § 213 Alt. 1 erfolgen müsste. Überzeugender erscheint es jedoch, in solchen Fällen, in denen zwar der Täter subjektiv genauso „nachvollziehbar" handelt, das Opfer aber nicht in ähnlicher Weise seine strafrechtliche Schutzwürdigkeit herabgesetzt hat, mit dem BGH eine Lösung über § 213 Alt. 2 (unbenannter minder schwerer Fall) zu suchen, die eine noch umfassendere Berücksichtigung aller Umstände zulässt.

22. Schlechter Scherz im falschen Moment (II)

Ändert sich etwas, wenn T in Fall 21 derart in Wut geraten war, dass er dem ahnungslosen O von hinten ein Messer in den Rücken stach und ihn dadurch tötete?
(vgl. BGHSt [GS] 11, 139)

Zur Vertiefung: *Wessels/Hettinger,* Rn. 133, 171; *Rengier* II, § 3 Rn. 14.

Ja, T hat sich nämlich in diesem Fall wegen Mordes gemäß § 211 **(Heimtücke)** strafbar gemacht. Die starke Gemütsbewegung des T schließt ein heimtückisches Handeln nicht aus, sofern er im Übrigen die Arg- und Wehrlosigkeit des O in ihrer Bedeutung für dessen hilflose Lage erfasst und **bewusst** zur Tatbegehung ausgenutzt hat. Dies unterstellt, kommt § 213 dem T nach h. M. nicht zu Gute, da beim

Zusammentreffen mit Mordmerkmalen ein Rückgriff auf § 213 – der nach Wortlaut und Überschrift unmittelbar nur für § 212 gilt – verschlossen ist. Gegen die Beschränkung des § 213 auf Fälle des § 212 wird zwar teilweise vorgebracht, diese sei als Relikt der überholten „Tätertypenlehre" („der Totschläger", vgl. auch Fall 6) abzulehnen. Allerdings ist es auch ohne Rekurs auf diese Lehre möglich anzunehmen, dass ein minder schwerer Fall bei Tötung eines Menschen eben nicht möglich sein soll, wenn diese unter bestimmten, in § 211 näher beschriebenen Umständen erfolgt ist.

Ergänzende Bemerkung: Mit der Lehre von der negativen Typenkorrektur (siehe Fall 8) wäre es möglich, die Umstände des § 213 in die für § 211 erforderliche Gesamtwürdigung von Tat und Täter einzustellen.

23. Cocktail für eine zukünftige Leiche (I)

Die dem Tode geweihte Patientin O flehte ihren behandelnden Arzt, Prof. T, über Wochen hinweg an, er möge ihr das Ausscheiden aus dem Leben erleichtern. Prof. T gab schließlich nach. Er überreichte der O einen Becher mit in Wasser aufgelöstem Kaliumcyanid. O nahm den Becher in die Hand und trank die darin enthaltene mehrfache Todesdosis aus. Sie verlor kurz darauf das Bewusstsein und verstarb. Die Staatsanwaltschaft möchte Prof. T wegen Tötung auf Verlangen gemäß § 216 anklagen. Was wird das Gericht tun?
(vgl. OLG München NJW 1987, 2940 – Fall Hackethal)

Zur Vertiefung: *Wessels/Hettinger,* Rn. 43 ff.; *Rengier* II, § 8 Rn. 1 f., 8 f.; *Solbach,* JA 1987, 579 ff.

Es wird beschließen, das Hauptverfahren mangels hinreichenden Tatverdachts nicht zu eröffnen (§ 204 StPO). Es liegt **keine Fremdtötung,** sondern lediglich straflose Teilnahme an einer freiverantwortlichen Selbsttötung vor (siehe Fall 4). O hat den Giftbecher ohne Hilfe Dritter selbst zum Mund geführt und das Gift getrunken. Sie hatte **bis zuletzt die freie Entscheidung** darüber, ob sie das Gift einnimmt oder nicht, und beherrschte damit das zum Tode führende Geschehen. An dem **eigenhändigen Akt** der Lebensvernichtung ändert auch die Tatvorbereitung durch T – Besorgen des Giftes usw. – nichts. An der Freiverantwortlichkeit der O (siehe oben) bestehen keine Zweifel. Auch die berufliche Stellung des T als Arzt lässt keine andere Bewertung zu, da dem Gesetz eine Differenzierung hinsichtlich potenzieller „Sterbehelfer" nicht entnommen werden kann.

Teilnahme an Selbsttötung ist straflos. Arg.: Akzessorietät der Teilnahme setzt rechtswidrige Straftat (§ 11 Abs. 1 Nr. 5) als Haupttat voraus.	Abgrenzung: Tatherrschaft über letzten Akt ←→	Tötung auf Verlangen ist strafbar. Arg.: § 216
	Freiverantwortlichkeit des Selbsttötungsentschlusses	Tötung in mittelbarer Täterschaft ist strafbar. Arg.: §§ 212, 25 Abs. 1 Alt. 2

24. Cocktail für eine zukünftige Leiche (II)

Die Staatsanwaltschaft legt gegen den Ablehnungsbeschluss aus Fall 23 gemäß § 210 Abs. 2 StPO sofortige Beschwerde mit der Begründung ein, es komme aber wenigstens eine Strafbarkeit des T wegen §§ 216, 13 in Betracht, da er nach Eintritt der Bewusstlosigkeit der O Rettungsmaßnahmen hätte ergreifen müssen. Was ist davon zu halten?
(vgl. OLG München NJW 1987, 2940)

Zur Vertiefung: *Wessels/Hettinger,* Rn. 44 u. 54 ff.; *Rengier* II, § 8 Rn. 12–20a.

Nichts, da auch diesbezüglich ein hinreichender Tatverdacht zu verneinen ist. Zwar ist zuzugestehen, dass mit Eintritt der **Bewusstlosigkeit** der Suizident die **Tatherrschaft** über das Geschehen **verliert.** T war aber nach vorzugswürdiger Meinung zur Erfolgsabwendung **nicht verpflichtet.** Eine Garantenstellung des T aufgrund des Arzt-Patienten-Verhältnisses entfiel dadurch, dass O den T durch ausdrückliche Willensäußerung aus diesem Verhältnis und damit auch aus der besonderen Lebensschutzverantwortung als Arzt in rechtlich wirksamer Weise entlassen hatte („Behandlungsverzicht"; str.). Eine Garantenstellung aufgrund pflichtwidrigen Vorverhaltens (Ingerenz) durch Überlassen des Giftes lässt sich ebenso wenig schlüssig begründen: Da die Teilnahme am freiverantwortlichen Suizid straflos ist, folgt an sich zwingend, dass die in dieser Beteiligung liegende Ingerenz **nicht in eine Unterlassungstäterschaft** gemäß §§ 216, 13 umschlagen kann (**anders** aber z. T. die **Rechtsprechung**). Plakativ: Wenn der Teilnehmer dem Lebensmüden den Strick zum Erhängen geben und den Stuhl dafür hinstellen darf, kann er nicht gleichzeitig verpflichtet werden, bei fortbestehendem Sterbewillen den am Seil bewusstlos Hängenden wieder herunter zu holen. Aus den gleichen Wertungsgesichtspunkten hat sich T auch nicht wegen **§ 323c** strafbar gemacht (was dogmatisch daran festgemacht werden kann, dass schon kein „Unglücksfall" vorliegt bzw. eine Hilfe bei ausdrücklichem und offensichtlich entgegenstehendem Willen der O nicht „zumutbar" ist).

Ergänzende Bemerkungen: (1.) In dem der Entscheidung des OLG München zugrunde liegenden Fall scheiterte eine Unterlassensstrafbarkeit des T aus einem weiteren Grund: Angesichts der mehrfach überhöhten Dosis lag die Rettungschance im konkreten Fall so niedrig, dass es an der für eine Quasikausalität beim unechten Unterlassungsdelikt erforderlichen Wahrscheinlichkeit dafür fehlte, dass ein sofortiges Eingreifen des T nach Bewusstlosigkeit der O deren Tod verhindert hätte.

(2.) Ganz ähnlich wie hier auch die Einstellungsverfügung der Staatsanwaltschaft München (StA München I NStZ 2011, 345), wonach die eigenverantwortlich und im Bewusstsein der vollen Tragweite seines Handelns getroffene Entscheidung eines an Alzheimer-Demenz Erkrankten, sich durch eigenes Tun selbst das Leben zu nehmen, auch dann verbindlich ist, wenn Handlungsunfähigkeit bzw. Bewusstlosigkeit eingetreten ist. Angehörige, die dies respektieren und deshalb bei Verlust der Handlungsfähigkeit und des Bewusstseins keine ärztliche Hilfe rufen oder sonstige Rettungsmaßnahmen einleiten, trifft danach kein strafrechtlicher Vorwurf.

24a. Cocktail für eine zukünftige Leiche (III)

Könnte sich T aus Fall 23 nach einem anderen Straftatbestand aus dem StGB strafbar gemacht haben?

Zur Vertiefung: *Duttge,* NJW 2016, 120 ff.

T könnte sich nach dem im Dezember 2015 nach langer und kontroverser rechtspolitischer Diskussion in Kraft getretenen **neuen Straftatbestand des § 217 n. F. wegen geschäftsmäßiger Förderung einer Selbsttötung** strafbar gemacht haben. Hiernach wird bestraft, wer „in der Absicht, die Selbsttötung eines anderen zu fördern, diesem hierzu geschäftsmäßig die Gelegenheit gewährt, verschafft oder vermittelt". Eine aufgrund des Akzessorietätserfordernisses nicht mögliche Strafbarkeit wegen „Beihilfe zur Selbsttötung" (vgl. Fall 4) wird hier unter der Voraussetzung „geschäftsmäßigen", d. h. auf Wiederholung angelegten Handelns als eigenständig pönalisiertes tatbestandliches Handeln unter Strafe gestellt, wobei es sich freilich genau genommen um keine eigenständig pönalisierte Beihilfehandlung, sondern um ein abstraktes Gefährdungsdelikt handelt. An der **Verfassungsgemäßheit** einer solchen Strafbarkeit wird man freilich **mit guten Gründen zweifeln** müssen, da ein zentraler Ausschnitt des Selbstbestimmungsrechts massiv beschnitten wird, denn eine gleichermaßen möglichst sichere wie sanfte und würdevolle Selbsttötung wird meist nicht gelingen, wenn keine Hilfe einer Person in Anspruch genommen wird, die über die erforderlichen Kenntnisse verfügt. Dieser Grundrechtseingriff ist auch nicht gerechtfertigt, insbesondere bestehen für die gesetzgeberische Vorstellung, die Zulässigkeit der (auch organisierten) Hilfe bei der Selbsttötung würde zu einem Klima führen, in dem alte und kranke Menschen unter Rechtfertigungsdruck geraten könnten, wenn sie „weiterleben wollen", empirisch keinerlei Anhaltspunkte, und angesichts der seit weit mehr als 100 Jahren bestehenden Rechtslage der Straflosigkeit der Suizidbeihilfe ist diese Annahme auch nicht naheliegend.

Prüft man gleichwohl die **Strafbarkeit de lege lata,** hat T durch die Überlassung des Giftes unproblematisch der O eine Gelegenheit gewährt. Fraglich ist nur, ob ein **geschäftsmäßiges Handeln** angenommen werden kann. Im Gesetzgebungsverfahren wurde auf entsprechende Bedenken beschwichtigend darauf hingewiesen, dass Ärzte, die ihren Patienten helfen wollen, von diesem Verbot nicht betroffen wurden; allerdings ist nicht recht klar, wie dies dogmatisch begründet werden könnte: Gerade bei einem **Arzt,** der zu einem solchen Schritt bereit ist, liegt es nahe, dass ein entsprechender Wunsch auch ein zweites oder drittes Mal an ihn herangetragen wird. Spätestens in diesem Moment wird man ein auf Wiederholung gerichtetes Handeln nicht ernsthaft verneinen können. Ist eine solche Fortsetzung aber – hier in der beruflichen Tätigkeit – bereits angelegt, besteht für einen Arzt durchaus das Risiko, auch schon bei der ersten Tat „geschäftsmäßig" zu handeln. Letztlich kommt es mithin (1.) im Tatsächlichen darauf an, ob T schon einmal einem Patienten in vergleichbarer Weise geholfen hat, und (2.) im Rechtlichen darauf, ob man mit dem Argument einer historisch-genetischen Auslegung entgegen Wortlaut und Systematik der Vorschrift Ärzte aus dem Anwendungsbereich der Vorschrift so lange ausnehmen will, wie sie nicht als „reisende Suizidhelfer" ihr Handeln mehr oder weniger auf diese Tätigkeit beschränken.

25. Russisch Roulette einmal anders

Der lebensmüde O flehte seine Ehefrau T an, seinem Leben durch Erschießen ein Ende zu setzen. Hierfür übergab er T eine geladene Pistole. T

wollte dem Verlangen des O unter keinen Umständen nachkommen und entfernte daher alle Patronen aus dem Magazin. Als sie das Jammern des O aber nicht mehr ertragen konnte, stellte sie sich demonstrativ vor O, richtete die Pistole auf ihn und drückte mit der Gewissheit ab, es werde sich schon kein Schuss lösen. O verstarb dennoch. Er hatte heimlich das Magazin wieder aufgefüllt, was T eigentlich hätte auffallen müssen. Hat sich T strafbar gemacht?
(vgl. OLG Nürnberg NJW 2003, 454; BGH NJW 2003, 2326)

Zur Vertiefung: *Wessels/Hettinger,* Rn. 65a, 190 ff.; *Engländer,* JZ 2003, 747 ff.; *Herzberg,* NStZ 2004, 1 ff.; *Küpper,* JuS 2004, 757 ff.

Nach der überzeugenden Ansicht der Rechtsprechung **ja.** T hat sich zwar mangels Tötungsvorsatzes nicht gemäß § 216, wohl aber nach **§ 222 (fahrlässige Tötung)** strafbar gemacht. Der BGH hält für die Abgrenzung zwischen strafloser Teilnahme an der Selbsttötung und strafbarer Tötungshandlung (vgl. dazu schon Fälle 4 und 23) auch im Fall des Fahrlässigkeitsdelikts die Trennungslinie zwischen Täterschaft und Teilnahme für maßgeblich. Entscheidend ist daher, ob der Täter das zum Tode führende Geschehen tatsächlich beherrscht hat. Da T die letzte kausale und entscheidende Tötungshandlung eigenhändig vornahm (anders daher Fälle 5 und 23), ließe sich die **Tatherrschaft** über das Geschehen **dem O nur zuweisen,** sofern O die T über das zum Tode führende Geschehen getäuscht und sie mit Hilfe des hervorgerufenen Irrtums zum **Werkzeug** gegen sich selbst gemacht hätte. Dies wurde in vergleichbaren Fällen vom OLG Nürnberg (NJW 2003, 454) und vom BGH (NJW 2003, 2326) mit der Begründung verneint, T habe die **„Gefährdungsherrschaft"** über das Geschehen gehabt, da sie sich der konkreten, von ihr verursachten Gefährdung bewusst war und sich deshalb „hätte sagen müssen, dass es, wenn sie sich irrte und die Waffe doch geladen war, nur noch auf sie ankam, und sie den irreversiblen Handlungsschritt vornahm" (vgl. OLG Nürnberg NJW 2003, 454). Man könnte dagegen zwar einwenden, dass umgekehrt der Irrtum der Suizidentin im Sirius-Fall (vgl. Fall 4) auf Opferseite gerade zur (mittelbaren) Tatherrschaft des Hintermannes führte, weswegen es auf den ersten Blick verwundern mag, dass der (vermeidbare) Irrtum der T über den Eintritt des Todeserfolges nicht ausreichen soll, um sie aus der Tatherrschaft „zu drängen". Ebenso wenig, wie es im Sirius-Fall allerdings entscheidend ist, ob das Opfer eine (strafrechtlich nicht erfasste) Fahrlässigkeitstat gegenüber sich selbst begehen würde, kann im vorliegenden Fall eine übergeordnete „Verantwortlichkeit" des O darüber hinweghelfen, dass T hinsichtlich der Todesgefahr pflichtwidrig gehandelt hat. Hätte T vorsätzlich gehandelt, hätte ebenfalls ein Fall des § 216 und nicht einer straflosen Teilnahme an einer fremden Selbsttötung vorgelegen.

Ergänzende Bemerkung: Anders mag man entscheiden, wenn T derart von O getäuscht worden wäre, dass sie nicht einmal geahnt hätte, überhaupt eine – wenn auch nur abstrakt gefährliche – Tötungshandlung vorzunehmen (Beispiel: In der für T bestimmten Insulinspritze befindet sich unerkennbar tödliches Gift). Denn ohne Vorhersehbarkeit des Erfolges lässt sich auch kaum von „Gefährdungsherrschaft" sprechen. Hiermit reduziert sich das Problem dann allein auf die Frage, ob im konkreten Fall Sorgfaltswidrigkeit vorlag oder nicht. Das ist aber auch insoweit konsequent, da bei § 222 gerade diese Sorgfaltspflichtverletzung die Tätereigenschaft maßgeblich begründet.

26. Angenehmer Nebeneffekt (I)

Die aufgrund eines Unfalls schwerbehinderte O bat ihren Lebensgefährten T darum, ihrem Leben ein Ende zu setzen. T, welcher der O weiteres Leid ersparen wollte, gab der Bitte nach, besorgte eine Spritze mit einem hochwirksamen Gift und injizierte es O, die daraufhin verstarb. Dabei war T die aufgrund eines Testaments der O zu erwartende Erbschaft nicht gänzlich unangenehm. Strafbarkeit des T?

Zur Vertiefung: *Wessels/Hettinger,* Rn. 156 ff., 167a; *Rengier* II, § 6 Rn. 1–6.

T hat sich (nur) wegen **§ 216** strafbar gemacht. Die Bitte der O stellt ein **ausdrückliches** und **ernstliches** (= freiverantwortlich; Voraussetzungen wie Fall 4; vgl. ergänzend auch BGH NStZ 2012, 85, 86) **Verlangen** (= mehr als bloße Einwilligung) im Sinne des § 216 dar. Näherer Begründung bedarf hier nur, ob T durch dieses Verlangen auch zur Tötung **bestimmt** worden ist. Das Verlangen muss hierfür **nicht der einzige,** wohl **aber** der **entscheidende Tatantrieb** gewesen sein. Diese Voraussetzung liegt vor. Der Umstand, dass T die **Erbschaft** willkommen war, stellt sich nach dem Sachverhalt nur als **Begleitmotiv** dar und hindert somit die Annahme von § 216 nicht. Unabhängig von der Frage, ob demnach bei T auch das Mordmerkmal „Habgier" vorliegt (siehe Fall 10), kommt eine Bestrafung aus § 211 jedenfalls wegen der Sperrwirkung des privilegierenden Tatbestandes (§ 216) nicht in Betracht.

26a. Der Kannibale von R

T war seit seiner Jugend von dem Gedanken besessen, sich durch Verspeisen einer anderen Person mit dieser dauerhaft zu verbinden. Als Erwachsener fand er über Internetforen den O, der die Vorstellung höchsten Lustempfindens an eine Penisamputation knüpfte und sich diese so großartig vorstellte, dass für ihn danach nichts mehr eine Rolle spielen sollte und sein Tod ruhig folgen könnte. Nach eingehendem E-Mail-Verkehr reiste O zu T, um zunächst das Vorhaben „Penisamputation" und anschließend die Schlachtung nebst Verzehr durchzuführen. Es geschah wie geplant. Obwohl sich – man ist geneigt zu sagen: wenig verwunderlich – das ultimative Hochgefühl bei O nicht einstellte, blieb er bei seinem Entschluss, dass T ihn verspeisen dürfe und untersagte T, einen Notarzt zu rufen. Absprachegemäß zeichnete T das Geschehen auf Video auf. Ausschnitte der Aufnahmen wollte er verwenden, um im Internet weitere Interessenten zu werben. Ferner sah er sich – wie von Anfang an geplant – die Aufnahme beim Verzehr des gebratenen Fleisches an, um sich dabei selbst zu befriedigen. Hat sich T wegen eines Tötungsdelikts strafbar gemacht? (vgl. BGHSt 50, 80)

Zur Vertiefung: *Wessels/Hettinger,* Rn. 156 ff.; *Rengier* II, § 6 Rn. 5 ff.; *Kreuzer,* StV 2007, 598 ff.; *Kubiciel,* JA 2005, 763 ff.; *Kudlich,* JR 2005, 342 ff.; *ders.,* JuS 2005, 958 ff.; *Mitsch,* ZIS 2007, 197 ff.; *Otto,* JZ 2005, 799 f.; *Scheinfeld,* GA 2007, 695 ff.

T hat zunächst unproblematisch die **Tatbestandsmerkmale eines Totschlags** (§ 212) an O verwirklicht. Dieser ist auch **nicht** etwa durch **Einwilligung gerecht-**

fertigt, denn wie § 216 eindeutig zu entnehmen ist, beseitigt nach der gesetzgeberischen Konzeption die Einwilligung in eine Tötung deren Unrecht nicht, sondern schwächt dieses höchstens ab. Es kommt jedoch einerseits eine Reihe von **Mordmerkmalen,** andererseits die **Privilegierung** des § 216 in Betracht.

Mögliche Mordmerkmale: Mangels gefühlloser und unbarmherziger Gesinnung war die Tat trotz der mit der Penisamputation sicher verbundenen erheblichen Schmerzen **nicht grausam** im Sinne des § 211 Abs. 2 Gruppe 2 Alt. 2. Da T unmittelbar bei der Tat keinen sexuellen Lustgewinn anstrebte, ist auch zweifelhaft, ob das Merkmal **„zur Befriedigung des Geschlechtstriebs"** (Gruppe 1 Alt. 2) vorliegt; nach Ansicht des BGH genügt es jedoch, dass durch die Tat Mittel hergestellt werden sollen, die dann der Befriedigung dienen, da auch hier die besonders verwerfliche Mittel-Zweck-Relation zwischen Tötung eines anderen und sexueller Befriedigung besteht; dabei soll dann auch nicht erforderlich sein, dass das Motiv tatbeherrschend war.

Dass T nur mit Willen des O handelte, schließt übersteigerte Rücksichtslosigkeit aus, so dass – auf den ersten Blick vielleicht erstaunlich und auch nicht unbestritten – die besseren Gründe dafür sprechen, keinen Fall **„sonstiger niedriger Beweggründe"** (Gruppe 1 Alt. 4) anzunehmen, obwohl Kannibalismus von der Rechtsgemeinschaft grundsätzlich durchaus in besonderer Weise missbilligt wird. Schließlich kommt das Merkmal **„zur Ermöglichung einer Straftat"** (Gruppe 3 Alt. 1) in Betracht. Kannibalismus kann grundsätzlich eine **Störung der Totenruhe** (§ 168 Abs. 1) darstellen. Entgegen der Ansicht des BGH kann dies aber nicht gelten, wenn noch ein zu Lebzeiten vom Opfer erteiltes Einverständnis fortwirkt, da eben nicht nur überindividuelle Rechtsgüter (Pietätsgefühl der Allgemeinheit), sondern auch posthum die Menschenwürde geschützt wird, der im Falle eines Einverständnisses aber gerade nichts angetan wird. Auch für hinreichend konkrete Pläne, Taten nach § 131 (Verbreitung von Gewaltdarstellungen) oder nach § 184a Alt. 1 zu ermöglichen oder neue Opfer anzuwerben, finden sich keine hinreichenden Anhaltspunkte.

Letztlich kommt es allerdings auf die Einschlägigkeit der Mordmerkmale wegen des (nur in der Begründung, nicht aber im Ergebnis umstrittenen) **Vorrangs der Privilegierung des § 216** gar nicht an, wenn (auch) dessen Voraussetzungen erfüllt sind: O war eindeutig, unmissverständlich (also **ausdrücklich**) und mit voller Überzeugung ohne durchgreifende Willensmängel (also **ernsthaft**) mit seiner Tötung einverstanden. An seinem **„Verlangen"** kann man höchstens mit Blick auf die **„quasi-synallagmatische Beziehung"** zweifeln. Es ist letztlich jedoch weder einzusehen, weshalb die Verwirklichung der eigenen Ziele des O in einer do-ut-des-Beziehung den Tatbestand ausschließen sollte, noch kann ernsthaft angenommen werden, das abschließende Bedrängen des T durch O sei nur erfolgt, weil O in dieser existentiellen Situation Hemmungen davor gehabt hätte, von einem (noch dazu erkennbar sittenwidrigen und damit unwirksamen) Vertrag Abstand zu nehmen.

Ferner zweifelte der BGH offenbar, ob T durch das Verhalten des O **zu dessen Tötung bestimmt,** d. h. sein Tatentschluss hervorgerufen wurde, da T damit immerhin **eigene Ziele verfolgte.** Allerdings hat T die Ausführung der Tat völlig **von der Zustimmung des O abhängig gemacht,** hatte ohne diese also keinen Tatentschluss. Eine Verneinung des § 216 würde nicht nur die Selbstbestimmung des Todeswilligen ohne Not noch weiter zurückdrängen, als der Wortlaut des Gesetzes es zwingend vorgibt, sondern auch bei der Auslegung des korrespondierenden Begriffes in § 26 zu wenig überzeugenden Ergebnissen führen, wenn z. B. ein „Profi-Killer" zu einer konkreten Tat deswegen nicht mehr angestiftet werden könnte, weil er schon eine generelle Tatgeneigtheit aufweist und auch eigene Ziele verfolgt. Richtigerweise ist daher noch von einem Fall des § 216 auszugehen und der vorsätzlich, rechtswidrig schuldhaft handelnde T wegen Tötung auf Verlangen zu bestrafen.

27. Angenehmer Nebeneffekt (II)

Wie Fall 26. Die Tötung gelang aber nicht, da das Gift unterdosiert war. T erkannte sofort, dass er O nun durch Erwürgen töten könne, ließ aber hiervon trotz Aufforderung der O freiwillig ab. Aufgrund des Giftes erblindete O aber dauerhaft auf einem Auge. Strafbarkeit des T?

Zur Vertiefung: *Wessels/Hettinger,* Rn. 295a, 318 ff.; *Rengier* II, § 21 Rn. 4; *Gerhold,* JuS 2010, 113 ff.

Eine vollendete Tötung auf Verlangen scheidet mangels Tötungserfolges aus. Vom **Versuch des § 216** ist T strafbefreiend **zurückgetreten,** insbesondere liegt auf der Grundlage der herrschenden und überzeugenden Gesamtbetrachtungslehre kein fehlgeschlagener Versuch vor (vgl. PdW AT, Fall 237). T hat aber den **Tatbestand** des **§ 226 Abs. 1 Nr. 1** (und der §§ 223, 224) erfüllt. Die schwere Folge, Erblindung auf einem Auge, war angesichts der Giftinjektion für T wohl vorhersehbar (§ 226 Abs. 1 i. V. m. § 18). Fraglich ist aber, ob mit der Einwilligung der O in ihre Tötung zugleich die eingetretene Körperverletzung **gerechtfertigt** ist. Dies wird ganz überwiegend **abgelehnt.** Aus dem Tötungstabu des § 216 lässt sich nämlich herleiten, dass nicht nur für die Tötung als solche, sondern auch für die auf die Tötung zulaufende **Tötungshandlung** die **Einwilligung** des Opfers **unerheblich** ist. Die **Strafrahmen** der somit anwendbaren §§ 224, 226 sind aber dem des § 216 **anzupassen** („**Sperrwirkung** des § 216"), da die dortigen Strafdrohungen höher sind als die der vollendeten Tötung nach § 216. T hat sich damit nach § 226 Abs. 1 Nr. 1 (§§ 223, 224 werden verdrängt) strafbar gemacht, wobei der anzuwendende Strafrahmen dem § 216 zu entnehmen ist. Nach a. A. geht die Sperrwirkung sogar so weit, dass § 226 neben den §§ 216, 22 (24) überhaupt nicht anwendbar sein soll, was dogmatisch allerdings schwer begründbar ist (im Einzelnen str.).

28. Angenehmer Nebeneffekt (III)

Wie wäre Fall 26 zu entscheiden, wenn
a) T angesichts der bevorstehenden Erbschaft ohnehin zur Tötung entschlossen gewesen war, als O ihn bat, ihrem Leben ein Ende zu setzen?
b) sich T ein ernstliches Tötungsverlangen der O vorgestellt hat, diese in Wahrheit aber wegen einer schweren Depression ein wirksames Tötungsverlangen nicht abgeben konnte, was T jedoch nicht bewusst war (vgl. auch BGH NStZ 2012, 85)?

Zur Vertiefung: *Wessels/Hettinger,* Rn. 160; *Rengier* II, § 6 Rn. 3, 10.

Zu a) Da T **nicht durch das Verlangen** der O zur Tötung **bestimmt** war, sondern durch seine **Habgier,** ist für § 216 kein Raum (siehe oben). T hat sich daher gemäß § 211 (Habgier) strafbar gemacht.

Zu b) T hat sich alle **Umstände vorgestellt,** deren wirkliches Vorliegen die Anwendbarkeit von § 216 begründen würde. Er ist daher gemäß **§ 16 Abs. 2** auch nur gemäß § 216 zu bestrafen.

29. Der Freundschaftsdienst

T erschoss seine Ehefrau O, während sie schlief. Die Pistole hatte ihm sein Bekannter G in Kenntnis des Tötungsvorhabens überlassen. Wie haben sich T und G strafbar gemacht, wenn
a) G wusste, dass O von T gerade im Schlaf erschossen werden würde?
b) G dies nicht wusste, sondern er von einer Tötung im Rahmen einer offen geführten Auseinandersetzung ausging?

Zur Vertiefung: *Wessels/Hettinger,* Rn. 105 ff., 139 ff., 144 f.; *Rengier* II, § 5 Rn. 1 f.

Zu a und b) T ist in jedem Fall wegen Mordes zu bestrafen, da er O heimtückisch getötet hat (s. o. Fall 13). Da Heimtücke ebenso wie die übrigen (unrechtserhöhenden) Mordmerkmale der **2. Gruppe** des § 211 Abs. 2 (nach ganz h. M.) ein **tatbezogenes** Mordmerkmal ist, scheidet für den Gehilfen G ein Rückgriff auf § 28, der nur für „besondere persönliche Merkmale" und damit für **täterbezogene** Merkmale gilt, von vornherein aus. Eine Zurechnung erfolgt hier nach allgemeinen Akzessorietätsregeln, d. h. insbesondere nach § 16. Nach h. L. und Rechtsprechung hat sich G somit in Fallvariante a wegen Beihilfe zum Mord, in Fallvariante b wegen Beihilfe zum Totschlag strafbar gemacht.

Ergänzende Bemerkung: Aus der Sicht des BGH erscheint das Ergebnis in Fallvariante b dennoch nicht zweifelsfrei: Da G nicht wusste, dass T die O im Schlaf erschießen würde, wollte er folglich auch nicht an einem Mord, sondern nur an einem Totschlag teilnehmen. Da aber nach Ansicht des BGH Mord und Totschlag zwei selbständige Tötungsdelikte mit arteigenem Unrechtsgehalt sind (vgl. nochmals Fall 6), ist im Mord der Totschlag auch nicht enthalten (ebenso etwa wie in einem Diebstahl auch kein Betrug enthalten ist). Eine Beihilfe zum Totschlag käme also konsequenterweise in Fallvariante b nicht in Betracht, da T zwar einen Mord, nicht aber (zugleich) einen Totschlag begangen hat. Es müsste daher für G bei einer straflosen (!) versuchten Beihilfe zum Totschlag bleiben, auch wenn diese Konsequenz vom BGH gewiss nicht gezogen wird. Das gleiche Problem stellt sich auch im umgekehrten Fall (T erschießt O ohne Heimtücke, G stellt sich dies aber vor). Eine Bestrafung des G würde nur im Fall der Teilnahme durch Anstiftung gelingen (§ 30 Abs. 1). Schon wegen der Ungereimtheiten bei der Behandlung tatbezogener Merkmale scheint die Auffassung der h. L. daher in hohem Maße vorzugswürdig.

30. Willst Du erben, muss jemand sterben (I)

T erschoss seine Ehefrau O nach einer offen feindseligen Auseinandersetzung in dem Bestreben, sich von der Erbschaft ein neues Leben aufzubauen. G, der

**über die Pläne des T Bescheid wusste, überließ T „aus Freundschaft" die Tatwaffe. Strafbarkeit von T und G?
(vgl. BGH NStZ-RR 2002, 139; vgl. auch BGH NStZ 2008, 273)**

Zur Vertiefung: *Wessels/Hettinger,* Rn. 94b, 141 ff., 146 ff.; *Rengier* II, § 5 Rn. 3–12; *Engländer,* JA 2004, 410 ff.; *Geppert,* Jura 2008, 34 ff.

T hat sich wegen Mordes (**Habgier,** aber keine Heimtücke) strafbar gemacht.

Da die Mordmerkmale der **1. und 3. Gruppe** des § 211 Abs. 2 nach h. M. **täterbezogene** und damit „besondere persönliche Merkmale" im Sinne des § 28 darstellen, ist für die Beurteilung des **Teilnehmers G** § 28 zu beachten. Der BGH wendet **§ 28 Abs. 1 („strafbegründend")** an, so dass G, der selbst kein Mordmerkmal der 1. und 3. Gruppe verwirklichte, zwar wegen Beihilfe zum Mord bestraft wird, allerdings mit doppelter **Strafmilderung** gemäß §§ 27 Abs. 2 Satz 2, 28 Abs. 1. Die **h. L.** zieht hingegen **§ 28 Abs. 2 („strafschärfend")** heran und gelangt somit zwanglos zur Strafbarkeit des G wegen Beihilfe zum Totschlag (§§ 212, 27, 28 Abs. 2; nach a. A. §§ 212, 27, 29, soweit in den Mordmerkmalen der 1. und 3. Gruppe teilweise besondere Schuldmerkmale gesehen werden).

Ergänzende Bemerkungen: (1.) Sofern G über die Erbschaftsabsichten des T **nicht** Bescheid gewusst hätte, käme auch der BGH zu einer Bestrafung des G lediglich aus §§ 212, 27, da dessen Gehilfenvorsatz den Beweggrund des T nicht umfasst hätte (freilich inkonsequent, siehe die ergänzende Bemerkung zu Fall 29).

(2.) In der Entscheidung BGH NJW 2006, 1008 (vgl. auch Fall 12a zu anderen Problemen dieser Entscheidung) hat der 5. Strafsenat in einem ***obiter dictum*** große Sympathien für die Systematik der h. L. gezeigt. Ob das der erste Schritt zu einem Rechtsprechungswandel ist, lässt sich gegenwärtig freilich noch nicht absehen.

31. Willst Du erben, muss jemand sterben (II)

Wie Fall 30, allerdings war T die Erbschaft unwichtig. G hatte ihm in Kenntnis des Tötungsvorhabens die Waffe überlassen, weil er O als einzige Zeugin eines von ihm kürzlich begangenen Raubüberfalls „verschwinden" sehen wollte. Strafbarkeit der Beteiligten?

Zur Vertiefung: *Wessels/Hettinger,* Rn. 139 ff., 150 ff.; *Rengier* II, § 5 Rn. 9 f.

T hat sich lediglich wegen **Totschlags** (weder Heimtücke noch Habgier) gemäß § 212 strafbar gemacht.

Da § 28 Abs. 1 für die **nur** in der Person des **Teilnehmers** vorliegenden besonderen persönlichen Merkmale **keine Aussage** trifft, diese also insbesondere nicht strafschärfend berücksichtigt werden, verbleibt dem BGH nur, den Teilnehmer (G) nach allgemeinen Akzessorietätsgrundsätzen wegen Beihilfe zum Totschlag (§§ 212, 27) zu bestrafen. Die h. L. wendet § 28 Abs. 2 an und gelangt somit konsequent zur Bestrafung des G wegen **Beihilfe zum Mord** (§§ 212, 211, 27, 28 Abs. 2 – Verdeckungsabsicht bei G).

Bei diesem Beispiel zeigt sich besonders deutlich die – oben auch allgemein bereits betonte (vgl. Fall 6b) – Überlegenheit der Konzeption der h. L. gegenüber derjenigen der Rechtsprechung. Denn nur die Anwendung des § 28 Abs. 2 führt dazu, dass die täterbezogene besondere Verwerflichkeit des Handelns beim Vorliegen eines subjektiven Mordmerkmals stringent berücksichtigt werden kann.

Ergänzende Bemerkungen: (1.) Sofern T habgierig gehandelt hätte, käme auch der BGH – wie die h. L. über § 28 Abs. 2 – zu einer Bestrafung des G wegen Beihilfe zum Mord. Die in § 28 Abs. 1 vorgesehene Milderungsmöglichkeit käme dabei G nicht zu Gute, da die fehlende Habgier durch seine Verdeckungsabsicht „ausgeglichen wird" und die Verdeckungsabsicht (§ 211 Abs. 2 Gruppe 3) den Mordmerkmalen des § 211 Abs. 2 Gruppe 1 gleichsteht („gekreuzte Mordmerkmale"; str.).

(2.) Bei der Beteiligung mehrerer – bei der allein sich der Streit zwischen Rechtsprechung und Literatur um das Verhältnis der Tötungsdelikte untereinander auswirkt – zeigt sich die Überlegenheit der Konzeption der h. L. auch bereits im einfachen Grundfall, in welchem der Täter ein subjektives Mordmerkmal verwirklicht, der Teilnehmer davon zwar Kenntnis hat, das Merkmal jedoch selbst nicht verwirklicht: Die Literatur kommt hier über die Anwendung des § 28 Abs. 2 zu einer Strafbarkeit nach §§ 212, 26/27; nach Ansicht der Rechtsprechung liegt dagegen eine Strafbarkeit nach §§ 211, 26/27 vor, wobei die Strafe nach § 28 Abs. 1 i. V. m. § 49 Abs. 1 jedoch zu mildern ist. Das Problem an der Lösung der Rechtsprechung ist nun, dass die Strafmilderung nach § 28 Abs. 1 i. V. m. § 49 Abs. 1 zu einem Strafrahmen von drei bis 15 Jahren (vgl. § 49 Abs. 1 Nr. 1) führt, dem der Anstifter unterliegt bzw. der den Ausgangspunkt für die Berechnung des Strafrahmens des Gehilfen nach § 27 Abs. 2 Satz 2 bildet. Dagegen reicht der (Ausgangs-)Strafrahmen für eine Teilnahme an einem Totschlag nach § 212 von fünf bis 15 Jahren. Mit anderen Worten: Nach der Konzeption der Rechtsprechung unterfällt der Teilnehmer an einem Mord, wenn er das subjektive Mordmerkmal nicht selbst verwirklicht, einem niedrigeren Strafrahmen als der vergleichbare Teilnehmer an einem Totschlag – das ist offensichtlich ungereimt.

32. Ein gieriger Apotheker

In Fall 26 hatte T Spritze und Gift bei seinem Bekannten G, einem Apotheker, besorgt. G wusste von der Tötungsabsicht des T und vom Sterbeverlangen der O. Er hatte sich letztlich mit der Überlassung von Spritze und Gift einverstanden erklärt, weil ihm T das Zehnfache des Marktpreises geboten hatte und sich G solch ein tolles Geschäft nicht entgehen lassen wollte. Strafbarkeit der Beteiligten?

Zur Vertiefung: *Wessels/Hettinger,* Rn. 94b, 142 f., 158; *Rengier* II, § 5 Rn. 3–12.

T ist aus § 216 zu bestrafen (siehe oben). Fraglich ist, wie sich G strafbar gemacht hat. Die überwiegende Ansicht sieht in dem „durch das Sterbeverlangen **Bestimmtsein**" ein **besonderes persönliches Merkmal** im Sinne des § 28. Die h. L., die in § 216 eine Privilegierung zu § 212 sieht (**§ 28 Abs. 2,** siehe oben), hat demnach kein Problem, in einem ersten Schritt dem G § 216 nicht zu Gute kommen zu lassen (G wurde nicht bestimmt, § 28 Abs. 2) und in einem zweiten Schritt das von ihm verwirklichte Mordmerkmal „Habgier" strafschärfend zu berücksichtigen (2. Anwendung von § 28 Abs. 2). Sie würde G demnach gemäß §§ 211, 27, 28 Abs. 2 bestrafen. Der BGH (LM Nr. 10 zu § 48 StGB) hat sich in einem Fall zu § 217 a. F. dafür ausgesprochen, danach zu fragen, was der Vordermann (T) **an sich** verwirklicht hätte, wenn die Privilegierung des § 217 a. F. (bzw. im vorliegenden Fall des § 216) nicht eingriffe. Da T kein Mordmerkmal (insbesondere keine Habgier, siehe oben) verwirklicht hat, also an sich aus § 212 zu bestrafen wäre, würde für G demnach eine Bestrafung aus §§ 212, 27 in Betracht kommen.

Ergänzende Bemerkung: Bei der Beteiligung mehrerer – bei der allein sich der Streit zwischen Rechtsprechung und Literatur um das Verhältnis der Tötungsdelikte untereinander auswirkt – zeigt sich die Überlegenheit der Konzeption der h. L. auch bereits im einfachen Grundfall, in welchem der Täter ein subjektives Mordmerkmal verwirklicht, der Teilnehmer davon zwar Kenntnis hat, das Merkmal jedoch selbst nicht verwirklicht: Die Literatur kommt hier über die Anwendung des § 28 Abs. 2 zu einer Strafbarkeit nach §§ 212, 26/27; nach Ansicht der Rechtsprechung liegt dagegen eine Strafbarkeit nach §§ 211, 26, 27 vor, wobei die Strafe nach § 28 Abs. 1 i. V. m. § 49 Abs. 1 jedoch zu mildern ist. Das Problem an der Lösung der Rechtsprechung ist nun, dass die Strafmilderung nach § 28 Abs. 1 i. V. m. § 49 Abs. 1 zu einem Strafrahmen von drei bis 15 Jahren (vgl. § 49 Abs. 1 Nr. 1) führt, dem der Anstifter unterliegt bzw. der den Ausgangspunkt für die Berechnung des Strafrahmens des Gehilfen nach § 27 Abs. 2 Satz 2 bildet. Dagegen reicht der (Ausgangs-)Strafrahmen für eine Teilnahme an einem Totschlag nach § 212 von fünf bis 15 Jahren. Mit anderen Worten: Nach der Konzeption der Rechtsprechung unterfällt der Teilnehmer an einem Mord, wenn er das subjektive Mordmerkmal nicht selbst verwirklicht, einem niedrigeren Strafrahmen als der vergleichbare Teilnehmer an einem Totschlag – das ist offensichtlich ungereimt.

33. Wenn das die Nachbarn erfahren (I)

O, die minderjährige Tochter des gesellschaftlich hoch angesehenen T, war schwanger. Da T auf möglichst elegante Weise versuchen wollte, einen (aus seiner Sicht) „gesellschaftlichen Skandal" zu vermeiden, forderte er die O ab Beginn des sechsten Schwangerschaftsmonats auf, doch zu Hause zu bleiben und sich zu schonen, damit „mit dem Kind auch nur ja alles gut werde". In Wahrheit ging es T nur darum, die O, deren Schwangerschaft nach außen langsam sichtbar wurde, von der Öffentlichkeit fern zu halten. Einige Wochen später injizierte T der O ein Mittel, das er von dem befreundeten Dr. D zu diesem Zweck bekommen hatte, unter dem Vorwand, das ungeborene Kind werde dadurch gekräftigt. In Wahrheit sollte damit jedoch bei O eine vorzeitige Totgeburt ausgelöst werden. Wenige Stunden nach der Injektion des Mittels kam es tatsächlich zu einer Frühgeburt bei O; ihr Kind lebte jedoch nach der Geburt noch einige Minuten, bevor es aufgrund des viel zu frühen Geburtstermins verstarb. T ist der Ansicht, er habe aus strafrechtlicher Sicht Glück gehabt, da er gerade in eine Gesetzeslücke gefallen sei. Ein Tötungsdelikt würde ausscheiden, da er seine Tathandlung bereits vor Beginn der Geburt begangen habe; eine unerlaubte Schwangerschaftsunterbrechung könne nicht vorliegen, weil das Kind ja lebendig zur Welt gekommen sei. Hat T damit Recht?

Zur Vertiefung: *Wessels/Hettinger,* Rn. 9 ff., 219 ff.; *Rengier* II, § 11 Rn. 6–8.

Nein. Maßgeblicher Zeitpunkt für die Abgrenzung zwischen §§ 211 ff. und § 218 ist der Beginn der Geburt, d. h. der **Beginn der Eröffnungswehen** (vgl. auch bereits Fall 1). Die Wahl gerade dieses Zeitpunktes beruht zum einen auf der Formulierung des früheren § 217, der eine Privilegierung der Frauen enthielt, die ihr nicht eheliches Kind „in oder gleich nach der Geburt" töteten und damit zum Ausdruck brachte, dass auch das Kind „in" der Geburt, d. h. bereits unmittelbar nach Beginn der Geburt, taugliches Tatobjekt der Tötungsdelikte sein sollte. Außerdem ist auf diese Weise zum einen ein voller strafrechtlicher Schutz gegen fahrlässige oder gar vorsätzliche Verletzungen des Kindes durch den Geburtshelfer garantiert, während umgekehrt (mangels Anwendbarkeit des § 222 und mangels Fahrlässigkeitsstrafbarkeit bei § 218) der soziale Kontakt mit einer Schwangeren nicht aus Furcht vor einer Fahrlässigkeitsstrafbarkeit praktisch eingestellt werden muss.

Nach zutreffender h. M. kommt es insoweit jedoch weder entscheidend auf den Zeitpunkt der Tathandlung (da sonst etwa auch ein vorgeburtliches Vergiften der Babynahrung nur zu einer Strafbarkeit nach § 218 führen könnte) noch auf den Zeitpunkt des Taterfolges an, sondern darauf, wann die **Täterhandlung das Opfer erreicht.** Dies war hier jedoch noch vor Beginn der Geburt der Fall, so dass sich T nach § 218 strafbar gemacht hat; ob das Kind bereits im Mutterleib oder aufgrund der hervorgerufenen Frühgeburt **zeitnah nach der Geburt** verstirbt, ist insoweit unbeachtlich.

34. Wenn das die Nachbarn erfahren (II)

Wie wäre Fall 33 zu beurteilen, wenn das Kind der O trotz der verfrühten Geburt lebensfähig zur Welt gekommen wäre und von T wenige Minuten danach in einem Wassereimer ertränkt worden wäre? (vgl. dazu BGHSt 10, 291; 13, 21)

Zur Vertiefung: *Wessels/Hettinger,* Rn. 240 f.; *Rengier* II, § 11 Rn. 15, 22.

In diesem Fall hätte sich T nach **§§ 218 Abs. 4 Satz 1, 22, 23, 212 (211), 53** wegen versuchter Abtreibung in Tatmehrheit mit einem vollendeten vorsätzlichen Tötungsdelikt (möglicherweise Mordmerkmal der niedrigen Beweggründe bzw. der Verdeckungsabsicht hinsichtlich der versuchten Abtreibung) strafbar gemacht. Der BGH hatte in einer früheren Entscheidung (BGHSt 10, 291) noch einen Fall der vollendeten Abtreibung in Tateinheit mit einem vollendeten Tötungsdelikt angenommen, da die Abbruchshandlung letztlich bis in den Tod des Kindes (und damit der ehemaligen Leibesfrucht) fortwirke und das Geschehen – insbesondere bei einem engen raumzeitlichen Zusammenhang – von dem einheitlichen Entschluss getragen sei, das Kind zu töten. Überzeugender ist jedoch die vom BGH in einer späteren Entscheidung (BGHSt 13, 21, 23 f.) begründete Auffassung, da in solchen Fällen, in denen das **Kind lebensfähig** zur Welt kommt, der eigentlich mit der Abtreibungshandlung erstrebte **Erfolg endgültig ausgeblieben** ist und das lebend und lebensfähig geborene Kind „nur durch **Ingangsetzung einer neuen Ursachenreihe** getötet werden konnte“. Dies spricht nicht nur dafür, den Erfolg (trotz einer nicht bestreitbaren Kausalität im Sinne der *conditio-sine-qua-non*-Formel) nicht mehr der Abtreibungshandlung zuzurechnen, sondern auch dafür, aufgrund der **Zäsurwirkung** und des nun erforderlichen neuen Tötungsentschlusses wegen der unvorhergesehenen Entwicklung zwischen beiden Geschehen Handlungsmehrheit anzunehmen.

35. Zwangsschwangerschaft

T und O hatten ein leidenschaftliches Verhältnis miteinander. Während T die O nach wie vor innigst liebte, hatte sich die O bereits ihrem neuen Verehrer V zugewandt. Da O von T schwanger war und Angst hatte, V könne sie „mit

einem Babybauch" nicht mehr attraktiv finden, beschloss sie, die Schwangerschaft unterbrechen zu lassen. O war in der 11. Woche schwanger, ließ sich im Sinne des § 218a Abs. 1 Nr. 1 beraten und vereinbarte für vier Tage später ordnungsgemäß einen Termin zum Schwangerschaftsabbruch. Als T davon erfuhr, bekam er Angst um das Kind, das er sich mit O so sehr wünschte, und fing O, als sie die Praxis des Arztes am vereinbarten Termin betreten wollte, ab. Er fesselte ihr die Hände, verbrachte sie in seine Wohnung und sperrte sie dort – mit guter Versorgung und Verpflegung – noch weitere zwei Tage ein, bis die Zwölf-Wochen-Frist des § 218a Abs. 1 Nr. 3 vorübergegangen war. Hat sich T nach §§ 239, 240 strafbar gemacht?

Zur Vertiefung: *Wessels/Hettinger,* Rn. 370 ff.; *Rengier* II, § 11 Rn. 25 f.; *Lesch,* Notwehrrecht und Beratungsschutz, 2000; *Satzger,* JuS 1997, 800 ff.; *ders.*, Jura 2008, 424 ff. (allgemein zum Schwangerschaftsabbruch).

Durch das Fesseln und das Verbringen in seine Wohnung hat T den **Tatbestand einer Freiheitsberaubung und einer Nötigung** (sowie möglicherweise auch einer Körperverletzung gemäß § 223) ohne Zweifel verwirklicht. Fraglich ist allein, ob er durch die beabsichtigte Rettung seines ungeborenen Kindes **gerechtfertigt oder entschuldigt** ist. Dies kommt insbesondere deswegen in Betracht, weil der Gesetzgeber in **§ 218a** für die sog. **Fristenlösung** beim Schwangerschaftsabbruch ausdrücklich darauf **verzichtet** hat, einen entsprechenden Abbruch (wie bei den Indikationen nach § 218a Abs. 2, 3) **als nicht rechtswidrig zu bezeichnen,** sondern diesen nur als tatbestandslos ansieht. Daraus folgt im Gegenschluss, dass wegen des grundsätzlichen Schutzes auch des ungeborenen Lebens ein Schwangerschaftsabbruch nach der Fristenlösung des § 218a Abs. 1 **eigentlich rechtswidrig bleiben** müsste.

Davon abgesehen, dass es insoweit zu Wertungswidersprüchen kommen kann, wenn ein Abbruch, für den auch eine Indikation nach § 218a Abs. 2 bestanden hätte, nach den Regelungen des § 218a Abs. 1 vorgenommen wird, wird die generelle Annahme eines grundsätzlich notwehrfähigen Angriffs durch einen Schwangerschaftsabbruch nach § 218a Abs. 1 dem **Willen des Gesetzgebers schwerlich gerecht.**

Da nun das Merkmal des „gegenwärtigen rechtswidrigen Angriffs" in § 32 Abs. 2 nicht die Erfüllung eines Straftatbestandes voraussetzt, lässt sich jedoch eine **Notwehrlage** nur schwer verneinen. Auch die Erforderlichkeit der Notwehrhandlung kann in Fällen wie dem vorliegenden kaum abgelehnt werden. Einziger Ansatzpunkt zu einer Restriktion des Notwehrrechts bleibt daher in diesen Fällen das Kriterium der **Gebotenheit** und damit der sozialethischen Einschränkungen des Notwehrrechts (vgl. dazu PdW AT, Fälle 95 ff.). Insoweit könnte man argumentieren, dass der „sozialrechtliche Aspekt" des Notwehrrechts, d. h. der stets noch neben den Individualschutz tretende Gedanke der **Rechtsbewährung,** in einer Situation **nicht zum Tragen kommt,** in welcher der Gesetzgeber in §§ 218 ff. das ungeborene Leben gerade nicht durch den Zwang der Mutter zur Austragung, sondern durch ein Beratungskonzept schützen möchte; der Nothelfer des Ungeborenen tritt nämlich in dieser Situation „nicht im Rahmen der Rechtsordnung auf, wenn er versucht, den Abbruch der Schwangerschaft durch Zwang zu verhindern" (vgl. *Satzger,* JuS 1997, 800, 803). Etwas anderes kann wohl auch nicht für den Vater als Beschützergaranten eines ungeborenen Kindes gelten, da anderenfalls jeder Vater, der eine nach § 218a Abs. 1 gerade nicht tatbestandsmäßige Unterbrechung der Schwangerschaft nach einer ordnungsgemäßen Beratung zulässt, zugleich wegen eines unechten Unterlassungsdeliktes strafbar sein müsste.

Aus den gleichen Gründen scheidet letztlich auch eine **Rechtfertigung nach § 34** aus, da es sich bei einem Zwang der Mutter zur Austragung um kein angemessenes Mittel handelt.

Eine andere Frage ist hingegen, ob nicht **zumindest der Vater** des ungeborenen Kindes nach **§ 35 entschuldigt** sein kann (dafür *Satzger,* JuS 1997, 800, 804 f.): Zwar scheint auf den ersten Blick auch diese Lösung den vom Bundesverfassungsgericht für den Gesetzgeber vorgegebenen Weg zu gefährden, dass die Schwangere innerhalb der Zwölf-Wochen-Frist nicht zur Austragung gezwungen werden soll. Allerdings ist im Unterschied zu einer Nothilfe nach § 32 zu berücksichtigen, dass sich auf § 35 zum einen nur ein enger Personenkreis (und nicht z. B. jeder beliebige Abtreibungsgegner) berufen kann und dass zum anderen gegen dieses – wenngleich entschuldigte, so doch – rechtswidrige Verhalten wiederum ein Notwehrrecht der Schwangeren besteht (was auch eine abweichende Lösung im Vergleich zu § 34 begründen kann, obwohl die Wertungen der Angemessenheitsklausel in § 34 und der Zumutbarkeitsklausel in § 35 zugegebenermaßen ähnlich sind). Insoweit erscheint dieser Weg durchaus als akzeptabler Kompromiss innerhalb der wenig befriedigenden Gesetzeslage, aus der einen echten Ausweg eigentlich nur der Gesetzgeber schaffen könnte.

36. Eiskalt versetzt? (I)

Bergführer T unternahm zusammen mit O im Winter eine Besteigung der Zugspitze. Am Abend des ersten Tages geriet T im „Basislager" mit O in einen heftigen und sehr emotional gefärbten Streit. Daher nahm T dem O in der Nacht, während dieser im Schlafsack schlief, dessen Hose, Jacke, Schuhe und Lebensmittel weg, warf diese in eine Felsspalte und verließ im Morgengrauen allein das Basislager. Da O durch Zufall gerettet wurde, wird T später u. a. wegen Aussetzung gemäß § 221 Abs. 1 Nr. 1 angeklagt. Er verteidigt sich in der Hauptverhandlung damit, dass er den O nicht in eine hilflose Lage „versetzt" habe, da er O's Aufenthaltsort nicht verändert habe. Ist dies Erfolg versprechend?

Zur Vertiefung: *Wessels/Hettinger,* Rn. 197 ff.; *Rengier* II, § 10 Rn. 5–7b; *Ladiges,* JuS 2012, 687 ff.; *Sternberg-Lieben/Fisch,* Jura 1999, 45 ff.; *Wengenroth,* JA 2012, 584 ff. (jeweils allgemein zur Aussetzung).

Nein. Denn O, der ohne Kleidung und Lebensmittel im winterlichen Hochgebirge „gefangen" war, befand sich zunächst in einer **hilflosen Lage.** Eine solche liegt vor, wenn das **Opfer** verschuldet oder unverschuldet **außer Stande** ist, **sich vor drohenden Lebens- oder schweren Gesundheitsgefahren zu schützen,** woran hier kein Zweifel bestehen kann. Einige Autoren sind jedoch – wie T – der Ansicht, dass das „Versetzen" in eine solche Lage durch eine **Ortsveränderung** erfolgen müsse. Mit der h. M. ist jedoch festzuhalten, dass der **Wortlaut** dieses Verständnis **keineswegs erzwingt,** da der allgemeine Wortsinn rein kausale Wirkungszusammenhänge erfasst (z. B. „jemand in Unruhe versetzen", „etwas in Schwingung versetzen"). Da die geschützten Rechtsgüter „Leben" und „körperliche Unversehrtheit" durch Handlungen wie die des T gleichermaßen gefährdet werden, sprechen auch teleologische

Überlegungen für diese weite Auslegung. Erfasst sein kann somit z. B. auch das Überfahren mit dem Auto, Fesseln, Einsperren oder eben – wie hier – das Entziehen von Bekleidung und Lebensmittel. Dadurch trat auch die erforderliche konkrete Gefahr des Todes bzw. zumindest einer schweren Gesundheitsschädigung des O ein, da seine Rettung nur noch vom Zufall abhing. T hat den Tatbestand des § 221 Abs. 1 Nr. 1 im Übrigen auch vorsätzlich erfüllt.

Ergänzende Bemerkung: Im vorliegenden Fall erschiene ein zumindest bedingter Tötungsvorsatz nicht ausgeschlossen, so dass auch ein versuchtes Tötungsdelikt in Betracht käme. Angesichts der Tatsache, dass ein solcher (zumindest bedingter) Tötungsvorsatz in vielen Fällen der Aussetzung nahe liegt, stellt sich die Frage nach der eigenständigen Bedeutung des § 221 gegenüber (zumindest versuchten) vorsätzlichen Tötungsdelikten: Diese liegt zum einen darin, dass das Gefährdungsdelikt des § 221 zu einem Zeitpunkt bereits vollendet sein kann, zu dem das Tötungsdelikt erst höchstens versucht ist; zum anderen kann § 221 aufgrund dieses frühen Vollendungszeitpunktes auch bei einem Rücktritt vom versuchten Tötungsdelikt bestehen bleiben, zumal die Vorschrift keine Regelung über die tätige Reue enthält. Außerdem kommt allein § 221 zur Anwendung, wenn der Täter zwar mit einem Gefährdungsvorsatz hinsichtlich des Lebens handelt, den Eintritt des Todes dagegen nicht einmal im Sinne des bedingten Vorsatzes für möglich hält und billigend in Kauf nimmt. Solche Fälle sind zwar in der Praxis gar nicht einfach vorstellbar, aber offenbar geht der Gesetzgeber von der zumindest theoretischen Abschichtbarkeit zwischen Gefährdungs- und Verletzungsvorsatz aus; jedenfalls in einer Klausur, in welcher der Sachverhalt fest vorgegeben ist, macht es darüber hinaus dem Klausurersteller keine größeren Schwierigkeiten, den Text so zu formulieren, dass ein Gefährdungsvorsatz vorliegt, ein Verletzungsvorsatz jedoch guten Gewissens verneint werden kann (etwa durch eine Formulierung wie: „[…] Dabei nahm T zwar in Kauf, dass O in konkrete Lebensgefahr geriet, vertraute jedoch fest darauf, dass letztlich alles gut gehen und O tatsächlich nicht zu Tode kommen würde." o. Ä.). Dass solche Feststellungen aber auch in der Praxis getroffen werden können, zeigt etwa die Entscheidung BGHSt 57, 28 = NStZ 2012, 210.

37. Eiskalt versetzt? (II)

Wie in Fall 36 wollte Bergführer T dem O nach ihrem Streit schaden. Als T den nichts ahnenden O am nächsten Tag von sicherem Gelände auf eine extrem gefährliche Gletscherspalte zugehen sah, warnte er diesen aufgrund seiner Rachegelüste nicht. Als O nach wenigen Schritten die Gefahr bemerkt hatte und um Hilfe rief, weil er sich weder „vor noch zurück bewegen konnte", entfernte sich T mit einem zufriedenen Lächeln entsprechend seiner von Beginn an gefassten Absicht und überließ den O seinem Schicksal. O wurde durch einen zufällig kurze Zeit später vorbeikommenden Bergsteiger gerettet. Strafbarkeit des T gemäß § 221?

Zur Vertiefung: *Wessels/Hettinger*, Rn. 202; *Rengier* II, § 10 Rn. 8 f., 12.

T hat zunächst den Tatbestand des **§ 221 Abs. 1 Nr. 1** verwirklicht. Denn der am Rand einer Gletscherspalte „feststeckende" und vom Absturz bedrohte O befand sich in einer hilflosen Lage. Da die Tathandlung des **„Versetzens" auch durch garantenpflichtwidriges Unterlassen** begehbar ist und T als Bergführer Beschützergarant war, hat T den O durch die unterlassene Warnung auch in diese hilflose Lage versetzt. Durch die unterlassene Warnung vor dem Betreten der extrem gefährlichen Spalte trat auch zumindest die konkrete Gefahr einer schweren Gesundheitsschädigung ein, da ein Absturz des O nur noch vom Zufall abhing. Des Weiteren hat T auch die Variante des **§ 221 Abs. 1 Nr. 2** verwirklicht, welche im Gegensatz zum

Jedermannsdelikt der Nr. 1 nur von einem Garanten im Sinne des § 13 begangen werden kann. Da T das anschließende „Im-Stich-Lassen" im vorliegenden Fall von Anfang an geplant hatte, hat diese Tatvariante jedoch gegenüber der Nr. 1 keine eigenständige Bedeutung mehr.

Ergänzende Bemerkungen: (1.) Ein „Im-Stich-Lassen" liegt nicht nur bei einer räumlichen Entfernung des Täters vom Opfer, sondern auch bei einem Unterlassen des Anwesenden vor, welches die konkrete Gefahr verursacht (z. B. Krankenschwester, die untätig neben dem akut behandlungsbedürftigen Patienten stehen bleibt).

(2.) Da die Obhutspflicht nach § 221 Abs. 1 Nr. 2 unter den gleichen Voraussetzungen gegeben ist wie eine Garantenpflicht nach § 13, ist tatbestandlich oft eine Aussetzung erfüllt, wenn auch ein Tötungsdelikt durch Unterlassen vorliegt. Auch wenn § 221 dabei – ebenso wie § 323c – meist hinter das (vorsätzliche) Tötungsdelikt zurücktritt, sollte man beide „Liegen-lass-Delikte" in entsprechenden Konstellationen kurz ansprechen.

(3.) BGHSt 57, 28 betont, dass das Im-Stich-Lassen (trotz des Erfordernisses einer Obhutspflicht) ein *echtes* Unterlassungsdelikt ist und dass deshalb eine Strafmilderung nach § 13 Abs. 2 nicht in Betracht kommt.

38. Nicht aufgepasst (I)

Ähnlich wie in Fall 37 geriet Bergführer T in einen heftigen Streit mit O, der zudem sein Sohn war. Als sich O arglos der Gletscherspalte näherte, rutschten seine Steigeisen ab und er fiel ca. 5m in die Tiefe, was T keinesfalls gewollt hatte. Bei dem Aufprall zog er sich mehrere Knochenbrüche und andere schwere Verletzungen zu, die einen mehrwöchigen Krankenhausaufenthalt mit überwiegender Bettruhe erforderten. Strafbarkeit des T?

Zur Vertiefung: *Wessels/Hettinger,* Rn. 199, 207, 315 f.; *Rengier* II, § 10 Rn. 16 f., 19–22.

T hat sich wie in Fall 37 wegen Aussetzung gemäß **§ 221 Abs. 1 Nr. 1, § 13** strafbar gemacht. Die Tat ist jedoch hier zunächst **gemäß § 221 Abs. 2 Nr. 1 qualifiziert,** da T der **Vater** des O war. Des Weiteren ist wegen der schweren und langwierigen Verletzungen des O auch die Erfolgsqualifikation des **§ 221 Abs. 2 Nr. 2** verwirklicht, denn in den Verletzungen des O hat sich gerade die dem Grundtatbestand anhaftende, eigentümliche Gefahr realisiert. Die – im Einzelnen noch ungeklärten – Anforderungen an eine „schwere Gesundheitsschädigung" liegen wohl unter der Schwelle der Verletzungen im Sinne des § 226 (vgl. Fälle 54 ff.), setzen aber eine gewisse Nähe dazu und damit eine zumindest mehrwöchige spürbare Beeinträchtigung der Lebensqualität voraus. Davon kann man bei schweren Knochenbrüchen mit Bettruhe und Krankenhausaufenthalt ausgehen. Die ebenfalls verwirklichte fahrlässige Körperverletzung gemäß § 229 wird im Wege der Gesetzeskonkurrenz (Spezialität) von § 221 Abs. 2 Nr. 2 verdrängt.

39. Nicht aufgepasst (II)

T war wie im Fall 38 bei der Besteigung der Zugspitze mit seinem Sohn O in einen heftigen Streit geraten. Um nach diesem Streit etwas Abstand zu seinem

Vater zu erlangen, ging der körperlich etwas „fittere“ O am nächsten Tag voran und hatte an der gefährlichen Passage mit den Gletscherspalten einige hundert Meter Vorsprung vor T erreicht, so dass er außer Sichtweite war. O passierte die Spalten ohne Probleme. Nach ihm betrat jedoch der allein kletternde, unerfahrene Bergsteiger B einen Gletschergrat und drohte abzustürzen. T, der soeben in Sichtweite gelangt war, hielt B irrig für seinen Sohn, da O und B ähnliche Kleidung trugen. Er eilte jedoch nicht sofort zu Hilfe, sondern schaute untätig zu, weil er seinen undankbaren Sohn vor der Rettung einige Augenblicke zappeln lassen wollte. B stürzte jedoch durch die verzögerte Hilfe wenige Augenblicke später tödlich ab. Hat T hier einen sog. erfolgsqualifizierten Versuch begangen?

Zur Vertiefung: *Wessels/Hettinger,* Rn. 206; *Rengier* II, § 10 Rn. 21 f.

Nein. Zwar liegt konstruktiv die Situation eines untauglichen Versuchs vor, da T den B für O hielt, dem gegenüber er eine Garantenstellung gehabt hätte; auch ist die Erfolgsqualifikation des § 221 Abs. 3 ein Verbrechen. Zuletzt ist auch die **Möglichkeit** eines „erfolgsqualifizierten Versuchs“, bei dem die lediglich fahrlässig verursachte schwere Folge bereits beim Versuch des Grunddelikts eintritt, **grundsätzlich** anerkannt. Ein „erfolgsqualifizierter Versuch“ setzt aber stets voraus, dass der **Versuch des Grunddelikts auch isoliert strafbar** ist. Denn die Erfolgsqualifikation soll strafschärfend, nicht aber strafbegründend wirken. Dies ist bei der Aussetzung nicht der Fall. T hat sich daher nur wegen fahrlässiger Tötung gemäß § 222 strafbar gemacht.

B. Delikte gegen die körperliche Unversehrtheit

40. Tathandlungen des § 223 Abs. 1

In welchem Verhältnis stehen die beiden Tathandlungen des § 223 Abs. 1 (körperliche Misshandlung und Gesundheitsschädigung) zueinander?

Zur Vertiefung: *Wessels/Hettinger,* Rn. 255, 257; *Rengier* II, § 13 Rn. 13; *Jäger,* JuS 2000, 31 ff. (allgemein zu den Körperverletzungsdelikten nach dem 6. StrRG).

Es handelt sich um zwei echte (gleichwertige) **Tathandlungsalternativen,** d. h. für den Tatbestand des § 223 Abs. 1 ist ausreichend, wenn eine der beiden Handlungen erfüllt ist. Sie sind **eigenständig** insoweit, als einerseits eine **körperliche Misshandlung** (= üble, unangemessene Behandlung, durch welche das körperliche Wohlbefinden des Opfers nicht nur unerheblich beeinträchtigt wird) vorliegen kann, ohne dass zugleich eine **Gesundheitsschädigung** (= Hervorrufen oder Steigern eines pathologischen Zustandes) eintritt (z. B. heftiges Zwicken in eine empfindliche Körperstelle, ohne dass darüber hinausgehende Schäden eintreten würden), oder auch umgekehrt (z. B. Abtrennen eines Körperteiles vom ohnmächtigen und stark betäubten Opfer).

Praktisch ist es freilich so, dass es viele Überschneidungen zwischen beiden Fällen gibt, d. h. eine Körperverletzung wird sogar regelmäßig **beide Alternativen parallel** erfüllen. In der Klausur empfiehlt es sich auch, beide Varianten zumindest anzusprechen, selbst wenn eine von ihnen offensichtlich erfüllt ist und schnell bejaht werden kann.

41. Risiken und Nebenwirkungen

T war verantwortlicher Mitarbeiter der Firma „G-Chemie". Diese vertrieb ein Schlafmittel, das den Wirkstoff Thalidomid enthielt. Die Kinder von zahlreichen Frauen, die während der Schwangerschaft dieses Schlafmittel genommen hatten, litten an embryonalen Missbildungen. Hat sich T wegen fahrlässiger Körperverletzung (§ 229) strafbar gemacht, wenn nachgewiesen werden kann, dass das Thalidomid ursächlich dafür war, dass die Kinder geschädigt wurden? (vgl. LG Aachen JZ 1971, 507, 509 f.)

Zur Vertiefung: *Wessels/Hettinger,* Rn. 246; *Rengier* II, § 13 Rn. 2.

Nach h. M. (und entgegen der Ansicht des LG Aachen JZ 1971, 507, 509 f.) **nein.** Taugliches Tatobjekt der Körperverletzungsdelikte sind nur andere **„Personen".** Dieser Begriff wird wie derjenige des „Menschen" im Sinne der Tötungsdelikte verstanden und erfasst das menschliche Leben daher **erst ab dem Beginn der Geburt** (und gerade noch nicht im vorgeburtlichen Zustand). Anders als im Zivilrecht will die ganz h. M. auch keine Beeinträchtigung genügen lassen, die zwar ihre Wurzel im embryonalen Stadium hat, sich dann jedoch auf den Menschen nach der Geburt auswirkt. Im Bereich der Tötungsdelikte wird die dadurch entstandene Lücke teilweise durch die §§ 218 ff. geschlossen; im Bereich der Körperverletzungsdelikte jedoch führt dies dazu, dass **vorgeburtliche Schädigungen** selbst dann **tatbestandslos** sind, wenn sie sich auch nach der Geburt auswirken.

42. Ein schleimiger Fall

Der verschnupfte T zog bei einem Streit mit O Schleim tief aus dem Rachen in den Mund und spuckte dem O einen wabbligen, gelb-grünen Auswurf ins Gesicht. Als O Strafantrag wegen Körperverletzung stellte, wies Staatsanwalt S den O auf seine Zweifel hin. O meinte, das könne doch nicht wahr sein, ein solches Anspucken sei doch wohl eine ebenso üble wie unangemessene Behandlung, und er habe es als wesentlich unangenehmer empfunden als etwa eine auch noch so heftige Ohrfeige, welche ja wohl einhellig als Körperverletzung in Betracht komme. Was ist davon zu halten?

Zur Vertiefung: *Wessels/Hettinger,* Rn. 256, 508; *Rengier* II, § 13 Rn. 9 f.

O verwechselt den tatsächlichen Aspekt der Intensität der Betroffenheit des Opfers mit der rechtlichen Frage, ob gerade der Tatbestand des § 223 Abs. 1 erfüllt ist: Da für eine Gesundheitsschädigung (etwa in Gestalt einer Infektion mit T's Schnupfen) nichts ersichtlich ist, kommt hier allenfalls eine körperliche Misshandlung in Betracht. Die Verursachung von **rein psychischen Phänomenen** wie Schrecken, Ekel oder Erregung beeinträchtigen aber im Regelfall gerade nicht das **körperliche Wohlbefinden** (vgl. auch BGH NJW 2013, 3381 m. Anm. *Jahn,* JuS 2014, 559: rein emotionale Reaktion auf Stalking ist keine Gesundheitsbeschädigung, daher keine Körperverletzung), wie es das Merkmal der körperlichen Misshandlung neben der „üblen unangemessenen Behandlung" ergänzend voraussetzt. Etwas anderes kann gelten, wenn diese psychischen Zustände aufgrund ihrer Intensität und Dauer körperliche Folgewirkungen (so z. B. starken Brechreiz, vgl. BGH NStZ 2016, 27, wobei dann immer noch genau zu prüfen ist, ob der Täter diesbezüglich vorsätzlich handelt) hervorrufen, wofür vorliegend aber nichts ersichtlich ist. Ein Verzicht oder auch nur eine zu weit gehende Aufweichung des Erfordernisses speziell einer körperlichen Misshandlung wäre mit Blick auf Art. 103 Abs. 2 GG bedenklich, zumal auch die Gesetzessystematik für den Tatbestand des § 223 gerade einen starken körperlichen Bezug erfordert. Möglicherweise kommt jedoch eine Strafbarkeit des T nach § 185 in Betracht, da es regelmäßig Ausdruck einer erheblichen Missachtung ist, einem anderen Menschen ins Gesicht zu spucken.

Ergänzende Bemerkung: Dagegen ist nach AG Erfurt NStZ 2014, 160 m. Anm. *Jäger,* JA 2014, 472 vorstellbar, dass das Anrauchen mit Zigarettenrauch eine (notwehrfähige) Körperverletzung darstellt.

43. Röntgenstrahlen

Der Radiologe T hatte ein Röntgengerät erworben. Damit sich dieses trotz der Kosteneinsparungen im Gesundheitswesen amortisieren würde, nahm T bei einer Reihe von Patienten, darunter auch bei O, medizinisch nicht indizierte Röntgenaufnahmen einer Reihe von Organen vor, die er dann unter Verweis auf unzutreffende Diagnosen bei den Krankenkassen abrechnete. Hat sich T (außer wegen Betruges u. a.) auch wegen Körperverletzung strafbar gemacht? (vgl. BGHSt 43, 246)

Zur Vertiefung: *Wessels/Hettinger,* Rn. 259, 323; *Rengier* II, § 13 Rn. 11; *Detter,* JA 1998, 535 ff.; *Jerouschek,* JuS 1999, 746 ff.

Nach Ansicht des BGH (BGHSt 43, 246) ist eine Körperverletzung durch die Anfertigung von Röntgenaufnahmen, die zwar technisch in einwandfreier Weise erfolgen, aber medizinisch nicht indiziert sind, nicht ausgeschlossen bzw. sogar **nahe liegend.** Ausgangspunkt des BGH ist dabei, dass eine **Gesundheitsschädigung** in jedem Hervorrufen oder Steigern eines **vom Normalzustand** der körperlichen Funktionen **nachteilig abweichenden Zustandes** liegen kann, welcher nicht von Dauer zu sein braucht (aber auch nicht nur ganz unerheblich sein darf). Die Einwirkung durch Röntgenstrahlen führe dabei zu „somatisch fassbaren nachteiligen Veränderungen der Körperbeschaffenheit, auch wenn klinisch erkennbare Schäden nicht oder nicht sogleich wahrnehmbar" seien. Dass sich dabei etwa strahlenbedingte Mutationen im mikrobiologischen Bereich bewegen und im Hinblick auf den einzelnen Patienten schwer nachweisbar sind, soll der Annahme einer Körperverletzung nicht entgegenstehen. Allerdings beschränkt der BGH dies auf Fälle, in denen die Zerstörung von Zellstrukturen durch Röntgenuntersuchungen (auch in Gestalt des **Eintritts von Langzeitschäden**) nicht nur unwesentlich erhöht worden ist, weil sie in einer entsprechenden Häufigkeit erfolgen bzw. massiv vorbelastete Menschen betreffen. In dem der Entscheidung BGHSt 43, 346 zugrunde liegenden Fall etwa hatte der Täter bei einem Patienten binnen zwölf Jahren 140 Röntgenaufnahmen angefertigt. Dagegen soll die einmalige bzw. kurzzeitige und nur gelegentlich wiederholte Belastung mit Röntgenstrahlen noch nicht die Erheblichkeitsschwelle überschreiten. Somit wäre es vorliegend Tatfrage, ob eine tatbestandliche Körperverletzung vorliegt. So, wie der Sachverhalt hier geschildert ist, liegt dies jedoch eher fern.

44. Ein ungewollter Haarschnitt

T bemühte sich auf einer Semesterabschlussfeier um seine Kommilitonin O. Als diese ihm zu erkennen gab, dass sie keinerlei Interesse an ihm hatte, hielt er sie fest, schnitt ihr ihre wunderschönen Zöpfe ab und kürzte anschließend ihre Haare auf Streichholzlänge. Hat sich T nach § 223 Abs. 1 strafbar gemacht?

Zur Vertiefung: *Wessels/Hettinger,* Rn. 256, 380; *Rengier* II, § 13 Rn. 8.

Nach bestrittener, wenngleich **h. M. ja.** Das Abschneiden von Haaren gegen den Willen des Betroffenen stellt eine üble, unangemessene Behandlung dar, durch welche in die **körperliche Integrität** massiv eingegriffen wird. Dem steht auch nicht entgegen, dass die Haare nachwachsen können, da dies nichts an der Substanzverletzung im konkreten Moment ändert. Dennoch ist das Ergebnis zweifelhaft, da von der anerkannten Definition im Wesentlichen nur die erste Hälfte (unangemessene Behandlung) herangezogen, die zweite Hälfte (Beeinträchtigung des **körperlichen Wohlbefindens**) jedoch praktisch vollständig ausgespart wird. Da das Abschneiden der Haare als solches bei keinem Menschen mit Schmerzen verbunden ist und ein eventuelles psychisches Unwohlbefinden gerade nicht ausreicht (vgl. Fall 42), geht es hier letztlich nur um eine Beeinträchtigung des Selbstbestimmungsrechtes des Opfers und damit um eine Verletzung, die eher unter **§ 240** als unter § 223 subsumiert werden sollte.

45. Gleich Nägel mit Köpfen gemacht

Bei der Durchführung eines „Kaiserschnittes" an Frau O stellte Dr. T fest, dass die Bauchhöhle der Patientin starke Verwachsungen aufwies. Aufgrund des „katastrophalen Befundes" kam er zum Ergebnis, dass jede neue Schwangerschaft von O mit Lebensgefahr für Mutter und Kind verbunden sei. Er nahm deswegen „aus vitaler Indikation" bei O eine Eileiterunterbrechung vor, ohne dass eine ausdrückliche Einwilligung der O zu diesem Eingriff vorlag. Dieser entsprach auch nicht dem Wunsch der O, die noch weitere Kinder haben wollte. Später wurde O im Übrigen trotz der Eileiterunterbrechung erneut schwanger und nach einer äußerst schwierigen Operation durch einen Kaiserschnitt noch einmal von einem Mädchen entbunden. Strafbarkeit des T? (vgl. BGH NJW 1988, 2310)

Zur Vertiefung: *Wessels/Hettinger*, Rn. 259, 276, 287, 325 ff.; *Rengier* II, § 13 Rn. 15–21.

T hat sich wegen gefährlicher Körperverletzung gemäß **§§ 223, 224 Abs. 1 Nr. 2** sowie darüber hinaus wegen des Versuchs einer schweren Körperverletzung nach § 226 Abs. 1 Nr. 1, §§ 22, 23 strafbar gemacht. Die Eileiterunterbrechung ist zumindest eine Gesundheitsschädigung, da dadurch ein nachteilig abweichender **(pathologischer) Zustand** geschaffen wurde. Etwas anderes könnte man allenfalls annehmen, wenn man **ärztliche Heileingriffe** *a priori* als tatbestandslos bewerten würde. Dies wird in der Literatur vielfach getan, wobei vorliegend die Frage zu klären wäre, ob eine **rein vorsorgliche** Eileiterunterbrechung **überhaupt** ein **Heileingriff** in diesem Sinne ist. Mangels eines nach dieser Konstruktion ausreichenden **Schutzes vor „eigenmächtigen Heilbehandlungen"** ist jedoch ohnehin die Ansicht der Rechtsprechung vorzugswürdig, die auch in ärztlichen Heileingriffen grundsätzlich tatbestandliche Körperverletzungen sieht, wenn deren Voraussetzungen erfüllt sind, und eine Straflosigkeit nur über das Institut der (rechtfertigenden) Einwilligung begründet. Hinsichtlich dieser ist vorliegend zu beachten, dass eine tatsächliche Einwilligung der O zur Durchtrennung des Eileiters nicht vorlag und dass bei einem Eingriff, der ausschließlich auf die Zukunft gerichtet ist, auch keine mutmaßliche Einwilligung vorstellbar ist. Eine Einwilligung der O hätte nämlich ohne weiteres eingeholt werden können, um die Eileiterunterbrechung dann in einer neuen Operation durchzuführen.

Das zur Eileiterunterbrechung verwendete **ärztliche Instrumentarium** ist auch als **gefährliches Werkzeug** im Sinne des § 224 Abs. 1 Nr. 2 anzusehen. Zwar werden solche Gegenstände „in der Hand des Arztes" oftmals aus dem Anwendungsbereich des § 224 Abs. 1 Nr. 2 ausgeschieden. Jedenfalls dann, wenn der Gegenstand nach seiner Beschaffenheit und der konkreten Art der Verwendung erhebliche Verletzungen herbeizuführen geeignet ist (also z. B. nicht nur minimales Einritzen der Haut, sondern Durchtrennung eines Organs), erscheint dies jedoch wenig überzeugend und vom Standpunkt der Rechtsprechung aus auch inkonsequent.

Da T schließlich gehandelt hatte, um bei O dauerhaft die Empfängnisfähigkeit und damit die Fortpflanzungsfähigkeit im Sinne des **§ 226 Abs. 1 Nr. 1** zu unterbinden, hat er auch den Versuch eines erfolgsqualifizierten Delikts der schweren Körperverletzung verwirklicht.

45a. Wer schön sein soll, muss leiden

Die M war der Auffassung, dass ihre zweijährige Tochter O doch „noch viel süßer" aussehen würde, wenn sie in jedem Ohr einen kleinen Brillanten tragen würde. Sie ging daher mit O zu Juwelier T, welcher sich von M eine Einwilligung unterschreiben ließ und dann bei O lege artis zwei Ohrlöcher schoss, in welchen O in der Folgezeit völlig komplikationslos ihre Ohrringe trug. Im Zusammenhang mit den Diskussionen um das aufsehenerregende „Kölner Beschneidungsurteil" (LG Köln NJW 2012, 2128) meinte daraufhin ein Freund des T, dass er sich in der Konsequenz dieser Entscheidung ja wohl strafbar gemacht habe und dass ihm auch die gesetzliche Neuregelung zur Knabenbeschneidung (§ 1631d BGB) nicht zugutekäme. Muss T sich Sorgen um seine strafrechtliche Verantwortlichkeit machen?

Zur Vertiefung: *Wessels/Hettinger,* Rn. 330, 334 ff.; zur Beschneidungsdebatte statt vieler nur *Herzberg,* ZIS 2012, 486 ff. einerseits und *Beulke/Dießner,* ZIS 2012, 338 ff. andererseits.

Ohne dass – soweit ersichtlich – das „Ohrloch-Stechen" im Nachgang der Beschneidungsdiskussion an exponierter Stelle entschieden worden wäre, darf man wohl davon ausgehen, dass nach ebenso überwiegender wie zutreffender Auffassung T keine Angst vor strafrechtlicher Verfolgung haben muss: Im Ausgangspunkt stellt zwar auch das Ohrlochschießen gewiss eine **tatbestandliche Körperverletzung** (Substanzverletzung und damit zumindest Misshandlung) dar. Die Bedenken, die im Zusammenhang mit dem Beschneidungsurteil gegen die Möglichkeit einer Einwilligung durch die Eltern vorgebracht worden sind, scheinen auf den ersten Blick bei rein kosmetischen (und damit für Kinder in diesem Alter noch gar nicht nachvollziehbaren) Eingriffen noch umso mehr zu gelten als bei der Beschneidung, die für verschiedene Religionen einen wichtigen Initiationsritus darstellt; im Unterschied hierzu ist das Tragen von Ohrringen üblicherweise wohl nichts, was zentral vom Schutzbereich der Religionsfreiheit tangiert wird.

Freilich steht auch in der Beschneidungsdebatte eigentlich weniger die Religionsfreiheit als vielmehr das **elterliche Erziehungsprivileg** im Mittelpunkt, welches durch die Religionsfreiheit nur näher ausgestaltet wird und aufgrund des religiösen Bezugs möglicherweise dann auch weiter gehen kann, wenn mehr oder weniger größere und vor allem irreparable Eingriffe im Raum stehen. Gemessen daran ist das Ohrlochstechen ein **echter bagatellhafter Eingriff,** der auch von älteren Kindern und Erwachsenen ohne Betäubung und ohne gravierendes Schmerzempfinden durchgeführt wird und bei dem ernste bzw. länger anhaltende **Nebenwirkungen praktisch vernachlässigt** werden können. Insbesondere ist der Eingriff auch **nicht irreversibel,** da Ohrlöcher üblicherweise rasch zuwachsen, wenn keine Ohrringe mehr getragen werden. All dies spricht dafür, dass der Eingriff so geringfügig ist, dass er von der elterlichen Personensorge gedeckt ist, zumal er auch **völlig sozialadäquat** ist und nicht zu befürchten steht, dass das Kind aufgrund des Tragens von Ohrringen ernsthaft ausgegrenzt, verspottet etc. wird. Auch wenn zwar gute Gründe dafür sprechen, derartige harmlose, aber eben auch letztlich überflüssige Eingriffe noch nicht bei Kindern durchführen zu lassen, die nicht einmal entfernt die Fähigkeit zur natürlichen Willensbildung darüber besitzen, ob sie den Eingriff wollen oder nicht, handelt es sich hier gewiss um keine strafwürdige Beeinträchtigung der körperlichen Unversehrtheit.

46. Die Mutprobe – oder: Bis einer heult

Um als Mitglied einer Jugendgang aufgenommen zu werden, erklärte der 16-jährige O seine Bereitschaft, sich als Aufnahmeritual von drei Mitgliedern der Gang zusammenschlagen zu lassen. Während des zweiminütigen Kampfes mit den Dreien durfte O sich wehren und jederzeit verlangen, dass der Kampf abgebrochen wird. Auf die Verletzungsgefahr („blaues Auge", „Rippenbrüche", „fehlende Zähne") wurde er von den anderen hingewiesen. Danach schlug u. a. T mit Fäusten und Füßen auf O ein, der auch nach einer Unterbrechung nicht von dem Kampf ablassen wollte. O erlitt zahlreiche Prellungen an Körper und Kopf sowie Zahnabsplitterungen. Hat sich T (u. a.) nach § 223 strafbar gemacht? (vgl. BayObLG NJW 1999, 372)

Zur Vertiefung: *Wessels/Hettinger,* Rn. 318 f.; *Rengier* II, § 20 Rn. 1 f.; *Amelung,* NStZ 1999, 458; *Otto,* JR 1999, 124 f.; zur Sittenwidrigkeit der Einwilligung in sado-masochistische Praktiken vgl. BGH NJW 2004, 2458.

Nach der überzeugenden Ansicht des **BayObLG ja,** denn die tatbestandlich unproblematisch verwirklichte Körperverletzung ist **nicht** von einer wirksamen **Einwilligung** gedeckt.

Dabei ist zunächst schon fraglich, ob O überhaupt einwilligungsfähig war. Die **Einwilligungsfähigkeit** beurteilt sich zwar nach der tatsächlichen Einsichts- und Urteilsfähigkeit des Einwilligenden, und die Bedeutung einer Körperverletzung ist einem 16-Jährigen üblicherweise durchaus bewusst. Ob O dabei allerdings die besonderen Gefahren überblickt hat, die sich ergeben, wenn er sich von drei Personen „zusammenschlagen" lässt, ist zumindest nicht selbstverständlich, kann aber aufgrund des Sachverhalts nicht verbindlich beurteilt werden.

Die Tat ist aber jedenfalls rechtswidrig geblieben, weil sie trotz der Einwilligung **gegen die guten Sitten** verstoßen hat **(§ 228).** Dieser Maßstab ist naturgemäß unscharf; das BayObLG (NJW 1999, 372) hat jedoch den Widerspruch zu zentralen gesellschaftlichen Wertvorstellungen in zwei Stufen überzeugend herausgearbeitet: Zum einen bestand die Aufnahmeprüfung aus „brutalen, hemmungs- und rücksichtslosen Schlägen und Tritten", durch die das Opfer aufgrund seiner faktisch klaren Wehrlosigkeit und Unterlegenheit „**zum Objekt herabgewürdigt** und der Gefahr schwerer gesundheitlicher Schäden ausgesetzt" wurde. Zum anderen besteht nach allgemeinen Wertvorstellungen keine „sinnvolle gedankliche Verbindung zwischen der erstrebten Teilnahme an einer Jugendgang und dem hier vorgesehenen, auf bloße Gewaltanwendung reduzierten Aufnahmeritual". Die **Aufnahme in eine Gemeinschaft** davon abhängig zu machen, dass man sich **von eben dieser** Gemeinschaft in derartiger Weise **misshandeln** lässt, verstößt klar gegen allgemeine Wertvorstellungen.

Ergänzende Bemerkung: In der Rechtsprechung wird zur Ausfüllung des unscharfen Maßstabs der guten Sitten zunehmend auch auf die Wertung des § 216 zurückgegriffen: So ist die Einwilligung in eine

Körperverletzung, bei der (jedenfalls ohne wirklich überzeugenden Grund, so z. B. bei einer lebensrettenden, aber riskanten Operation) eine massive Lebensgefahr droht, tendenziell unwirksam. So hat der BGH (BGHSt 49, 166) in einem Fall, in dem es um gefährliche sadomasochistische Sexualpraktiken ging (Ausübung von Druck auf Kehlkopf, Zungenbein oder Luftröhre der Partnerin, um auf diese Weise den von ihr erstrebten vorübergehenden Sauerstoffmangel hervorzurufen, der für sie eine erregende Wirkung hatte) die Einwilligung nicht wegen allgemeiner Vorbehalte gegen unübliche Sexualpraktiken, sondern wegen der akuten Lebensgefährlichkeit der Unterbrechung der Sauerstoffversorgung versagt. Bei den massiven Verletzungshandlungen durch mehrere Angreifer mag man im Fall des BayObLG diesen Aspekt noch ergänzend heranziehen.

46a. Auf sie mit Gebrüll

T und O waren Mitglieder zweier rivalisierender Jugendbanden. Zwischen beiden hatte es immer wieder mehr oder weniger einvernehmliche gewalttätige Auseinandersetzungen gegeben, und als T und O in einen Streit gerieten, konnte dieser zwar von T's Freund S vorübergehend geschlichtet werden, allerdings forderten sowohl T als auch O erfolgreich telefonisch weitere Mitglieder ihrer Gruppe auf, zum Ort des Geschehens zu kommen. Allen Beteiligten war bewusst, dass es in der aufgeheizten Stimmung zu körperlichen Auseinandersetzungen kommen würde. Man einigte sich darauf, diese mit Faustschlägen und Fußtritten auszutragen. Im Laufe der anschließenden Massenschlägerei versetzte T unter anderem dem O einen Faustschlag ins Gesicht, so dass dieser im Unterkiefer drei Zähne verlor. Als O zu Boden ging, versetzte T ihm auch mehrere Tritte gegen den Kopf und den Körper. Wegen gefährlicher Körperverletzung angeklagt, verteidigt sich T durch den Hinweis auf das vorher festgelegte Regelwerk, durch den die Schlägerei letztlich nicht anders bewertet werden könnte als z. B. ein Kickbox-Wettbewerb. Ist T deshalb durch eine Einwilligung des O gerechtfertigt?
(vgl. BGH NJW 2013, 1379)

Zur Vertiefung: *Wessels/Hettinger,* Rn. 318 f.; *Rengier* II, § 20 Rn. 3 ff.; *Jahn,* JuS 2013, 945; *Jäger,* JA 2013, 634.

Nein. Zwar mag man in der gesamten Situation eine konkludente Einwilligung auch des O sehen; indes ist diese wegen Verstoßes der Tat gegen die guten Sitten unwirksam (§ 228). Denn anders als bei den von T als Argument angeführten sportlichen Auseinandersetzungen, die grundsätzlich unter Bedingungen stattfinden, welche den Grad der Gefährlichkeit der Auseinandersetzungen **begrenzen** und auch durch einen Wettkampfrichter **überwacht** werden, fehlt es bei der vorliegenden Massenschlägerei gerade an begrenzenden Vorkehrungen. Dies wird nicht zuletzt auch dadurch deutlich, dass T auch auf den am Boden liegenden O noch weiter eintritt. Vor allem aber steigert auch die **Unkontrollierbarkeit gruppendynamischer Prozesse** (welche auch den Strafgrund des § 231 darstellt, vgl. Fälle 64 f.) die Gefährlichkeit. Dies würde wohl sogar dann gelten, wenn noch konkretere Absprachen zur Einhaltung von Regeln zum Schutz von Leben und Gesundheit getroffen worden wären. Die Lebensgefährlichkeit als Kriterium für die Sittenwidrigkeit (vgl. Fall 46) muss also nicht notwendig eine konkrete, sondern kann zumindest in bestimmten Konstellationen auch eine abstrakte sein.

47. Die ätzende Lösung

Obwohl T eine brillante Jurastudentin war, machte sie sich Sorgen um ihre berufliche Zukunft. Sie hatte sich deswegen in den Kopf gesetzt, eine Beziehung zu ihrem weitaus weniger brillanten Kommilitonen K aufzunehmen, dessen Vater vor Ort eine florierende Anwaltskanzlei besaß. K jedoch machte sich nichts aus Juristinnen und hatte sein Herz vielmehr an die hübsche Lehramtsstudentin O verschenkt, die er bei seinem regelmäßig in der „Philologinnen-Cafeteria" eingenommenen zweiten Frühstück kennen gelernt hatte. Um dem K die Entscheidung für innere statt für äußere Werte zu erleichtern, besorgte sich T eine Flasche mit konzentrierter Salzsäure, verfolgte die O eines Abends auf ihrem Heimweg von der Bibliothek, überholte sie und schüttete ihr die Salzsäure ins Gesicht. O erlitt schwere Verätzungen, die einige dauerhafte Narben nach sich zogen. Hat T den Tatbestand des § 224 erfüllt?
(vgl. auch OLG Dresden NStZ-RR 2009, 337)

Zur Vertiefung: *Wessels/Hettinger,* Rn. 265; *Satzger,* Jura 2015, 580 ff.

Ja. In dem bloßen Verfolgen und anschließenden Überholen wird man zwar noch **keinen hinterlistigen Überfall** im Sinne des § 224 Abs. 1 Nr. 3 sehen können (vgl. näher Fall 51). Es liegt jedoch eine Körperverletzung durch Beibringung von **Gift** nach § 224 Abs. 1 Nr. 1 vor. Dabei handelt es sich um jeden (anorganischen oder organischen) Stoff, der durch chemische oder chemisch-physikalische Wirkung die Gesundheit zu schädigen vermag. Unter diese Definition lässt sich Salzsäure zwanglos subsumieren (vgl. auch bereits BGHSt 1, 2, der Salzsäure unter den Waffenbegriff des § 223a a. F. subsumierte, in welchem allerdings das Gift als Alternative noch nicht enthalten war). Fraglich ist allenfalls, ob von einem **„Beibringen"** des Giftes gesprochen werden kann, da die Salzsäure hier **nur „äußerlich" angewendet** wurde und nicht die für Gifte zumindest typische „innere Wirkung" entfaltet hat. Eine solche wird nämlich von einigen Stimmen in der Literatur – nicht zuletzt auch für eine klarere Abgrenzung zu den Werkzeugen des § 224 Abs. 1 Nr. 2 – gefordert. Zwingend ist eine solche Einschränkung nach dem **Wortlaut** allerdings nicht, und auch in der Sache können äußere Wirkungen – wie das vorliegende Beispiel zeigt – **ähnlich gefährlich** sein wie innere; in der Wirkweise selbst liegt daher kein Unrechtsunterschied. Wenn wie vorliegend auch die äußere Wirkung die Eignung zu erheblichen Gesundheitsschädigungen hat, sprechen daher die besseren Gründe dafür, auch sie unter dem Begriff der Beibringung in § 224 Abs. 1 Nr. 1 zu subsumieren.

Ergänzende Bemerkungen: (1.) Anderes mag gelten, wenn der verwendete Stoff nur kurzfristig, kleinflächig und ohne Tiefenausdehnung eines Hautdefekts angewendet wird wie beim Verbrühen mit heißem Kaffee durch Schütten über Kopf und Oberkörper, vgl. OLG Dresden NStZ-RR 2009, 337 m. Anm. *Jahn,* JuS 2010, 268.

(2.) Für die konkrete Strafe würde der Streit um die Anwendung des § 224 Abs. 1 Nr. 1 vorliegend keine Rolle spielen, da T überdies eine absichtliche schwere Körperverletzung nach § 226 Abs. 1 Nr. 3, Abs. 2 begangen hat, wenn man unterstellt, dass die verbleibenden Narben den Grad einer dauernden Entstellung erreichen. In diesem Fall würde § 224 von § 226 verdrängt.

47a. Völlig versalzen

Die vierjährige O wollte ihren Pudding noch mit Zucker süßen, rührte aber irrtümlich ca. 32g Salz in den Pudding. Da dieser nun ungenießbar war, ließ O ihn stehen. Als O's Stiefmutter T dies sah, stellte sie O zur Rede und zwang die sich sträubende O, als Strafe den Pudding vollständig auszulöffeln. Dabei nahm T in Kauf, dass dies zu Unwohlsein, Magenverstimmungen oder Bauchschmerzen bei O führen würde. T wusste allerdings weder, dass die Aufnahme von 0,5 bis 1g Kochsalz pro Kilogramm Körpergewicht in aller Regel zum Tode führt (O wog 15kg), noch wusste sie, wie viel Salz die Süßspeise enthielt. Obwohl T die O schnell ins Krankenhaus brachte, nachdem diese sich erbrochen hatte und ihr Zustand sich weiter rapide verschlechterte, verstarb O an der extremen Kochsalzintoxikation. Welche Qualifikationen des § 223 hat T verwirklicht?
(vgl. BGHSt 51, 18)

Zur Vertiefung: *Wessels/Hettinger,* Rn. 263, 284, 296 ff.; *Rengier* II, § 14 Rn. 5, § 16 Rn. 14; *Bosch,* JA 2006, 743 ff.; *Jahn,* JuS 2006, 758 ff.

In Betracht kommt zunächst die **Beibringung eines Giftes oder eines anderen gesundheitsschädlichen Stoffes** nach § 224 Abs. 1 Nr. 1. Bei Salz wird man zwar üblicherweise nicht an diese Merkmale denken; es war hier aber nach **Art und konkretem Einsatz (insbesondere der Dosis)** geeignet, erhebliche Gesundheitsschädigungen hervorzurufen. Dass Salz an sich ein Stoff des täglichen Bedarfs ist, ist bei einer so erheblichen Überkonzentration kein Grund, das Vorliegen eines gesundheitsschädlichen Stoffes im Sinne von § 224 Abs. 1 Nr. 1 abzulehnen, da auch bei anderen Giften **die konkrete Dosis** ganz wesentlich für die pathologische Wirkung ist.

Mangels mechanischer Wirkung ist das Salz dagegen kein gefährliches Werkzeug im Sinne der Nr. 2.

Die konkrete Behandlung war aber lebensgefährdend im Sinne der Nr. 5. Der **objektive Tatbestand** einer gefährlichen Körperverletzung nach §§ 223, 224 Abs. 1 Nrn. 1 und 5 ist damit erfüllt.

Vorsatz hatte T **jedenfalls** hinsichtlich einer einfachen **Körperverletzung** durch Bauchschmerzen etc. und **jedenfalls nicht bezüglich der das Leben gefährdenden Behandlung,** da sie nicht einmal eine abstrakte Lebensgefahr für möglich hielt (so dass es auf die Frage, wie konkret die Gefahr bei Nr. 5 sein muss, hier gar nicht ankommt). Ob die Vorstellung der T als Vorsatz bezüglich **§ 224 Abs. 1 Nr. 1** ausreicht, ist **zweifelhaft.** Denn die begrifflich vorausgesetzte Möglichkeit erheblicher Gesundheitsschäden erkannte sie nicht. Wenn der BGH es insoweit genügen lässt, dass T die durch die Substanz verursachten Zustände im Sinne des § 223 ins Auge fasste, wird damit die eigenständige Bedeutung der Qualifikation auch für den subjektiven Tatbestand wohl nicht hinreichend berücksichtigt.

Weil die tödliche Wirkung von T nicht nur nicht vorhergesehen wurde, sondern für einen Laien auch objektiv nicht vorhersehbar war, handelte sie hinsichtlich des Todes der O nicht einmal fahrlässig, so dass weder ein Fall des § 227 (i. V. m. § 223 und § 18) vorliegt, noch ein Fall des § 222.

48. Der Asthmaanfall

T war wohl bekannt, dass ihr Lebensgefährte O an einer heftigen Nussallergie litt, die schon bei geringsten Nussspuren in Lebensmitteln zu Asthmaanfällen führen konnte, welche aber durch ein von O stets bei sich geführtes Medikament zumeist nicht lebensbedrohlich verliefen. Nachdem sie sich fürchterlich mit O gestritten hatte, backte sie einen Kuchen, in dem sie größere Mengen geriebene Haselnüsse so verarbeitete, dass O diese nicht herausschmeckte und auch sonst nicht bemerkte. Unter dem Vorwand, sich mit ihm versöhnen zu wollen, stellte sie O den Kuchen auf den Tisch. O aß ein Stück und erlitt nach kurzer Zeit den von T erwarteten Asthmaanfall. Hat sich T nach § 224 Abs. 1 Nr. 1 strafbar gemacht?

Zur Vertiefung: *Wessels/Hettinger,* Rn. 263 f.; *Rengier* II, § 14 Rn. 8–13.

Nein. Durch das Verursachen eines Asthmaanfalles hat T zwar ohne Zweifel den O sowohl körperlich misshandelt als auch an seiner Gesundheit geschädigt. Die geriebenen Haselnüsse können jedoch **weder als Gift noch als andere gesundheitsschädliche Stoffe** im Sinne des § 224 Abs. 1 Nr. 1 angesehen werden. Zwar werden beide Begriffe so verstanden, dass der jeweilige Stoff unter bestimmten Bedingungen durch chemische oder chemisch-physikalische Wirkung (Gift, vgl. Fall 47) bzw. auf sonstige Weise die Gesundheit zu schädigen geeignet ist, was für den ganz konkreten Fall des O bei den geriebenen Haselnüssen der Fall ist. Die **erhebliche Strafschärfung** in § 224 gegenüber § 223 mit einer Mindeststrafe von sechs Monaten Freiheitsstrafe ist jedoch nur zu rechtfertigen, wenn es sich um einen in der konkreten Anwendung (zumindest mehr oder weniger) **allgemein gesundheitsschädigenden Stoff** handelt. Die Grenzen mögen hier zwar fließend sein, zumal sehr viele Stoffe letztlich nur in Abhängigkeit von der jeweiligen Dosierung eine gesundheitsschädigende Wirkung entfalten können (vgl. Fall 47a); allerdings muss dort eine Grenze erreicht sein, wo ein Stoff in der konkreten Dosierung **regelmäßig völlig ungefährlich** ist. Der Unterschied zu der Tatsache, dass etwa im Rahmen der objektiven Zurechnung eine spezielle Konstitution des Opfers zum Nachteil des Täters berücksichtigt wird, besteht darin, dass die verschiedenen Varianten des § 224 nicht allein die Herbeiführung eines Erfolges, sondern die Qualität der Körperverletzungshandlung pönalisieren (a. A. vertretbar).

49. Jobprofil: Lebender Fußabtreter

**Im Laufe eines Streits warf T den O zu Boden und trat ihm anschließend mit seinem Turnschuh heftig ins Gesicht. O erlitt u. a. einen Jochbeinbruch. Strafbarkeit des T?
(vgl. BGH NStZ 1999, 616 sowie BGH NStZ 2010, 151)**

Zur Vertiefung: *Wessels/Hettinger,* Rn. 275 f.; *Rengier* II, § 14 Rn. 31, 36.

T hat sich nach §§ 223, 224 Abs. 1 Nr. 2 strafbar gemacht. Ein Turnschuh ist zwar keine Waffe, kann aber ein **gefährliches Werkzeug** sein. Ein solches liegt vor, wenn es nach seiner objektiven Beschaffenheit und der konkreten Art seiner Verwendung geeignet ist, erhebliche Körperverletzungen herbeizuführen. Dabei scheiden zwar nach h. M. aufgrund des Wortlauts des Begriffs „Werkzeug" (Art. 103 Abs. 2 GG!) **Körperteile** aus; dies gilt jedoch nicht, wenn diese mit einer besonders verletzungsträchtigen Bekleidung versehen sind. Klare Fälle wären hier etwa Skistiefel auf der einen, keinesfalls verletzungsträchtigere Wollsocken auf der anderen Seite. Ein „normaler" **Turnschuh** steht gewissermaßen in der Mitte zwischen diesen beiden Extremen. Dennoch ist überzeugend, dass der BGH hier (für den Stiefel einer Polizeiausrüstung, ebenso aber später allgemein für normale Schuhe, vgl. BGH NStZ 2010, 151 = BeckRS 2015, 11650 m. Anm. *Kudlich,* JA 2015, 709) das Vorliegen eines gefährlichen Werkzeuges bejaht hat. Denn auch ein üblicher Turnschuh versetzt den Täter zumindest deswegen in die Lage, **fester als mit einem unbekleideten Fuß zuzutreten,** weil er selbst weniger Verletzungen fürchten muss. Jeder, der schon einmal barfuß mit einem Lederfußball Fußball gespielt oder aber versucht hat, barfuß mit einem Spaten ein Stück Erde umzustechen, wird die Erfahrung gemacht haben, dass auch ein „normal beschuhter" Fuß eine größere Kraftausübung ermöglicht, welche sich für das Opfer gefahrsteigernd auswirkt. Daneben liegt hier nahe, dass auch eine das Leben gefährdende Behandlung nach § 224 Abs. 1 Nr. 5 vorliegt.

Ergänzende Bemerkung: Dazu, dass O durch den Jochbeinbruch dauerhaft in erheblicher Weise entstellt wäre, enthält der Sachverhalt keine Anhaltspunkte. Wäre dies der Fall, so würde auch eine schwere Körperverletzung nach § 226 Abs. 1 Nr. 3 vorliegen, welcher § 224 verdrängen würde.

50. Besser arm dran als Arm ab

T geriet mit dem Hausierer O in Streit. Er packte kurzerhand den Arm des O am Handgelenk und etwas unterhalb des Ellenbogens und brach dem O den Unterarm über dem Türstock. Hat sich T nach § 224 Abs. 1 Nr. 2 strafbar gemacht?

Zur Vertiefung: *Wessels/Hettinger,* Rn. 274; *Rengier* II, § 14 Rn. 37–40.

Nach herrschender, wenngleich nicht unbestrittener Ansicht **nein.** Die h. M. geht nämlich davon aus, dass aufgrund des Wortlautes des § 224 **„Werkzeug"** jedenfalls ein **beweglicher Gegenstand** erforderlich sei; bei unbeweglichen Sachen könne begrifflich von keinem Werkzeug gesprochen werden. Trotz dieses mit Blick auf Art. 103 Abs. 2 GG begrüßenswerten Bemühens um eine enge Orientierung am Wortlaut darf jedoch nicht übersehen werden, dass eine solche Auslegung auch zu gewissen willkürlichen Differenzierungen führt: So wäre etwa im vorliegenden Falle eine Strafbarkeit nach § 224 Abs. 1 Nr. 2 zu bejahen, wenn T dem O den Arm im Streit über eine Autotür oder über die Stange seines Fahrrads gebrochen hätte (da es nicht darauf ankommen soll, ob der bewegliche Gegenstand gegen den Körper oder der Körper gegen den beweglichen Gegenstand bewegt wird), obwohl dies für die Schwere des Rechtsgutsangriffs gegenüber O keinen Unterschied zur vorliegenden Konstellation macht.

Ergänzende Bemerkung: Sehr häufig wird in diesem Zusammenhang auch das Beispiel gebraucht, in dem der Täter das Opfer mit dem Kopf auf den Fußboden schlägt. In diesem Fall ist für die Anwendung des § 224 insgesamt die Frage nach einem gefährlichen Werkzeug weniger bedeutsam, da hier eine das Leben gefährdende Behandlung nach § 224 Abs. 1 Nr. 5 vorliegt. Diese Ausweichlösung versagt jedoch im vorliegenden Fall.

50a. Zweikampf mit einem Kleinwagen

T erblickte auf dem Zebrastreifen vor ihm seinen verhassten Nachbarn O. Obgleich er eigentlich bereits seine Fahrt verlangsamt hatte, beschleunigte er nun wieder, um O noch auf der Straße zu „erwischen". T erfasste O, der durch den Zusammenstoß auf die Straße geschleudert wurde und sich dabei erhebliche Verletzungen zuzog. Worauf könnte es für eine Strafbarkeit nach § 224 Abs. 1 Nr. 2 ankommen?
(vgl. BGH NStZ 2012, 697)

Zur Vertiefung: *Wessels/Hettinger,* Rn. 276 f.; *Rengier* II, § 14 Rn. 41 f.

Grundsätzlich kommt auch ein **Kraftfahrzeug als gefährliches Werkzeug** in Betracht (vgl. auch BGH StV 2013, 438 m. Anm. *Jäger,* JA 2013, 472 sowie OLG Hamm NStZ-RR 2914, 141 m. Anm. *Kudlich,* JA 2014, 474), da es in der konkreten Art der Verwendung (Anfahren einer Person) durchaus geeignet ist, erhebliche Verletzungen herbeizuführen. Ob man den konkreten Fall unter § 224 Abs. 1 Nr. 2 subsumiert, könnte davon abhängen, ob dem O die Verletzungen durch den **Zusammenstoß mit dem Auto selbst oder erst durch den Sturz auf die Straße** beigebracht worden sind. Für den letzten Fall (Verletzung erst durch Sturz auf der Straße) hat der BGH nämlich entschieden, dass erst infolge eines anschließenden Sturzes eintretende Verletzungen nicht auf den unmittelbaren Kontakt zwischen Kraftfahrzeug und Körper zurückzuführen sind, so dass es an einer Verletzung „mittels" des gefährlichen Werkzeuges fehle. Dies erscheint freilich zweifelhaft. Denn § 224 Abs. 1 Nr. 2 setzt gar nicht voraus, dass es wirklich zu schweren Verletzungen gekommen ist, sondern nur dass die konkrete Art der Verwendung dazu geeignet ist, solche herbeizuführen. Bei jedem Anfahren mit einem Kraftfahrzeug, das zu einem anschließenden Sturz mit Verletzungsfolgen führt, wird man diese **generelle „Eignung"** aber durchaus bejahen können. Hinzu kommt noch, dass in einem solchen Fall die Gefährdungspotenziale von Kontakt mit dem Kraftfahrzeug und Auftreffen auf der Straße typischerweise nur schwer trennbar sein werden. Hier unterscheidet sich der Fall etwa von der Konstellation, dass mit einer Waffe (ebenfalls § 224 Abs. 1 Nr. 2) auf die Reifen eines Pkws geschossen wird und dabei eine Körperverletzung der Insassen als Folge des Unfalls in Kauf genommen wird (vgl. auch BGH NStZ 2006, 572 [573]). Denn hier sind die (tatsächlich nicht vorliegenden) Schussverletzungen qualitativ und auch in ihrer Entstehung viel klarer von den Folgen eines Unfalls zu unterscheiden.

51. Angler sind schlechte Menschen

O lernte beim wilden Campen am Rheinufer den T kennen. Man verbrachte zwei Abende zusammen trinkend am Lagerfeuer und über Angeltechniken plaudernd. Als O am dritten Abend den Platz, an dem T sein Zelt aufgestellt

hatte, verließ und T noch mit einem freundlichen Gruß verabschiedet hatte, schlich T ihm heimlich hinterher, griff ihn in einem günstigen Moment überraschend von hinten an und schlug ihn zu Boden, um anschließend die Angelausrüstung des O an sich zu bringen. Hat sich T u. a. auch nach § 224 strafbar gemacht?
(vgl. BGH NStZ 2004, 93)

Zur Vertiefung: *Wessels/Hettinger,* Rn. 278 f.; *Rengier* II, § 14 Rn. 44.

Ja, und zwar wegen der Begehung eines **hinterlistigen Überfalls** nach § 224 Abs. 1 Nr. 3. Dafür ist zwar noch nicht ausreichend, dass der Angriff auf das Opfer für dieses überraschend und unvorhergesehen erfolgt, da diese Voraussetzungen bereits in dem Begriff des „Überfalls" stecken; das zusätzliche Erfordernis der „Hinterlist" setzt vielmehr voraus, dass der Täter seine wahren Ziele planvoll verdeckt hat. Auch wenn dafür noch **nicht jeder Angriff von hinten** genügt (vgl. auch BGH NStZ 2012, 698), so wird man doch ein **längeres heimliches Hinterherschleichen** in ähnlicher Weise wie ein Auflauern in einem Versteck als gezieltes Verdecken der Angriffsabsicht bewerten können. Der vom BGH (NStZ 2004, 93) ergänzend, wenn nicht sogar vorrangig, betonte Gesichtspunkt, dass T und O vorher zwei Abende gemeinsam in einer freundschaftlichen Atmosphäre am Lagerfeuer verbracht hatten, spielt demgegenüber keine besondere Rolle. Zwar mag das Überfallen eines Menschen, dem man ein freundschaftliches Verhältnis vorgespiegelt hat, als Charakterzug des Täters „hinterlistig" sein; für die Charakterisierung speziell des Überfalls als hinterlistig sollten aber nur solche Aspekte herangezogen werden, die unmittelbar in der Gestaltung des Angriffs liegen.

52. Der Prolet

T suchte in einer Diskothek Streit mit O. Er bat M und N, ihn zu diesem Zweck zu begleiten. Anschließend gingen sie zu dritt auf O los. O wurde geschlagen und mit einem Messer in den Rücken gestochen. Dass dabei M oder N auch selbst tätig geworden wären, ließ sich nicht mehr nachweisen. Unter anderem nach § 224 Abs. 1 Nr. 4 angeklagt, ließ sich T darauf ein, dass *in dubio pro reo* davon auszugehen sei, dass er alleine den O misshandelt habe. Da § 224 Abs. 1 Nr. 4 aber eine gemeinschaftliche Tatbegehung voraussetze, scheide dieser vorliegend mangels mittäterschaftlicher Stellung von M und N aus. Was ist davon zu halten?
(vgl. BGHSt 47, 383 = NJW 2002, 3788)

Zur Vertiefung: *Wessels/Hettinger,* Rn. 280 f.; *Rengier* II, § 14 Rn. 46 f.; *Baier,* JA 2003, 365 ff.; *Schroth,* JZ 2003, 215 f.

Nichts. Zum einen spricht – auch wenn das nach dem mitgeteilten Sachverhalt nicht abschließend zu bewerten ist – einiges dafür, hier sogar eine **mittäterschaftliche Begehung** anzunehmen. Dass M und N auch selbst Körperverletzungshandlungen durchgeführt hätten, ist dafür nicht notwendig erforderlich, da bei der Mittäterschaft nach § 25 Abs. 2 gerade eine **wechselseitige Zurechnung** von objektiven Tatbeiträgen erfolgen kann.

Zum anderen ist nach vorzugswürdiger (wenngleich nicht unbestrittener) Ansicht eine mittäterschaftliche Begehung gar keine unverzichtbare Voraussetzung des § 224 Abs. 1 Nr. 4: Zwar spricht das Gesetz hier in der Tat von einer **„gemeinschaftlichen“** Begehung, was in § 25 Abs. 2 ebenfalls als Beschreibung der Mittäterschaft verwendet wird; andererseits ist auch die Rede von der Begehung **„mit einem anderen Beteiligten“**, und in **§ 28 Abs. 2** ist der Begriff des Beteiligten gerade als „Täter **oder Teilnehmer**“ legaldefiniert, so dass der Wortlaut jedenfalls in gleicher Weise die Begehung zusammen mit einem Teilnehmer erfasst, welche M und N vorliegend in Gestalt von Gehilfen zumindest wären. Nach **Sinn und Zweck** des § 224 Abs. 1 Nr. 4 ist ebenfalls **keine notwendige Beschränkung** auf Mittäter geboten, da dieser darin liegt, dass das Opfer aufgrund einer zahlenmäßigen Überlegenheit der Angreifer in seiner Gesundheit besonders schwer gefährdet ist, was auch bei einem Zusammenwirken mit Gehilfen vorstellbar ist. Allerdings dürfte § 224 Abs. 1 Nr. 4 dabei auf Fälle zu beschränken sein, in denen sich der Teilnehmer mit dem Täter zusammen am Tatort aufhält und durch sein Verhalten dort – und sei es nur durch Einschüchterung oder Abschneiden von Fluchtwegen – die o. g. verstärkte Gesundheitsgefahr verursacht. Daher dürfte der skizzierte Streit regelmäßig nicht entscheidungserheblich sein, weil in Fällen einer Anwesenheit samt gefahrsteigernder Aktivität zumeist auch eine Mittäterschaft begründbar sein wird (siehe vorangehenden Absatz).

52a. Wer zu spät kommt, den belohnt das Strafrecht

Als T über einen Rummelplatz schlenderte, sah er zu seiner großen Freude, dass O, der ihm kurz vorher einen Becher Bier gemopst hatte, von M und N bedrängt und schließlich zu Boden geschlagen wurde. Als M und N den Tatort verließen, lief T schnell herbei und nutzte seine Chance, dem auf den Boden liegenden O noch mehrere Faustschläge zu versetzen. Staatsanwalt S ist über diese Hinterhältigkeit empört und überlegt, ob er T wegen gefährlicher Körperverletzung anklagen kann. Da ihm sonst kein Merkmal einfällt, erwägt er die Anwendung von § 224 Abs. 1 Nr. 4. Was ist davon zu halten?
(vgl. OLG Naumburg NJW Spezial 2013, 570)

Zur Vertiefung: *Wessels/Hettinger,* Rn. 280 f.; *Rengier* II, § 14 Rn. 46 ff.; *v. Heintschel-Heinegg,* JA 2013, 871 f.

Ein Fall des **§ 224 Abs. 1 Nr. 4 liegt nicht vor**. Eine gemeinschaftliche Begehungsweise setzt voraus, dass jeder Beteiligte im Sinn eines zumindest konkludent gefassten **gemeinschaftlichen Willensentschlusses** seine eigene Tätigkeit durch die Handlung des anderen ergänzen und sich diese zurechnen lassen will. Vorliegend hat T mit M und N weder anfänglich zusammengewirkt, noch liegt ein kommunikativer Akt vor, der eine sukzessive Täterschaft begründen könnte (vgl. PdW AT Fall 288). Allein der Umstand, dass dem O außer dem T auch noch andere eine Körperverletzung zugefügt haben, macht die Tat noch nicht zu einer gemeinschaftlich begangenen.

53. Kein Klischee ausgelassen: Frau schlägt Mann mit Bratpfanne

T schlug ihrem auf einem Stuhl sitzenden Mann O im Streit eine 2 kg schwere gusseiserne Bratpfanne mit aller Kraft auf den Kopf. Nach §§ 223, 224 Abs. 1 Nrn. 2 und 5 angeklagt, erklärt sie, dass sie das gefährliche Werkzeug ja noch nachvollziehen könne. An einer „das Leben gefährdenden Behandlung" fehle es aber zum einen schon deswegen, weil O tatsächlich zwar erheblich, aber glücklicherweise nicht lebensgefährlich verletzt worden sei. Zum anderen habe sie im konkreten Moment auch keinen Gedanken daran verschwendet, ihre Handlung könne das Leben des O gefährden, ihr fehle also der Vorsatz. T's Verteidiger V ergänzt, nicht zuletzt angesichts der Rechtsprechung zur erhöhten Hemmschwelle bei Tötungsdelikten sei zumindest der zweite Teil des Vortrags seiner Mandantin auch höchst plausibel, soweit es um § 224 Abs. 1 Nr. 5 gehe. Wird sich das Gericht von all dem beeindrucken lassen?

Zur Vertiefung: *Wessels/Hettinger,* Rn. 282, 284; *Rengier* II, § 14 Rn. 50.

Nein, denn alle Argumente von T und V sind (insbesondere nach dem Standpunkt der Rechtsprechung) nicht geeignet, eine Qualifikation nach § 224 Abs. 1 Nr. 5 auszuschließen:

(1.) Eine **konkrete Lebensgefahr** ist für § 224 Abs. 1 Nr. 5 gerade **nicht erforderlich;** vielmehr genügt nach h. M. die abstrakte Lebensgefährlichkeit der Handlung, die bei einem Schlag mit einem schweren harten Gegenstand auf den Kopf ohne weiteres zu bejahen ist. Für diese Auslegung spricht, dass **auch die übrigen Qualifikationstatbestände** des § 224 jeweils nur eine **abstrakt erhöhte Gefahr** oder Gefährlichkeit des Handelns unter Strafe stellen, ohne dass es tatsächlich zu einer erheblicheren Verletzung gekommen sein muss.

(2.) Die **subjektive** Einordnung einer Behandlung als „das Leben gefährdend" ist nach Ansicht der Rechtsprechung und wohl h. L. für § 224 Abs. 1 Nr. 5 nicht erforderlich, wenn der Täter die **Umstände kennt,** die objektiv diese **Gefährlichkeit hervorrufen.** Dies ist zwar nicht ganz frei von Zweifeln, denn anders als in den übrigen Fällen des § 224 Abs. 1 ist in Nr. 5 gerade nicht ein spezielles, näher umschriebenes Verhalten unter Strafe gestellt, sondern die Strafschärfung wird von der „Auswirkung" eines bestimmten Verhaltens (nämlich abstrakte Lebensgefahr) her legitimiert; kennt der Täter diese „Auswirkungen" nicht, so ist fraglich, ob ihn tatsächlich der **Normappell des § 224 Abs. 1 Nr. 5** erreicht. Selbst unter Berücksichtigung dieses Einwandes ist jedoch das Gericht rein praktisch auch nicht gezwungen, der Einlassung der T Glauben zu schenken. Im Rahmen der nach § 261 StPO freien Beweiswürdigung und Überzeugungsbildung des Gerichts erscheint es durchaus nahe liegend, dass der T unterstellt wird, bei einem Schlag mit einer 2 kg schweren gusseisernen Bratpfanne auf den Kopf die das Leben gefährdende Wirkung zumindest mit bedingtem Vorsatz in Kauf genommen zu haben.

(3.) Dem steht auch nicht die Auslegung zur erhöhten **Hemmschwelle** bei Tötungsdelikten entgegen, da es hier nicht um den tatsächlichen Eintritt des Todes, sondern **nur um die Gefährdung** des Lebens geht.

53a. Eine aufgedrängte Kneipp-Anwendung

T zwang den mit einer Jeans, einem Pullover und Schuhen bekleideten O in einer Herbstnacht, in die 15 Grad kalte, wegen Niedrigwasser nur 92 cm tiefe, gleichmäßig und langsam fließende Elbe zu steigen und sich stromabwärts treiben zu lassen. Da O ein guter Schwimmer war, gelang es ihm trotz der Dunkelheit nach 700m aus dem eiskalten Wasser zu steigen. Er erlitt lediglich eine Unterkühlung, die nach einer Nacht im warmen Krankenhaus rasch ausgestanden war. Hat sich T auch wegen gefährlicher Körperverletzung nach § 224 Abs. 1 Nr. 5 strafbar gemacht?
(vgl. BGH BeckRS 2011, 27459 m. Anm. *Jahn,* JuS 2012, 367)

Zur Vertiefung: *Wessels/Hettinger,* Rn. 282; *Rengier* II, § 14 Rn. 50.

Nach Auffassung des BGH **nein.** Zwar kommt es (vgl. oben Fall 53) nicht auf den Eintritt einer konkreten Lebensgefahr, sondern nur auf die **abstrakte Gefährlichkeit** an. Auch dies ist jedoch bei einer Wassertemperatur von 15 Grad und einer geringen Wassertiefe noch nicht gegeben, da weder ein Ertrinken noch eine tödliche Unterkühlung zu befürchten waren. Wenn der Senat darüber hinaus noch darauf abstellt, dass „Panikreaktionen oder ein Orientierungsverlust […] mit Rücksicht auf die Ortskunde des Geschädigten und sein beherrschtes Reagieren offenkundig nicht zu befürchten" waren, so ist hier freilich zu bemerken, dass dies bereits Elemente sind, die an der Schwelle zwischen der abstrakten Gefährlichkeit und im Eintritt der konkreten Gefahr stehen, da sie viel mit dem tatsächlichen Verlauf des Geschehens und den konkreten Fähigkeiten des Opfers zu tun hatten. Berücksichtigt man die Umstände des Einzelfalls in diesem Ausmaß, so werden die Grenzen zwischen der abstrakten und konkreten Gefährdung verwischt (was zugleich zeigt, dass der Streit darum, wie die das Leben gefährdende Handlung in § 224 Abs. 1 Nr. 5 beschaffen sein muss, nicht überschätzt werden darf).

54. Ein Ausnahmefall

T stieß den O in einem Streit zu Boden. Bei der Versorgung von O's Platzwunde an der Stirn rutschte der behandelnde Dr. D aus Unachtsamkeit mit der Schere, mit der er den Faden der Wundnaht abschneiden wollte, ab und stach damit dem O ein Auge aus. Hat sich T nach § 226 Abs. 1 Nr. 1 strafbar gemacht?

Zur Vertiefung: *Wessels/Hettinger,* Rn. 285, 299 f.; *Rengier* II, § 15 Rn. 1–3; *Kühl,* § 17a = Jura 2002, 810 ff.; *ders.,* Jura 2003, 19 ff. (allgemein zum erfolgsqualifizierten Delikt).

Nein. Zwar ist T mit seiner – wie hier unterstellt werden soll – zumindest bedingt vorsätzlichen Körperverletzung des O kausal dafür geworden, dass ein Erfolg nach § 226 Abs. 1 Nr. 1 eingetreten ist. Hinsichtlich des Verlusts des Auges des O kann dem T aber wohl nicht einmal der Vorwurf der **Fahrlässigkeit** gemacht werden, der nach **§ 18** bei allen erfolgsqualifizierten Delikten Voraussetzung der Strafbarkeit ist. Die dafür erforderliche Sorgfaltspflichtverletzung liegt zwar bereits in der vorsätzlichen Verwirklichung des Grunddelikts; gleichwohl ist jedoch noch eine **objektive Vorhersehbarkeit** der schweren Folge erforderlich, welche im vorliegenden Fall wohl zu verneinen ist: Zwar kann der Täter nicht immer auf die optimale Versorgung des Opfers vertrauen, sondern muss auch mit der Möglichkeit gewisser Kunstfehler rechnen; der hier vorliegende **Fehler** ist jedoch so **schwerwiegend** und **ungewöhnlich,** dass von einer Vorhersehbarkeit wohl keine Rede mehr sein kann. Mit einer ähnlichen Argumentation wird man letztlich auch den **tatbestandsspezifischen Gefahrzusammenhang** zwischen Grunddelikt und schwerer Folge ablehnen müssen, da sich im Verlust des Augenlichts des O durch eine „verirrte Schere" gerade nicht die typische Gefährlichkeit des Zu-Boden-Stoßens verwirklicht hat.

55. Ohne Nieren

T stach den O (ohne Tötungsvorsatz) mit einem Messer in den Bauch, so dass die rechte Niere des O entfernt werden musste. Da O's linke Niere ordnungsgemäß arbeitete, konnte O ohne wesentliche Beeinträchtigungen weiterleben. Strafbarkeit des T?
(vgl. BGHSt 28, 100)

Zur Vertiefung: *Wessels/Hettinger,* Rn. 288; *Rengier* II, § 15 Rn. 7 f.

T hat sich nach § 223 Abs. 1, § 224 Abs. 1 Nr. 2, bei lebensnaher Auslegung wohl auch nach § 224 Abs. 1 Nr. 5 strafbar gemacht. Dagegen scheidet nach h. M. eine Strafbarkeit nach § 226 Abs. 1 Nr. 2 aus. Als **„wichtiges Glied"** im Sinne dieser Vorschrift werden nämlich nur in sich abgeschlossene und mit dem Rumpf oder einem anderen Körperteil (nach verbreiteter Ansicht: durch ein Gelenk) verbundene **Körperteile** verstanden, also gerade **nicht innere Organe.** Dies erscheint zwar mit Blick auf die Bedeutung der jeweiligen Körperteile für den Betroffenen durchaus kritikwürdig, orientiert sich aber zugegebenermaßen am (zumindest üblichen) **Sprachgebrauch,** nach dem der Begriff „Glied des Körpers" innere Organe wohl tatsächlich nicht umfasst. Die Bedeutung des Streites wird auch dadurch relativiert, dass zumindest bei dauerhaften und folgenreichen Verletzungen innerer Organe ein Siechtum im Sinne des § 226 Abs. 1 Nr. 3 eintreten kann, was bei äußeren Körpergliedern nicht ohne weiteres der Fall ist, so dass ihre eigenständige Erfassung in § 226 Abs. 1 Nr. 2 gerechtfertigt erscheint.

56. Orchesterprobe

Bei einem Streit während der Orchesterprobe schlug der Beckenspieler T die Becken mit solcher Wucht gegen den kleinen Finger des ersten Geigers, Stargeiger O, zusammen, dass der Finger nach einem komplizierten Trümmerbruch vollständig versteifte. Hat sich T nach § 226 strafbar gemacht?

Zur Vertiefung: *Wessels/Hettinger,* Rn. 289 f.; *Rengier* II, § 15 Rn. 10–12.

Dies hängt davon ab, ob man die **Wichtigkeit** des Gliedes im Sinne des § 226 Abs. 1 Nr. 2 mit der Rechtsprechung nach **generellen Maßstäben oder** mit der in der Literatur überwiegenden Ansicht nach den **besonderen Verhältnissen des Verletzten** beurteilt: Während nämlich eine herausgehobene Stellung des kleinen Fingers – anders als bei dem für das Zugreifen zentralen Daumen – bei einem Durchschnittsmenschen nicht ohne weiteres angenommen werden kann, ist die dauernde Gebrauchsunfähigkeit eines Fingers für einen Berufsgeiger eine ganz wesentliche Beeinträchtigung. Da es bei § 226 – anders als bei § 224 – nicht auf eine Bewertung der Tathandlung, sondern des konkret **eingetretenen Taterfolges** ankommt, spricht aus **Opferschutzgesichtspunkten** einiges dafür, eine individuelle Betrachtung vorzunehmen. Der Täter wird dadurch auch nicht unbillig belastet, da hinsichtlich der Wichtigkeit des betroffenen Gliedes nach § 18 immerhin zumindest die objektive und subjektive Vorhersehbarkeit vorliegen muss. Da im vorliegenden Fall freilich T ein Orchesterkollege des O ist, wäre auch dies hier zu bejahen.

57. Der Gaststättenvorfall – oder: Zahnausfall

T schlug in einer Gaststätte dem O die vier Schneidezähne des Oberkiefers durch einen vorsätzlichen, heftigen Hieb mit einem Bierkrug auf den Mund aus. O ließ sich „eine aus fünf Zähnen bestehende, gut sitzende und gut aussehende Prothese" anfertigen. Damit sah er sogar besser aus als früher, da die ausgeschlagenen vier Zähne deutlich sichtbar auseinandergestanden hatten. Wirkt sich die gelungene Prothese auf eine Strafbarkeit des T nach § 226 Abs. 1 Nr. 3 aus?
(vgl. BGHSt 24, 315)

Zur Vertiefung: *Wessels/Hettinger,* Rn. 293; *Rengier* II, § 15 Rn. 22 f.

Nach der überzeugenden Ansicht des BGH **ja.** Aufgrund der „gut sitzenden und gut aussehenden Prothese" kann nämlich **nicht** davon gesprochen werden, dass O im Sinne des § 226 Abs. 1 Nr. 3 **„dauernd entstellt"** worden ist. Ebenso wie in den anderen Varianten des § 226, ist auch (und durch den Begriff „dauernd" im Wortlaut sogar besonders deutlich) im Fall der Nr. 3 der entscheidende Wertungsgesichtspunkt für die hohe Strafe, dass das Opfer nicht nur vorübergehend, sondern **dauerhaft** mit erheblichen **Beeinträchtigungen** leben muss. Soweit diese Beeinträchtigung „nur" optischer Natur ist (erhebliche Entstellung), erscheint es auch angemessen, eine solche nicht anzunehmen, wenn das äußere Erscheinungsbild in zumutbarer Weise wieder zu einem im wahrsten Sinne des Wortes ansehnlichen Ergebnis geführt werden kann.

Ergänzende Bemerkung: Dieses Ergebnis gilt jedenfalls, wenn die dauerhafte Entstellung bereits beseitigt worden ist. Problematisch ist dagegen, ob dem Opfer zugemutet werden kann, etwa durch eine Operation eine entstandene Entstellung (z. B. Vernarbung im Gesicht) beseitigen zu lassen. Da die Frage über die Strafbarkeit nicht dauerhaft unter dem Vorbehalt stehen bleiben kann, ob das Opfer sich später zu einer solchen Operation durchringen wird oder eben nicht, spricht einiges dafür, § 226 Abs. 1 Nr. 3 bereits dann zu verneinen, wenn die Behebung der Entstellung medizinisch-technisch in absehbarer Zeit ausführbar und mit Blick auf die damit verbundenen Risiken zumutbar ist.

57a. Polytrauma

T schlug den O mit Fäusten und trat ihn barfuß ins Gesicht. Dabei erlitt O eine Ruptur des Augapfels und verlor vier Schneidezähne, einen Eckzahn

sowie fünf Backenzähne. Nach der Behandlung der Ruptur des Augapfels erreichte O mit Kontaktlinsen und Prismenbrille wieder eine Sehschärfe von 63 %, konnte ohne diese Hilfsmittel aber auch aus nächster Nähe kein Objekt optisch wahrnehmen. Der Verlust der Zähne führte zu einer massiven Deformation seines Gesichts. Diese wurde nach einigen Wochen aber mittels Zahnprothesen völlig behoben. Strafbarkeit des T?
(vgl. BayObLG NStZ-RR 2004, 264)

Zur Vertiefung: *Wessels/Hettinger,* Rn. 287; *Rengier* II, § 15 Rn. 5; *Kudlich,* JuS 2005, 80 ff.

T hat zunächst unproblematisch eine **Körperverletzung** in beiden Alternativen des § 223 begangen, wobei mit Fäusten und unbeschuhten Füßen kein gefährliches Werkzeug verwendet (vgl. Fall 49) und nach dem Sachverhalt auch keine andere Qualifikation des § 224 Abs. 1 verwirklicht wurde, so dass eine **gefährliche Körperverletzung ausscheidet.**

Fraglich ist jedoch, ob die Körperverletzung nach § 226 Abs. 1 qualifiziert ist (wobei gewiss Fahrlässigkeit – mangels entsprechender Hinweise aber kein direkter Vorsatz nach Abs. 2 – hinsichtlich der eingetretenen Folgen angenommen werden kann). In Betracht kommt zunächst ein Fall der Nr. 1 durch **Verlust des Sehvermögens** auf mindestens einem Auge. Dazu müsste die Fähigkeit des O, Gegenstände optisch wahrzunehmen – wenn auch auf kurze Entfernung – für längere, nicht näher bestimmbare Zeit im Wesentlichen aufgehoben worden sein. Ähnlich wie bei Schadensberechnungen im Zivilrecht und bei den Vermögensdelikten Ersatzansprüche grundsätzlich unberücksichtigt bleiben, hat auch das RG ärztliche Behandlungserfolge stets unbeachtet gelassen. Nach heutiger Rechtsprechung des BGH hingegen sind **Heilerfolge beachtlich,** da § 226 nur dauerhafte schwere Folgen erfasse. Allerdings beseitigen nur **vorübergehend mit dem Körper verbundene Hilfsmittel** die dauerhafte Folge nicht. Auch nach heute herrschender Auffassung ist ein Fall des § 226 Abs. 1 Nr. 1 daher zu bejahen. In Betracht kommt ferner ein Fall der Nr. 3 in der Variante der **dauernden Entstellung.** Hier ist allerdings allein auf das **äußere Erscheinungsbild** abzustellen. Dieses wurde durch fest verankerte **Prothesen wieder hergestellt,** so dass insoweit keine dauerhafte schwere Folge vorliegt (vgl. schon Fall 57). Die **unterschiedliche Behandlung** von „künstlichen Hilfsmitteln“ bei Nr. 1 und Nr. 3 ist dadurch gerechtfertigt, dass es bei Nr. 1 auf die durch die Tat eingeschränkten Fähigkeiten des Opfers ankommt (die eingeschränkt bleiben), bei Nr. 3 dagegen auf die Wahrnehmbarkeit durch Dritte (die sich ja durch die Prothesen auch tatsächlich ändert).

58. Schuss in den Ofen – oder: Unterleibsfall

T schoss auf den Unterleib der O. Er rechnete damit und nahm auch billigend in Kauf, dass sie die Empfängnisfähigkeit verlieren werde. T traf die O, ihre Empfängnisfähigkeit wurde aber nicht dauerhaft beeinträchtigt. Strafbarkeit des T?

Zur Vertiefung: *Wessels/Hettinger,* Rn. 273, 319; *Rengier* II, § 15 Rn. 5, 30 f.

T hat sich wegen versuchter schwerer Körperverletzung nach § 226 Abs. 1 Nr. 1, §§ 22, 23 in Gestalt eines **Versuchs der Erfolgsqualifikation** strafbar gemacht. Ein Versuch des **§ 226 Abs. 2** liegt nicht vor, da dieser auch im Tatentschluss *dolus directus* I. oder II. Grades **(„absichtlich oder wissentlich")** voraussetzen würde. Allerdings kommt nach ganz überwiegender Ansicht der Versuch der Erfolgsqualifikation in Betracht, wenn (das Grunddelikt vollendet wurde, jedoch) der qualifizierende Erfolg nicht eingetreten, aber billigend in Kauf genommen worden ist. Um klarzustellen, dass auch tatsächlich eine – wenngleich nicht qualifizierte – Verletzung der O eingetreten ist, sollte in Tateinheit zu den §§ 226, 22, 23 auch eine vollendete gefährliche Körperverletzung (§§ 223, 224 Abs. 1 Nr. 2 – Waffe) angenommen werden (Klarstellungsfunktion der Idealkonkurrenz).

59. Prager Fenstersturz 2.0

T griff im Obergeschoss des mütterlichen Hauses O, die Hausgehilfin seiner Mutter, tätlich an und brachte ihr u. a. eine tiefe Oberarmwunde und einen Nasenbeinbruch bei. Die verängstigte O versuchte, vor den fortdauernden Angriffen des T durch das Fenster ihres Zimmers auf einen Balkon zu flüchten. Dabei stürzte sie ab und verletzte sich tödlich. Dies hatte T nicht vorausgesehen. Strafbarkeit des T?
(vgl. BGH NJW 1971, 152; NStZ 1992, 335 und NStZ 2008, 278)

Zur Vertiefung: *Wessels/Hettinger,* Rn. 298 ff.; *Rengier* II, § 16 Rn. 1–22; *Bosch,* JA 2008, 547 ff.; *Sowada,* Jura 1994, 643 ff.

Da man wohl unterstellen muss, dass T hinsichtlich des **Todes** der O **keinen Vorsatz** hatte, scheidet eine Strafbarkeit nach §§ 212, 211 aus. T hat sich aber nach wohl vorzugswürdiger Ansicht wegen **Körperverletzung mit Todesfolge** (§ 227), strafbar gemacht. Die Verwirklichung des Grundtatbestandes nach § 223 (für dessen Qualifikation nach § 224 der Sachverhalt zu wenig Anhaltspunkte enthält) sowie der Eintritt des Todes als qualifizierendem Erfolg und auch die Kausalität im Sinne der *conditio-sine-qua-non*-Formel zwischen der Körperverletzung und dem Eintritt des Todes stehen außer Frage. Auch die nach § 18 für alle erfolgsqualifizierten Delikte erforderliche **Fahrlässigkeit** des T im Sinne einer Sorgfaltspflichtverletzung und einer Vorhersehbarkeit des Erfolges lassen sich wohl bejahen. Fraglich ist jedoch, ob dieser Zusammenhang für eine Verurteilung nach § 227 ausreichend ist. Am Beispiel der Körperverletzung mit Todesfolge ist von Rechtsprechung und Literatur das zusätzliche Erfordernis eines **Unmittelbarkeitszusammenhangs bzw. tatbestandsspezifischen Gefahrzusammenhangs** zwischen Grunddelikt und Eintritt der schweren Folge entwickelt worden. Die Forderung nach einem solchen zusätzlichen spezifischen Zusammenhang erscheint grundsätzlich auch berechtigt, wenn man berücksichtigt, dass der **Strafrahmen des § 227** deutlich höher ist, als er es bei Annahme einer Idealkonkurrenz zwischen (einfacher oder gefährlicher) Körperverletzung und fahrlässiger Tötung nach §§ 223 (224), 222, 52 wäre. Dabei erscheint der Begriff des „tatbestandsspezifischen Gefahrzusammenhanges" demjenigen des „Unmittelbarkeitszusammenhanges" vorzugswürdig, da es nicht so sehr um die Kürze der Kausalkette, sondern vielmehr um die Frage geht, ob sich im qualifizierenden Erfolg die

typische Gefahr verwirklicht hat, deretwegen das Grunddelikt unter Strafe steht. Insoweit handelt es sich also um eine besondere Ausprägung des Erfordernisses der objektiven Zurechnung.

Im konkreten Fall stellt sich die Frage, ob dieser Zurechnungszusammenhang dadurch unterbrochen wird, dass das **Opfer selbst** durch den Sprung vom Balkon gleichsam **zwischen Täterhandlung** und Erfolg „getreten" ist. Entgegen der (zumindest früheren) Rechtsprechung des BGH (vgl. NJW 1971, 152) wird man dies nicht nur dann verneinen müssen, wenn das Opfer aufgrund der Schwere der Verletzung schon so benommen ist, dass es die Risiken seiner eigenen Rettungshandlung nicht mehr überblicken kann; vielmehr verwirklicht sich schon dann die konkrete Gefahr des Grunddelikts, wenn das **Rettungsverhalten des Opfers** im Verhältnis zu den ihm beigefügten bzw. drohenden Verletzungen **nicht augenscheinlich außer jedem Verhältnis** steht. Denn schon dann kann von einer „freien Entscheidung" des Opfers, die zu einer Durchbrechung des Zurechnungszusammenhanges führen würde, keine Rede mehr sein. Da T der O vorliegend schwerwiegende Verletzungen beigebracht hatte, verwirklichte sich auch in einer mit gewissen Risiken verbundenen Flucht noch die typische Gefahr des Grunddelikts. T hat sich daher nach § 227 strafbar gemacht.

60. Der Un-Fall

Der Polizeibeamte T wurde in einer Gaststätte in einen Streit mit O verwickelt. T zog darauf seine Pistole und suchte rückwärtsgehend einer tätlichen Auseinandersetzung auszuweichen. Als O ihn mit dem Ruf „Schieß doch, Du Feigling" angriff, versetzte ihm T mit seiner Dienstpistole zwei Schläge auf den Kopf. In diesem Augenblick löste sich ein Schuss, der O in den Kopf traf und tödlich verletzte. Strafbarkeit des T?
(vgl. BGHSt 14, 110)

Zur Vertiefung: *Wessels/Hettinger,* Rn. 299 f.; *Rengier* II, § 16 Rn. 11, 13.

Nach Ansicht des BGH hat sich T wegen **Körperverletzung mit Todesfolge** nach § 227 strafbar gemacht. Da sowohl die (vorsätzliche) Körperverletzung durch die Schläge als auch der dadurch kausal verursachte Tod des O außer Frage stehen, ist auch hier allein problematisch, ob insoweit der erforderliche **tatbestandsspezifische Gefahrzusammenhang** vorliegt. Dies hängt maßgeblich davon ab, ob man hinsichtlich der Gefährlichkeit, die sich im Erfolg realisieren muss, alleine auf den vorsätzlichen **Verletzungserfolg** (Schläge auf den Kopf) **oder** auch auf die **Verletzungshandlung** (Schläge gerade mit einer Pistole) abstellen muss. Denn während der Tod durch Erschießen kaum als typische Folge eines auf den Kopf erhaltenen Schlages als Körperverletzungserfolg angesehen werden kann, ist er sehr wohl eine nicht fernliegende und auch die typische Gefährlichkeit realisierende Folge der Tathandlung „Schläge mit einer geladenen Pistole". Gegen das Ergebnis des BGH könnte zwar mit einer verbreiteten Auffassung in der Literatur vorgebracht werden, dass nach dem Wortlaut des § 227 **(„Tod der verletzten Person")** ein unmittelbarer Zusammenhang zwischen Tod und **Verletzungserfolg** als Erfordernis abzuleiten sei. Andererseits lässt sich die Strafschärfung des § 227 insbesondere mit Blick auf das Fahrlässigkeitserfordernis des § 18 vor allem mit der größeren Gefährlichkeit gerade der Tathandlung begründen; darüber hinaus verweist § 227 für den Begriff der **„Körperverletzung"** auf die „**§§ 223 bis 226**" und damit auch auf die jeweiligen Versuchsnormen (§§ 223 Abs. 2, 224 Abs. 2) in denen gerade nur die Tathandlung vorliegt, ohne dass es zu einem Erfolgseintritt gekommen ist.

61. Waidmanns Fall

T warf im Wald den Hochsitz um, auf dem sein verhasster Onkel O saß. Durch den 3,50 m tiefen Sturz brach sich O den rechten Knöchel. Der Bruch wurde operativ behandelt. Nach der Entlassung aus der Klinik blieb O fast ausschließlich im Bett. Ihm war nicht gesagt worden, dass er der Gefahr einer Lungenembolie durch Bewegung vorbeugen müsste, so dass er später an einer solchen starb. Nach § 227 angeklagt, ließ sich T darauf ein, dass der Tod des O ja wohl kaum eine typische Folge der von ihm beigebrachten Verletzung in Gestalt eines Knöchelbruchs sei. Was ist davon zu halten?
(vgl. BGHSt 31, 96)

Zur Vertiefung: *Wessels/Hettinger*, Rn. 298, 300; *Rengier* II, § 16 Rn. 9 ff.

T hätte Recht, wenn man mit der sog. **Letalitätsthese** davon ausgehen würde, dass ein ausreichender tatbestandsspezifischer Gefahrzusammenhang nur vorliegen kann, wenn der **tatsächlich eingetretene Verletzungserfolg** typischerweise ein Todesrisiko in sich birgt. Freilich ist diese These in dieser Strenge zumindest nicht aufrecht zu erhalten, wenn man wie oben dargestellt (vgl. Fall 60) auch den tatbestandsspezifischen Gefahrzusammenhang zur Tathandlung genügen lässt. Konsequenterweise lässt der BGH es auch genügen, wenn „der **Körperverletzungshandlung** das **Risiko** eines **tödlichen Ausgangs** anhaftet und sich dann dieses, dem Handeln des Täters eigentümliche Risiko im Eintritt des Todes verwirklicht" (vgl. BGHSt 31, 96, 99 f.). Insoweit wird man aber das **Umstürzen** eines 3,50m hohen **Hochsitzes** durchaus als Handlung betrachten müssen, der eine **Lebensgefahr** für das tief stürzende Opfer **typischerweise anhaftet.** Freilich ist in diesen Fällen – anders als im vorhergehenden Fall 60 – durchaus fraglich, ob sich im Erfolg die spezifische Gefahr der Tathandlung verwirklicht hat; denn diese liegt eben beim Sturz aus großer Höhe nicht primär darin, an den mittelbaren Folgen einer an sich vergleichsweise harmlosen Fußverletzung zu versterben.

62. Der Rabenvater

T war mit der S verheiratet. Sie hatten zusammen die dreijährige Tochter O. T kümmerte sich nicht um seine Familie und verbrachte auch seine Freizeit außer Haus. S reagierte ihre deswegen entstandene Enttäuschung und Aggression an O ab und schlug sie zunehmend. Als T aufgrund von Hinweisen Kenntnis davon erlangte, forderte er S auf, O nicht mehr zu misshandeln, was aber wenig Erfolg hatte. Einige Tage später schlug S die O mit der flachen Hand so heftig ins Gesicht, dass diese mit dem Kopf gegen eine Anrichte fiel

und sich ein schweres Schädeltrauma zuzog, an dem sie wenige Tage später verstarb. Hat sich T nach §§ 227, 13 strafbar gemacht?
(vgl. BGHSt 41, 113)

Zur Vertiefung: *Wessels/Hettinger,* Rn. 297, 307; allgemein zur Körperverletzung durch Unterlassen *Wengenroth,* JA 2014, 428 ff.

Das ist problematisch und aufgrund des hier mitgeteilten Sachverhalts wohl eher zu verneinen: Zwar ist der **Tod** der O **eingetreten,** und T hat sich als Vater der O und damit **Garant** (vgl. § 1626 BGB) auch wegen Körperverletzung durch Unterlassen (§§ 223, 13) strafbar gemacht, da er zumutbare Schritte unterlassen hat, seine Tochter vor den Körperverletzungen durch die Mutter zu schützen. Aufgrund des auch in Unterlassungskonstellationen erforderlichen **spezifischen Gefahrzusammenhangs** (vgl. Fälle 60 und 61) muss sich jedoch auf der subjektiven Tatseite der **Vorsatz** des Unterlassungstäters auf eine solche **Körperverletzung** richten, die „nach **Art, Ausmaß und Schwere** den Tod des Opfers besorgen lässt" (vgl. BGHSt 41, 113, 118), mithin also auf eine solche Körperverletzung, welcher der Eintritt des Todes als typische Gefahr anhängt. Auch massive Schläge bergen bei einem dreijährigen Kind nicht ohne weiteres und typischerweise die Gefahr eines tödlichen Ausganges in sich. Davon, dass T auch Vorsatz hinsichtlich einer Körperverletzung nach Art derjenigen hatte, die hier in ihrer Gesamtkombination zum Tode geführt hatte (Schläge ins Gesicht in der Nähe der Anrichte), kann ohne nähere Hinweise nicht ausgegangen werden.

Ergänzende Bemerkungen: (1.) Über §§ 223, 13 hinaus kommt jedoch eine Strafbarkeit des T nach § 225 Abs. 1 in Betracht.

(2.) Anders mag man den Fall auch ohne nähere Anhaltspunkte bei ganz kleinen Kindern beurteilen, bei denen aufgrund des noch weichen Knochengerüstes sowie der fehlenden Fähigkeit, etwa den Kopf selbst zu stabilisieren, bei verschiedenen Misshandlungen das Risiko des Todes deutlich näher liegt; vgl. etwa zum „Schütteln" von Säuglingen BGH NStZ 2004, 201 m. krit. Anm. *Schneider.*

(3.) Würde man hinsichtlich § 227 anders entscheiden, so würde sich noch die Frage stellen, ob der unterlassende Garant neben einem aktiv Handelnden Täter oder Teilnehmer ist. Die Bewertung als Teilnehmer würde freilich an der Argumentation nichts ändern, da sich auch der Teilnehmervorsatz gerade auf eine solche Haupttat beziehen muss, der ein tatbestandsspezifischer Tatzusammenhang des Todes anhängt (vgl. *Kudlich,* JA 2000, 511 ff.).

63. Gubener Hetzjagd

S und T gerieten in einer Diskothek mit den ihnen körperlich unterlegenen O und P in Streit. In der für O und P erkennbaren Absicht, diese körperlich zu misshandeln, verfolgten S und T den O und den P, die aus der Diskothek flüchteten. Als P zu Boden fiel, stürzten sich S und T auf diesen und brachten ihm erhebliche Körperverletzungen bei. O flüchtete weiter und merkte dabei nicht, dass S und T inzwischen seine Verfolgung aufgegeben hatten. Als er zu einem Mehrfamilienhaus kam, in das er sich flüchten wollte, trat O, der die Haustür nicht öffnen konnte, in Todesangst die untere Glasscheibe der Tür ein. Beim anschließenden Durchsteigen verletzte er sich an den im Türrahmen verbliebenen Glasresten und zog sich eine 8,5 cm tiefe Wunde am

rechten Bein und die Verletzung einer Schlagader zu. An diesen Verletzungen verblutete O binnen kurzer Zeit. Strafbarkeit von S und T? (vgl. BGHSt 48, 34)

Zur Vertiefung: *Wessels/Hettinger,* Rn. 301 f.; *Rengier* II, § 16 Rn. 29–31; *Heger,* JA 2003, 455 ff.

Gegenüber P haben sich S und T (mangels ausreichender Hinweise für eine Qualifikation nach § 226) wegen gefährlicher Körperverletzung nach **§§ 223, 224 Abs. 1 Nr. 4** strafbar gemacht.

Gegenüber O haben sich S und T nach Ansicht des BGH wegen **versuchter Körperverletzung mit Todesfolge** gemäß §§ 223, 227, 22 strafbar gemacht: Durch das **Verfolgen** von O und P hätten nämlich S und T die „Schwelle zum ‚Jetzt geht's los' überschritten" und damit **unmittelbar** zur Körperverletzung angesetzt. Dabei ist es zwar zu keiner vollendeten vorsätzlichen Körperverletzung gekommen; indes soll ein Versuch der Körperverletzung mit Todesfolge in Gestalt eines erfolgsqualifizierten Versuches vorliegen, da als eine die tatbestandsspezifische Gefahr realisierende Folge der versuchten Körperverletzung der Tod des O eingetreten sei. Da vorliegend der Zurechnungszusammenhang auch nicht durch eine eigenverantwortliche Selbstgefährdung des O unterbrochen worden sei, sondern dieser aufgrund der Paniksituation während der Verfolgung gewissermaßen unfrei gehandelt habe (vgl. Fall 59), käme eine Strafbarkeit nach §§ 223, 227, 22 in Betracht.

Ob freilich bei der **Körperverletzung mit Todesfolge** im Allgemeinen und in der vorliegenden Situation im Besonderen wirklich die Konstellation des **„erfolgsqualifizierten Versuchs"** vorstellbar und einschlägig ist, ist dennoch gewissen **Zweifeln** ausgesetzt: Voraussetzung dafür wäre nämlich, dass die im Todeserfolg liegende Körperverletzung **einerseits nicht** zugleich auch das **Grunddelikt** des § 223 erfüllt, **andererseits** der gleiche Erfolg als **erfolgsqualifizierender** im Sinne des § 227 zugerechnet werden kann. Insoweit droht ein **Wertungswiderspruch** zwischen der Behandlung der objektiven Zurechnung beim Grunddelikt und dem tatbestandsspezifischen Gefahrzusammenhang bei der Erfolgsqualifikation, dem durch eine Lösung auf der Vorsatzebene nur scheinbar entgangen wird. Denn ein Ausschluss der subjektiven Zurechnung des eingetretenen Verletzungserfolges kann (aufgrund des für §§ 223, 22 unverzichtbaren Körperverletzungsvorsatzes) nur über die Figur der wesentlichen Abweichung vom vorgestellten Kausalverlauf begründet werden; wann aber eine solche Abweichung „wesentlich" ist, entscheidet sich zumeist nach ganz ähnlichen Wertungsgesichtspunkten wie die von der h. L. gestellte Frage nach der objektiven Zurechnung (vgl. PdW AT, Fall 64): Es ist nicht ohne weiteres vermittelbar, dass der Eintritt einer Körperverletzung, die durch eine mit Körperverletzungsvorsatz nach Eintritt ins Versuchsstadium begangene Handlung verursacht wurde, auf einer wesentlichen (und damit zurechnungsausschließenden) Abweichung vom vorgestellten Kausalverlauf beruhen soll, gleichzeitig jedoch aufgrund derselben Handlung bei der Prüfung des tatbestandsspezifischen Gefahrzusammenhangs zugerechnet werden können soll.

Ergänzende Bemerkung: Angesichts dieser grundsätzlichen Zweifel an der Figur des erfolgsqualifizierten Versuchs bei der Körperverletzung mit Todesfolge sei nur ergänzend darauf hingewiesen, dass auch die Annahme eines unmittelbaren Ansetzens bereits durch das Verfolgen sowie eines tatbestandsspezifischen

Gefahrzusammenhangs zwischen diesem weit vorgelagerten „unmittelbaren Ansetzen“ und dem späteren Todeserfolg für sich betrachtet jeweils (sicher vertretbar, aber doch) nicht unproblematisch und recht ergebnisorientiert erscheint.

63a. Andere Länder, andere Sitten

Die siebenjährige O ist deutsche Staatsbürgerin somalischer Abstammung. Als sie ihre Sommerferien mit ihren Eltern in Mogadischu verbringt, entfernt ihr die somalische Ärztin A nach dem in der Familie der O vorherrschenden religiösen Brauch und auf Bitten ihres Vaters T mit einem Skalpell unter Vollnarkose die Klitoris sowie die äußeren Schamlippen, ohne dass dieser Eingriff medizinisch indiziert gewesen wäre. Die dadurch verursachten Operationsnarben verheilten anschließend den Umständen entsprechend gut und sind für Dritte auch dann nicht zu erkennen, wenn O lediglich Schwimmkleidung trägt. Auch wird O's Fortpflanzungsfähigkeit durch diesen Eingriff nicht beeinträchtigt. Hat sich T strafbar gemacht, obwohl die Genitalverstümmelung nach somalischem Recht nicht mit Strafe bedroht ist?

Zur Vertiefung: *Wessels/Hettinger,* Rn. 295b ff.; *Rittig,* JuS 2014, 499 ff.; *Zöller/Thörnrich,* JA 2014, 167 ff.

T könnte sich – je nach der konkreten Tatausführung – als Mittäter, jedenfalls aber als Anstifter wegen einer Körperverletzung strafbar gemacht haben, die – je nach Umständen des Einzelfalles – auch nach § 224 Abs. 1 (wohl nicht Nr. 2, aber Nr. 4) qualifiziert ist. Für eine schwere Folge nach § 226 ist dagegen nichts ersichtlich. Allerdings tritt vorliegend noch § 226a hinzu, wonach mit Freiheitsstrafe nicht unter einem Jahr bestraft wird, wer „die äußeren Genitalien einer weiblichen Person verstümmelt“. Dies setzt eine negative Veränderung der äußeren Geschlechtsorgane von einigem Gewicht voraus, was durch die vorliegend durchgeführten Beschneidungen zu bejahen ist.

Freilich fehlt es – und dies ist einer der Schwachpunkte der im Jahr 2013 neu ins Gesetz aufgenommenen Regelungen zur weiblichen Genitalverstümmelung – vorliegend an der Anwendbarkeit deutschen Strafrechts: Sowohl die Tathandlung als auch der Taterfolg liegen im Ausland, so dass nach dem Territorialitätsprinzip der §§ 3 und 9 deutsches Strafrecht nicht anwendbar ist. Zwar ist O deutsche Staatsangehörige; da die Tat jedoch am Tatort nicht unter Strafe steht, scheidet auch die Anwendung von § 7 Abs. 1 (stellvertretende Strafrechtspflege bei passivem Personalitätsprinzip) aus. Etwas anderes könnte man für den T als Teilnehmer an einer Tat der A konstruieren, wenn man als eine entsprechende Gehilfenhandlung bereits das Verbringen der O ins Ausland in den Blick nimmt, da nach § 9 Abs. 2 Satz 2 deutsches Strafrecht auf inländische Teilnahmehandlungen auch anwendbar ist, wenn die Tat im Ausland selbst nicht unter Strafe steht. Gleiches gilt natürlich auch, wenn T als Mittäter bewertet wird, denn ein Teil seiner Tathandlungen würde dann ja auch im Inland erbracht worden sein. Für beide Konstellationen müsste allerdings – was in der Praxis oft schwierig ist – der Nachweis geführt werden, dass ein entsprechender Plan bereits im Inland gefasst wurde (und keine „Spontanidee“ im Rahmen eines Heimaturlaubes war).

Ergänzende Bemerkung: Die Einführung des § 226a zum Schutz vor weiblicher Genitalverstümmelung erfolgte zufällig in einem gewissen zeitlichen Zusammenhang mit dem „Kölner Beschneidungsurteil" (vgl. Fall 45a). Dies hat dazu geführt, dass die Vorschrift mitunter wegen eines Verstoßes gegen den Gleichheitsgrundsatz als verfassungswidrig erachtet worden ist. Nun soll zwar die unterschiedliche Intensität der Beeinträchtigung zwischen der Knabenbeschneidung und der weiblichen Genitalverstümmelung (jedenfalls in jeweils üblicherweise vorgenommenen Ausführungen) nicht bestritten werden, die eben auch einen legitimen Grund für eine unterschiedliche Behandlung bildet. Andererseits muss tatsächlich darauf geachtet werden, dass nicht vergleichbare Behandlungen vorrangig aufgrund der Verankerung in unterschiedlichen Kulturen vom Strafrecht verschieden behandelt werden; § 226a muss deshalb in seiner Anwendung auf Fälle beschränkt werden, in denen die Beeinträchtigung tatsächlich eine erhebliche ist, was durch den Begriff der „Verstümmelung" auch im Wortlaut zum Ausdruck kommt.

64. Hooligans unter sich (I)

Die Fußballfans T und S begannen mit den Fans der Gastmannschaft O und P eine Schlägerei, in der alle vier heftig und über die Grenzen des jeweils zur Notwehr Erforderlichen aufeinander einschlugen. Als S und T „Oberwasser" zu bekommen drohten, zog O ein Messer, um T damit in den Oberkörper zu stechen. T wusste sich in dieser Situation nicht anders zu helfen, als mit dem hinteren Ende des Schlägels, mit dem er im Stadion immer die große Fantrommel spielte, in Richtung auf O's Gesicht zu stechen. Er stach dem O dabei ein Auge aus. Strafbarkeit des T?
(vgl. BGHSt 39, 305)

Zur Vertiefung: *Wessels/Hettinger,* Rn. 317, 353; *Rengier* II, § 18 Rn. 1–8; *Zopfs,* Jura 1999, 172 ff.

Durch die – wie im Sachverhalt ausdrücklich mitgeteilt wird, die Grenzen der erforderlichen Notwehr überschreitenden – Schläge gegen O und P hat sich T zunächst nach **§ 223** strafbar gemacht. Da er mit S gemeinschaftlich handelte, wird man bei lebensnaher Auslegung auch eine Strafbarkeit nach **§ 224 Abs. 1 Nr. 4** annehmen müssen, wenn man diesen nicht in solchen Fällen teleologisch reduziert, in denen die Täter gegenüber den Opfern zahlenmäßig keine Übermacht bilden.

Durch das **Zustechen** mit dem Schlägel hat T zwar den Tatbestand der §§ 223, 224 Abs. 1 Nr. 2 (gefährliches Werkzeug) sowie auch die objektiven Merkmale der Erfolgsqualifikation nach § 226 Abs. 1 Nr. 1 (Verlust des Sehvermögens auf einem Auge) verwirklicht. Allerdings war T dabei **nach § 32** wegen Notwehr **gerechtfertigt:** Da nach den Angaben im Sachverhalt schon die jeweils erteilten Schläge über das erforderliche Maß hinausgingen, ist dies erst recht beim **plötzlichen Einsatz eines Messers** anzunehmen, so dass von Seiten des O ein gegenwärtiger rechtswidriger Angriff auf T vorlag. Die dagegen gewählte Verteidigungshandlung mit dem Schlägel war, da er sich „in dieser Situation nicht anders zu helfen" wusste, auch erforderlich und geboten.

Darüber hinaus hat sich T nach bestrittener, aber vorzugswürdiger Ansicht auch noch nach **§ 231 Abs. 1** wegen einer Beteiligung an einer **Schlägerei** strafbar gemacht: Eine solche liegt vor, wenn **mehr als zwei Personen** aktiv an einer **mit gegenseitigen Körperverletzungen** verbundenen Auseinandersetzung mitwirken (zur Frage, in welchen zeitlichen Grenzen auch nacheinander folgende Verletzungshandlungen genügen, von denen aber immer nur diejenigen durch zwei Personen zeitlich exakt paralell verlaufen, vgl. BGH NStZ 2014, 147 m. Anm. *Jahn,* JuS 2014, 660). **Objektive Bedingung der Strafbarkeit** ist dabei, dass durch die Schlägerei der Tod eines Menschen oder eine schwere Körperverletzung im Sinne des § 226 verursacht worden ist, wobei hierfür einhellig für ausreichend erachtet wird, wenn ein Taterfolg im Sinne des § 226 eintritt (während die rechtswidrige und schuldhafte Verursachung dieses Erfolges gerade nicht erforderlich ist). Fraglich könnte hierbei allenfalls sein, ob die Strafbarkeit nach § 231 in Fällen wie dem vorliegenden auch einen **solchen Beteiligten** betreffen kann, der bei der Tat **selbst** durch Notwehr **gerechtfertigt ist.** Dagegen könnte eingewandt werden, dass das bewusst scharf ausgestaltete Recht beschnitten wird, wenn der Angegriffene eine Strafbarkeit nach § 231 befürchten muss. Indes hat der BGH überzeugend § 231 auch auf den Notwehr Übenden angewendet: Zum einen ist **Tathandlung** des § 231 gerade nur die **Teilnahme** an einer Schlägerei, die als abstraktes Gefährdungsdelikt das Eskalationsrisiko eines solchen Verhaltens unter Strafe stellt. An einem solchen eskalationsgeneigten Verhalten hat T rechtswidrig und schuldhaft teilgenommen, wobei es keineswegs unüblich ist, dass die **Eskalation** sich gerade in einem **Erfolg verwirklicht,** der selbst in der konkreten Situation durch Notwehr **gerechtfertigt** ist. Zum anderen wird das Notwehrrecht des Angegriffenen keineswegs vollständig ausgehöhlt, denn immerhin ist der Strafrahmen des § 231 deutlich geringer, als derjenige des § 226 oder gar des § 212 es wäre. Zuletzt ist auch kaum einsehbar, warum für die objektive Bedingung der Strafbarkeit gerade derjenige Beteiligte an der Schlägerei, der sie selbst herbeigeführt hat, weniger streng haften soll als alle anderen Schlägereibeteiligten.

65. Die Kirmes-Schlägerei

T nahm an einer „Kirmes-Schlägerei" zwischen zwei Jugendgruppen aus verschiedenen Ortschaften teil. Als ihm vom übermäßig konsumierten Bier und den erhaltenen Schlägen der Schädel brummte, zog er sich jedoch zurück, um sich auf einer Bierbank kurz auszuruhen. Als T gerade wenige Sekunden saß, wurde dem O von X ein Bierkrug so heftig auf den Kopf geschlagen, dass er auf der Stelle tot war. Nach § 231 angeklagt, verteidigte sich T damit, zum Zeitpunkt des Todeseintritts ja gar kein Beteiligter an der Schlägerei mehr gewesen zu sein. Wird ihm das helfen?
(vgl. BGHSt 14, 132)

Zur Vertiefung: *Wessels/Hettinger,* Rn. 359 f.; *Rengier* II, § 18 Rn. 10 f.

Nach überwiegender und auch vorzugswürdiger Auffassung **nein. Solange** die **Schlägerei,** an der sich der Täter beteiligt hat, und diejenige, durch die die objektive Bedingung der Strafbarkeit erfüllt wurde, noch **die identische ist** (d. h. sich die Gruppe nicht zwischenzeitlich aufgelöst und einige Zeit später an einem anderen Ort von neuem mit der Schlägerei begonnen hat), bestehen nach dem **Wortlaut** des § 231 keine Bedenken gegen eine Strafbarkeit. Auch **Sinn und Zweck** der Vorschrift sprechen für die Strafbarkeit desjenigen, der (insbesondere mehr oder weniger kurz) vor Eintritt der schweren Folge aus der Schlägerei ausgeschieden ist; denn die von § 231 pönalisierte Teilnahme an einer abstrakt gefährlichen Schlägerei mit entsprechendem **Eskalationspotenzial,** das sich in der schweren Folge verwirklicht hat, liegt auch für diesen Teilnehmer vor: Da er **vor Eintritt der schweren** Folge an der Schlägerei mitgewirkt hat, hat auch er abstrakt gesehen seinen **Anteil an der Eskalation** geleistet, die sich letztlich im Tod des O niedergeschlagen hat. Ein engerer als dieser sehr abstrakte Zusammenhang wird aber von § 231 nicht gefordert, da es sich gerade nur um eine objektive Bedingung der Strafbarkeit handelt.

Ergänzende Bemerkung: Schwieriger zu beurteilen ist dagegen die umgekehrte Konstellation, in welcher ein Beteiligter erst nach Eintritt der schweren Folge mit seiner Beteiligung an der Schlägerei beginnt: Die Rechtsprechung (BGHSt 16, 130) sowie ein Teil der Literatur bejahen auch hier § 231. Dem ist zuzugestehen, dass der Wortlaut eine Bestrafung zulässt, dass möglicherweise der Täter, der nach dem Eintritt einer solchen Folge dennoch in die Schlägerei „einsteigt", gerade eine besondere Hemmungslosigkeit an den Tag legt, und dass die möglicherweise ebenfalls von § 231 beabsichtigte Reduzierung von Beweisschwierigkeiten teilweise gegenstandslos würde, wenn man dem Täter den Hinweis darauf gestattet, er sei erst nach Eintritt der schweren Folge in die Schlägerei „eingestiegen". Demgegenüber ist jedoch zu betonen, dass die Auslegung des materiellen Rechts nicht primär von möglichen prozessualen Beweisschwierigkeiten geleitet sein sollte; auch ist der Schutzzweck des § 231 in solchen Fällen zumindest insoweit nicht erfüllt, als der Täter, der sich erst nach Eintritt der schweren Folge an der Schlägerei beteiligt hat, zumindest nicht ursächlich für die konkrete Eskalation war, in deren Realisierung sich die schwere Folge ereignet hat.

66. Hooligans unter sich (II)

Kann in Fall 64 auch O nach § 231 bestraft werden? (vgl. BGHSt 33, 100)

Zur Vertiefung: *Wessels/Hettinger,* Rn. 355; *Rengier* II, § 16 Rn. 9.

Nach bestrittener, aber wohl vorzugswürdiger Ansicht des BGH **ja.** Der **Wortlaut** des § 231 steht einer solchen Strafbarkeit nicht entgegen; auch sein **Sinn und Zweck,** die Teilnahme an einem abstrakt gefährlichen, Eskalationen heraufbeschwörenden Verhalten zu untersagen, ist für das spätere Opfer in gleicher Weise einschlägig wie für die anderen Teilnehmer an der Schlägerei, da die unter Strafe gestellte Tathandlung eben nur die Teilnahme an der Schlägerei als solche ist. Da § 231 **nicht primär dem Schutz desjenigen** dient, **bei dem** konkret die zur objektiven Bedingung der Strafbarkeit führende **Rechtsgutsverletzung eingetreten ist,** sondern diese Bedingung gleichsam nur ein Haftungskorrektiv für die sehr weit gefasste Tathandlung auf solche Fälle ist, in denen aufgrund der erheblichen Folgen ein generalpräventives Bestrafungserfordernis besteht, scheidet der Verletzte nicht ohne weiteres aus dem Kreis der möglichen Täter des § 231 aus. Hat man gefühlsmäßig Zweifel daran, ob der Verletzte zusätzlich noch einer Strafe bedarf oder ob er nicht durch den Eintritt der schweren Verletzungsfolge **ohnehin „genug bestraft"** ist, so betrifft dies weniger eine Frage der Erfüllung des Tatbestandes als vielmehr der konkret festzusetzenden Strafe. Dabei ist insbesondere hier die Möglichkeit eines **Absehens von Strafe nach § 60** in Betracht zu ziehen, „wenn die Folgen der Tat, die den Täter getroffen haben, so schwer sind, dass die Verhängung einer Strafe offensichtlich verfehlt wäre".

C. Delikte gegen die persönliche Freiheit und verwandte Straftaten

67. Schutzgeld

Dem T, der auf der Reeperbahn wohnte, ging der Lärm einer in unmittelbarer Nachbarschaft von O eröffneten Imbissbude auf die Nerven. Er wandte sich daher mit den Worten an O: „Soweit ich weiß, hast Du doch Dein Schutzgeld noch nicht abgedrückt. Da wäre ich mit der lauten Musik von früh bis abends aber sehr vorsichtig und würde nicht so viel Aufmerksamkeit erregen – sonst kommen die schweren Jungs!" Wie von T beabsichtigt, stellte O daraufhin aus Angst um sein Geschäft die Musik ein. Hat T eine Nötigung gemäß § 240 begangen?

Zur Vertiefung: *Wessels/Hettinger,* Rn. 402; *Rengier* II, § 23 Rn. 39, 42; *Geppert,* Jura 2006, 31 ff. (allgemein zur Nötigung); *Satzger,* Jura 2015, 156 ff. (zur Bedrohung).

Nein. Da offensichtlich keine Gewalt vorliegt (zum Gewaltbegriff siehe unten Fälle 72 ff.), kommt nur eine **Drohung** mit einem empfindlichen Übel in Betracht. Darunter ist die **Ankündigung eines zukünftigen** empfindlichen Übels zu verstehen, auf dessen Eintritt der Drohende **Einfluss zu haben scheint.** Die Drohung muss also nur den Anschein der Ernstlichkeit erwecken, und der Bedrohte ihre Verwirklichung wenigstens für möglich halten. Bei T fehlt es dennoch an einer Drohung, da er in keiner Weise vorgab, auf den Eintritt des Übels Einfluss zu haben. Es lag vielmehr eine **Warnung** vor. Im Falle einer wahrheitsgemäßen Warnung macht die Herausnahme dieses (freiheitsbeschränkenden) Verhaltens aus dem Bereich des § 240 ohne weiteres Sinn, da sich der Empfänger in vernünftiger Weise auf die gegebenen Umstände einstellt. Aber auch die **täuschende** Warnung ist von § 240 nicht erfasst. Dies ergibt sich nicht zuletzt aus einem Gegenschluss zu § 241 Abs. 2, der nur in ganz bestimmten Fällen die täuschende Warnung strafrechtlich erfasst.

68. Die Geschäftsbeziehung

T drohte seinem Geschäftspartner O mit dem Abbruch von für O existentiell wichtigen Geschäftsbeziehungen, sofern sich O nicht „endlich von seiner Frau scheiden lasse". Hat sich T wegen § 240 strafbar gemacht, wenn O dieser Forderung nachkommt?
(vgl. BGHSt 44, 251)

Zur Vertiefung: *Wessels/Hettinger,* Rn. 404, 416; *Rengier* II, § 23 Rn. 44 f.

Ja. Unproblematisch ist dabei noch, dass T dem O mit einem „Übel" gedroht hat. Darunter ist prinzipiell jeder Nachteil zu verstehen; eine weitere Konkretisierung dieses Merkmals ist angesichts der Mannigfaltigkeit individueller Verhaltensfreiheit nicht möglich. Näherer Betrachtung bedarf aber, ob das Übel **„empfindlich"** war: Für die Beurteilung dieses normativen Merkmals ist entscheidend auf den Opferhorizont abzustellen. Unter Berücksichtigung der sozialen Rolle (z. B. Beruf) und der persönlichen Verhältnisse (Alter, Abhängigkeit vom Täter, Bildungsstand) des Betroffenen ist zu fragen, ob von diesem in seiner Lage erwartet werden kann, dass er der Drohung in

besonnener Selbstbehauptung standhält. Nur wenn dies verneint wird, liegt eine Drohung mit einem empfindlichen Übel vor. Da bei O die Folge der Drohung der Eintritt einer wirtschaftlichen Notlage wäre, liegt hierin auch die Ankündigung eines empfindlichen Übels. T hat sich daher nach § 240 strafbar gemacht.

Ergänzende Bemerkung: Nach o. g. Kriterien muss z. B. ein Berufsrichter (soziale Rolle!) der Drohung des Anwalts standhalten können, er „werde ansonsten den Prozess platzen lassen". Dagegen stellt die Drohung mit einer Strafanzeige regelmäßig ein empfindliches Übel dar (das aber nicht notwendig zur Strafbarkeit führen muss, vgl. auch Fälle 82 f.). Vgl. zur „Empfindlichkeit" des Übels auch im Zusammenhang mit der Erpressung § 253 (PdW BT I, Fall 176). Zu Grenzproblemen der Konnexität zwischen Nötigungsmittel und Nötigungsziel siehe *Kudlich/Melloh,* JuS 2005, 912 ff.

69. Und er liebt mich doch

T drohte seiner Freundin O an, er werde „sogleich irgendeinen Menschen auf der Straße erschießen, falls sie ihn verlassen sollte". O beugte sich dem Willen des T. Liegt eine Nötigung vor?

Zur Vertiefung: *Wessels/Hettinger,* Rn. 404; *Rengier* II, § 23 Rn. 43.

Wohl ja. Die Drohung muss sich nicht gegen das Nötigungsopfer richten. Es genügt, wenn einem **Dritten ein Übel** in Aussicht gestellt wird, das **vom Opfer** selbst als empfindliches Übel **empfunden** wird. Eine besondere Nähebeziehung zwischen Opfer und Drittem (wie bei § 13 oder § 35) ist nicht erforderlich, kann aber ein Indiz für ein empfindliches Übel sein. Der in unmittelbarem raumzeitlichen Zusammenhang und von ihrer Entscheidung abhängende Tod eines fremden Menschen ist für O nachvollziehbarer Weise besonders unangenehm, so dass eine Drohung mit einem empfindlichen Übel und somit auch Nötigung vorliegt.

70. Geschäftsbeziehung 2.0

T drohte O in Fall 68 nicht mit dem Abbruch der Geschäftsbeziehung, sondern mit dem „Unterlassen einer vertraglich bereits fest zugesagten Lieferung". Ändert sich etwas an der strafrechtlichen Beurteilung?

Zur Vertiefung: *Wessels/Hettinger,* Rn. 407, 416; *Rengier* II, § 23 Rn. 46–50.

Nein. Es besteht allgemein Einigkeit darüber, dass auch die Ankündigung eines Unterlassens ein empfindliches Übel und damit eine tatbestandsmäßige Nötigung jedenfalls dann darstellen kann, wenn den Täter eine **Rechtspflicht zum Handeln** trifft. T traf hier eine Rechtspflicht zum Handeln, da der ungerechtfertigte Vertragsabbruch zivilrechtlich rechtswidrig, also „verboten" ist.

71. Geschäftsbeziehung 3.0

In Fall 68 bestand die Geschäftsbeziehung noch nicht. T stellte O die Aufnahme des – für O äußerst vorteilhaften – geschäftlichen Kontakts in Aus-

sicht, aber nur unter der Bedingung, dass O sich von seiner Frau scheiden lasse. Ändert sich nun etwas an der strafrechtlichen Beurteilung? (vgl. BGHSt 31, 195 und 44, 68)

Zur Vertiefung: *Wessels/Hettinger,* Rn. 407 ff.; *Rengier* II, § 23 Rn. 48, 51 f.; *Hassemer,* JuS 1983, 473 f.

Das ist **umstritten.** Das Problem beruht darauf, dass T in diesem Fall nicht rechtlich verpflichtet war, mit O eine geschäftliche Beziehung einzugehen. T hat dem O vielmehr einen **Vorteil** in Aussicht gestellt und diesen von der Erbringung einer „Gegenleistung" abhängig gemacht. Ob in diesen Fällen eine tatbestandsmäßige Drohung gemäß § 240 Abs. 1 vorliegt, ist zweifelhaft. Unter Abkehr von der Rechtsprechung des RG hat der BGH ausgesprochen, eine Drohung im Sinne des § 240 könne auch in der Ankündigung liegen, ein **rechtlich nicht gebotenes** Handeln zu unterlassen. Es sei für den von einer Drohung ausgehenden Motivationsdruck unerheblich, ob der Täter etwas tun oder unterlassen wolle; wesentlich sei allein, welches Übel als Folge dieses Verhaltens eintreten werde. Zweifelhafte Fälle sollen danach (erst) über die Verwerflichkeitsklausel des § 240 Abs. 2 ausgeschieden werden, insbesondere wenn „nur der **Handlungsspielraum** des Bedrohten **erweitert,** die Autonomie seiner Entschlüsse jedoch nicht in strafwürdiger Weise angetastet werde". Diese Verschiebung des Problems in die Verwerflichkeitsklausel wird in der Literatur teilweise kritisiert und auch neuerdings vom BGH wieder bezweifelt. Sofern der Täter lediglich eine von ihm nicht geschuldete „Hilfeleistung" anbietet, das „Opfer" es aber auch beim *status quo* belassen kann, liege schon tatbestandlich keine Nötigung vor. Die **Freiheit** des Bedrohten werde nicht beschränkt, sondern **erweitert.** Der BGH behält sich aber trotz seiner Zweifel vor, in Fällen, „in denen die Fortdauer eines Übels für den Adressaten ein besonderes, dem Eintritt eines neuen Übels gleichwertiges Gewicht erlangt, oder [...] dem Adressaten eine Gegenleistung abverlangt wird, die für ihn eine besonders schwere Zumutung darstellt" eine tatbestandsmäßige Drohung anzunehmen (vgl. BGHSt 44, 68, 75).

72. Der Gewaltbegriff

Definieren Sie den Begriff „Gewalt"! Welche Arten von Gewalt gibt es?

Zur Vertiefung: *Wessels/Hettinger,* Rn. 383 f., 396; *Rengier* II, § 23 Rn. 2–4; *Arnold,* JuS 1997, 289 ff.

Unter Vernachlässigung der Einzelprobleme lässt sich als vorsichtige Annäherung an den Gewaltbegriff zunächst formulieren: Gewalt ist der aufgrund einer gewissen **Kraftentfaltung** auf Täterseite ausgelöste **körperlich wirkende Zwang** auf Opferseite mit dem Ziel, die Freiheit der Willensentschließung oder Willensbetätigung des Opfers aufzuheben oder zu beschränken. Dass diese Definitionsmerkmale nicht wirklich immer ernst genommen werden, zeigen viele von der Rechtsprechung entschiedene Fälle.

Herkömmlich werden unterschieden ***vis absoluta*** (d. h. „unwiderstehliche" Gewalt, z. B. gewaltsames Auf-den-Boden-Werfen) und ***vis compulsiva*** (d. h. motivatorisch wirkende Gewalt, z. B. „Mürbemachen" durch Schläge).

Historische Entwicklung des Gewaltbegriffs

	Täterhandeln +	Einwirkungserfolg
„klassischer" Gewaltbegriff	Kraftentfaltung des Täters	Unmittelbare Einwirkung auf Körper des Opfers
zunehmende „Vergeistigung"	Verzicht auf Kraftentfaltung	Verzicht auf „unmittelbare" Einwirkung; praktisch auch Anerkennung rein psychischer Zwangswirkung
BVerfGE 92, 1	minimale Kraftentfaltung kann genügen, [...]	[...] aber dann ist jedenfalls physische Zwangswirkung zu fordern

Mit Art. 103 Abs. 2 GG unvereinbar ist kumulative Auflösung des Gewaltbegriffs hinsichtlich Tathandlung und Einwirkungserfolgs

73. Sitzblockaden-Fall (I)

Die Anhänger der Aktivistengruppe „Say No to Lance" blockierten durch eine Sitzdemonstration die Einfahrt zu einem Sondermunitionslager der Bundeswehr, in dem atomare Kurzstreckenraketen des Typs „Lance" gelagert waren. Während der Sitzblockade konnten mehrere Verpflegungsfahrzeuge die Einfahrt nicht passieren. Haben sich die Aktivisten gemäß § 240 strafbar gemacht?
(vgl. BVerfGE 92, 1; vgl. auch BGHSt 23, 46 – Fall Läpple)

Zur Vertiefung: *Wessels/Hettinger,* Rn. 385 f., 392; *Rengier* II, § 23 Rn. 4–26; *Hesselhaus,* JA 1995, 748 ff.

Nach Ansicht des BVerfG **nein.** Der (damals durchaus überraschenden) Entscheidung des BVerfG war eine Entwicklung des Gewaltbegriffs in der Rechtsprechung des BGH vorausgegangen, die mit der Schaffung des sog. **vergeistigten Gewaltbegriffs** ihren Höhepunkt erreichte. Im sog. Läpple-Fall, in dem der Straßenbahnverkehr durch Sitzblockaden behindert worden war, hatte der BGH Gewalt bejaht und entschieden, mit Gewalt nötige auch derjenige, der psychischen Zwang ausübe. Es genüge, dass der Täter mit nur geringem Kraftaufwand einen lediglich psychisch determinierten Prozess in Gang setze und dadurch einen unwiderstehlichen Zwang auf den Genötigten ausübe *(vis absoluta).* Damit war sowohl das Erfordernis der Kraftentfaltung als auch der körperlichen Zwangswirkung aufgegeben. Dem ist das BVerfG 1995 entgegengetreten. Die **erweiternde Auslegung des Gewaltbegriffs** in § 240 Abs. 1 im Zusammenhang mit Sitzblockaden **verstoße gegen Art. 103 Abs. 2 GG.** Trotz Uneinigkeit über die Reichweite der Entscheidung ist jedenfalls geklärt, dass das bloße „sich Hinstellen oder Hinsetzen" zu Blockadezwecken keine

Gewaltanwendung im Sinne des § 240 darstellt. Es fehlt nämlich (jedenfalls) an der **Kraftentfaltung** auf Täterseite. Die schlichte Anwesenheit an der zu blockierenden Stelle genügt hierfür nicht, egal wie viel Aufwand betrieben worden ist, um dorthin zu gelangen. Die Aktivisten haben sich damit nicht gemäß § 240 strafbar gemacht.

74. Sitzblockaden-Fall (II)

Um ihren Unmut über die Lagerung der Atomraketen auszudrücken, setzten sich die Aktivisten aus Fall 73 auf eine Bundesautobahn. Durch die Blockade wurde ein kilometerlanger Stau verursacht. Nach der Entscheidung des BVerfG stand fest, dass eine Gewaltanwendung gegenüber den unmittelbar vor den Aktivisten anhaltenden Autofahrern nicht vorlag. Diese wurden schließlich nur psychisch an der Weiterfahrt gehindert. Auf welchem Wege ist der BGH dennoch zu einer Verurteilung der Aktivisten wegen Nötigung gelangt?
(vgl. BGHSt 41, 182 sowie BVerfG NJW 2011, 3020)

Zur Vertiefung: *Wessels/Hettinger,* Rn. 381, 392; *Rengier* II, § 23 Rn. 19–22; *Hoyer,* JuS 1996, 200 ff.; Kudlich, JuS 1996, 664; *Lesch,* JA 1995, 921 ff.

Der BGH hat zu folgender Konstruktion gegriffen: Zwar liege Gewalt gegenüber den vordersten Autofahrern nicht vor. Die **nachfolgenden Fahrer** seien aber durch die vor ihnen stehenden Fahrzeuge physisch an der Weiterfahrt gehindert. Dieses „Einschließen" bewirke eine körperliche Zwangswirkung. Diese hätten die Blockierer gleichsam in **mittelbarer Täterschaft** bewirkt. Diese Entscheidung ist mit gutem Grund kritisiert worden. Da sich die Kraftentfaltung der Blockierer lediglich in ihrer Anwesenheit erschöpft, was vom BVerfG gerade als nicht ausreichend erachtet worden ist, wird letztlich die Entscheidung des BVerfG mit einer zweifelhaften Konstruktion umgangen; das Verfassungsgericht hat die „2. Reihe-Rechtsprechung" gleichwohl im Grundsatz gebilligt, allerdings angemahnt, dass im Rahmen der Verwerflichkeitsprüfung (§ 240 Abs. 2) die Wertungen des Art. 8 Abs. 1 GG angemessen berücksichtigt werden und insbesondere die Dauer der Sitzblockade, deren vorherige Bekanntgabe, die Ausweichmöglichkeiten über andere Zufahrten, die Dringlichkeit des blockierten Transports sowie die Anzahl der von ihr betroffenen Fahrzeugführer beachtet werden (BVerfG NJW 2011, 3020).

Ergänzende Bemerkung: Auch jenseits dieser dogmatischen Konstruktion sind Nötigungshandlungen in den verschiedensten Konstellationen und auf die unterschiedlichsten Weisen denkbar. Von daher ist immer auch in Fällen, die auf den ersten Blick nicht auf § 240 „zugeschnitten" zu sein scheinen, gedanklich kurz zu prüfen, ob nicht auch eine Nötigung vorliegen könnte (was freilich nicht heißt, dass der Aufgabensteller hier überall auch eine ausführliche Prüfung erwartet). Exemplarisch für die Vielgestaltigkeit denkbarer Konstellationen OLG Hamm StRR 2013, 123 m. Anm. *Hecker,* JuS 2013, 751 (Erzwingung eines Kusses als Nötigung). Zur Frage, ob ein anwaltliches Mahnschreiben als Nötigung (natürlich nicht als Gewalt, sondern als Drohung mit einem empfindlichen Übel) in Betracht kommt, vgl. BGH NJW 2014, 401 m. Anm. *von Heintschel-Heinegg,* JA 2014, 313.

75. *(entfallen)*

76. Gewalt vs. Unterlassen

Könnte nicht das Problem des Gewaltbegriffs in den o.g. Fällen dadurch umgangen werden, dass man jeweils eine tatbestandliche Drohung der Blockierer mit einem Unterlassen für gegeben hält und so zu einer Bestrafung nach § 240 gelangt?

Zur Vertiefung: *Wessels/Hettinger,* Rn. 392, 396; *Rengier* II, § 23 Rn. 39 u. 46; *Herzberg,* GA 1998, 211 ff.

Wohl nicht. Zwar ließe sich argumentieren, dass das angekündigte **Übel** in dem **Überfahren des Menschen** und der sich daran **anknüpfenden Strafverfolgung** besteht. Der Eintritt dieses Übels ist aber nicht von den Blockierern abhängig, sondern **vom Verhalten der Zufahrenden.** Sofern man das zukünftige Übel im weiterhin „Sitzenbleiben" erblickt, haben die Blockierer hierauf zwar Einfluss, dieses Übel wirkt aber allein nicht motivatorisch auf die Zufahrenden.

77. Vis absoluta und der Handlungsbegriff

Student S ist der Meinung, *vis absoluta* könne gar nicht zu einer vollendeten Nötigung gemäß § 240 führen, da das Opfer ja stets handlungsunfähig sei und deswegen auch nicht handeln, dulden oder unterlassen könne. Was ist davon zu halten?

Zur Vertiefung: *Wessels/Hettinger,* Rn. 396; *Rengier* II, § 23 Rn. 3 f., 29.

Setzt man für § 240 – wie dies zum Teil auch getan wird – die allgemeine strafrechtliche Handlungsfähigkeit voraus, ist in der Tat im Falle der *vis absoluta* ein Nötigungserfolg nicht denkbar. Das Opfer ist gar nicht handlungsfähig. Es „unterlässt" nicht, sondern „erleidet" schlicht. Diese Konsequenz wird aber überwiegend nicht gezogen. Der Nötigungserfolg „Handlung, Duldung oder Unterlassung" wird in einem **untechnischen, hypothetischen Sinne** verstanden. Auf die allgemeine strafrechtliche Handlungsfähigkeit kommt es nicht an. Entscheidend ist, ob dem Nötigungsopfer ein **bestimmtes Verhalten unmöglich** gemacht worden ist, das dieses ansonsten (hypothetisch) an den Tag gelegt hätte. Wird etwa das Opfer betäubt, um die Wohnung nach Stehlenswertem zu durchsuchen, liegt vollendete Nötigung vor, da dem Opfer die **mutmaßlich** (hypothetisch) geplante Abwehrhandlung unmöglich gemacht worden ist.

78. Geplatzter Geschäftstermin

T zerstach seinem Konkurrenten O die Autoreifen, so dass dieser zu einem Geschäftstermin nicht mehr pünktlich erscheinen konnte. T erhielt daraufhin den erhofften Auftrag. Liegt eine Nötigung vor?

Zur Vertiefung: *Wessels/Hettinger,* Rn. 394; *Rengier* II, § 23 Rn. 30 f.

Nein. Zwar ist in derartigen Fällen – gelegentlich unter dem Begriff **„Gewalt gegen Sachen"** zusammengefasst – ein Nötigungserfolg nicht zu leugnen, da das Opfer gezwungen wird, eine bestimmte Handlung gerade nicht vorzunehmen. Allerdings **fehlt** es am **Nötigungsmittel.** Eine Drohung liegt nicht vor, da das Übel bereits eingetreten ist. Gewalt muss ebenfalls verneint werden, da es – was freilich nicht unumstritten ist – an einer körperlichen Zwangswirkung fehlt (anders aber zum Teil die Rechtsprechung). Die bloße **Entziehung oder Zerstörung von Handlungsmitteln** kann daher regelmäßig nicht als Nötigung bestraft werden.

79. Der eiskalte Vermieter

Vermieter T stellte seinem unliebsamen, aber nicht auszugswilligen Mieter O die Heizung ab, damit dieser spätestens im Winter endlich „das Weite suche". Als es im Herbst kühler wurde, zog O tatsächlich vorsichtshalber aus, noch bevor die Temperatur in der Wohnung 18° C unterschritt. Liegt eine Nötigung vor?

Zur Vertiefung: *Wessels/Hettinger,* Rn. 403; *Rengier* II, § 23 Rn. 30, 46 f.

Ja. Zwar könnte **Gewalt** zumindest nach dem engeren (nicht mehr vollständig vergeistigten) Gewaltbegriff des BVerfG (vgl. oben Fall 73 f.) erst ab dem Zeitpunkt bejaht werden, in dem **O spürbar zu frieren** beginnt. Denn erst dann lässt sich von einer körperlichen Zwangswirkung sprechen. Auf den ersten Blick scheint auch keine **Drohung** mit einem empfindlichen Übel vorzuliegen, da T das **Abdrehen der Heizung** ja **nicht** erst **androhte,** sondern bereits **durchgeführt hatte.** Das würde allerdings zu dem zumindest zweifelhaften Ergebnis führen, dass T bei der Ausführung einer (rechtswidrigen) Handlung besser stünde als bei ihrer bloßen Androhung. Aus diesem Grund wird teilweise auch Gewalt als zumindest jede Durchführung eines empfindlichen Übels verstanden, dessen Androhung von § 240 erfasst wäre, was allerdings zu weit vom Wortlaut fortführt. Ein in der Sache überzeugendes und mit dem Wortlaut zu vereinbarendes Ergebnis lässt sich vielmehr begründen, wenn man im Abstellen der Heizung zugleich die **konkludente Drohung** sieht, diese **abgestellt zu lassen,** solange O die Wohnung nicht verlassen hat. Man könnte dies zwar als Drohung mit einem bloßen Unterlassen einordnen (vgl. dazu bereits Fälle 70 f.), allerdings würde dies hier nach keiner Ansicht etwas an der Strafbarkeit ändern, da T mietvertraglich zum Handeln (d. h. zum Wiederanstellen der Heizung) verpflichtet ist.

Ergänzende Bemerkung: In Fall 78 versagt dieser Lösungsweg zugegebenermaßen, da dort der Zustand, der das Verhalten des Opfers letztlich bewirkt hat (Fahruntauglichkeit des Autos), bereits unwiderbringlich eingetreten ist und nicht erst bevorstand.

79a. Willst Du noch immer mit mir gehen?

T konnte nicht verwinden, dass sich seine Freundin O von ihm getrennt hatte. Da er sie wieder für sich gewinnen wollte, lud er sie unter einem

Vorwand zu einer Spazierfahrt ein, die im Wald endete. Dort hielt T an und bedrohte die O über einen Zeitraum von ca. einer halben Stunde mit einer gegenüber O als echt bezeichneten Softair-Pistole, mit der er hektisch herumhantierte, um der O Angst einzujagen. T hatte die Vorstellung, dies sei für ihn das letzte Mittel, der O zu zeigen, wie ernst er es mit ihr meine, damit diese die Beziehung zu ihm wieder aufnehmen würde. O hielt die Pistole für echt und behauptete in Todesangst, den T noch zu lieben und es noch einmal mit ihm versuchen zu wollen. Daraufhin ließ T von ihr ab. Was ist bei der Prüfung einer Strafbarkeit wegen Nötigung hier besonders zu beachten?
(vgl. BGH NStZ 2013, 36)

Zur Vertiefung: *Wessels/Hettinger,* Rn. 417 f.; *Rengier* II, § 23 Rn. 54 ff.

Dass T hier mit einem empfindlichen Übel drohte (wobei es nicht darauf ankommt, ob er dieses wirklich realisieren wollte und konnte) und dabei auch im Sinne des § 240 Abs. 2 verwerflich handelte, liegt auf der Hand. Fraglich ist jedoch, ob diese **Nötigung tatsächlich auch vollendet** wurde. Dies könnte man auf den ersten Blick annehmen, da O durch das Verhalten des T dazu veranlasst wurde, etwas – und zwar auch etwas, was T hören wollte – zu sagen. Allerdings ist ein **tatbestandlicher Nötigungserfolg** nur dann anzunehmen, wenn bedingt durch die Nötigungshandlung der Genötigte die **verlangte Handlung** vorgenommen oder zumindest mit ihrer Ausführung begonnen hat. Dabei mag man zwar auch Teilerfolge genügen lassen, wenn die abgenötigte Handlung des Opfers nach der Vorstellung des Täters eine eigenständig bedeutsame Vorstufe des gewollten Enderfolges darstellt. Eine solche bedeutsame Vorstufe im Sinn eines „Teilerfolgs" kann jedoch in der **bloßen Ankündigung,** zu T zurückzukehren, noch nicht gesehen werden. T's Verhalten zielte nicht primär auf eine Äußerung der O, sondern auf die Wiederaufnahme und Fortsetzung der Beziehung mit ihm ab, was durch das bloße „Lippenbekenntnis" der O hier noch keineswegs feststeht. Das hat freilich nicht die Straflosigkeit des T zur Folge, da auch der Nötigungsversuch nach § 240 Abs. 3 strafbar ist und hier unproblematisch ein unmittelbares Ansetzen angenommen werden kann.

Ergänzende Bemerkung: Die ausführliche, auch verfassungsrechtlich gefärbte Diskussion um das Nötigungsmittel und um die Verwerflichkeitsklausel lassen den Nötigungserfolg nicht selten in den Hintergrund der Aufmerksamkeit treten. Gerade in „einfach" gelagerten Klausurfällen (in denen das Nötigungsmittel und die Verwerflichkeit unproblematisch sind) kann aber durchaus diskussionswürdig bzw. begründungsbedürftig sein, ob bzw. dass es wirklich zu einem Nötigungs*erfolg* gekommen ist, was dann die Bearbeiter nicht selten übersehen.

80. Die Verwerflichkeitsklausel nach § 240 Abs. 2

Welche Funktion hat die Verwerflichkeitsklausel des § 240 Abs. 2?

Zur Vertiefung: *Wessels/Hettinger,* Rn. 421 ff.; *Rengier* II, § 23 Rn. 57–62.

Sie **begründet** die **Rechtswidrigkeit** der Tat. Die Tat ist, sofern nicht schon ein Rechtfertigungsgrund eingreift, nur dann rechtswidrig, wenn entweder das Nötigungsmittel, der Nötigungszweck oder die Mittel-Zweck-Relation als verwerflich einzustufen ist (sog. „offener" Tatbestand). Sofern die Nötigung durch einen Rechtfertigungsgrund gedeckt ist, kommt es auf die Verwerflichkeitsklausel nicht an, da in diesem Fall die Nötigung nicht verwerflich sein kann. **Rechtfertigungsgründe** sind daher im Aufbau **vorrangig** zu prüfen.

81. Mittel-Zweck-Relation

Kann eine Nötigung im Sinne des § 240 Abs. 2 rechtswidrig sein, wenn sowohl das eingesetzte Mittel als auch der verfolgte Zweck an sich rechtlich billigenswert sind?

Zur Vertiefung: *Wessels/Hettinger,* Rn. 426; *Rengier* II, § 23 Rn. 62.

Ja. Selbst wenn Nötigungsmittel und Nötigungszweck jeweils für sich betrachtet erlaubt sind, kann sich das Verwerflichkeitsurteil dennoch aus dem **Missverhältnis von Mittel und Zweck** ergeben. Die h. M. stellt darauf ab, ob zwischen Mittel und Zweck ein **innerer Zusammenhang** (Konnexität) besteht (dann nicht verwerflich) oder nicht (dann verwerflich).

82. Das nicht wandelnde Lexikon (I)

O hatte das wertvolle Lexikon des T entwendet. Da O das Lexikon nach mehrmaliger Aufforderung durch T nicht zurückbrachte, drohte T mit Strafanzeige. Ist die Nötigung verwerflich?

Zur Vertiefung: *Wessels/Hettinger,* Rn. 430; *Rengier* II, § 23 Rn. 63.

Nein. Mittel (Drohung mit Strafanzeige) und Zweck (Rückgabe) sind als solches jeweils nicht verwerflich. Da T mit seiner Drohung die Durchsetzung eines **mit der Straftat zusammenhängenden, begründeten Anspruchs** (Rückgabe) durchsetzen wollte, ist auch die Mittel-Zweck-Relation als nicht verwerflich einzustufen.

83. Das nicht wandelnde Lexikon (II)

**Wie wäre Fall 82 zu entscheiden, wenn T mit Strafanzeige wegen des entwendeten Lexikons für den Fall gedroht hätte, dass O seine fällige Darlehensschuld gegenüber T nicht alsbald begleicht?
(vgl. BGHSt 5, 59)**

Zur Vertiefung: *Wessels/Hettinger,* Rn. 430 f.; *Rengier* II, § 23 Rn. 63.

Da die Durchsetzung der Darlehensschuld mit der Straftat **in keinem Zusammenhang** steht (inkonnexer Anspruch), stuft die h. M. die Mittel-Zweck-Relation und damit die Nötigung als **verwerflich** ein. Ebenso verhält es sich z. B., wenn der Anspruch gar nicht besteht oder sexuelle Hingabe gefordert wird.

84. Verwerflichkeit bei Blockadeaktionen

Welcher besondere Gesichtspunkt ist bei politisch motivierten Blockadeaktionen im Rahmen der Verwerflichkeitsprüfung zu berücksichtigen?

Zur Vertiefung: *Wessels/Hettinger,* Rn. 428; *Rengier* II, § 23 Rn. 64–69.

In diesem Bereich sind die Grundrechte der **Art. 5 und 8 GG** im Rahmen einer **Gesamtabwägung** zu berücksichtigen. So sind unbeabsichtigte Beeinträchtigungen Dritter bei Ausübung der Demonstration regelmäßig nicht verwerflich, sofern sie lediglich als Nebenfolge der Demonstration in Kauf genommen werden. Eine Demonstration fällt auch dann unter den Schutzbereich des Art. 8 GG, wenn von ihr blockierende Wirkungen ausgehen, solange sie **im Wesentlichen friedlich** verläuft. Nach neuerer Rechtsprechung des BVerfG können auch gezielte Blockaden als nicht verwerflich angesehen werden, wenn sie eine die Allgemeinheit betreffende Frage (Atomkraft etc.) zum Gegenstand haben und dazu dienen, die öffentliche Aufmerksamkeit darauf zu lenken. Hier wird faktisch eine einzelfallbezogene Gesamtabwägung im Wege **der praktischen Konkordanz** durchgeführt. Art und Weise der Blockade sind wichtige Indizien. So wird die Blockierung eines Verkehrsknotenpunktes oder dringender Transporte eher das Verwerflichkeitsurteil verdienen als die vorherig angekündigte Blockade, bei der Ausweichmöglichkeiten zur Vermeidung von Behinderungen einkalkuliert worden sind. Blockadeaktionen von ganz kurzer Dauer können auch aufgrund des „Bagatellprinzips“ als nicht verwerflich erscheinen.

85. Nicht drängeln

T fuhr auf der Autobahn bei Tempo 130 km/h etwa zwei Meter auf den vor ihm überholenden O auf, um ihn zum Spurwechsel zu bewegen. O wechselte daraufhin die Spur. Strafbarkeit des T?
(vgl. BGHSt 19, 263)

Zur Vertiefung: *Wessels/Hettinger,* Rn. 434.

Sofern man in dem dichten Auffahren Gewalt oder – überzeugender – eine **Drohung** mit einem empfindlichen Übel (hier in Gestalt der **konkludenten Ankündigung,** entsprechende Manöver fortzusetzen oder zu wiederholen) erblicken sollte, stellt sich weiterhin die Frage nach der Verwerflichkeit. Sofern Straftaten nach § 315b Abs. 1 Nrn. 2 und 3 bzw. § 315c Abs. 1 Nr. 2 begangen werden, ist schon das Nötigungsmittel verwerflich. Ansonsten wird man jedenfalls dann, wenn wie hier eine abstrakte Gefährdung anderer Verkehrsteilnehmer eintritt, von einer Verwerflichkeit ausgehen müssen und eine Nötigung bejahen. Bei nur kurzfristigen Behinderungen (einmaliges kurzes und nicht zu nahes Auffahren) ist, wie auch sonst, das **Bagatellprinzip** heranzuziehen und eine Verwerflichkeit zu verneinen.

86. Die Frau braucht Ruhe

T schloss seine schwangere Freundin O heimlich für etwa eine Stunde im gemeinsamen Schlafzimmer ein, damit sie nicht weggehen konnte, während T außer Hauses war. Als T zurück kam, schlief O nach wie vor fest und tief. Hat sich T strafbar gemacht?
(vgl. BGHSt 14, 314)

Zur Vertiefung: *Wessels/Hettinger*, Rn. 370; *Rengier* II, § 22 Rn. 2 f.; *Park/Schwarz*, Jura 1995, 294 ff.

Nach überwiegender, allerdings bestrittener Auffassung hat sich T wegen **Freiheitsberaubung** gemäß § 239 Abs. 1 strafbar gemacht. Danach schützt § 239 die **potenzielle persönliche Fortbewegungsfreiheit.** Dies ist die Freiheit, den derzeitigen Aufenthaltsort zu verlassen und sich fortzubegeben. Darauf, ob das Opfer von ihr während der Dauer der Einschließung Gebrauch machen will, kommt es nicht an. Entscheidend ist, dass es sich ohne Beeinträchtigung der Fortbewegungsfreiheit fortbegeben könnte, wenn es dies wollte. Damit können auch Schlafende oder Bewusstlose ihrer Freiheit „beraubt" werden. Die Gegenmeinung sieht hingegen von § 239 Abs. 1 nur den **aktuellen** (bzw. den hypothetischen) **Willen** zur Ortsveränderung geschützt. Derjenige, der eingesperrt wird, ist hiernach solange nicht der Fortbewegungsfreiheit beraubt, wie er einen Ortswechsel gar nicht wünscht, sich also gar nicht fortbewegen will. Dies trifft auch für **Schlafende oder Bewusstlose** zu, wenn sie nur während der Dauer dieses Zustandes eingesperrt sind. Angeführt werden hierfür u. a. die Nähe zur Nötigung (vgl. dazu Fall 77) sowie das Argument, dass der Schlafende zwar seine Sachen behalten (also kein Gewahrsamsverlust), sich aber nicht fortbewegen wolle. Da O nach wie vor fest schlief, hätte sich T nach der Gegenmeinung nicht gemäß § 239 Abs. 1 strafbar gemacht. Den guten Gründen der Gegenmeinung ist jedenfalls insofern zu folgen, als § 239 Abs. 1 zumindest dann ausscheiden sollte, wenn **mit Sicherheit ausgeschlossen** werden kann, dass der Schlafende oder Bewusstlose während der Zeit der Einsperrung aufgewacht wäre. In diese Richtung zielt auch die **„Aktualisierbarkeitstheorie"**, die voraussetzt, dass das Opfer einen aktuellen Willen zur Ortsveränderung jedenfalls theoretisch in der konkreten Situation hätte fassen können. Die Frage bleibt allerdings, unter welchen Voraussetzungen man von einer „theoretischen Aktualisierbarkeit" ausgehen möchte; ist man hier nicht zu streng, nähert sich diese Theorie der herrschenden Potentialitätstheorie stark an.

Ergänzende Bemerkung: Das nach früherem Recht zusätzlich gegen die h. M. vorgebrachte Argument, die in § 239 a. F. fehlende Versuchsstrafbarkeit werde gleichsam von der h. M. „durch die Hintertür" eingeführt, hat an Bedeutung verloren, seit § 239 Abs. 2 den Versuch unter Strafe stellt.

86a. Gefangen im Rausch der Geschwindigkeit (I)

Nach einem Disco-Besuch stieg O zu T ins Auto, um sich zum nächsten Taxistand bringen zu lassen. T hatte eine BAK von 2,06 ‰, fühlte sich aber nicht einmal angetrunken und zeigte keinerlei Ausfallerscheinungen. Ebenso wie T sich selbst hielt auch O den T für nur unwesentlich alkoholisiert und

ohne weiteres fahrtüchtig. Während der Fahrt beschleunigte T plötzlich stark auf innerorts 85 km/h. O protestierte heftig und forderte T mehrfach auf, ihn aussteigen zu lassen. T lachte nur und meinte: „Hier kommt niemand mehr heraus!“ Kurz darauf verlor der alkoholbedingt übermütige T in einer Kurve auf nasser Straße die Kontrolle. Das Auto prallte gegen einen Baum. O verstarb sofort.
Strafbarkeit des T?
(vgl. BGH NStZ 2005, 507)

Zur Vertiefung: *Wessels/Hettinger,* Rn. 372 f., 377; *Rengier* II, § 22 Rn. 7–12, 19 ff.; *Kudlich,* JuS 2005, 850 ff.

T hat den O zwar nicht eingesperrt, durch die Fahrt aber am **Verlassen des Autos gehindert.** Trotz der relativ kurzen Zeit genügt dies wegen der hohen Intensität einer solchen Einwirkung aber als Freiheitsberaubung nach § 239 Abs. 1 „auf andere Weise“, da O aufgrund der drohenden Gefahren eine Ortsveränderung unzumutbar war. Zwar war O ursprünglich einverstanden, was den Tatbestand ausschließen würde. Das **Einverständnis** hatte er aber unmissverständlich **widerrufen.** Insoweit handelte T auch vorsätzlich, so dass ein Fall des § 239 Abs. 1 vorliegt. Weil O starb, der Tod unmittelbar mit der Freiheitsberaubung zusammenhing und T insoweit mindestens Fahrlässigkeit (§ 18) zur Last fällt, ist die Tat nach § 239 Abs. 4 qualifiziert (vgl. auch Fall 92).

Damit liegt zugleich eine **fahrlässige Tötung** (§ 222) vor, die aber hinter § 239 Abs. 1 und 4 zurücktritt (Spezialität).

Der mit über 1,1 ‰ absolut im Sinne des § 315c Abs. 1 Nr. 1 Buchst. a fahruntüchtige T hat schließlich durch die **Trunkenheitsfahrt** auch eine (hier sich sogar realisierende) konkrete Gefahr für O’s Leben verursacht, wobei er hinsichtlich Fahruntüchtigkeit und Gefahr zumindest fahrlässig (Abs. 3 Nr. 2) gehandelt hat. Auf die Frage, ob eine Einwilligung bei § 315c rechtfertigend wirkt, kommt es nicht an, denn diese wäre jedenfalls bereits widerrufen gewesen. T ist damit auch nach § 315c Abs. 1 Nr. 1 Buchst. a, Abs. 3 Nr. 2 strafbar. Diese Strafbarkeit konkurriert mit der nach § 239 Abs. 1 und 4 wegen der unterschiedlichen Rechtsgüter ideal (§ 52).

Ergänzende Bemerkung: Zur Frage nach der Freiheitsberaubung auf sonstige Weise gehört auch der Fall, dass die Ortsveränderung vom Opfer als unangenehm empfunden wird. Ob eine solche vorliegt, ist z. B. fraglich, wenn ein Weggang nur „nackt“ möglich ist, weil der Täter die Kleider während des Bades in einem See entwendet hat (str.); klarer würde der Fall wiederum liegen, wenn dem Opfer im tiefsten Winter im Gebirge auf einer Hütte alle warmen Kleidungsstücke entwendet wurden, so dass ein Verlassen der Hütte unzumutbar bzw. faktisch unmöglich ist.

86b. Wenn sich die Information des Richters von selbst erledigt …

O war wegen der massiven Belästigung mehrerer Frauen in polizeilichem Gewahrsam genommen worden, wo er sich aufgrund einer hohen Alkoholisierung (BAK 2,89 ‰) und parallelem Kokainkonsum wenig kooperativ zeigt. Nach ärztlicher Feststellung der Gewahrsamsfähigkeit wurde O mit vier Hand- bzw. Fußfesseln auf einer Matratze fixiert. Polizist T, der den O nicht

in Gewahrsam genommen hatte, nach der Polizeigewahrsamsordnung (PGO) aber zur Überwachung der Ingewahrsamnahme zuständig war, verständigte keinen Richter, da er irrtümlich annahm, eine Ingewahrsamnahme dürfe ohne richterliche Anordnung bis zu zwölf Stunden andauern. Nachdem dem O bei mehrmaliger Kontrolle sein Gewahrsamsgrund nicht genannt worden war, setzte er das Filmmaterial seiner Matratze in Brand, um sich zu befreien. In der Folge des Feuers erlitt O einen tötlichen Hitzeschock. Hat sich T nach § 239 Abs. 4 strafbar gemacht?
(vgl. BGHSt 59, 292)

Zur Vertiefung: *Wessels/Hettinger,* Rn. 377; *Rengier* II, § 22 Rn. 19; *Jäger,* JA 2015, 72 f.

Nein. Zwar ist eine erfolgsqualifizierte Freiheitsberaubung mit Todesfolge auch dadurch möglich, dass das Opfer bei einem tödlichen Fluchtversuch verstirbt. Voraussetzung bereits für den Grundtatbestand (und damit dann mittelbar auch für die Zurechnung des qualifizierenden Erfolges) ist jedoch die Kausalität des vorgeworfenen Verhaltens für den Taterfolg, hier also für die Freiheitsberaubung. Bei T kommt insoweit nur ein Unterlassen in Betracht, das für das Fortdauern der Freiheitsentziehung (Dauerdelikt!) quasikausal sein müsste. Aufgrund seiner dienstlichen Stellung traf den T auch die Garantenpflicht, die gesetzlich vorgesehene Benachrichtigung eines Richters zur Überprüfung der Freiheitsentziehung zu initiieren, welcher er vorsätzlich nicht nachgekommen ist. Sein Irrtum über den Inhalt der Garantenpflicht ist als (wohl vermeidbarer) Gebotsirrtum insoweit unbeachtlich (§ 17). Indes fehlte es an der Quasikausalität des Unterlassens, da nicht mit an Sicherheit grenzender Wahrscheinlichkeit davon auszugehen gewesen wäre, dass ein angerufener Richter die sofortige Beendigung der Freiheitsentziehungsmaßnahme angeordnet hätte. Denn aufgrund der Alkoholisierung und des Drogenkonsums wäre die Aufrechterhaltung der Ingewahrsamnahme (jedenfalls für eine gewisse Zeit) zum Schutz der in Gewahrsam genommenen Person gegen eine Gefahr für Leib oder Leben weiterhin angezeigt gewesen.

87. Der Streit im Wald

Zwischen T und O kam es zu einer tätlichen Auseinandersetzung, in deren Verlauf T den O auf den Boden warf, sich auf dessen Oberkörper kniete, mit seinen Knien dessen Hände fixierte und O's Kopf dreimal auf den Waldboden schlug. Danach vertrugen sich die Streithähne wieder. Hat sich T neben Nötigung und Körperverletzung auch wegen Freiheitsberaubung strafbar gemacht?
(vgl. BGH NStZ 2003, 371)

Zur Vertiefung: *Wessels/Hettinger,* Rn. 375; *Rengier* II, § 22 Rn. 13.

Nein. Zwar setzt § 239 keine bestimmte Dauer der Entziehung der persönlichen Fortbewegungsfreiheit voraus. Auch vorübergehende Einschränkungen können grundsätzlich genügen. Allerdings stellt ein **kurzzeitiges Festhalten** im Verlauf einer körperlichen Auseinandersetzung, das zu einer zeitlich nur unerheblichen Beeinträchtigung der Fortbewegungsfreiheit führt, noch keine Freiheitsberaubung dar.

88. *(entfallen)*

89. (Nicht) eingeschlossen im Hinterzimmer

T lockte O zu sich nach Hause und verbrachte ihn in ein Hinterzimmer. T spiegelte O vor, eine Flucht sei ausgeschlossen,
a) da die Flurtür stets verschlossen sei.
b) da O bei einem Fluchtversuch sofort erschossen werde.
Beides entsprach nicht der Wahrheit.
Hat sich T wegen § 239 Abs. 1 strafbar gemacht?

Zur Vertiefung: *Wessels/Hettinger,* Rn. 372; *Rengier* II, § 22 Rn. 8, 11 f.

Zu a und b) In beiden Fällen setzt T **List** ein, um das Opfer am Weggehen zu hindern. Bei der Behandlung dieser Fälle ist zu differenzieren. In Fallvariante a wird man vom Opfer verlangen können **nachzusehen,** ob die Tür tatsächlich verschlossen ist, denn dies verlangt dem Opfer **nichts Unzumutbares** ab. In Fallvariante b wird man indessen dem Opfer **nicht zumuten** können, sich der (vermeintlichen) **Todesgefahr** bei einem Fluchtversuch auszusetzen. Die „psychische Barriere" ist derart hoch, dass hier das Hindernis als faktisch unüberwindbar anzusehen ist. T hat sich daher nicht in Fallvariante a, wohl aber in Fallvariante b gemäß § 239 Abs. 1 strafbar gemacht.

90. Vorgetäuschte Vergewaltigung

T erschien auf dem Polizeirevier und täuschte den Beamten eine (in Wahrheit nicht begangene) Vergewaltigung vor. O habe sie in der Nacht zuvor aufgesucht und gewaltsam den Beischlaf an ihr verübt. Daraufhin wurde O von den Beamten in Untersuchungshaft genommen. Hat sich T (neben § 164 Abs. 1) auch wegen § 239 Abs. 1 strafbar gemacht?

Zur Vertiefung: *Wessels/Hettinger,* Rn. 373; *Rengier* II, § 22 Rn. 7.

Ja, und zwar in **mittelbarer Täterschaft.** T hat die staatlichen Organe (Polizeibeamte, Richter usw.) durch Täuschung zu amtlichem Eingreifen veranlasst und dadurch den O seiner Freiheit beraubt. Ihre Tatherrschaft gründet sich auf ihr **überlegenes Wissen** („Wissensherrschaft"). § 239 scheidet aber aus, wenn die Anzeige (oder Zeugenaussage) wahrheitsgemäß ist und der Betroffene daraufhin festgenommen wird. In diesem Fall wird es auch schon an der Tatherrschaft fehlen.

91. Dogmatische Einordnung des § 239 Abs. 3 und 4

Wie sind § 239 Abs. 3 und 4 dogmatisch einzuordnen?

Zur Vertiefung: *Wessels/Hettinger,* Rn. 377; *Rengier* II, § 22 Rn. 19–22.

§ 239 Abs. 3 Nr. 1 ist als echte tatbestandsmäßige **Qualifikation** ausgestaltet. Die Dauer von länger als einer Woche ist nicht lediglich eine „Folge" der Freiheitsberaubung, sondern prägt das Geschehen der Freiheitsberaubung selbst. Sie muss daher vom **Vorsatz** des Täters umfasst sein. Dagegen sind **§ 239 Abs. 3 Nr. 2 und Abs. 4 Erfolgsqualifikationen.** Hier braucht der Vorsatz des Täters nur die Verwirklichung des Grundtatbestandes (§ 239 Abs. 1) zu umfassen, während hinsichtlich der besonderen Folge gemäß § 18 jeweils **Fahrlässigkeit** genügt.

92. Gefangen im Rausch der Geschwindigkeit (II)

Wie wäre es, wenn O in Fall 86a (zutreffend) angenommen hätte, dass sie Opfer eines Sexualverbrechens werden würde und deshalb – nachdem T trotz ihrer entsprechenden Bitten nicht anhielt – aus dem schnell fahrenden Wagen gesprungen und hierbei verunglückt wäre?
(vgl. BGHSt 19, 382)

Zur Vertiefung: *Wessels/Hettinger,* Rn. 377; *Rengier* II, § 22 Rn. 22.

T hat sich wegen **Freiheitsberaubung mit Todesfolge** gemäß § 239 Abs. 4 strafbar gemacht. T hat durch die Tat, die begangene Freiheitsberaubung, den Tod des Opfers verursacht. Er handelte hinsichtlich der Freiheitsberaubung vorsätzlich. Hinsichtlich des **Todes** genügt Fahrlässigkeit gemäß § 18, also **Vorhersehbarkeit** des Todeserfolges. Davon ist unter den gegebenen Umständen auszugehen. Ursächlichkeit zwischen Freiheitsberaubung und Tod liegt vor. Der weiterhin notwendige **unmittelbare tatbestandsspezifische Gefahrzusammenhang** (vgl. § 18) ist ebenfalls gegeben, da das Opfer unmittelbar bei dem Versuch, der Freiheitsberaubung zu entrinnen, tödliche Verletzungen erlitten hat (so BGHSt 19, 382; str.).

92a. Ein sensibler Professor

Studentin T besuchte an der Universität Vorlesungen bei Professor O. Da sie von ihm völlig begeistert war, begann sie ihn in der Universität wie auch an seinem Wohnort aufzusuchen und zu bedrängen. Dabei betrat sie einmal seinen Garten und stellte dort die Gießkannen unter Johannisbeersträucher; ein anderes Mal drang sie über die unverschlossene Terrassentür in die Wohnung ein und hinterließ einen Umschlag mit Damenunterwäsche. Es folgten E-Mails und Anrufe, die u. a. auf diese Ereignisse Bezug nahmen. O wies die T immer wieder höflich ab, legte während der Telefonate auf oder reagierte gar nicht erst auf die Kommunikationsversuche. An seinem Institut ließ er sich häufiger von einer Hilfskraft verleugnen, wenn T ihn aufsuchte. Zuhause lüftete er nur noch mit gekipptem Fenster und verschloss Haustür und Gartentor, um ein weiteres Eindringen der T zu verhindern. Hat sich T nach § 238 strafbar gemacht?
(vgl. OLG Rostock BeckRS 2009, 19346 m. Anm. *Jahn,* JuS 2010, 81)

Zur Vertiefung: *Wessels/Hettinger,* Rn. 369h; *Rengier* II, § 26a, insbesondere Rn. 11; *Kinzig/Zander,* JA 2007, 481 ff.; *Mitsch,* Jura 2007, 401 ff.; *Valerius,* JuS 2007, 319 ff.

Bei der Prüfung des § 238 ist genau zwischen der sauberen Prüfung der **Tathandlung und dem Eintritt des Taterfolges zu unterscheiden:** Tathandlung ist das „unbefugte Nachstellen", das durch die in Nrn. 1–5 genannten Verhaltensweisen konkretisiert wird, welche über dies beharrlich (d. h. mit einer gewissen Häufigkeit und Missachtung eines entgegenstehenden Willens des Opfers) erfolgen müssen. Da O die T mehrfach abwies und diese gleichwohl sowohl seine **Nähe suchte** (§ 238 Abs. 1 Nr. 1) als auch unter Verwendung von **Telekommunikationsmitteln den Kontakt** zu ihm herzustellen versuchte (§ 238 Abs. 1 Nr. 2), liegt eine taugliche Tathandlung vor. Insbesondere überschreitet die Kontaktaufnahme auch den sozialadäquaten Rahmen zwischen einer Studentin und ihrem Professor, welcher selbst dann selbstverständlich straflos bleiben muss, wenn nach den Buchstaben der Norm eine Tathandlung (etwa durch den regelmäßigen Vorlesungsbesuch) erfüllt zu sein scheint.

Freilich müsste es dadurch auch zu einer schwerwiegenden Beeinträchtigung der Lebensgestaltung des O gekommen sein. Dieser Taterfolg, der eine Abgrenzung von bloßer Soziallästigkeit zu Kriminalunrecht ermöglichen soll, setzt voraus, dass ins Gewicht fallende, gravierende und ernstzunehmende Beeinträchtigungen vorliegen, die über durchschnittliche, regelmäßig hinzunehmende Beeinträchtigungen erheblich hinausgehen. Dies dürfte vorliegend wohl noch nicht anzunehmen sein: Selbst wenn O bisher Gegenteiliges gewohnt war, ist das Erfordernis des Abschließens von Garten- und Haustüren sowie das nicht uneingeschränkte Offen-Stehenlassen von Fenstern keine so ungewöhnliche Verhaltensweise, dass hierin eine erhebliche und vor allem völlig atypische Beeinträchtigung der Lebensführung zu sehen ist. Ähnliches gilt für ein gewisses „Abschirmenlassen" bei der Berufstätigkeit durch Mitarbeiter gegenüber verschiedenen Arten von „lästigen Fragestellern" (und zwar selbst dann, wenn man nicht süffisant die Vermutung aussprechen möchte, dass es für Hochschullehrer geradezu wesenstypisch sei, sich gegenüber sie aufsuchenden Studenten durch das Personal abschirmen zu lassen). Gerade mit Blick auf den angestrebten Auffangcharakter des § 238 wird man hier zwar wohl einen Grenzfall annehmen können, da O in der Tat die eine oder andere Lebensgewohnheit ändern bzw. aufgeben musste. Die Verhaltensweisen, zu denen er sich „gezwungen" sah, weichen aber nicht so sehr von denjenigen ab, was sehr viele Leute tun bzw. tun müssen, dass man hierin eine strafwürdige Verkürzung seiner Lebensqualität sehen könnte.

92b. Mehr als nur lästig

Nach der Trennung zwischen T und O kam es wiederholt zu Auseinandersetzungen, da T diese nicht akzeptieren wollte. Dabei kam es zu einer Reihe verschiedenartiger Belästigungen der O durch den T: So klingelte er an der Tür des Mehrfamilienhauses, in dem sich die Wohnung der O befand und kündigte der das Fenster öffnenden O an, bis zum nächsten Morgen zu warten, um zu sehen, wer aus dem Haus komme, bedrohte die O mit dem Tode und beschimpfte sie. An einem anderen Tag rief T die O mehrfach an und erklärte, er werde sie nicht in Ruhe lassen. Er fing sie auf dem Rückweg von ihrer Arbeit ab, beobachtete ihre Wohnung mit einem Fernglas und

drohte O telefonisch, er werde ihr ein Messer in den Hals stecken. Ein anderes Mal rief T die O mehrfach an, klingelte an ihrer Haustür, rief, er wolle wissen, was in der Wohnung vor sich gehe, und bedrohte sie erneut, was er in der Folgezeit auch telefonisch an mehreren Tagen wiederholte. O nahm die Drohungen des T ernst und hatte Angst um ihr Leben. Sie gab erhebliche Teile ihrer Freizeitaktivitäten auf, verließ abends ihre Wohnung nicht mehr und schaltete kein Licht mehr an, um T vorzutäuschen, nicht zu Hause zu sein. Sie verließ auch tagsüber ihre Wohnung und ihre Arbeitsstätte nur nach besonderen Sicherheitsvorkehrungen und bemühte sich, sich nicht allein auf der Straße aufzuhalten. Genügen diese Feststellungen für eine Verurteilung des T nach § 238?
(vgl. BGH NStZ 2010, 277 m. Anm. *Kudlich,* JA 2010, 389)

Zur Vertiefung: *Wessels/Hettinger,* Rn. 369a ff.; *Rengier* II, § 26a Rn. 3 ff.; *Kinzig/Zander,* JA 2007, 481 ff.; *Mitsch,* Jura 2007, 401 ff.; *Valerius,* JuS 2007, 319 ff.

Ja. T hat nicht nur verschiedene Tathandlungen – insbesondere das Aufsuchen der räumlichen Nähe (§ 238 Abs. 1 Nr. 1) und die Herstellung telekommunikativen Kontaktes (§ 238 Abs. 1 Nrn. 1 und 2) – verwirklicht, sondern hat dies auch beharrlich getan. Zwar ist die **Beharrlichkeit,** welche neben einem objektiven Moment der Wiederholung auch subjektive und normative Elemente der Uneinsichtigkeit und Rechtsfeindlichkeit enthält, nicht immer bereits bei einer bloßen Wiederholung erfüllt. Auch lässt sich keine für jeden Einzelfall gültige „Mindestanzahl" von notwendigen Angriffen des Täters (z. B. „Beharrlichkeit immer ab dem fünften Übergriff") festlegen. Für den vorliegenden Fall wird man aber keine Mühe haben, die Beharrlichkeit zu bejahen, da nicht nur eine Vielzahl von Belästigungen vorliegt, sondern diese auch ein **ganz erhebliches Gewicht** haben, was dazu führen dürfte, dass die Zahl der erforderlichen Wiederholungen sogar noch absinkt. Dass hierbei **verschiedene Alternativen des § 238 Abs. 1** erfüllt wurden, soll dabei nach Auffassung des BGH unschädlich sein, da die potenziell bedrohlichen Handlungen in ihrer Gesamtheit zu berücksichtigen sind. Auch der Taterfolg einer **schwerwiegenden Beeinträchtigung der Lebensgestaltung** liegt hier (abweichend von Fall 92a) unproblematisch vor. O hat sich nicht auf weniger gewichtige Maßnahmen der Eigenvorsorge beschränkt, sondern ihr **Leben massiv umgestellt,** was auch aus Sicht eines objektiven Dritten – denn der Tatbestand schützt einerseits keine Überängstlichen, setzt aber auch keine besonders hartgesottenen Opfer voraus – nachvollziehbar ist. Auf Konkurrenzebene ist zu berücksichtigen, dass aufgrund der für die Beharrlichkeit regelmäßig erforderlichen Wiederholung der Belästigung häufig von einer **sukzessiven Tatbegehung** auszugehen ist, bei der nur ein Fall des § 238 vorliegt.

92c. Zum (Fast-Ehe-)Glück gezwungen

O war schon seit längerer Zeit mit dem P liiert, und beide planten, eine gleichgeschlechtliche Lebenspartnerschaft miteinander einzugehen. Bei einem gemeinsamen Urlaub mit O's Eltern kam es dazu, dass P dem T (O's Vater) bei einem Badeunglück das Leben rettete. Obwohl (oder gerade weil?) O's

Eltern den P seitdem noch mehr in ihr Herz geschlossen hatten, entfremdete sich O immer weiter von P und ließ von dem Plan eines gemeinsamen Lebens ab. Als T davon erfuhr, redete er O ins Gewissen, betonte, O habe dem P das Überleben seines Vaters zu verdanken und stehe deshalb ohnehin für immer in dessen Schuld, so dass es gar keinen Sinn habe, die Beziehung zu lösen. Dem ständigen Drängen des T nachgebend erklärte sich O schließlich bereit, mit P eine gleichgeschlechtliche Lebenspartnerschaft einzugehen. Da er in dieser zunehmend unglücklich war, stellt er sich die Frage, ob er seinen Vater wegen einer Straftat nach § 237 anzeigen kann. Was ist davon zu halten?

Zur Vertiefung: *Wessels/Hettinger*, Rn. 367a; *Bülte/Becker* JA 2013, 7 ff.; *Ensenbach*, Jura 2012, 507 ff.

Nichts, und zwar aus **zwei Gründen** nicht: **Zum einen** spricht § 237 explizit nur von der Nötigung zur Eingehung einer **„Ehe".** Andere, selbst der Ehe nahestehende Gemeinschaften sind dem nicht automatisch gleichgestellt. Im Einzelfall mag es hier zwar Abgrenzungsschwierigkeiten, insbesondere bei Verbindungen nach ausländischem Recht an der Schwelle zwischen staatlicher und kirchlicher Institution, geben; dass jedoch die Lebenspartnerschaft nach dem **LPartG keine Ehe** ist, steht außer Zweifel. Einer analogen Anwendung steht schon Art. 103 Abs. 2 GG entgegen. Zum anderen hat T den O aber auch **nicht mit Gewalt oder durch Drohung mit einem empfindlichen Übel** genötigt; die Ausübung moralischen Drucks und auch die wiederholte Konfrontation mit dem Heiratswunsch erfüllen insoweit die Voraussetzungen eines tatbestandlichen Nötigungsmittels nicht. Auch hier mag es Abgrenzungsschwierigkeiten, insbesondere bei Mitbürgern aus anderen Kulturkreisen, geben, in denen die Schwelle vom moralischen Druck zum verbindlichen Machtwort mit konkludenter Drohung leicht überschritten werden kann. Dass eine solche Situation vorliegt, ist jedoch nicht ersichtlich. Aus diesem Grund (keine Gewalt, keine Drohung mit einem empfindlichen Übel) kann auch nicht subsidiär auf § 240 zurückgegriffen werden.

Ergänzende Bemerkung: Praktisch relevant werden Zwangsheiraten auch insbesondere bei Angehörigen fremder Kulturkreise. Hierbei kann problematisch sein, dass entsprechende Verheiratungen häufig im Ausland (etwa im Herkunftsland der Eltern) stattfinden und dass in bzw. zu § 237 keine flankierende Vorschrift zum Strafanwendungsrecht (Anwendbarkeit deutschen Strafrechts bei Auslandstaten) geschaffen worden ist. Abhilfe soll hier § 237 Abs. 2 schaffen, der eine Strafbarkeit desjenigen anordnet, der zur Begehung einer Tat nach Abs. 1 (also zu einer Zwangsheirat) das Opfer durch Gewalt, Drohung mit einem empfindlichen Übel oder auch durch List in ein Gebiet außerhalb des räumlichen Geltungsbereichs des StGB verbringt oder es davon abhält, von dort zurückzukehren. Insoweit wird also schon die Vorbereitung zur Zwangsheirat im Ausland unter Strafe gestellt, wenn diese sich im Inland nachweisen lässt.

93. Der Überfall

T wollte einen Supermarkt ausrauben. Er ging in das Geschäft, hielt der Kundin O eine Spielzeugpistole an den Kopf und beabsichtigte, auf diese Weise an das Geld aus der Registrierkasse zu gelangen. T konnte jedoch vom Sicherheitspersonal überwältigt werden. Es konnte allerdings später nicht

geklärt werden, ob sich T den Besitz am Geld durch Wegnahme aus der Kasse oder durch Herausgabe seitens der Kassiererin verschaffen wollte. Wie hat sich T strafbar gemacht?
(vgl. BGH NStZ 2002, 31; vgl. dazu auch BGH NStZ 2003, 604 und BGHSt [GS] 40, 350)

Zur Vertiefung: *Wessels/Hettinger,* Rn. 450 f., 458; *Rengier* II, § 24 Rn. 3, 7 f.; *Fahl,* Jura 1996, 456ff; *Elsner,* JuS 2006, 784 ff.; *Satzger,* Jura 2007, 114 ff.

T hat sich wegen vollendeten **erpresserischen Menschenraubes** (§ 239a) strafbar gemacht. T hat sich zunächst eines Menschen im Sinne von § 239a Abs. 1 Alt. 1 bemächtigt. Er hat O durch Bedrohung mit der Scheinwaffe derart in „Schach gehalten", dass diese an einer freien Bestimmung über sich selbst gehindert war und damit eine physische (oder psychische) Herrschaft über O erlangt. Weiterhin setzt § 239a eine eigenständige Bedeutung der Bemächtigungssituation und eine gewisse **Stabilisierung der Lage** voraus, die ausgenutzt werden soll. Dies ist insbesondere für die von § 239a ebenfalls erfassten Zwei-Personen-Verhältnisse (vgl. dazu Fall 94) von Bedeutung, um eine Abgrenzung zu Delikten mit klassischen Nötigungselementen (§§ 249, 255) zu erreichen. In **Drei-Personen-Verhältnissen,** wie im Fall, wird die erforderliche Stabilisierung regelmäßig gegeben sein. Die Bemächtigungssituation hatte hier eine eigenständige Bedeutung als Grundlage für die beabsichtigte Nötigung der Kassiererin zur Öffnung der Kasse. Ferner müsste sich T der O bemächtigt haben, **um** die Sorge eines Dritten um das Wohl des Opfers **zu einer Erpressung** auszunutzen (subjektive Komponente, „zweiter Teilakt"). Sollte T vorgehabt haben, das Geld selbst wegzunehmen, läge nach ständiger Rechtsprechung des BGH ein schwerer Raub (§ 250 Abs. 1 Nr. 1 Buchst. b) vor. Sofern T's Vorstellung dahin ging, von der Kassiererin die Herausgabe zu erzwingen, wäre eine schwere räuberische Erpressung (§§ 255, 250 Abs. 1 Nr. 1 Buchst. b) gegeben (Abgrenzung nach dem äußeren Erscheinungsbild; dagegen die überwiegende Ansicht in der Literatur, vgl. näher PdW BT I, Fall 179). Was T wollte, ist aber unklar geblieben. Nach der Rechtsprechung des BGH ist es aber auch unerheblich. Denn sie steht auf dem Standpunkt, dass in jedem Raub **zugleich** auch der (allgemeinere) Tatbestand der **räuberischen Erpressung** enthalten sei (siehe zum Problem PdW BT I, Fall 177). Folgt man dem, kommt es für den zweiten Teilakt des § 239a nicht darauf an, ob das Geld aus der Kasse weggenommen oder seine Herausgabe erzwungen werden sollte.

Ergänzende Bemerkung: Die Tat ist in der ersten Tatbestandsalternative des § 239a („entführen" oder „bemächtigen") bereits vollendet, wenn der Täter mit Erpressungsabsicht das Opfer entführt oder sich dessen bemächtigt hat. Zu einem Erpressungserfolg muss es nicht kommen („unvollkommen zweiaktiges Delikt"; zur tätigen Reue vgl. § 239a Abs. 4).

94. An einem Stück ins Schlafzimmer

T brach in die Wohnung der ahnungslosen O ein. Bevor O wusste, wie ihr geschah, nahm T sie in den Würgegriff und sagte: „Her mit dem Schmuck, oder ich drück' dir die Luft ab!" T zerrte O daraufhin einige Meter zu dem im Schlafzimmer gelegenen Nachtschrank und ließ sich sämtlichen

Schmuck von O herausgeben. Danach flüchtete er. Wie hat sich T strafbar gemacht?

Zur Vertiefung: *Wessels/Hettinger,* Rn. 458; *Rengier* II, § 24 Rn. 16–24.

T hat sich nach Ansicht der Rechtsprechung nach **§§ 253, 255** (nach Ansicht der h. L. nach § 249, vgl. PdW BT I, Fall 179), **nicht** aber nach **§ 239a Abs. 1 Alt. 1** strafbar gemacht. Vor allem in der Konstellation des Sichbemächtigens im **Zwei-Personen-Verhältnis** ist sorgfältig zu prüfen, ob der nötige **funktionale Zusammenhang** zwischen dem ersten Teilakt des **Sichbemächtigens** und dem zweiten Teilakt der angestrebten Erpressung vorliegt. Der Täter muss beabsichtigen, die durch das Sichbemächtigen für das Opfer geschaffene Lage für sein weiteres Vorgehen auszunutzen. Es ist, bildhaft gesprochen, eine **„stabile Zwischenlage"** erforderlich. Hieran fehlt es im Fall. Die Gewaltanwendung ging unmittelbar zeitlich und räumlich in die Erpressung über, so dass der erste Teilakt gerade keine eigenständige Bedeutung für den zweiten Teilakt erlangte.

95. Fahrt ins Moor

T lauerte auf einem Krankenhausparkplatz der Schwesternschülerin O auf. Als sich O in ihr abgestelltes Fahrzeug gesetzt und den Zündschlüssel ins Schloss gesteckt hatte, riss T die Wagentür auf, hielt O eine geladene Schreckschusspistole an den Hals und stieß sie auf den Beifahrersitz. Sodann fuhr T mit dem Pkw eine Weile umher, bis er schließlich auf einem Feldweg in einem Moorgebiet anhielt. Während der gesamten Fahrt hielt er die Waffe auf O gerichtet. Wie hat sich T strafbar gemacht,
a) wenn er O vergewaltigen wollte, es dazu dann aber gar nicht kam?
b) wenn er zunächst keine sexuellen Absichten hatte, O dann aber vergewaltigte?
(vgl. BGH NStZ-RR 2003, 45 und 328)

Zur Vertiefung: *Wessels/Hettinger,* Rn. 453 f.; *Rengier* II, § 24 Rn. 4a, 28–33.

T hat sich in beiden Fallvarianten zunächst wegen **Geiselnahme** gemäß § 239b Abs. 1 (sowie bei weiteren Plänen, eine räuberische Erpressung zu begehen, möglicherweise auch nach § 239a sowie § 316a) strafbar gemacht.

Zu a) Hat T die O bereits in der **Absicht entführt,** sie zu sexuellen Handlungen **zu nötigen, so liegt ein Fall von § 239b Abs. 1 Alt. 1 vor.** In dem Vorhalten der Pistole ist die konkludente Drohung mit Erschießen („Drohung mit dem Tod") zu sehen.

Zu b) Sofern T zunächst keine sexuellen Absichten hatte, sodann aber die Abgeschiedenheit des Feldweges zu einer Vergewaltigung unter Vorhalt der Pistole **ausnutzte,** kommt die **2. Alt.** des **§ 239b** Abs. 1 in Betracht, die zur schweren Vergewaltigung gemäß § 177 Abs. 2 Nr. 1, Abs. 4 Nr. 1 (Verwenden einer Waffe) in Tateinheit steht.

96. Der Banküberfall

T hatte mit vorgehaltener Waffe einen Banküberfall begangen. Als er sah, dass das Gebäude bereits von Polizisten umstellt war, nahm er eine Geisel und verschanzte sich im Kellergeschoss. Nach Verhandlungen mit der Polizei ließ T die Geisel im „Tausch" gegen den Polizeibeamten P frei. T ließ den Beamten mitteilen, er werde P töten, wenn er nicht einen aufgetankten Fluchtwagen vor der Bank und freies Geleit erhalten würde. Die Beamten kamen dieser Aufforderung nicht nach. Daraufhin floh T mit P in seiner Gewalt durch eine Hintertür aus der Bank. Auf der anschließenden Verfolgung kam es zu einem von T angezettelten Schusswechsel zwischen T und den Beamten. Dabei wurde P tödlich verletzt. Hat sich T nach §§ 239a, 239b strafbar gemacht?
(vgl. BGHSt 26, 70 und 33, 322)

Zur Vertiefung: *Wessels/Hettinger,* Rn. 459 ff.; *Rengier* II, § 24 Rn. 34–38.

Ja, und zwar wegen **Geiselnahme mit Todesfolge** gemäß § 239b Abs. 2 i. V. m. § 239a Abs. 3. T hat sich zunächst eines Menschen, nämlich des P, bemächtigt, indem er ihn in seine physische Herrschaftsgewalt brachte. Ein Sich-Bemächtigen scheidet zwar nach allgemeiner Ansicht aus, wenn das **Opfer mit der Geiselnahme einverstanden** ist und sich nur zum Schein als Geisel verwenden lässt (dann u. U. §§ 253, 255, 263, 25 Abs. 2). Die „Ersatzgeisel" (P) gab sich hier aber nicht zum Schein als Geisel aus, sondern **nur, um das Leben eines anderen zu retten.** Ein Bemächtigen liegt damit vor. T hat sich des P auch bemächtigt, um durch Drohung mit dessen Tod die Polizeibeamten zu einer Handlung (Bereitstellen des Fluchtfahrzeugs) bzw. Duldung (freies Geleit) zu nötigen. Der Grundtatbestand des § 239b liegt somit vor. Näherer Erläuterung bedarf aber, ob T „durch" die Tat wenigstens leichtfertig den Tod des P verursacht hat (§ 239b Abs. 2 i. V. m. § 239a Abs. 3). Damit sind nicht nur Fälle gemeint, in denen die Geiselnahme als solche oder die damit für die Geisel geschaffene Situation (lebensgefährliche Unterbringung, unzureichende Versorgung) zum Tod des Opfers führen. Erfasst ist vielmehr auch der Fall, dass der Tod der Geisel als **Folge einer Befreiungsaktion** eintritt, die von ihr selbst, dem Erpressungsopfer oder Dritten (z. B. Polizei) unternommen wird. Der erforderliche tatbestandsspezifische Gefahrzusammenhang besteht darin, dass der tödliche Geschehensablauf durch die Zwangslage ausgelöst wird, in die der Täter die beteiligten Personen gebracht hat. Für die aus „Gegenmaßnahmen" resultierenden Gefahren für das Opfer hat der Täter einzustehen. T ist auch Leichtfertigkeit vorzuwerfen, da er den Schusswechsel provoziert hat. T hat sich daher gemäß § 239b Abs. 2 i. V. m. § 239a Abs. 3 strafbar gemacht.

Ergänzende Bemerkung: Der für § 239b Abs. 2 i. V. m. § 239a Abs. 3 notwendige spezifische Gefahrzusammenhang ist nicht gegeben, wenn der oder die „Befreier" von der Geiselnahme keine Kenntnis haben, sondern die Geisel z. B. für einen Mittäter halten. Dann nämlich gilt ihr Handeln nicht der Bewältigung einer für Geiselnahmen typischen Zwangslage, sondern allein der Verfolgung von Straftätern (BGHSt 33, 322, 325).

96a. Auf Streife

Die Polizeibeamten O und P waren auf einem Streifengang in der Fußgängerzone, um dort allgemein nach dem Rechten zu sehen. Ganz unvermittelt lief auf einmal Polizistenhasser T auf sie zu, der sich „durch die Anwesenheit der Bullerei" in seiner Lebensqualität beim Shoppen verletzt fühlte und prügelte mehrfach mit den Fäusten auf O und P ein, bevor diese ihn überwältigen konnten. Wegen Körperverletzung angeklagt, weist T daraufhin, dass er sich mit Blick auf die Anwesenheit der Polizisten in einer psychischen Ausnahmesituation befunden habe und dass für diese Fälle das Gesetz einen mindernden Tatbestand vorsehe. Was meint T und hat er damit Recht?

Zur Vertiefung: *Wessels/Hettinger,* Rn. 623 ff.; *Rengier* II, § 53 Rn. 4 ff.; *Bosch,* Jura 2011, 268 ff.; *Zöller/Steffens,* JA 2010, 161 ff.

T spielt hier wohl auf § 113 an, der den Widerstand gegen Vollstreckungsbeamte regelt. Die Vorschrift enthielt nach ihrem Strafrahmen eine Privilegierung insbesondere gegenüber § 240 (vgl. nun aber Fall 98) da ein der Hoheitsgewalt plötzlich gegenüberstehender Bürger sich gegen diese zwar nicht völlig straflos zur Wehr setzen darf, allerdings seine besondere psychische Ausnahmesituation berücksichtigt wird. **Voraussetzung** für das Eingreifen des **§ 113** ist jedoch, dass O und P während der jeweiligen Tathandlungen auch eine **Vollstreckungshandlung** vorgenommen haben, gegen die sich T zur Wehr setzt. Eine solche ist jede Tätigkeit einer dazu berufenen Person, die zur Regelung eines Einzelfalles auf die Vollziehung der in § 113 genannten Rechtsnormen gerichtet ist und als Verwirklichung des Staatswillens notfalls zwangsweise durchgesetzt werden kann. Ein Streifengang, bei dem allgemein nur nach dem Rechten gesehen und in keine Rechtsposition eingegriffen bzw. kein bestimmter Einzelfall geregelt wird, ist keine Vollstreckungshandlung, so dass sich T nicht nach § 113 strafbar gemacht hat. Damit ist jedenfalls der Weg zur allgemeinen Vorschrift des § 240 eröffnet (wobei zu den Zielen des T im Sachverhalt nichts genannt ist und eine Nötigung wohl letztlich auch nur versucht wäre). Ferner kommt eine Körperverletzung in Betracht.

97. Gasthaus am See (I)

T war Eigentümer eines Seegrundstücks, auf dem er eine Gastwirtschaft mit Bootsverleih betrieb. T's Gläubiger G erwirkte gegen T wegen eines Darlehensanspruchs einen Zahlungstitel. Nachdem ein erster Pfändungsversuch bei T erfolglos verlaufen war, wies G den Gerichtsvollzieher O an, die von G an T unter Eigentumsvorbehalt gelieferten Boote zu pfänden. O ging daraufhin erneut zu T und machte sich daran, die Pfandsiegel an den Booten anzubringen. Da erschien T und forderte O mit vorgehaltenem Jagdgewehr dazu auf, dies zu unterlassen und aus seinem Lokal zu verschwinden. Er sehe nicht ein, warum er seine Schulden bei G, den er ohnehin nicht leiden könne, begleichen solle. O suchte vorerst das Weite. Hat sich T gemäß § 113 strafbar gemacht?

Zur Vertiefung: *Wessels/Hettinger,* Rn. 632 ff.; *Rengier* II, § 53 Rn. 12 ff.

Nein. Zwar ist O als Gerichtsvollzieher ein **Amtsträger** im Sinne des § 113 Abs. 1 (i. V. m. § 11 Abs. 1 Nr. 2) und in dieser Eigenschaft auch berufen, Urteile und Gerichtsbeschlüsse (bzw. andere Zahlungstitel) zu vollstrecken. O war auch ***in concreto*** dabei, eine **Vollstreckungshandlung,** nämlich eine Pfändung (vgl. § 808 Abs. 2 Satz 2 ZPO) vorzunehmen. Diese hatte gerade begonnen und war auch noch nicht abgeschlossen. Auch hat T dem O bei der Vornahme dieser Diensthandlung Widerstand durch Drohung mit Gewalt geleistet. Nach § 113 Abs. 3 müsste aber die von O vorgenommene Diensthandlung auch **rechtmäßig** gewesen sein, damit ein dagegen gerichteter Widerstand den Tatbestand des § 113 erfüllt. Die h. M. vertritt dabei einen sog. **strafrechtlichen Rechtmäßigkeitsbegriff.** Danach kommt es im Sinne einer „formalen Rechtmäßigkeit" nicht auf die sachliche Richtigkeit der Diensthandlung an, sondern allein auf die Einhaltung der örtlichen und sachlichen **Zuständigkeit** sowie der **wesentlichen Förmlichkeiten,** welche der Amtsträger in der Vollstreckungssituation pflichtgemäß zu würdigen hat. Zwar war die Vollstreckungshandlung des O insoweit rechtmäßig, als es die h. M. dem Gläubiger gestattet, auch bei einem Zahlungstitel in seine eigene Sache zu vollstrecken, und der Gläubiger dem Gerichtsvollzieher – nach erfolglosem Pfändungsversuch – auch eine „Einzelanweisung" erteilen durfte. Der **Gerichtsvollzieher** war aber für die Vollstreckung aus einem Zahlungstitel **sachlich unzuständig,** womit nach oben Gesagtem die Diensthandlung gemäß § 113 Abs. 3 **rechtswidrig** war. Die Boote waren dem wirtschaftlichen Zweck des Seegrundstücks zu dienen bestimmt, standen zu ihm in räumlicher Beziehung und waren damit nach § 97 Abs. 1 BGB **Zubehör** des Grundstücks (vgl. bereits RGZ 47, 197). Gemäß § 865 Abs. 1, Abs. 2 Satz 1 ZPO i. V. m. § 1120 BGB ist das Zubehör aber stets (d. h. auch schon bevor ein etwaiges Pfandrecht an dem Grundstück entsteht) der **Mobiliarzwangsvollstreckung entzogen,** soweit es in das Eigentum des Grundstückseigentümers gelangt ist (§ 1120 Halbs. 2 BGB). Die Vollstreckung erfolgt hier im Wege der Immobiliarzwangsvollstreckung, für die das Vollstreckungsgericht/Grundbuchamt, **nicht** aber der **Gerichtsvollzieher zuständig** ist (§§ 866, 867, 869 ZPO, § 1 ZVG). Zwar waren die Boote wegen des Eigentumsvorbehalts nicht in das Eigentum des T gelangt. Dieser hat aber hieran ein von der Hypothekenhaftung nach § 1120 BGB erfasstes **Anwartschaftsrecht** erworben, das nach vorzugswürdiger Ansicht die **Unpfändbarkeit** des gesamten Zubehörs (und nicht nur des Anwartschaftsrechts) gemäß § 865 Abs. 2 ZPO auslöst. Die wirtschaftliche Einheit von Grundstück und Zubehör soll nicht aufgehoben werden, wobei es keine Rolle spielen kann, ob der Schuldner Eigentümer oder lediglich Anwartschaftsberechtigter hinsichtlich des Zubehörs ist. Dies muss dem Gerichtsvollzieher bekannt sein. Ein Rechtsirrtum ließe nach h. M. die Rechtswidrigkeit der Diensthandlung unberührt. Ebenso ist **unerheblich,** dass T möglicherweise davon ausging, die Pfändung sei rechtmäßig (§ 113 Abs. 3 Satz 2). T hat sich daher nicht nach § 113 Abs. 1 strafbar gemacht.

Ergänzende Bemerkungen: (1.) Wäre der Tatbestand des § 113 Abs. 1 erfüllt, so läge aufgrund der Verwendung des Jagdgewehrs als Waffe ein besonders schwerer Fall nach § 113 Abs. 2 Satz 2 Nr. 1 vor.

(2.) Nach der Rechtsprechung des BVerfG (NJW 2008, 3627 m. Anm. *Jahn,* JuS 2009, 78) verstieß es gegen Art. 103 Abs. 2 GG, auch ein Auto unter den Begriff „Waffe" in § 113 Abs. 2 Satz 2 Nr. 1 a. F. zu subsumieren. Der Gesetzgeber hat darauf reagiert und auch in diese Vorschrift die Variante der Verwendung eines gefährlichen Werkzeuges aufgenommen.

(3.) Aus vollstreckungsrechtlicher Sicht bleibt zu ergänzen, dass es G unbenommen ist, seinen gegebenenfalls gemäß § 985 BGB bestehenden Herausgabeanspruch im Wege der Herausgabeklage geltend zu machen. Für die dann vorzunehmende Vollstreckung nach § 883 Abs. 1 ZPO wäre der Gerichtsvollzieher sachlich zuständig.

98. Gasthaus am See (II)

Hat sich T in Fall 97 wenigstens wegen Nötigung gemäß § 240 strafbar gemacht?

Zur Vertiefung: *Wessels/Hettinger,* Rn. 621, 629; *Rengier* II, § 53 Rn. 27 f.

Nach h. M. auch dies nicht. Dieses Ergebnis kann zwar seit dem 44. StrÄndG aus dem Jahre 2011 nicht mehr mit dem früher um ein Jahr milderen Strafrahmen des § 113 a. F. und damit dem Gedanken der Privilegierung begründet werden. **§ 113** ist aber immer noch als **abschließende lex specialis** zu verstehen, finden sich doch nach wie vor täterfreundliche Besonderheiten (etwa in § 113 Abs. 3 und 4). Auch die Beschränkung auf bestimmte Tathandlungen darf nicht dadurch unterlaufen werden, dass in Fällen, in denen die Tathandlung die in § 113 notwendige Intensität nicht erreicht oder eine Strafbarkeit aus anderen Gründen ausgeschlossen ist, über den Umweg des § 240 doch noch eine Bestrafung erfolgt. § 113 bestimmt die Strafbarkeit in einer speziellen Vollstreckungssituation („Affekthandlung" des durch einen staatlichen Vollstreckungsakt Betroffenen) abschließend. Diese kann daher über den Bereich des § 113 hinaus nicht ausgedehnt werden. Auch eine gegebenenfalls verwirklichte Bedrohung (§ 241) tritt hinter § 113 zurück. T hat sich daher nicht strafbar gemacht.

Ergänzende Bemerkung: § 240 ist indessen einschlägig, wenn der Täter nicht nur zur Unterlassung der Diensthandlung, sondern zu einem darüber hinaus gehenden Verhalten nötigt. Tateinheit ist stets möglich zwischen § 113 und §§ 223 ff., 303, 123.

D. Delikte gegen die Ehre

99. Der Ehrbegriff

Was ist unter „Ehre" als geschütztem Rechtsgut im Sinne der Ehrschutzdelikte zu verstehen?

Zur Vertiefung: *Wessels/Hettinger,* Rn. 464; *Rengier* II, § 28 Rn. 1–3; *Eppner/Hahn,* JA 2006, 702 ff., 860 ff.; *Geppert,* Jura 2002, 820 ff. (allgemein zu den Ehrschutzdelikten).

Diese Frage ist **umstritten,** und das Meinungsspektrum ist weit und facettenreich. Überwiegend wird aber im Ergebnis ein **dualistischer** Ehrbegriff vertreten, der **innere und äußere Ehre** umfasst:

- Innere Ehre ist dabei der aus dem sittlichen und sozialen Persönlichkeitswert entspringende Achtungsanspruch einer Person.
- Äußere Ehre ist der gute Ruf einer Person in Bezug auf diesen Persönlichkeitswert.

100. Tatsachenbehauptungen und Meinungsäußerungen

Wie unterscheiden sich im Sinne der Ehrschutzdelikte Tatsachenbehauptungen von Meinungsäußerungen?

Zur Vertiefung: *Wessels/Hettinger,* Rn. 504 f.; *Rengier* II, § 29 Rn. 1–4.

Tatsachen sind im Unterschied zu bloßen Meinungsäußerungen bzw. Werturteilen konkrete Vorgänge der Vergangenheit oder Gegenwart, die dem **Beweis zugänglich** sind. Diese theoretische Unterscheidung kann aber im konkreten Einzelfall schwierig sein. Denn zum einen sind auch „innere Tatsachen" Tatsachen. Zum anderen haben auch Meinungsäußerungen zumeist einen **Tatsachenkern,** während umgekehrt bei der Äußerung von Tatsachenbehauptungen in der Auswahl und der Darstellung etc. der Tatsachen Wertungen offenkundig werden können. Im Einzelfall ist daher darauf abzustellen, auf welchem Aspekt der **Schwerpunkt** liegt.

101. Anwendungsbereiche der §§ 185 ff.

Wie unterscheidet sich der Anwendungsbereich des § 185 einerseits und der §§ 186, 187 andererseits in Bezug auf Inhalt und Adressatenkreis der potenziell ehrverletzenden Äußerung?

Zur Vertiefung: *Wessels/Hettinger,* Rn. 489 f.; *Rengier* II, § 28 Rn. 4 f.

Die §§ 186, 187 betreffen nur **Tatsachenäußerungen gegenüber Dritten.** Tatsachenäußerungen gegenüber dem Betroffenen sowie sämtliche Formen der Meinungsäußerung unterfallen dementsprechend allenfalls § 185. Innerhalb der §§ 186, 187 wiederum kommt es darauf an, ob die Unrichtigkeit der ehrverletzenden Tatsachenbehauptung objektiv vorliegt und auch vom Vorsatz umfasst ist (dann § 186) oder aber „nur" nicht auszuschließen (bzw. genauer: die Wahrheit nicht nachweisbar) ist (dann § 187).

System der Ehrschutzdelikte:		
Äußerung	von Werturteilen	von Tatsachenbehauptungen
gegenüber Betroffenem	§ 185	§ 185
gegenüber Dritten	§ 185	§§ 186, 187

102. Am Stammtisch (I)

T war schon lange über die dubiosen, aber erfolgreichen Geschäftspraktiken seines Nachbarn O erzürnt. Als T mit Freunden beim Stammtisch saß und einer seiner Stammtischbrüder ehrfürchtig vom großen geschäftlichen Erfolg des O schwärmte, meinte T, O sei doch „der größte Betrüger", den er kenne. O hört von dieser Äußerung und stellt Strafantrag wegen übler Nachrede. Was ist davon zu halten?

Zur Vertiefung: *Wessels/Hettinger,* Rn. 504 f., 508; *Rengier* II, § 29 Rn. 3.

Ein Fall der **üblen Nachrede** nach § 186 liegt jedenfalls **nicht** vor. Diese würde nämlich die Äußerung einer **Tatsache** voraussetzen. Bei der Bezeichnung als „Betrüger" ist eine solche aber nur anzunehmen, wenn sie sich erkennbar auf ein konkretes Geschäft bezieht, bei dem der Vorwurf des Betruges gemacht wird. Hier geht es dem T aber ersichtlich um eine allgemeine Geringschätzung des O in Gestalt eines **Werturteils,** so dass §§ 186, 187 ausscheiden. Es liegt jedoch nahe, dass eine **Beleidigung** gemäß § 185 vorliegt. Falls man eine solche annimmt, ist auch dafür das Strafantragserfordernis (§ 194) erfüllt, da ein solcher Antrag keine zutreffende rechtliche Bewertung enthalten muss.

103. Am Stammtisch (II)

O aus Fall 102 verstarb. Als diese Nachricht am Stammtisch bekannt wurde, meinte T spontan, damit gebe es „wieder einen Betrüger weniger auf Erden". O's Sohn S wurde davon zugetragen, und diesmal erstattete er Strafanzeige, da sein Vater „posthum beleidigt" worden sei. Wenn Ehre auch den sozialen Geltungsanspruch umfasse, könne ihr Schutz nämlich nicht mit dem Tode enden. Was ist davon zu halten?

Zur Vertiefung: *Wessels/Hettinger,* Rn. 467; *Rengier* II, § 28 Rn. 7 f.

Der Ehrschutz der §§ 185–187 umfasst nur **lebende Personen.** Dies ergibt sich aus dem höchstpersönlichen Charakter des Rechtsgutes sowie mittelbar auch aus **§ 189,** der dem **Andenken Verstorbener** abgeschwächten Ehrschutz vermittelt. Schutzgut dieser Vorschrift ist das Pietätsempfinden der Angehörigen sowie die über den Tod hinauswirkende Menschenwürde. Angesichts des gegenüber lebenden Personen etwas abgeschwächten Schutzbedürfnisses werden zwar Verleumdungen (§ 187) zumeist und auch üble Nachreden (§ 186) u. U. den Tatbestand erfüllen, während

„einfache" Beleidigungen nach § 185 nur ausnahmsweise ausreichen. Berücksichtigt man hier, dass keine erschwerenden Umstände (z. B. Beleidigung am offenen Grab, gegenüber nahen Angehörigen, in massiver Weise) vorliegen, dürfte im Ergebnis ein **Verunglimpfen nicht vorliegen.**

104. Am Stammtisch (III)

S aus Fall 103 blieb weiter ungehalten darüber, dass T das Andenken des O ungestraft „durch den Schmutz gezogen" hatte. Er ging daher an einem Montagabend in die Gaststätte, in der T's Stammtisch sich regelmäßig traf, und rief den Gästen zu, „der hiesige Dienstagsstammtisch" sei „eine einzige Verbrecherbande". Als der Stammtisch am nächsten Tag zusammentraf, erzählte Gastwirt G den Mitgliedern davon. T, der sich als „Vorstand des Stammtisches" sieht, da er immer die gemeinsamen Urlaube organisiert, stellt „namens des Stammtisches" Strafanzeige gegen S. Was ist davon zu halten?

Zur Vertiefung: *Wessels/Hettinger,* Rn. 468 f.; *Rengier* II, § 28 Rn. 9–12; *Geppert,* Jura 2005, 244 ff.

Eine Strafanzeige „namens des Stammtisches" wird zu nichts führen. Sie wäre nur sinnvoll, wenn „der Stammtisch" **als Personengemeinschaft** beleidigt worden wäre. Nach h. M. können auch Personen- und Kapitalgesellschaften ehrfähig sein, was aus § 194 Abs. 3 und 4 abgeleitet wird. Voraussetzung ist allerdings die Fähigkeit zu einer **einheitlichen Willensbildung** und das Erfüllen einer **anerkannten sozialen Funktion.** Bejaht wird dies etwa für politische Parteien, Gewerkschaften, das Rote Kreuz u. Ä. Bei rein **geselligen Vereinigungen** ohne feste Regelung der Willensbildung muss dagegen diese (ohnehin nicht ganz unbedenklich weite) Ausdehnung des Ehrschutzes ihre Grenzen finden. Eine Strafverfolgung ist somit ausgeschlossen.

105. Am Stammtisch (IV)

Gibt es für die entrüsteten Stammtischmitglieder in Fall 104 eine andere Möglichkeit, eine Strafverfolgung des S zu erreichen?

Zur Vertiefung: *Wessels/Hettinger,* Rn. 472 f.; *Rengier* II, § 28 Rn. 13–19; *Geppert,* Jura 2005, 244 ff.

Das Vorliegen einer Beleidigung durch die Bezeichnung als „Verbrecher" unterstellt, könnten die einzelnen Stammtischmitglieder eine Beleidigung ihrer **eigenen Person unter einer Kollektivbezeichnung** geltend machen. Eine solche kann vorliegen, wenn die bezeichnete **Gruppe überschaubar** ist und **aus der Allgemeinheit** ausreichend deutlich **hervortritt.** Daran fehlt es bei pauschalen Beschimpfungen bestimmter, nicht näher fassbarer Gruppen (z. B. „die Beamten", „die Ausländer"). Allerdings sind die Umstände des Einzelfalles zu berücksichtigen, aus denen sich klar ergeben kann, wer gemeint ist. Vorliegend wird eine verhältnismäßig klar abgrenzbare und im konkreten Zusammenhang eindeutig bestimmbare Gruppe (Bezeichnung des Wochentages, an dem sich der Stammtisch trifft; bestimmte Gastwirtschaft) genannt, so dass jedes Mitglied des „Dienstagsstammtisches" sich in seiner Ehre verletzt fühlen dürfte und Strafantrag für sich selbst stellen könnte.

106. *(entfallen)*

107. Des Bordells bester Kunde

In der Diskussion in Fall 102 äußerte P, zumindest von der „örtlichen Staatsanwaltschaft“ könne man einen Schutz von Anstand und Ehre nicht erwarten, da bekanntlich „einer der Staatsanwälte der beste Kunde eines örtlichen Bordells“ sei. Der Leitende Oberstaatsanwalt L fühlte sich dadurch zwar nicht angesprochen, aber dennoch beleidigt, da die Leute im Ort meinen könnten, er sei „derjenige, welcher“. Er begab sich daher zu einem anderen Staatsanwalt und erstattete Anzeige. Was wird dieser tun?
(vgl. auch BGHSt 19, 235)

Zur Vertiefung: *Wessels/Hettinger*, Rn. 475; *Rengier* II, § 28 Rn. 17.

Der Staatsanwalt wird nicht nur aus Entgegenkommen seinem Vorgesetzten gegenüber ein Ermittlungsverfahren einleiten, da P **alle Staatsanwälte** der lokalen Staatsanwaltschaft **unter einer Kollektivbezeichnung** beleidigt haben könnte (soweit man der Unterstellung, „bester Kunde eines Bordells“ zu sein, ehrverletzenden Charakter zumisst). Zwar spricht P nicht alle Staatsanwälte an, lässt aber **offen, wer gemeint** ist. Damit könnte jedoch jeder einzelne Staatsanwalt betroffen sein. Auch in diesen Fällen ist vorauszusetzen, dass der Personenkreis **deutlich umgrenzt und hinreichend bestimmbar** ist, damit sich die Ehrkränkung nicht in der Unbestimmtheit verliert. Dies ist aber vorliegend anzunehmen: Denn „die örtliche“ Staatsanwaltschaft lässt sich – das setzen nicht zuletzt die gesetzlichen Zuständigkeitsvorschriften im Strafverfahren voraus – ebenso deutlich bestimmen wie die zur Zeit der Äußerung dort beschäftigten Staatsanwälte. Da die davon betroffene Gruppe nicht so groß und amorph ist, dass ihre Mitglieder nicht klar bestimmbar wären, ist eine Ehrverletzung unter einer Kollektivbezeichnung vorstellbar.

108. Die unbemerkte Zuhörerin

Der leitende Angestellte T hatte wieder einmal eine ungerechtfertigte Rüge von seinem Vorgesetzten V erhalten, der wie üblich die Ursache eigener Fehler bei anderen suchte. Während er in das unbesetzte Büro seiner Sekretärin S ging, schimpfte er in Zimmerlautstärke vor sich hin: „Dieser V ist so ein Vollidiot!“ Er bemerkte dabei nicht, dass S das Sekretariat nur kurz verlassen hatte, um im Nebenzimmer eine Akte zu holen, aus der V's Sekretärin R Informationen benötigte. R wartete derweil am Telefon, so dass sie über den (von T unbemerkten) abgehobenen Hörer der S alles mithörte und dem V zutrug. Strafbarkeit des T nach § 185?

Zur Vertiefung: *Wessels/Hettinger*, Rn. 479; *Rengier* II, § 28 Rn. 20 f.

T hat sich **mangels vorsätzlicher Kundgabe** der ehrverletzenden Äußerung **nicht wegen Beleidigung** strafbar gemacht. Die Beleidigungsdelikte fordern objektiv eine

Kundgabe **nach außen,** so dass bloße Selbstgespräche, Tagebuchaufzeichnungen o. Ä. nicht genügen. Objektiv könnte man hier zwar eine solche Kundgabe annehmen, da R sie mithören konnte. Davon hatte T aber keine Kenntnis, als er „in sich hinein schimpfte", so dass ihm jedenfalls nach **§ 16 Abs. 1 Satz 1** der Vorsatz hinsichtlich des Umstandes einer Kundgabe fehlte.

109. Wie dem Vater, so dem Sohn

Die Vorkommnisse in Fall 108 trugen erwartungsgemäß nicht zu einem besseren Verhältnis zwischen T und V bei. Als V kurze Zeit später stolz seinen vier Monate alten Sohn in der Firma präsentierte, nutzte T einen vermeintlich unbeobachteten Augenblick, beugte sich über den Kinderwagen und sagte mit zuckersüßer Stimme zu V's Sohn: „Na, bist Du der kleine Vollidiot? Du bist sicher genauso blöd wie Dein Vater." – was das Kind mit einem herzlichen Lächeln erwiderte. Erneut war T aber etwas Wichtiges unbemerkt geblieben, denn V's Frau F kam gerade um die Ecke und hörte alles mit. Hat sich T nach § 185 strafbar gemacht? (vgl. auch BGHSt 9, 17)

Zur Vertiefung: *Wessels/Hettinger,* Rn. 467, 511; *Rengier* II, § 28 Rn. 22.

Zwar ist auch das **kleine Kind** des V unstreitig **ehrfähig.** Eine Strafbarkeit ist aber dennoch zweifelhaft:

Hinsichtlich der **Wahrnehmung** der Beleidigung **durch F** gelten die Überlegungen zu Fall 108 entsprechend. Man könnte insoweit zwar objektiv eine Kundgabe nach außen (und zwar einem Dritten gegenüber) annehmen, allerdings liegt insoweit **kein Vorsatz** vor.

Hinsichtlich des **Kindes** selbst war dieses als Betroffener der Beleidigung zwar anwesend, konnte diese aber altersbedingt noch nicht erfassen. Insoweit ist es streitig, ob der Adressat den **ehrenrührigen Sinn verstehen** muss. Eine verbreitete Ansicht bejaht dies, weil ein subjektives Gefühl der Kränkung in solchen Fällen nicht auftreten könne. Die besseren Gründe sprechen aber wohl dafür, Kinder, Geisteskranke etc. insoweit **nicht schutzlos** zu stellen, da umgekehrt kein schutzwürdiges Interesse des Täters an einer solchen Äußerung besteht. Folgt man dieser Auffassung, so hätte sich T nach § 185 strafbar gemacht.

110. Eine angehängte Affäre

a) Der Ärger mit V riss nach Bekanntwerden der Geschehnisse in Fall 109 nicht ab. Als T nach Hause kam, „weinte" er sich bei seiner Ehefrau E aus und bezeichnete V als „dämlichen Hornochsen".
b) Als E den V in Schutz nahm und meinte, T solle die Schuld doch auch mal bei sich suchen, dachte sich T spontan eine Geschichte aus, um E, für die die eheliche Treue die höchste Tugend war, vom schlechten Charakter des V zu überzeugen. Er erzählte wahrheitswidrig, V habe seine Frau während der letzten Schwangerschaftsmonate im Büro mit einem käuflichen philippinischen Transvestiten betrogen.

c) E wollte das nicht recht glauben und fragte T, ob er sich sicher sei. T war über diese Frage zutiefst gekränkt und fauchte die E an: „Wieso willst Du das nicht wahrhaben? Du hättest wohl lieber selbst was mit ihm gehabt, Du Schlampe?"
Strafbarkeit des T?

Zur Vertiefung: *Wessels/Hettinger,* Rn. 481 ff.; *Rengier* II, § 28 Rn. 23–25.

Zu a) Die Bezeichnung des V als „dämlicher Hornochse" ist **straflos.** Sie ist zwar per se geeignet, T's **Missachtung** über V zum Ausdruck zu bringen. Allerdings besteht nach h. M. eine **„beleidigungsfreie Privatsphäre"**, in der man seinen Emotionen verbal freien Lauf lassen darf, ohne ein Strafbarkeitsrisiko einzugehen. Man könnte diese mit der Wahrnehmung berechtigter Interessen nach § 193 begründen oder aber als verfassungskonforme Restriktion der Ehrschutzdelikte deuten. Zu dieser Sphäre gehört normalerweise auch das Gespräch mit der Ehefrau.

Zu b) Allerdings sprechen die besseren Gründe dafür, einen solchen beleidigungsfreien Raum **nicht bei verleumderischen Beleidigungen** anzuerkennen. Zwar mag ein Bedürfnis für ein „Ventil" bei Meinungsäußerungen oder auch bei subjektiver Unsicherheit über die Wahrheit eines Tatsachenurteils anzuerkennen sein. Die bewusst unwahre Verbreitung von ehrrührigen Tatsachen ist aber **nicht schutzwürdig.** T hat sich insoweit also nach § 187 strafbar gemacht.

Zu c) Auch die in die Form einer Frage gefasste Beleidigung der E ist nicht durch die Privatsphäre gedeckt. Denn diese Einschränkung gilt nur bei Äußerungen **gegenüber Abwesenden, nicht gegenüber Anwesenden.** Denn für deren „innere" Ehre ist es grundsätzlich zweitrangig, in welchem Umfeld die Beleidigung ausgesprochen wurde.

111. Das Weltkriegs-Referat

T hielt an der Volkshochschule einen Vortrag über den Zweiten Weltkrieg. Dabei erwähnte er u. a., viele deutsche Soldaten seien als junge, gesunde Männer in den Krieg gezogen und als Krüppel heimgekehrt. O, der selbst im Krieg ein Bein verloren hat, fühlt sich durch die Bezeichnung als „Krüppel" beleidigt und erstattet Anzeige gegen T. Hat T sich nach § 185 strafbar gemacht?

Zur Vertiefung: *Wessels/Hettinger,* Rn. 473, 508; *Rengier* II, § 29 Rn. 26.

Nein. Davon abgesehen, dass eine Beleidigung des O unter der **Kollektivbezeichnung** „viele deutsche Soldaten" schon deswegen ausscheidet, weil sie viel zu **unbestimmt** ist (vgl. Fall 105), liegt in der Bezeichnung als „Krüppel" in diesem Zusammenhang **kein Ausdruck der Missachtung.** Vielmehr wird – sogar eher in mit den Betroffenen sympathisierender Form – eine in diesem Kontext gebräuchliche Bezeichnung für versehrte Kriegsopfer verwendet. Selbst wenn man sie für unglücklich oder „politisch nicht korrekt" hält, ist sie doch kein Ausdruck der Missachtung.

112. Der Konflikt im Wartezimmer

Als O den T wenige Tage nach dem Vorfall in Fall 111 im vollbesetzten Wartezimmer ihres gemeinsamen Arztes traf, raunzte er ihn an: „Was fällt Dir eigentlich ein?" T war ungehalten über diese Verbalattacke und fragte seinen Platznachbarn auf O deutend: „Was will dieser Krüppel von mir?" Strafbarkeit von O und T?

Zur Vertiefung: *Wessels/Hettinger,* Rn. 508 ff.; *Rengier* II, § 29 Rn. 27; vgl. auch *Stark,* JuS 1995, 689 ff.; *Otto,* Jura 1997, 139 ff. (zur „Soldaten-sind-Mörder"-Rechtsprechung des BVerfG).

Hinsichtlich des **O** käme eine Strafbarkeit nach § 185 wegen des **Duzens** des T in Betracht. Auch dieses ist **nicht ausnahmslos** als Beleidigung zu betrachten. Vorliegend ist aber zu beachten, dass T und O sich in einem Umfeld bewegten, in dem ein formloser Umgang miteinander zwischen Unbekannten eher ungewöhnlich ist. Berücksichtigt man ferner, dass O und T sich in einem Wartezimmer befinden, in dem üblicherweise Ruhe herrscht, so kann in einer Attacke wie der vorliegenden, die fast allen Anwesenden auffallen wird, durchaus eine Kundgabe der Missachtung gesehen werden.

Hinsichtlich des **T** kommt wieder die Bezeichnung des O als **Krüppel** in Betracht. Hier erfolgt sie jedoch in einem ganz anderen **Kontext** als in Fall 111: Sie bezieht sich individuell auf O, steht in keinem Kontext mit seiner Leidensgeschichte und erfolgt in einer aggressiven Weise. Hier wird durch die Verwendung des Begriffes die **Missachtung** eines behinderten Menschen zum Ausdruck gebracht, die für § 185 genügen kann. Sieht man sowohl für O als auch für T den Tatbestand des § 185 als erfüllt an, wäre (außer an das Strafantragserfordernis) an die Möglichkeit einer **Kompensation** nach § 199 zu denken.

Ergänzende Bemerkungen: (1.) Vgl. zur Kontextabhängigkeit einer Bezeichnung auch das Beispiel des OLG Celle (NStZ-RR 2004, 107), das die Bezeichnung als „Jude" mit bestimmten, nationalistischen und antisemitischen Intentionen als Beleidigung einstuft. Freilich ist dieses Ergebnis nicht zuletzt deshalb zweifelhaft, weil die Einstufung des Begriffs „Jude" als Beleidigung ihrerseits in Gefahr gerät, die Angehörigen des jüdischen Glaubens mittelbar herabzusetzen (vgl. auch Fall 113a).

(2.) Auch bei Äußerungen in sozialen Netzwerken kann sich die Frage stellen, ob nicht spezielle Usancen gelten, welche das Ehrschutzniveau teilweise „kontextabhängig" herabsetzen können (wobei umgekehrt die besondere Eingriffsintensität zu berücksichtigen ist, wenn ein unübersehbarer Teilnehmerkreis die Ehrbeeinträchtigung wahrnehmen kann; vgl. zu diesem Problemkreis insgesamt *Krischker,* JA 2013, 488 ff.).

(3.) Auch in Fußballstadien, in denen üblicherweise ein rauher Ton herrscht, kann nach Auffassung des OLG Karlsruhe NJW-Spezial 2012, 729 m. Anm. *Jäger,* JA 2013, 232 eine Beleidigung vorliegen, wenn ein Banner mit der Aufschrift „A. C. A.B" („All Cops Are Bastards") hochgehalten wird. Freilich wird man bei Abkürzungen besonders sorgfältig zu prüfen haben, ob bei der Äußerung überhaupt ein entsprechender Vorsatz vorgelegen (d. h. der Äußernde den Sinn der Abkürzung verstanden) hat. In der Praxis kann hier ein nicht zu unterschätzendes Problem liegen; in Klausuren wird dieser Umstand im Sachverhalt mitgeteilt sein.

113. Der geduzte Veteran

Als T aus Fall 112 das Wartezimmer verließ, war er immer noch von der Attacke des O betroffen und begab sich über die Straße in ein Café, in dem er

mit seinen 50 Jahren deutlich der älteste Besucher war. Bedienung B wollte dennoch freundlich zu ihm sein und fragte lächelnd: „So, was möchtest Du trinken?" Hat sich auch B nach § 185 strafbar gemacht?

Zur Vertiefung: *Wessels/Hettinger,* Rn. 510; *Rengier* II, § 29 Rn. 27.

Nein, man mag zwar das Duzen von fremden Erwachsenen durch Bedienungen in manchen Lokalen, Bekleidungsgeschäften etc. als Unsitte betrachten. Angesichts der dort herrschenden Gepflogenheiten ist damit aber regelmäßig **kein Ausdruck von Missachtung** verbunden, wenn nicht besondere Umstände vorliegen.

113a. Homosexuell – na und?

T war wegen des Verdachts der Trunkenheit im Verkehr mit auf eine Polizeistation genommen worden, wo Dr. D bei ihm eine Blutentnahme durchführte. In Gegenwart des D bezeichnete T Polizeiobermeister O als „Homosexuellen", um diesem gegenüber seine Missachtung auszudrücken. O's Vorgesetzter stellte Strafantrag wegen Beleidigung. Strafbarkeit des T (hier ohne Berücksichtigung einer etwaigen Verkehrsstraftat)?
(vgl. LG Tübingen NStZ-RR 2013, 10)

Zur Vertiefung: *Wessels/Hettinger,* Rn. 509 f.; *Rengier* II, § 29 Rn. 25 ff.

Erfolgt eine potenziell ehrverletzende Äußerung auch gegenüber Dritten, so ist für die Abgrenzung zwischen § 185 einerseits und §§ 186, 187 andererseits zunächst zu fragen, ob es sich um eine **Tatsachenbehauptung oder um ein Werturteil** handelt (vgl. auch Fälle 114–116). Da nicht ersichtlich ist, dass T tatsächlich behaupten wolle, dass O homosexuell veranlagt ist, steht hier eine Meinungsäußerung und keine Tatsachenbehauptung im Mittelpunkt. Fraglich ist jedoch, ob dieses **Werturteil als ehrverletzend** betrachtet werden kann. Die Ehre bezieht sich hierbei auf den Aspekt personaler Würde als Ausdruck des allgemeinen Persönlichkeitsrechts und auf die Geltung der Person in der Gesellschaft. Der Ehrbegriff ist insoweit „normativ" und stellt nicht primär auf den Beleidigungswillen des Äußernden oder auf die subjektiv empfundene Kränkung des Erklärungsempfängers ab; vielmehr muss die **Bedeutung** der Äußerung **objektiv unter Beachtung der Wertung der Rechtsordnung** gewürdigt werden. Vor diesem Hintergrund ist fraglich, ob der Bezeichnung einer anderen Person als „homosexuell" eine abschätzende Bedeutung zukommen kann. Das LG Tübingen hat dies im vorliegenden Fall mit Blick auf **Art. 3 GG und § 1 AGG** verneint, da hierdurch Diskriminierungen aufgrund der sexuellen Identität untersagt sind und sich das Strafrecht in einem Widerspruch zu diesem Antidiskriminierungsansatz befinden würde, wenn es die Bezeichnung „homosexuell" als ehrverletzend und herabsetzend bewerten würde. Darin läge nämlich gerade die Diskriminierung, die von Rechts wegen nicht mehr erfolgen soll. Ob damit freilich nicht – wenngleich in politisch vorbildhaft korrekter Weise – über das Ziel hinausgeschossen wird, ist fraglich. Man könnte nämlich auch umgekehrt argumentieren und darauf abstellen, dass diskriminierungsuntersagende Anordnungen überhaupt nur deswegen Sinn machen bzw. existieren, weil **in der Bevölkerung** die Abweichungen zwischen dem „Regelfall" der sexuellen

Ausrichtung und der (nicht zu diskriminierenden) Minderheit **verbreitet als beachtlich betrachtet** wird. Ganz unabhängig davon, ob diese Betrachtungsweise zutreffend oder unzutreffend ist, ist es nicht ausgeschlossen, durch den Ehrschutz als untersagt anzusehen, wenn jemand als Zugehöriger einer bestimmten Minderheit bezeichnet wird, der er möglicherweise sehr bewusst nicht angehören möchte, selbst wenn es den gesetzlichen Auftrag gibt, diese Minderheit nicht zu diskriminieren.

113b. Interessante Einsichten

T fuhr mit einer Rolltreppe aus dem Untergeschoss eines Bahnhofs zur Halle hinauf. Weil ihm die vor ihm auf der Rolltreppe stehende O sehr gut gefiel, hielt er während der Fahrt von hinten sein Mobiltelefon unter O's Rock, um Bildaufnahmen zu fertigen. Als O dies bemerkte, weil T sie mit dem Mobiltelefon versehentlich am Bein berührte, war sie entsetzt und fühlte sich in ihrer Ehre verletzt. Hat sich T nach § 185 strafbar gemacht?
(vgl. OLG Nürnberg NStZ 2011, 217)

Zur Vertiefung: *Wessels/Hettinger,* Rn. 509 f.; *Rengier* II, § 29 Rn. 28 f.

Nach der überzeugenden Auffassung des OLG Nürnberg **nein.** Da T nach den Gesamtumständen die O **heimlich fotografieren** wollte, hat er durch diese sexualbezogene Handlung **gerade keine** (ausdrückliche oder konkludente) **Äußerung** gegenüber oder über O abgegeben, so dass T's Verhalten zwar als „innerlich respektlos" bezeichnet werden kann, gleichwohl jedoch **keine Kundgabe einer Missachtung** enthält. Vielmehr ist der Fall mit dem heimlichen Beobachten oder Belauschen vergleichbar, welches nach h. M. regelmäßig keine Beleidigung darstellt. Anderenfalls würde § 185 von einem Straftatbestand zum Schutz der persönlichen Ehre zu einem Delikt, mit dem Verhaltensweisen bestraft werden, welche das allgemeine moralische Empfinden nicht hinnehmen möchte.

114. (K)ein(?) Kinobesuch

T glaubte, seine verheiratete Arbeitskollegin O mit einem anderen Mann im Kino beim Austausch von Zärtlichkeiten gesehen zu haben. Am nächsten Morgen erzählte er in der Firma einem Kollegen, die O sei ein „Flittchen", das „mit anderen Männern rummache". Als O davon erfuhr, stellte sie T zur Rede, da sie den Abend zu Hause verbracht habe. T stellte daraufhin fest, dass er O vielleicht verwechselt habe. Das tue ihm Leid, aber er habe das ja nicht wissen können. Außerdem könne ihm niemand nachweisen, dass die O nicht doch im Kino gewesen sei. Helfen dem T seine Einwände?

Zur Vertiefung: *Wessels/Hettinger,* Rn. 498 ff.; *Rengier* II, § 29 Rn. 9–13.

Nein, T hat sich nach **§ 186 strafbar** gemacht. Die Äußerung des T enthält zwar hinsichtlich der Bezeichnung und Bewertung der O als „Flittchen" auch eine Meinungsäußerung. Den Kern bildet aber die **Tatsachenbehauptung,** die verheiratete O habe ein Verhältnis mit (mindestens) einem anderen Mann. Falls die

Unwahrheit dieser Behauptung tatsächlich **nicht** mit Sicherheit **nachzuweisen** ist, würde das dem T nicht helfen, da § 186 von einer Strafbarkeit ausgeht, wenn die Tatsache **nicht „erweislich wahr"** ist; es gilt also gerade nicht der Grundsatz *in dubio pro reo.* Auch dass T diesen Umstand im Moment der Äußerung nicht kannte, spielt keine Rolle, da es sich insoweit um eine **objektive Bedingung der Strafbarkeit** handelt, die nicht vom Vorsatz umfasst sein muss.

115. Da kriegt der Fensterputzer große Ohren

Berufsschüler T wurde zu seinem Direktor O gerufen und von diesem wegen mangelhafter Leistungen sowohl in der Schule als auch auf seinem Arbeitsplatz gerügt. T fuhr daraufhin den Direktor mit den Worten an: „Was geht Dich das alles an? Wir alle wissen doch, dass Du nur Lehrer geworden bist, damit Du an kleinen Mädchen rummachen kannst!" Dabei spielte T auf ein Ermittlungsverfahren an, das wegen Unzucht mit Abhängigen gegen O eingeleitet, aber – was T nicht wusste – aus Mangel an Beweisen schnell wieder eingestellt worden war. Auch hatte T nicht bemerkt, dass das Fenster offen stand und der auf einem Gerüst stehende Fensterputzer F alles interessiert mitgehört hatte. Strafbarkeit des T?

Zur Vertiefung: *Wessels/Hettinger,* Rn. 510 ff.; *Rengier* II, § 29 Rn. 12 f.

Anknüpfungspunkt einer Strafbarkeit könnte sowohl das **Duzen** des Direktors als auch der **Vorwurf der Unzucht mit Abhängigen** sein.

Im Vordergrund steht die **Tatsachenaussage,** O wolle „an kleinen Mädchen rummachen". Diese wurde zwar objektiv auch gegenüber F als Drittem zum Ausdruck gebracht; allerdings fehlt es am entsprechenden **Kundgabevorsatz** des T, da er nicht wusste, dass ein Dritter mithörte (vgl. auch nochmals Fall 108). §§ 186, 187 scheiden daher aus.

Die Kundgabe dieser Aussage gegenüber dem **Betroffenen** selbst könnte allerdings eine **Beleidigung** nach § 185 sein: Der Vorwurf, „an kleinen Mädchen rumzumachen", bringt zweifelsohne die Missachtung des T zum Ausdruck. Fraglich ist jedoch, wie es sich bei § 185 auswirkt, wenn wie vorliegend offenbar **ungewiss** ist, ob die Aussage **wahr oder unwahr** ist (Einstellung des Verfahrens „aus Mangel an Beweisen"). Der Vergleich mit § 186 könnte dafür sprechen, bei der mit geringerer Strafe bedrohten Vorschrift des § 185 erst recht den objektiven Beweis der Wahrheit zu fordern. Allerdings ist § 186 mit seiner Durchbrechung des Grundsatzes *in dubio pro reo* eine Ausnahmevorschrift. Bei einer Äußerung alleine gegenüber dem Betroffenen ist auch nicht das gleiche Maß an Vorsicht und Zurückhaltung geboten wie bei der Kundgabe an Dritte. Daher fehlt es T an der erforderlichen Kenntnis von der Unwahrheit der ehrrührigen Tatsache, so dass er hinsichtlich der Beleidigung vorsatzlos handelt.

Das verbleibende **Duzen** ist zwar gerade im Verhältnis eines Schülers zu seinem Lehrer eine klare Missachtung, wenn es ungestattet erfolgt. Allerdings sollte man hier wohl die Schwelle strafbaren Kriminalunrechts noch nicht überschritten sehen, wenn es nach dem Vorsatz des Täters alleine **gegenüber dem Betroffenen** erfolgt (und nicht wie in Fall 112 vor einer Reihe anderer Personen erfolgt).

116. Die Second-Hand-Hochzeit

Auf der Hochzeit der O mit dem aus angesehenem Hause stammenden X tauchte auf einmal O's Jugendfreund T auf. T war nicht begeistert, die O an einen „reichen Schnösel" verloren zu haben, bat laut um Ruhe und erzählte der Festgesellschaft, dass er die O einst „auf dem Strich aufgegabelt" habe und er nicht verstehen könne, wie sich denn der X angesichts seines Status mit „Second-Hand-Ware" zufrieden geben könne. Tatsächlich wollte die O einmal aus einer persönlichen Notlage heraus der Prostitution nachgehen, beendete dieses Kapitel ihres Lebens aber nach wenigen Tagen, als sie T kennen lernte. Strafbarkeit des T?

Zur Vertiefung: *Wessels/Hettinger,* Rn. 508; *Rengier* II, § 29 Rn. 15.

Im Mittelpunkt steht hier eine **Tatsachenbehauptung,** da die Bezeichnung als „Second-Hand-Ware" ersichtlich nur auf die Schilderung Bezug nimmt, dass O einmal der Prostitution nachgegangen war. Da diese Tatsache jedoch in ihrem Kern **wahr** ist, **scheidet** eine Strafbarkeit nach **§§ 186, 187 aus.** Allerdings war die Mitteilung dieser Tatsache sowohl ihrer **Form** (Bezeichnung als „Second-Hand-Ware", Beschreibung des Kennenlernens als „auf dem Strich aufgabeln") sowie insbesondere ihren **Umständen** nach (lautes Herumschreien auf der Hochzeit als ungeladener Gast) ein deutliches Zeichen der Missachtung, so dass trotz der Wahrheit eine **Formalbeleidigung** nach §§ 192, 185 in Betracht kommt.

E. Straftaten gegen den persönlichen Lebens- und Geheimbereich

117. Die Scheinköchin

Die Ehe von Strafrechtsprofessor O und seiner Frau T war gewissen Spannungen ausgesetzt, nachdem die T, welche den O einst als Studentin in seiner Vorlesung kennen und lieben gelernt hatte, merkte, dass O's Interesse an den im Vergleich zu T immer jünger werdenden Studentinnen allein durch die Eheschließung mit ihr nicht abgenommen hatte. Eines Tages bemerkte T zufällig, dass sie über den Hörer des in der Küche stehenden Telefon-Fax-Kombigerätes die Gespräche mithören konnte, die O vom Telefon seines Arbeitszimmers aus führte. Daraufhin hielt sie sich am liebsten den ganzen Tag in der Küche auf und lauschte wissbegierig am Telefon mit, wenn sie hörte, dass in O's Arbeitszimmer das Telefon läutete. Als O eines Tages durch Zufall bemerkte, dass sich T nicht wegen einer wiederentdeckten Vorliebe für das Kochen den ganzen Tag in der Küche aufhielt, sondern seine Telefonate mithörte, war er zunächst sehr erbost, erklärte T dann jedoch gönnerhaft, auf einen Strafantrag wegen Verletzung der Vertraulichkeit des Wortes nach § 201 zu verzichten. T, die damals nach der Hochzeit mit O ihre strafrechtliche Ausbildung abgebrochen hatte, war einerseits dennoch beunruhigt, da sie „in § 201 nirgends ein Strafantragserfordernis sehe", ging aber andererseits davon aus, den Tatbestand schon gar nicht erfüllt zu haben, da sie ja die Gespräche des O überhaupt nicht im Sinne des § 201 Abs. 1 Nr. 1 auf einen Tonträger aufgenommen habe. Was ist davon zu halten?

Zur Vertiefung: *Wessels/Hettinger,* Rn. 540 ff.; *Rengier* II, § 31 Rn. 2, 5; *Schmitz,* JA 1995, 118 ff.

Wenig, soweit es um die Überlegungen bzw. Begründungen der T selbst geht; im **Ergebnis** spricht allerdings dennoch viel dafür, dass T **straflos** ist:

Das **Strafantragserfordernis** für Taten nach § 201 ist im Gesetz an etwas versteckter Stelle in **§ 205 Abs. 1** geregelt.

Dass T das Gespräch **nicht aufgenommen** hat, steht einer Strafbarkeit nach § 201 nicht notwendig entgegen, da nach seinem **Abs. 2 Nr. 1** auch das **Abhören** eines nicht öffentlich gesprochenen Wortes mit einem Abhörgerät ausreichend ist, ohne dass dieses aufgezeichnet werden müsste.

Zweifelhaft ist allerdings, ob T zu diesem Zweck ein **„Abhörgerät"** im Sinne des § 201 Abs. 2 Satz 1 Nr. 1 verwendet hat. Trotz der im Wesentlichen anerkannten Definition, nach der Abhörgeräte technische Vorrichtungen jeglicher Art sind, „die das gesprochene Wort über dessen normalen Klangbereich hinaus durch Verstärkung oder Übertragung unmittelbar wahrnehmbar machen" sollen nach der h. M. **üblicherweise und legal angebotene Zusatzeinrichtungen** wie Zweithörer, Zweitgeräte, Lautsprecher u. Ä. aus dem Anwendungsbereich des § 201 Abs. 2 Satz 1 Nr. 1 ausscheiden. Die Gegenansicht weist zwar zu Recht darauf hin, dass auch solche Geräte begrifflich und ihrer Funktion nach als „Abhörgeräte" bezeichnet werden könnten; eine Gleichstellung dieser Tathandlung mit den viel weiter reichenden und das Persönlichkeitsrecht stärker treffenden Aufzeichnungen des nicht öffentlich gesprochenen Wortes nach § 201 Abs. 1 ist aber nur dann gerechtfertigt, wenn die Inanspruchnahme des „Abhörgerätes" auf eine **erhöhte kriminelle Energie** schließen lässt und in einer Weise erfolgt, mit der üblicherweise nicht gerechnet werden muss. Die Verwendung von üblichen, parallel angeschlossenen Geräten begründet – anders etwa als ein Mithören an einer zentralen Stelle in einem großen Telefonnetz einer Behörde oder Firma – nicht diesen erhöhten Unrechtsvorwurf.

118. Verwaltungsrecht ist halt auch nicht sooo sexy

K, ein Kollege von O aus Fall 117, hatte – möglicherweise weil er das deutlich weniger erotische Verwaltungsrecht vertrat – trotz erheblicher eigener Bemühungen weniger Erfolg bei den Studentinnen als O. Verärgert beschloss er, aus O's „leichtem Lebenswandel" zumindest finanziell Kapital zu schlagen, und rief bei O zu Hause an. Er drohte ihm, alle über O an der Fakultät in Umlauf befindlichen Gerüchte an O's Frau T weiterzuleiten, wenn O ihm nicht einen Betrag von 10.000 Euro bezahle. O meinte daraufhin geistesgegenwärtig, dass er K wahrscheinlich missverstanden habe und K doch bitte noch einmal wiederholen solle, was er da gesagt habe. K, der auch sonst etwas einfältig war, kam dieser Bitte triumphierend nach, ohne zu ahnen, dass O mittlerweile sein Diktiergerät eingeschaltet hatte und die Erpressung durch den K auf Band aufnahm. Als O den K bei der nächsten Fakultätssitzung dezent beiseite nahm und ihm ankündigte, er werde das Band der Staatsanwaltschaft zukommen lassen, wenn K seine unverschämten Erpressungsversuche fortsetze, meinte K, dies werde O schon deswegen sicher nicht tun, weil er damit zugleich auch eine Strafbarkeit nach § 201 Abs. 1 Nr. 1 riskiere. Sollte sich K darauf verlassen?

Zur Vertiefung: *Wessels/Hettinger,* Rn. 532 f.; *Rengier* I, § 31 Rn. 8.

Nein. Zwar hat O das nicht öffentlich gesprochene Wort des K auf einen **Tonträger aufgenommen;** dabei kommt es auch anders als beim Begriff des Abhörgerätes nach § 201 Abs. 2 Satz 1 Nr. 1 nicht auf die Üblichkeit oder Nichtüblichkeit eines Diktiergerätes und seiner Verwendung zum Aufzeichnen von Telefonaten an. Allerdings hat O **nicht unbefugt** gehandelt, da sein Verhalten durch Notwehr (§ 32) **gerechtfertigt** war. K hat den O durch seine Bedrohung in gegenwärtiger, da noch nicht abgeschlossener Weise angegriffen; das Verhalten des O war zur Abwehr des Angriffs geeignet, erforderlich und auch geboten; insbesondere dient der Schutz des § 201 alleine demjenigen, dessen Wort aufgenommen wird, so dass sich O's Tat hier auch alleine gegen den Angreifer richtete. Würde man dies anders sehen wollen, käme zumindest eine Rechtfertigung nach § 34 in Betracht.

118a. Folgenschweres Bildmaterial

K (aus Fall 118) lässt nicht locker, seinerseits „Material" gegen O zu sammeln. Die Eskalationsstufen seiner Bemühungen verlaufen wie folgt:
a) Um sich einen Eindruck zu verschaffen, was O in seinem Zimmer mit seinen Mitarbeiterinnen hinter geschlossenen Türen „immer so lang treibt",

bringt er auf einem Flachdach eines Gebäudes, das gegenüber von O's im vierten Stock befindlichen Büro auf der anderen Straßenseite steht, ein Hochleistungsfernrohr mit Restlichtverstärker an, mit dem er trotz der Entfernung und auch im Schutze der Dämmerung durch das Fenster Einblick in O's Dienstzimmer nehmen kann.
b) Zu seiner Enttäuschung muss K feststellen, dass sich O hier immer vorbildlich korrekt verhält. Als K aber einmal sieht, wie O allein in seinem Zimmer sitzt und gelangweilt tief in der Nase bohrt, beschließt er, den O wenigstens öffentlich lächerlich zu machen, besorgt sich eine High-Tech-Kamera und schießt von seinem Versteck auf dem Dach aus drei Bilder, als O wieder damit beschäftigt ist, den linken Zeigefinger fast bis zum Anschlag in die Nase zu schieben.
c) Als K die Bilder entwickelt hat und betrachtet, fällt ihm ein, dass er darüber hinaus noch weitere mehr oder weniger pikante Bilder von O besitzt: Vor vielen Jahren, als beide als junge Professoren berufen worden waren und sich gut verstanden hatten, hatte O – damals frisch mit T liiert (vgl. Fall 117) – bei K und seiner Frau Silvester gefeiert; dabei waren nach Mitternacht Bilder entstanden, auf denen O und T – beide mehr oder weniger deutlich betrunken – nur in Unterwäsche bekleidet auf K's Küchentisch tanzten. K erwägt, diese Bilder ans schwarze Brett zu hängen.
Beinhalten K's Handlungen bzw. Pläne strafrechtliche Risiken, auf die er – da nur Verwaltungsrechtler – hingewiesen werden sollte?

Zur Vertiefung: *Wessels/Hettinger,* Rn. 545a ff.; *Rengier* I, § 31 Rn. 9 ff.; *Bosch,* JZ 2005, 377 ff.; *Heuchemer/Paul,* JA 2006, 616 ff.; *Mitsch,* Jura 2006, 117 ff.

Risiken ja – allerdings lassen sich verschiedene Gründe finden, mit denen sich K in den konkreten Situationen auch verteidigen könnte. Dabei steht neben den in derartigen Fällen problematischen (und vorliegend wohl nirgends einschlägigen) Ehrschutzdelikten vor allem eine Strafbarkeit nach der am 1.7.2004 in Kraft getretenen Vorschrift des **§ 201a** im Raume. Diese wurde als Konsequenz zur Bedrohung des Persönlichkeitsrechts durch immer kleinere und immer leistungsfähigere Aufnahmetechniken sowie zur Beseitigung des (scheinbaren) Wertungswiderspruchs zwischen Straffreiheit von unbefugten Bild- und weit reichender Strafbarkeit von unbefugten Tonaufnahmen zum **Schutz vor unbefugten Bildaufnahmen** eingeführt.

Zu a) § 201a Abs. 1 setzt voraus, dass der Täter „von einer anderen Person, die sich in einer **Wohnung** oder einem gegen Einblick **besonders geschützten Raum** befindet, **unbefugt Bildaufnahmen herstellt** oder überträgt und damit deren **höchstpersönlichen Lebensbereich verletzt**". Ungeachtet aller weiteren Auslegungsprobleme (vgl. dazu Fallvariante b) ist damit auf jeden Fall und unstreitig vorausgesetzt, dass es zu Bildaufnahmen kommen muss, d. h. zu einer perpetuierbaren und zur Vervielfältigung geeigneten Verkörperung bzw. einer Übertragung eines visuell erfassbaren Abbildes. Die **bloße Beobachtung** ist damit in Fallvariante a **keinesfalls vom Tatbestand erfasst.**

Zu b) Hier kommt es dagegen zu einer Fotografie, die unproblematisch eine **Bildaufnahme** darstellt. Allerdings müsste sich der Abgebildete in einer Wohnung oder einem gegen Einblick besonders geschützten Raum befinden und durch die Aufnahme der höchstpersönliche Lebensbereich verletzt sein. Die **Kombination beider** Kriterien, die letztlich dem *ultima-ratio*-Prinzip beim strafrechtlichen Schutz des doch eher vagen Persönlichkeitsrechts geschuldet ist, führt zu Auslegungsschwierigkeiten, wenn die abgebildete Situation zwar den höchstpersönlichen Lebensbereich erfasst, der betroffene Raum aber nicht hinlänglich „abgeschottet" bzw. sogar einer beschränkten Öffentlichkeit zugänglich (Sauna!) ist. Vorliegend sind dagegen **beide Voraussetzungen fraglich:** Zwar ist O's Dienstzimmer wie jeder Raum mit vier Wänden mehr oder weniger gut gegen Einblick geschützt; aber wohl anders als fensterlose Räumlichkeiten (etwa öffentliche Toiletten, Umkleidekabinen) **nicht „besonders" geschützt.** Hinzu kommt, dass das Dienstzimmer eines Beamten jedenfalls während der Dienstzeiten zumindest grundsätzlich auch dem Publikumsverkehr zugänglich ist. Das zeigt, dass ein etwa vorhandener Sichtschutz **nicht gerade dem Schutz des höchstpersönlichen Lebensbereichs** dient. Daher dürfte K auch hier nicht tatbestandlich handeln. Daneben bestehen auch Zweifel, ob eine Fotografie in das Dienstzimmer eines Professors – selbst beim Nasebohren – den höchstpersönlichen Lebensbereich verletzt.

Zu c) Die Aufnahme ist zwar in einer **Wohnung** entstanden und dürfte auch den **höchstpersönlichen Lebensbereich** betreffen. Allerdings ist davon auszugehen, dass die Aufnahme nicht unbefugt erfolgt ist, wenn O und T in der speziellen Situation in die Aufnahme – ausdrücklich oder konkludent – **eingewilligt** haben, so dass (nicht nur wegen § 2 Abs. 1, Art. 103 Abs. 2 GG – Rückwirkungsverbot) eine Strafbarkeit beim Anfertigen der alten Aufnahmen entfällt. Allerdings besteht nach § 201a Abs. 3 auch in solchen Fällen Schutz, wenn die befugt aufgenommenen Bilder wissentlich **unbefugt einem Dritten zugänglich gemacht** werden und dadurch der höchstpersönliche Lebensbereich verletzt wird, was beim Aushängen der „Jugendsünden" hier der Fall sein dürfte, wenngleich bei einer gewissen Ausgelassenheit bei einer Silvesterfeier auch ein anderes Ergebnis begründbar wäre.

119. Wie immer zu Unrecht verdächtigt

Da die T aus Fall 117 den O überdies eines Verhältnisses mit der Lektoratssekretärin eines juristischen Verlages, bei dem O häufig publizierte, verdächtigte, öffnete sie ohne Wissen des O auch einen an diesen gerichteten Brief des Verlages. In diesem Brief fand sich allerdings nur ein belangloses Serienanschreiben mit dem Inhalt: „Sehr geehrter Herr Professor O, lassen Sie sich nicht die neueste Auflage des Handbuchs von […] entgehen und bestellen Sie noch heute unverbindlich zur Ansicht […]." Als O davon erfuhr, erklärte er der T, jetzt habe er „es endgültig satt" und werde einen Strafantrag nach § 202 i. V. m. § 205 stellen. T meinte daraufhin, da Schutzgut des § 202 doch die Privatsphäre sei, käme wohl seine Verletzung durch die Kenntnisnahme eines Werbeschreibens kaum in Betracht. Zwar habe sie in der Tat gedacht, „etwas Spannenderes" zu finden, doch liege insoweit ja allenfalls ein hier nach § 23 Abs. 1, § 12 Abs. 2 strafloser Versuch vor. Was ist davon zu halten?

Zur Vertiefung: *Wessels/Hettinger,* Rn. 548; *Rengier* II, § 31 Rn. 20 ff.

T hätte wohl gewisse **Chancen,** mit dieser Argumentation **erfolgreich** zu sein. In der Tat sollen nach verbreiteter Ansicht solche Schriftstücke **aus dem Anwendungsbereich** des § 202 Abs. 1 Nr. 1 herausfallen, denen **jeder Persönlichkeitsbezug fehlt,** da § 202 – wenngleich nicht nur der Privatsphäre im engeren Sinne, so doch nur – dem Schutz eines bestimmten Teils des persönlichen Lebens- und Geheimbereichs dient. Dies ist zwar nicht ganz zweifelsfrei, wenn die Werbebroschüre wie hier trotz eines klaren „Serienbriefcharakters" einen mehr oder weniger individualisierten Adressaten hat und dieser Bezug auch durch das Versenden mit einem (im Zweifel teureren) verschlossenen Brief zum Ausdruck kommt. Berücksichtigt man aber andererseits, dass § 202 mit seinem weiten, nicht auf Geschäftsgeheimnisse (vgl. dann § 17 UWG) oder personenbezogene Daten (vgl. dann § 44 BDSG) beschränkten Schutz ohnehin sehr **weit in den Bagatellbereich hinein reicht,** sprechen mit Blick auf den fragmentarischen Charakter und die *ultima-ratio*-Funktion des Strafrechts gute Argumente für die restriktive Auslegung der h. M., die dann wohl auch im vorliegenden Fall einschlägig sein müsste.

Ergänzende Bemerkung: Ist man hinsichtlich des Tatobjekts anderer Ansicht, so könnte sich T jedenfalls nicht damit „herausreden", dass sie den Brief nicht (bzw. nicht beweisbar) zur Kenntnis genommen habe; gerade um Tätern entsprechende schwer widerlegbare Schutzbehauptungen nicht zu ermöglichen, verzichtet § 202 Abs. 1 Nr. 1 auf dieses Erfordernis. Anders ist dies nur in Fällen des § 202 Abs. 1 Nr. 2, in denen gerade keine Öffnung des Verschlusses erfolgt.

120. Mitbringsel aus dem Bordell

Dr. T und O waren Mitglieder desselben Tennisvereins. Dennoch suchte O üblicherweise nicht den T, sondern den D als Hausarzt auf. Nach einem Spiel an einem Sonntagnachmittag wandte sich O jedoch in einer stillen Sekunde an den T und berichtete ihm von seinem Verdacht, sich auf einer Geschäftsreise bei einer Prostituierten mit einer Geschlechtskrankheit infiziert zu haben. An seinen Hausarzt D wolle er sich nicht wenden, da dieser zugleich auch seine (O's) Frau berate und er daher Angst habe, dass D den Sachverhalt auch seiner Frau erzählen werde. Rechtsanwalt R, der ebenfalls Clubmitglied und bei dem Gespräch zugegen war, meinte dazu nur, O habe gut daran getan, sich an T statt an D zu wenden. D hätte nämlich der Frau des O in der Tat straflos von der Diagnose erzählen dürfen, da eine Mitteilung gegenüber dem Ehegatten wohl kaum als Geheimnisoffenbarung im Sinne des § 203 bezeichnet werden könne. Hat R damit Recht?

Zur Vertiefung: *Wessels/Hettinger,* Rn. 561 ff., 568; *Rengier* II, § 31 Rn. 47, 50; *Bock/Wilms,* JuS 2011, 24 ff.

Jedenfalls **mit dieser Begründung nein.** Nach § 203 Abs. 1 Nr. 1 wäre es dem D untersagt, unbefugt ein fremdes Geheimnis, das ihm in seiner Eigenschaft als Arzt anvertraut worden ist, zu offenbaren. Ein solches **Offenbaren** liegt vor, wenn **dem Empfänger** der Erklärung ein **Wissen vermittelt** wird, das diesem noch verborgen ist oder von dem dieser jedenfalls **noch keine sichere Kenntnis** hat. Insofern spielt zunächst einmal **keine Rolle,** ob der Empfänger der Erklärung in einem **engen Verhältnis** zu demjenigen steht, über den das Geheimnis offenbart wird. Dies muss erst recht gelten, wenn für den Berufsgeheimnisträger offensichtlich ist, dass dem Opfer an einer Geheimhaltung auch und gerade vor solchen Personen gelegen ist. Insbesondere kann in diesen Fällen auch nicht von einer mutmaßlichen Einwilligung ausgegangen werden.

Unter bestimmten Umständen – insbesondere wenn konkrete Anhaltspunkte dafür bestehen, dass ein Versuch des D, den O zu verantwortungsbewusstem Verhalten bzw. zur Information seiner Frau zu bewegen, nicht fruchten wird – spricht aber einiges dafür, dass D kraft **Notstands nach § 34 gerechtfertigt** wäre, wenn er seine Patientin über die Krankheit informiert. Die möglicherweise noch zu erhaltende Gesundheit dürfte das Geheimhaltungsinteresse des O gegenüber seiner Frau wesentlich überwiegen, wenn man bei der umfassenden Interessenabwägung überdies berücksichtigt, dass die Gefährdung für Rechtsgüter des O zumindest teilweise selbstverschuldet ist und ihn gerade gegenüber seiner Frau auch eine besondere Fürsorgepflicht trifft; hinzu kommt, dass D für die Frau des O als Patientin eine Garantenpflicht trifft.

Ergänzende Bemerkung: Ein Offenbaren scheidet auch nicht ohne weiteres deswegen aus, weil der Empfänger selbst ebenfalls schweigepflichtig nach § 203 ist. Etwas anderes gilt allerdings, wenn die Tatsache nur dem Personal (den Hilfskräften) des Schweigepflichtigen zur ordnungsgemäßen Erledigung der ihm übertragenen Aufgaben offenbart wird, da anders eine sinnvolle arbeitsteilige Berufsausübung der schweigepflichtigen Berufsgruppen nicht möglich wäre. Der vom Geheimnis Betroffene ist insoweit ausreichend durch § 203 Abs. 3 Satz 2 geschützt, wonach die dort genannten Personen in Bezug auf das jeweilige Geheimnis den Berufsgeheimnisträgern gleichstehen und daher gewissermaßen von vornherein zum „Kreis der zum Wissen Berufenden" gehören.

121. Der geschwätzige Arzt

T aus Fall 120 war der Ansicht, hinsichtlich solcher Informationen, die ihm auf dem Tennisplatz mitgeteilt wurden, keinesfalls unter die ärztliche Schweigepflicht zu fallen. Noch am selben Abend verkündete er daher, unmittelbar nachdem O nach Hause gegangen war, den übrigen Clubmitgliedern, dass O „nicht aufgepasst und sich von einem Freudenmädchen etwas sehr Unangenehmes" habe anhängen lassen. Hat sich T nach § 203 strafbar gemacht?

Zur Vertiefung: *Wessels/Hettinger,* Rn. 561 f., 565; *Rengier* II, § 31 Rn. 45.

Nach vorzugswürdiger Ansicht **ja.** T ist als Arzt tauglicher Täter, und bei der Erkrankung des O (oder auch nur beim Verdacht auf eine solche Erkrankung) handelt es sich um ein zum persönlichen Lebensbereich des O gehörendes Geheimnis, das T durch die Weitergabe an weitere Clubmitglieder offenbart hat. Näherer Überlegung bedarf daher allein die Frage, ob dem T das Geheimnis gerade **„als Arzt"** anvertraut worden ist. Nach einer gängigen Definition ist insoweit erforderlich, dass das Geheimnis dem Berufsträger **„im inneren Zusammenhang mit der Ausübung seines Berufs"** bekannt geworden ist. Dies ist freilich nicht ganz präzise und kann in Grenzfällen den Anwendungsbereich des § 203 zu eng beschreiben. Denn es genügt, wenn der Täter das Geheimnis „als" Berufsträger, d. h. **in seiner beruflichen Eigenschaft** erlangt hat oder anders formuliert: Dass der Offenbarende (und sei es einseitig aus seiner Sicht) den Täter in dessen beruflicher Eigenschaft in Anspruch nimmt. Da O hier den T – und sei es auch in einem privaten Rahmen und ohne die Absicht, einen Behandlungsvertrag abzuschließen – gerade in dessen Eigenschaft als Arzt von dem Geheimnis in Kenntnis setzt (und dabei sogar auf eine besondere Verschwiegenheit des T vertraut), ist davon auszugehen, dass das Geheimnis dem T „als Arzt anvertraut worden" im Sinne des § 203 Abs. 1 Nr. 1 ist. T hat sich daher durch die Weitergabe nach § 203 Abs. 1 Nr. 1 strafbar gemacht.

Ergänzende Bemerkung: Die Auffassung des T, er dürfe im konkreten Fall die Information weitergeben, begründet zwar einen Verbotsirrtum. Dieser wäre aber vermeidbar, da man von T so viel Wissen und Sensibilität hinsichtlich seiner beruflichen Pflichten erwarten kann, dass er nicht ohne juristische Rückversicherung derartige Informationen weitergibt.

122. Der geschwätzige Arzt 2.0

Hätte sich T aus Fall 120 auch nach § 203 strafbar gemacht, wenn er bei einem Klassentreffen in seiner mehrere Hundert Kilometer entfernten Heimatstadt am späten Abend zum Besten geben würde, dass „einer seiner Patienten sich etwas von einer Bordsteinschwalbe eingefangen" habe und sich „aus Angst vor seiner Frau nicht zum Arzt traue"?

Zur Vertiefung: *Wessels/Hettinger,* Rn. 566; *Rengier* II, § 31 Rn. 43.

Mangels näherer Hinweise im Sachverhalt wohl **nein.** Zwar handelt es sich, wie in Fall 121 dargelegt, um ein zum persönlichen Lebensbereich des O gehörendes Geheimnis, das dem T auch als Arzt anvertraut worden war und das die ehemaligen Klassenkameraden des T wohl noch nicht gekannt hatten. Spricht T jedoch in einem Umfeld, in dem nach dem Sachverhalt davon auszugehen ist, dass kein Anwesender den O kennt, nur von „einem seiner Patienten", so ist **kein Rückschluss von dieser Information auf den Geheimnisgeschützten** möglich. Auch wenn dies im Wortlaut des § 203 nicht explizit zum Ausdruck kommt, so ist doch nach seinem Sinn und Zweck zur Erfüllung des Tatbestandes erforderlich, dass nicht nur irgendein, persönlich nicht näher zuzuordnendes Geheimnis offenbart wird, sondern dass auch die **Person des Geheimnisgeschützten bekannt** gegeben wird.

123. Schlüsselqualifikation: PC-Kenntnisse

Student T hatte die gleiche Hausarbeit zu schreiben wie sein Kommilitone O. Da er O als guten Juristen schätzte und selbst zeitlich in Verzug war, beschloss er, von O's bereits geleisteten Arbeiten zu profitieren. Er wusste, dass O sein Notebook, auf dem er seine Hausarbeit schon fast fertig geschrieben hatte, über Nacht in einem Spind vor der Bibliothek aufbewahrte. Eines Nachts brach T den Spind des O auf und startete dessen Notebook. Auf die Aufforderung, ein Passwort einzugeben, drückte T schlicht die Eingabetaste, was genügte, um das System (wenngleich ohne benutzerspezifische Einstellungen) zu starten. Als T das Dokument mit der Hausarbeit weder im Ordner „eigene Dateien", noch im Ordner „Daten und Dokumente" oder im Ordner „Office – MS Word" fand,

suchte er mittels des „Explorers" eine Datei, die einige Schlüsselbegriffe der Hausarbeit enthielt. T fand auf diese Weise rasch das Dokument, das der misstrauische O im Ordner „System" abgelegt hatte, und kopierte die Arbeit auf seinen USB-Stick. Wie hat sich T nach dem StGB strafbar gemacht?

Zur Vertiefung: *Wessels/Hettinger,* Rn. 557 ff.; *Rengier* II, § 31 Rn. 24 ff.

T hat sich **nur** nach § 303 wegen **Sachbeschädigung** strafbar gemacht.

Bei lebensnaher Auslegung des Sachverhalts ist davon auszugehen, dass der **Spind** als eine für T **fremde Sache** durch das Aufbrechen **beschädigt** wurde.

Demgegenüber scheidet die – auf den ersten Blick nahe liegende – Strafbarkeit wegen Ausspähens von Daten nach **§ 202a** wohl aus: Zwar hat sich T Zugang zu **Daten** im Sinne des § 202a Abs. 1 und 2, die nach dem insoweit ausschlaggebenden Willen des O als (jedenfalls aufgrund des ersten „Skripturakts" hinsichtlich der Hausarbeit) Verfügungsberechtigtem **nicht für T bestimmt** waren, verschafft. Denn bei der kopierten Hausarbeitsdatei handelt es sich um Informationen, die in einem Zeichensystem dargestellt sind (und damit Daten im Sinne des weiten, allgemeinen Datenbegriffs) und dabei magnetisch (auf der Festplatte des Notebooks) in nicht unmittelbar wahrnehmbarer Form gespeichert sind. Allerdings sind die Daten wohl **nicht** ausreichend **„gegen unberechtigten Zugang besonders gesichert"** gewesen: Eine erste Sicherung liegt zwar bereits in dem **Spind.** Allerdings diente diese in erster Linie der **allgemeinen Sicherung des Notebooks** als Gegenstand von erheblichem Wert gegen eine Wegnahme. Zwar kann eine den Anforderungen des § 202a Abs. 1 genügende „besondere Sicherung" nicht nur in programmiertechnischer/elektronischer, sondern durchaus auch in mechanischer Form erfolgen; dem besonderen Schutzzweck des § 202a wird eine solche mechanische Sicherung jedoch nur dann gerecht, wenn sie sich speziell auf die Nutzung der Daten bezieht (etwa in Gestalt einer mechanischen Zugangssicherung vor einem feststehenden PC, nicht jedoch bei einer allgemeinen Zugriffssicherung auf Wertgegenstände). Auch das – regelmäßig für eine besondere Sicherung durchaus genügende – Erfordernis einer **Passworteingabe** wird hier nicht ausreichend sein, da all die Daten, die nicht unmittelbar mit den speziellen Benutzereinstellungen zusammenhängen, durch **bloßes Betätigen der Eingabetaste** sichtbar geworden sind. Zuletzt kommt das **„Verstecken" der Datei** in einem Ordner in Betracht, in dem üblicherweise keine selbsterstellten Textdateien enthalten sind. Dieses Verstecken hat zwar das Auffinden der Datei für T einige Zeit verzögert und daher objektiv einen gewissen Sicherungszweck gehabt; auch ist daraus subjektiv ohne weiteres erkennbar, dass O den unbefugten Zugriff auf die Datei erschweren wollte, was für eine besondere Sicherung genügen kann; insbesondere ist keine Sicherung, die nahezu unüberwindlich ist, erforderlich. Die **Suchfunktion eines Standardtools** wie des Explorers dürfte jedoch bei den – naturgemäß ohnehin nur als Täter des § 202a in Betracht kommenden – mehr oder weniger regelmäßigen Computernutzern (anders als etwa die Suchfunktion in der von den meisten Nutzern nur selten aufgerufenen „regedit") vielfach zum **Standardwissen** gehören, so dass eine am Wortlaut („besonders gesichert") und fragmentarischen Charakter des Strafrechts orientierte Auslegung hier noch zu keiner Anwendbarkeit des § 202a kommt (a. A. absolut vertretbar).

Auch der **spätere Ausdruck** der Hausarbeit führt nicht etwa zu einer **Urkundenfälschung.** Denn selbst nach der Geistigkeitstheorie bliebe T Aussteller der von ihm später abgegebenen Hausarbeit, da er sich deren **Inhalt** durch die Abgabe unter seinem Namen jedenfalls **zu eigen gemacht** hat (vgl. auch Fall 158).

Ergänzende Bemerkung: Durch das Kopieren der Daten auf den eigenen USB-Stick hätte T sich die Daten auch „verschafft" im Sinne der Formulierung des § 202a a. F. Durch die Änderung der Tathandlung in „Zugangverschaffen" durch das 41. StrÄndG im Jahre 2007 sollte nach dem Willen des Gesetzgebers explizit und eindeutig auch der Vorgang des bloßen „Hacking" als solches (gleichsam auch als „rein sportliches oder intellektuelles Vergnügen") erfasst werden. Eine weitere Ausweitung der Strafbarkeit erfolgt durch den neuen § 202b, der das Sich-Verschaffen aus einer nichtöffentlichen Datenfernübertragung unter Strafe stellt.

123a. Der Firewall-Fall

Computerfachmann T arbeitete für ein IT-Sicherheitsunternehmen, und zu seinen Aufgaben gehörte insbesondere die Entwicklung von Sicherheitssoftware für sog. firewalls zum Schutz von IT-Systemen. Um deren Wirksamkeit zu testen, besorgte sich T im Internet diverse Hacker-Tools. Als T's ehemaliger Wohngemeinschaftsmitbewohner H, der selbst auf eher zwielichtige Weise sein Geld als Programmierer verdiente und sich schon lange wunderte, „wie T sich für so einen kommerziellen Mist hergeben" könne, das zufällig in einem konkreten Fall erfuhr, erstattete er anonym Anzeige gegen T wegen einer Straftat nach § 202c Abs. 1 Nr. 2. T's Verteidiger V erklärte T, dieser müsse sich keine Sorgen machen: Zwar habe der Gesetzgeber hier „offenbar wieder mal Unsinn verzapft, weil mit dieser Vorschrift die gesamte IT-Sicherheitsbranche kriminalisiert" werde; allerdings habe T noch einmal Glück gehabt, weil die anonyme Anzeige keinen ordnungsgemäßen Strafantrag nach § 205 darstelle, so dass die Tat nicht verfolgt werden könne. Was ist davon zu halten?
(vgl. BVerfGK 15, 491 m. Anm. *Kudlich,* JA 2009, 739 ff.)

Zur Vertiefung: *Wessels/Hettinger,* Rn. 559 ff.; *Rengier* II, § 31 Rn. 40.

Gleich in **mehrfacher Hinsicht: nichts.**

Zwar genügt eine anonyme Anzeige wohl in der Tat nicht den Anforderungen an einen Strafantrag, schon weil dabei nicht festgestellt werden kann, ob der Antragsteller Verletzter nach § 77 Abs. 1 ist. Allerdings ist ein solcher **Strafantrag** zur Verfolgung einer Tat nach **§ 202c nicht erforderlich,** da die Vorschrift – anders als §§ 202a, 202b – gar nicht in § 205 Abs. 1 Satz 2 genannt ist (wobei hinzuzufügen ist, dass bei diesen beiden Vorschriften die Tat auch bei Bejahung des besonderen öffentlichen Interesses verfolgt werden kann, es sich also nur um relative Antragsdelikte handelt). Das mag **auf den ersten Blick erstaunlich** sein, wenn man sich vergegenwärtigt, dass § 202c sogar nur eine Vorstufe zu Taten nach §§ 202a, 202b ist, die ihrerseits ein Antragserfordernis besitzen; das ist aber **dadurch erklärlich,** dass in Fällen des § 202c Abs. 1 Nr. 2 – d. h. beim bloßen Besitz von Hacker-Tools – regelmäßig (noch) gar kein Verletzter existiert, der den Antrag stellen könnte.

Dennoch ist das Strafbarkeitsrisiko des T im Ergebnis tatsächlich begrenzt. Denn – anders als in den betroffenen Kreisen z. T. tatsächlich im Gesetzgebungsverfahren als Gefahr geäußert – ist der **Besitz entsprechender Software** ja **erst strafbar,** wenn „ihr **Zweck die Begehung einer solchen Tat**" (d. h.: nach § 202a oder § 202b) ist und der Täter diese damit gerade **vorbereitet,** was einen **entsprechenden deliktischen Plan** voraussetzt. Selbstverständlich ist der Besitz derartiger Tools nicht tatbestandlich, wenn der Besitzer keine deliktischen Absichten damit verfolgt. Das mag in der Praxis angesichts der Unschärfen bei der Vorsatzfeststellung manchmal ein Problem sein; im hier vorliegenden Fall freilich gibt es keinerlei Anzeichen für illegale Pläne bei T, so dass der Tatbestand des § 202c (jedenfalls subjektiv) nicht erfüllt ist.

F. Aussagedelikte und andere Delikte gegen die Rechtspflege

124. Systematik des 9. Abschnitts des StGB

Wie lassen sich die Vorschriften im 9. Abschnitt des StGB systematisieren?

Zur Vertiefung: *Wessels/Hettinger,* Rn. 738 ff.; *Rengier* II, § 49 Rn. 1; *Geppert,* Jura 2002, 173 ff.; *Reese,* JA 2005, 612 ff.; *Hettinger/Bender,* JuS 2015, 577 ff.

Die Vorschriften lassen sich einteilen in:
- Grundtypen der vorsätzlichen Falschaussage: § 153 (uneidliche Falschaussage), § 154 (Meineid) und § 156 (falsche Versicherung an Eides Statt);
- Fahrlässigkeitstatbestand: § 161;
- Spezielle Regelungen für die Beteiligung: § 159 (versuchte Anstiftung zur Falschaussage) und § 160 (Verleiten zu einer Falschaussage);
- Strafzumessung, Absehen von Strafe etc.: § 157 (Aussagenotstand) und § 158 (Berichtigung falscher Angaben);
- Anwendbarkeit auf Aussagen vor internationalen Gerichten: § 162.

125. Die abgesprochene Aussage

T wurde als Zeuge in einem Sorgerechtsstreit zwischen M und F vernommen. Da er mit M gut befreundet war, ging dieser mit T genau durch, was T sagen sollte. Dabei war T und M gleichermaßen bewusst, dass eine Reihe von Äußerungen über die F unzutreffend war. Dennoch sagte T absprachegemäß aus. Das Gericht glaubte T nicht und fand die wahren Umstände heraus.
a) F's Rechtsanwalt R riet dieser, gegen T und M Strafanzeige zu erstatten. Da M an den falschen Aussagen vorrangig Interesse gehabt und diese wesentlich gesteuert habe, sei er sogar als Mittäter zu behandeln. Zu Recht?
b) T dagegen ist der Ansicht, eine Falschaussage liege gar nicht vor, da das Gericht ihm ja offenbar ohnehin keinen Glauben geschenkt habe. Daher komme allenfalls ein strafloser Versuch in Betracht. Was ist davon zu halten?

Zur Vertiefung: *Wessels/Hettinger,* Rn. 739, 749 ff.; *Rengier* II, § 49 Rn. 2 f.

Zu a) Nein. Nach allgemeinen Grundsätzen (Tatherrschaft und subjektives Interesse an der Tat) wäre es hier in der Tat vorstellbar, den M als Mittäter an der Falschaussage zu behandeln. Allerdings sind die Aussagedelikte nach h. M. **eigenhändige Delikte,** d. h. Täter kann jeweils nur der Aussagende sein. Da M selbst nicht vor Gericht aussagte, scheidet daher eine Täterschaft aus, und er kann „nur" als Anstifter nach §§ 153, 26 bestraft werden.

Zu b) Nichts. T verkennt den Charakter der Aussagedelikte, die keinen Verletzungserfolg (im Sinne des Hervorrufens einer bestimmten Überzeugung beim Gericht oder eines Schadenseintrittes) voraussetzen, sondern mit Blick auf das geschützte Rechtsgut der staatlichen Rechtspflege **abstrakte Gefährdungsdelikte** sind. Es handelt sich dabei zugleich um schlichte Tätigkeitsdelikte, d. h. ein über die beschriebene Tathandlung hinausgehender Taterfolg wird nicht vorausgesetzt. Aus diesem Grund hat T den Tatbestand des § 153 bereits durch das Tätigen seiner Aussage vollendet.

126. Der überzeugte Sachverständige

a) T sollte als Sachverständiger in einem Verwaltungsgerichtsverfahren etwas über die Umwelteinwirkungen einer geplanten Anlage aussagen. Er erstattete seinen Bericht und war dabei fest davon überzeugt, alles richtig zu machen. Er hatte sich aber in einem wesentlichen Punkt verrechnet, so dass sein Ergebnis signifikant verkehrt war. Als er später von der Polizei in dieser Sache vernommen wird, meint er, man könne doch von ihm nicht mehr verlangen, als das zu sagen, was er für eindeutig richtig hält. Eine solche Aussage könne man doch kaum als „falsch" bezeichnen; immerhin habe er nach bestem Wissen und Gewissen ausgesagt, und was „die Wahrheit" überhaupt sei, sei selbst unter Philosophen umstritten. Was ist davon zu halten?
b) Wie wäre es, wenn T es zwar (mit 25 % Wahrscheinlichkeit) für möglich gehalten hätte, dass seine Aussage fehlerbehaftet ist, angesichts der aus seiner Sicht weit überwiegenden Wahrscheinlichkeit, dennoch das Resultat verkündet hätte, das er (irrtümlich) für richtig hielt?

Zur Vertiefung: *Wessels/Hettinger,* Rn. 741 ff., 750; *Rengier* II, § 49 Rn. 6–8.

Zu a) Nach h. M. **nichts.** Bei der Frage, wann eine Aussage „falsch" ist, vertritt die h. M. zu Recht eine **objektive Theorie.** Danach ist eine Aussage falsch, wenn sie mit der **Wirklichkeit nicht übereinstimmt.** Die von T hier umschriebene und von einer Mindermeinung in der Literatur vertretene subjektive Theorie, die eine falsche Aussage nur dann annimmt, wenn die Aussage vom Erinnerungsbild des Aussagenden abweicht, hat große Mühe, die Existenz eines Fahrlässigkeitsdeliktes (vgl. § 161), sowie der Vorschrift des § 160 (vgl. Fälle 135, 136) zu erklären. Im Ergebnis muss T allerdings keine Angst vor einer Bestrafung haben, wenn er seine Aussage selbst für richtig gehalten hat, da er dann hinsichtlich § 153 **ohne Vorsatz** handelte. Eine Fahrlässigkeitsstrafbarkeit besteht nur für Aussagen unter Eid bzw. eidesstattliche Versicherungen (vgl. § 161 Abs. 1).

Zu b) Da T die Unrichtigkeit seiner Aussage zumindest ernsthaft für möglich hielt und diese dennoch tätigte, handelt er hier anders als in Fallvariante a hinsichtlich der Falschheit seiner Aussage mit **bedingtem Vorsatz.** Dass dieser auch für Aussagedelikte gilt, entspricht zwar der h. M., ist aber nicht ganz einfach zu begründen: Immerhin könnte man argumentieren, dass T hier mit einer Wahrscheinlichkeit von 75 % davon ausgegangen war, dass seine Aussage richtig war. Anders formuliert: Bei einer falschen Aussage mit *dolus eventualis* wird der Täter häufig ***dolus directus*** **hinsichtlich der Wahrheit** seiner Aussage haben, und man kann sich fragen, was von ihm mehr verlangt werden sollte, als die Aussage zu tätigen, die er für die überwiegend richtige hält. Die h. M. behilft sich hier mit einer **Hinweispflicht des Täters auf seine Zweifel,** die zwar auf der Grundlage der herrschenden objektiven Theorie nicht ohne weiteres begründbar, im Ergebnis aber gleichwohl überzeugend ist. Da T auf die nicht völlig zu vernachlässigenden Zweifel nicht hingewiesen hat, ist er deshalb wegen bedingt vorsätzlicher Falschaussage nach § 153 zu bestrafen.

Strafrechtlicher Wahrheitsbegriff

Eine Aussage ist wahr, wenn

der Aussagende sein Vorstellungsbild exakt wiedergibt (subj. Wahrheitstheorie).	sie mit der Wirklichkeit übereinstimmt (**obj. Wahrheitstheorie, h.M.**).	der Aussagende seine Aussagepflicht erfüllt (Pflichttheorie).
	arg.: • § 161 • § 160	

127. Ewige Jugend

Frau T wurde als Zeugin zu einer Verhandlung geladen, in der das ganze Dorf versammelt war, da gegen den Bürgermeister B wegen einer Trunkenheitsfahrt ermittelt wurde. Als der Richter vor der Zeugenvernehmung T's Personalien überprüfte, erschrak T fürchterlich, als ihr Geburtsdatum (wahrheitsgemäß) mit dem 3.2.1970 angegeben wurde, da T selbst im Dorf immer verbreitet hatte, sie sei „noch weit diesseits der 40". Sie korrigierte den Richter und nannte 1977 als ihr Geburtsjahr. Der Richter berichtigte zunächst seine Unterlagen und setzte die Zeugenvernehmung fort. Als einige Zeit später Staatsanwalt S die Akte im Zusammenhang mit der Vorbereitung eines Rechtsmittels gegen den Freispruch des B in die Hände bekam, überprüfte er die Personalien nochmals und leitete anschließend ein Ermittlungsverfahren gegen T wegen uneidlicher Falschaussage ein. T meinte, ihr Alter habe nun ja wirklich nichts zur Sache getan. Was ist davon zu halten?

Zur Vertiefung: *Wessels/Hettinger*, Rn. 746 f., 761; *Rengier* II, § 49 Rn. 11.

Nichts. Die entscheidende Frage ist hier, **wie weit** die **Wahrheitspflicht** des Zeugen vor Gericht geht. Da nicht nur die Aussage zur Sache, sondern aus verschiedenen Gründen auch die **Angaben zur Person** für das Verfahren von Bedeutung sein können und etwa in § 68 StPO ausdrücklich als Gegenstand der Zeugenpflicht erwähnt sind, erstreckt sich die Wahrheitspflicht auch auf diese Angaben. Die Vorstellung der T, „ihr Alter tue nichts zur Sache", kann daher allenfalls einen (wohl vermeidbaren) Verbotsirrtum (§ 17) begründen, da sie die Reichweite des § 153 verkannt hat.

128. Aussage nach dem Unfall

T wurde als Zeuge bei einem Verkehrsunfall von Polizist P vernommen. Um den mit ihm befreundeten Unfallverursacher U zu decken, schilderte er einen Hergang, der U komplett entlastete, aber insgesamt etwas unstimmig war. P vermutete eine falsche Aussage des T und drohte ihm, dass er sich mit einer

falschen Aussage bei ihm strafbar gemacht haben könne. Trifft dies zu oder ist es nur ein Einschüchterungsversuch des P?

Zur Vertiefung: *Wessels/Hettinger,* Rn. 721 ff., 752; *Rengier* II, § 49 Rn. 5.

Die Aussage des P **trifft zu.** Zwar konnte T gegenüber P **kein Aussagedelikt** nach §§ 153 ff. verwirklichen, da P weder ein **Gericht** noch eine **zur Abnahme von Eiden zuständige Stelle** ist. Allerdings liegt in den Äußerungen des T zugleich eine (zumindest versuchte) **Strafvereitelung** nach § 258, so dass T sich in der Tat strafbar gemacht haben kann.

129. Die verspätete Zeugin

T wurde als Zeugin in einem Strafverfahren geladen. Da sie unter mehreren Zeugen als einzige erst später erschien, vergaß Richter R, die T mit den übrigen Zeugen zusammen über ihre Wahrheitspflicht zu belehren (vgl. § 57 StPO). Bei der späteren Vernehmung machte T vorsätzlich eine falsche Aussage, um den Angeklagten A zu decken. Strafbarkeit der T?

Zur Vertiefung: *Wessels/Hettinger,* Rn. 721 ff., 755; *Rengier* II, § 49 Rn. 34–39.

Neben einer Strafbarkeit wegen – je nach weiterem Verlauf – versuchter oder vollendeter **Strafvereitelung** (§ 258 [ggf i. V. m. §§ 22, 23] hat T sich wegen **uneidlicher Falschaussage** nach § 153 strafbar gemacht. Zwar wurde die nach § 57 StPO erforderliche Belehrung unterlassen; nach h. M. sind aber **prozessuale Mängel** bei der Aussagegewinnung **grundsätzlich** für die materiell-rechtliche Strafbarkeit **unbeachtlich,** wenn sie nicht ausnahmsweise dazu führen, dass überhaupt keine wirksame Aussage vorliegt (vgl. aus jüngerer Zeit etwa OLG Karlsruhe StV 2003, 505 m. Anm. *Müller*). Dafür spricht, dass formelle Vorschriften und die materielle Strafdrohung **unterschiedliche Ziele** verfolgen und dass dem Falschaussagenden nicht zu Gute kommen sollte, dass bei seiner Aussage mehr oder weniger zufällig irgendwelche Formalien nicht beachtet wurden. Selbst wenn man mit einer einschränkenden Gegenansicht davon ausgeht, dass eine Strafbarkeit jedenfalls ausscheidet, wenn der Verfahrensmangel zur **Unverwertbarkeit** der Aussage führt, kommt man hier zu keinem anderen Ergebnis. Denn die unterlassene Belehrung nach § 57 StPO führt weder im Verfahren gegen den ursprünglich Angeklagten noch in einem eventuellen späteren Verfahren gegen den Zeugen zu einer Unverwertbarkeit der Aussage. Trotz der mangelnden Belehrung nach § 57 StPO wird man ferner **keinen** (unvermeidbaren) **Verbotsirrtum** nach § 17 annehmen können.

Ergänzende Bemerkung: Soweit es verfahrensfehlerhaft zu einer Vereidigung kommt, geht die h. M. auch hier davon aus, dass prozessuale Fehler (soweit sie nicht zur Unwirksamkeit des Eides führen) die Strafbarkeit nach § 154 unberührt lassen. Es kommt aber – insbesondere, wenn die verletzte Verfahrensvorschrift den Aussagenden schützen soll – ein minder schwerer Fall nach § 154 Abs. 2 in Betracht (vgl. auch BGH NStZ 2012, 567).

130. *(entfallen)*

131. Die falsche Mieterin

T sollte als Zeugin in einem Kündigungsrechtsstreit für ihre Eltern (wahrheitswidrig) aussagen, dass sie eine gegenwärtig von ihren Eltern an den O vermietete Wohnung in einem Jahr beziehen wolle, so dass eine Kündigung der Eltern wegen Eigenbedarfs gerechtfertigt sei. T hatte mit ihren Eltern die Aussage genau abgesprochen und versprochen, soweit erforderlich sogar einen Meineid zu schwören. Das Gericht beschloss allerdings nicht, die T zu vereidigen und entließ sie als Zeugin, nachdem sie (absprachegemäß falsch) ausgesagt hatte. Strafbarkeit der T?

Zur Vertiefung: *Wessels/Hettinger,* Rn. 758; *Rengier* II, § 49 Rn. 24; *Eisele,* JA 2011, 667 ff.

T hat zunächst eine **vollendete uneidliche Falschaussage** nach § 153 begangen. Fraglich ist, ob sie darüber hinaus auch wegen **versuchten Meineids** (§§ 154, 22, 23) zu bestrafen ist: Da T grundsätzlich den Tatentschluss zu einem Meineid gefasst hatte, ist entscheidend, wann ein **unmittelbares Ansetzen** zum „falschen Schwören" angenommen werden kann. Im (praktisch absoluten Regel-)Fall des sog. Nacheides ist ein solches erst mit dem Beginn der Eidesformel anzunehmen. Da Tathandlung des § 154 Abs. 1 gerade das „Schwören" ist, bildet der Beginn des Eides einen wesentlichen Zwischenschritt, vor dem noch kein unmittelbares Ansetzen vorliegt. T hat sich daher nicht nach §§ 154, 22, 23 strafbar gemacht.

132. Der nicht einmal ernsthaft eingebildete Kranke (I)

T war vom Amtsgericht wegen Hausfriedensbruchs zu einer Geldstrafe verurteilt worden. Da er die Berufungsfrist des § 314 StPO versäumt hatte, stellte er einen Antrag auf Wiedereinsetzung in den vorigen Stand (vgl. § 45 StPO). Zur Bekräftigung seiner Erklärung, weshalb er die Frist versäumte, versicherte er wahrheitswidrig an Eides Statt, in der zweiten Hälfte der als Einlegungsfrist zur Verfügung stehenden Woche aufgrund einer plötzlichen schweren Erkrankung nicht in der Lage gewesen zu sein, die Berufung abzuschicken. Strafbarkeit des T?

Zur Vertiefung: *Wessels/Hettinger,* Rn. 768 ff.; *Rengier* II, § 49 Rn. 26 f.

T ist **straflos.** Eine hier vielleicht in den Sinn kommende falsche Versicherung an Eides Statt scheidet vorliegend aus, weil das **Gericht** für die konkrete Verfahrenssituation **nicht zur Entgegennahme** einer eidesstattlichen Versicherung **zuständig** war. Zwar ist im Strafverfahren das Gericht die einzige Stelle, die grundsätzlich zuständig sein kann; auch sieht § 45 Abs. 2 StPO eine Glaubhaftmachung vor, die nach allgemeinen Grundsätzen durch eine Versicherung an Eides Statt erfolgen kann. Allerdings sind eidesstattliche Versicherungen des Angeklagten ausnahmslos unzulässig, so dass das Gericht insoweit auch nicht zuständig ist.

Ergänzende Bemerkung: Ebenfalls unzulässig sind – und zwar von jedem Verfahrensbeteiligten – eidesstattliche Versicherungen zur Schuldfrage, da insoweit das Strengbeweisverfahren gilt.

133. Der nicht einmal ernsthaft eingebildete Kranke (II)

Kandidat K meint, T habe in Fall 132 aber „großes Glück gehabt", dass in § 156 keine Versuchsstrafbarkeit angeordnet sei. Sonst hätte er sich zumindest wegen versuchter falscher Versicherung an Eides Statt strafbar gemacht. Trifft diese Überlegung zu?

Zur Vertiefung: *Wessels/Hettinger,* Rn. 769; *Rengier* II, § 49 Rn. 25.

Das kommt darauf an, wie man den (umgekehrten) Irrtum des T hier bewertet: Sieht man in der Annahme einer nicht begründeten Zuständigkeit im Sinne des § 156 einen rein strafrechtlichen Irrtum, so läge kein **untauglicher Versuch,** sondern ein bloßes **Wahndelikt** vor. Vertretbar erschiene es jedoch auch, die Frage nach der Zuständigkeit als „außerstrafrechtliche Vorfrage" zu bewerten, da diese sich immerhin aus den (geschriebenen und ungeschriebenen) Grundsätzen der jeweiligen Verfahrensordnungen ergibt. Solche außerstrafrechtlichen Rechtsirrtümer werden jedoch von der h. M. – wenngleich mit erheblichen Unterschieden im Detail – überzeugend oft wie Tatsachenirrtümer behandelt (vgl. PdW AT, Fall 67): Wer irrtümlich von der Zuständigkeit des Gerichts ausgeht, hat einen Tatentschluss gefasst, der dem sozialen Sinngehalt des § 156 entspricht, und ruft durch die Betätigung dieses Tatentschlusses einen rechtserschütternden Eindruck hervor, wie er den Strafgrund des Versuches bildet. Letztlich muss die Frage hier jedoch – anders als sogleich in Fall 134 – nicht endgültig entschieden werden.

134. Der nicht einmal ernsthaft eingebildete Kranke (III)

Wie wäre es, wenn in Fall 132 der A bei T den Tatentschluss hervorgerufen hätte, eine falsche Versicherung an Eides Statt abzugeben?

Zur Vertiefung: *Wessels/Hettinger,* Rn. 778 ff.; *Rengier* II, § 49 Rn. 61–65a; *Kudlich/Henn,* JA 2008, 510 ff.; *Eisele,* JA 2011, 667 ff.

Da es in Fall 132 nicht einmal zu einem (strafbaren) Versuch gekommen ist, scheidet aufgrund des Akzessorietätserfordernisses eine vollendete Anstiftung jedenfalls aus. In Betracht kommt allenfalls eine **versuchte Anstiftung,** die aufgrund der Sonderregelung des § 159 auch für das Vergehen der falschen Versicherung an Eides Statt strafbar ist. Geht man (wie in Fall 133 erläutert) davon aus, dass der Irrtum über die Zuständigkeit der Stelle zur Abnahme zur Versicherung an Eides Statt kein bloßes Wahndelikt, sondern einen Tatentschluss begründen kann, scheinen die Voraussetzungen des § 159 gegeben zu sein. Freilich würde das im vorliegenden Fall zu dem zweifelhaften Ergebnis führen, dass der **Haupttäter** für seinen Versuch **straflos,** der **tatfernere Hintermann dagegen strafbar** wäre. Darin liegt ein **Wertungswiderspruch,** der sich bei der (von § 159 in Bezug genommenen) Vorschrift des § 30 selbst so nicht stellt, da § 30 Abs. 1 nur Verbrechen betrifft, deren Versuch auch für den Täter stets strafbar ist. Da für § 159 auch durchaus ein sinnvoller Anwendungsbereich verbleibt, wenn man Fälle der vorliegenden Art ausscheidet (so z. B. beim zur falschen Versicherung an Eides Statt fest entschlossenen Täter, bei dem nach allgemeinen Grundsätzen eine Strafbarkeit wegen vollendeter Anstiftung ausscheidet), spricht mehr dafür, diesen Wertungswiderspruch zu vermeiden und auch den Hintermann in solchen Fällen straflos zu lassen, in denen für den Täter die exakte Durchführung der angetragenen Tat straflos ist.

135. Der geisteskranke Zeuge

T überredete den geisteskranken und damit nach § 20 schuldunfähigen X dazu, in einem Verfahren gegen T's Freund F falsch auszusagen, was X auch tat. Als im Laufe des Verfahrens herauskam, dass X die Unwahrheit gesagt hatte, verteidigte er sich damit, dass T ihn dazu gebracht habe. Der dem Gericht zugewiesene Rechtsreferendar R meinte, aufgrund des Zustandes des X sei T wohl als mittelbarer Täter zu behandeln. Sein Ausbildungsrichter tadelte R und meinte, er solle doch mal einen Blick in § 160 werfen, da sei der Fall genau geregelt. Wer hat Recht?

Zur Vertiefung: *Wessels/Hettinger,* Rn. 739 f., 782 ff.; *Rengier* II, § 49 Rn. 54 f.; *Kudlich/Henn,* JA 2008, 510 ff.

Keiner von beiden.

R übersieht, dass aufgrund der **Eigenhändigkeit** der Aussagedelikte (vgl. auch Fall 125a) eine **mittelbare** Täterschaft des Hintermannes **nicht in Betracht** kommt.

Um diese **Lücke zu schließen,** hat der Gesetzgeber die Vorschrift des **§ 160** geschaffen, die eine Art eigenständig pönalisierte Form der mittelbaren Täterschaft für die eigenhändigen Aussagedelikte darstellt. Aufgrund des für Aussagedelikte außergewöhnlich niedrigen Strafrahmens geht die h. M. jedoch überzeugend davon aus, dass § 160 eine Art **„Auffangfunktion"** hat, d. h. dass er nur anwendbar ist, wo mit den allgemeinen Beteiligungsregeln keine Strafbarkeit begründet werden kann. Dies sind aber vorrangig Fälle des **unvorsätzlich falsch** aussagenden Täters, während im vorliegenden Fall aufgrund der **limitierten Akzessorietät** der Teilnahme (vgl. § 29) auch eine **Anstifterstrafbarkeit** des T möglich und vorliegend zu bejahen ist. Während üblicherweise die limitierte Akzessorietät eine mittelbare Täterschaft bei einem schuldlos handelnden Tatmittler nicht ausschließt, da die Anstiftung als schwächere Beteiligungsform von der mittelbaren Täterschaft verdrängt wird, ist hier die Strafbarkeit nach §§ 153, 26 ausweislich des Strafrahmens die stärkere Beteiligungsform.

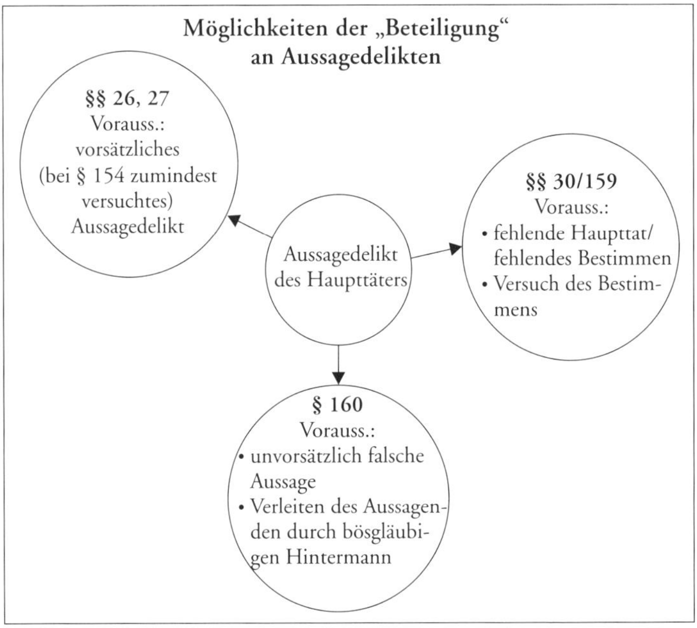

136. Die ausgenutzte Freundin (I)

Gegen A wurde wegen des Verdachts, einen Einbruchsdiebstahl begangen zu haben, ermittelt. Er wandte sich an seine Freundin T und bat sie, vor Gericht auszusagen, dass er den Tatabend mit ihr verbracht habe. Dabei ging er davon aus, dass die etwas einfältige T sich nicht mehr genau an den betreffenden Abend erinnern und daher davon überzeugt sein werde, dass dies der Wahrheit entspreche. Tatsächlich erinnerte sich T aber genau daran, den Abend alleine und auf A wartend verbracht zu haben. Das erzählte sie A aber nicht und sagte dennoch in der von ihm gewünschten Weise aus. Hat sich A nach § 160 strafbar gemacht?
(vgl. BGHSt 21, 116)

Zur Vertiefung: *Wessels/Hettinger,* Rn. 783; *Rengier* II, § 49 Rn. 56–58; *Eschenbach,* Jura 1993, 407 ff.; *Kudlich/Henn,* JA 2008, 510 ff.

Da T in Wahrheit bösgläubig war und vorsätzlich falsch aussagte, scheint objektiv kein Verleiten im Sinne des § 160 vorzuliegen; vielmehr **stellt sich A eine „Verleitensherrschaft“ nur vor,** was nach allgemeinen Grundsätzen zum untauglichen (aber strafbaren, vgl. Abs. 2) Versuch des § 160 führen würde. Demgegenüber geht insbesondere die **Rechtsprechung** davon aus, dass in Fällen der vorliegenden Art **§ 160 vollendet** ist: Der Aussagende mache nämlich eine unwahre Aussage, und der Hintermann gehe davon aus, dass dieser dabei gutgläubig sei; dass es tatsächlich sogar zu einer falschen Aussage gekommen sei, stehe der Vollendung nicht entgegen, da das geschützte Rechtsgut der staatlichen Rechtspflege durch eine vorsätzliche Falschaussage sogar noch stärker beeinträchtigt werde. Das „Verleiten" in § 160 wird damit also als **jedes Hervorrufen eines Entschlusses zur falschen Aussage** in der **Vorstellung** interpretiert, der Aussagende sei **gutgläubig.** Obwohl für eine solche weite Auslegung des § 160 auch der niedrige Strafrahmen spricht, erscheint die in der Literatur verbreitet vertretene Gegenansicht vorzugswürdig, nach welcher der Hintermann nur einen Versuch des § 160 begeht: Eine Interpretation, die ein objektiv gefasstes Merkmal allein durch die subjektive Vorstellung des Täters ausfüllt, entfernt sich zu weit vom Wortlaut. Dies gilt um so mehr, als die Versuchsstrafbarkeit in § 160 Abs. 2 immerhin unter Strafe gestellt ist und man durchaus argumentieren könnte, dass das Unrecht desjenigen, der in Wahrheit ein Weniger an Tatherrschaft hat, auch geringer wiegt. Die intensivere Verletzung des Rechtsguts durch den sogar vorsätzlich falsch Aussagenden wird durch dessen eigene (im „Regelfall" des § 160 ja gerade nicht bestehende) Strafbarkeit wegen eines vorsätzlichen Aussagedeliktes nicht nur angemessen, sondern vor allem auch bei demjenigen, der sie vorgenommen hat, berücksichtigt.

137. Die ausgenutzte Freundin (II)

Wie wäre es, wenn T in Fall 136 schon in dem Moment, in dem A von dem gegen ihn bestehenden Verdacht erzählte, beschlossen hätte, ihm durch ein falsches Alibi zu helfen?

Zur Vertiefung: *Wessels/Hettinger,* Rn. 783.

In dieser Konstellation liegt **auf jeden Fall nur der Versuch** eines Verleitens zur Falschaussage nach § 160 Abs. 2, §§ 22, 23 vor, da auch der **Tatentschluss,** überhaupt mit einem bestimmten Inhalt für den A auszusagen, von T **bereits** im Vorfeld **gefasst** worden war. Ist der Aussagende aber bereits vor jeder Einflussnahme durch den Hintermann zu der später getätigten Aussage entschlossen, kommt begrifflich ein „Verleiten" nicht mehr in Betracht.

138. Mein Verlobter, der Samurai (I)

Gegen M wurde wegen Mordverdachts ermittelt. Als seine Verlobte T als Zeugin darüber befragt wurde, ob sie bei M jemals die auffällige Mordwaffe (ein Samurai-Schwert) gesehen habe, verneinte sie dies wahrheitswidrig, um seine Verurteilung zu verhindern. Strafbarkeit der T?

Zur Vertiefung: *Wessels/Hettinger,* Rn. 761; *Rengier* II, § 49 Rn. 40–42.

T hat – mangels anderer Angaben auch rechtswidrig und schuldhaft – den Tatbestand des § 153 verwirklicht. Eine Strafbarkeit könnte jedoch nach **§ 157** entfallen, da sie ihre Aussage gemacht hat, um eine Strafbarkeit ihres **Angehörigen** M (vgl. § 11 Abs. 1 Nr. 1) zu verhindern. Teilweise wird allerdings eine Anwendung des § 157 auf solche Angehörige in Frage gestellt, denen nach § 52 StPO auch ein **Zeugnisverweigerungsrecht** zustehen würde. Dies wäre bei T nach § 52 Abs. 1

Nr. 1 StPO der Fall. Als Argument wird hierfür angeführt, der Angehörige, der ein Recht habe, sein Zeugnis zu verweigern, könne auf diese Weise der **Konfliktlage entgehen,** die § 157 berücksichtigen wolle. Da jedoch der persönliche Anwendungsbereich des § 157 und des § 52 Abs. 1 StPO (zwar zugegebenermaßen nicht vollständig, aber) in weiten Bereichen deckungsgleich ist, sollten entsprechende Restriktionen des § 157 nur sehr zurückhaltend angenommen werden, um ihn nicht praktisch auszuhöhlen. Vor diesem Hintergrund scheint eine teleologische Reduktion des § 157 allenfalls in solchen Fällen vorstellbar, in denen der aussagende Angehörige nicht nur sein Zeugnisverweigerungsrecht kennt, sondern auch **weiß** und sich darauf verlässt, dass das Gericht die **Verweigerung** des Zeugnisses bei der Beweiswürdigung **nicht zu Lasten** des Angeklagten berücksichtigen darf. Ist ihm dies dagegen – wie beim Laien regelmäßig anzunehmen – nicht deutlich bewusst, besteht aus seiner Sicht nach wie vor ein Interessenkonflikt, der die Anwendung des § 157 rechtfertigt.

139. Mein Verlobter, der Samurai (II)

Wie wäre Fall 138 zu beurteilen, wenn T darüber hinaus noch wahrheitswidrig berichtet hätte, dass M sich ganz sicher die ganze Nacht bei ihr aufgehalten habe?

Zur Vertiefung: *Wessels/Hettinger,* Rn. 761; *Rengier* II, § 49 Rn. 47.

Nach **h. M.** könnte sich T hier **nicht** auf **§ 157** berufen. Die Vorschrift wird nämlich restriktiv dahingehend ausgelegt, dass das Gericht nur bei solchen Falschaussagen von der Strafe absehen kann, bei denen die richtige Antwort **unmittelbar** zur Gefahr der Strafverfolgung geführt hätte – m. a. W.: Umfasst sind nur Äußerungen, durch die eine **Belastung vermieden** wird, nicht jedoch darüber hinausgehende **Entlastungen.** Auch diese Einschränkung drängt sich vom Wortlaut der Vorschrift her zwar nicht unbedingt auf, da allgemein die Rede davon ist, dass der Täter „die Gefahr [...], bestraft [...] zu werden“, abwendet, nicht jedoch dass diese Gefahr gerade durch eine richtige Aussage heraufbeschworen sein müsste. Falls nun diese Gefahr auch unabhängig von und vor der Aussage bereits besteht, so könnte diese durch ein falsches Alibi durchaus im Sinne des § 157 abgewendet werden. Für die h. M. spricht aber nicht nur, dass die Straflosigkeit einer so weit reichenden, vorsätzlichen Obstruktion der Strafrechtspflege ein zumindest zweifelhaftes Ergebnis wäre, sondern vor allem auch die Tatsache, dass die von § 157 berücksichtigte **Zwangslage besonders** dann besteht, wenn der Täter durch seine Wahrheitspflicht gerade die **Bestrafungsgefahr heraufbeschwört.** Der Druck, sich selbst oder einem Angehörigen darüber hinaus noch zu helfen, ist zwar verständlich, aber eben nicht vergleichbar groß.

140. Kunst oder Krempel?

Gegen B wurde wegen Betruges verhandelt, da sie dem O eine billige, an den Rändern schon etwas abgeschlagene Vase aus dem Kaufhaus als wertvolle

Antiquität verkauft hatte. B's Freund T war als Zeuge geladen, da er bei den Gesprächen zwischen O und B dabei gewesen war. Er hatte sich fest vorgenommen, die B – notfalls auch unter Eid – wahrheitswidrig zu entlasten. Als T nach seiner Aussage tatsächlich vereidigt werden sollte und gerade begann, die Eidesformel nach § 64 StPO zu sprechen, entdeckte er unter den Zuschauern B's Ex-Freund E. Da er sich einbildete, B habe die Beziehung zu E wieder intensiviert, dachte er gar nicht mehr daran, für sie zu lügen. Er brach den Eid ab und gestand dem Gericht unter Tränen, dass er bei seiner soeben getätigten Aussage gelogen habe. Strafbarkeit des T?

Zur Vertiefung: *Wessels/Hettinger,* Rn. 751, 758; *Rengier* II, § 49 Rn. 48–52.

T hat zunächst den **Tatbestand** des **§ 153** sowie – durch den Beginn mit der Eidesformel (vgl. Fall 131) – den Versuch eines Meineides nach **§§ 154, 22, 23** verwirklicht. Fraglich ist, ob ihm die Berichtigung seiner Aussage jeweils etwas nützt:

Hinsichtlich des **versuchten Meineides** liegt ein freiwilliger **Rücktritt** vom unbeendeten Versuch vor, der durch bloßes „Nicht-weiter-Schwören" möglich ist. Das Gleiche gilt im Übrigen für die versuchte Strafvereitelung zu Gunsten der B.

Hinsichtlich der uneidlichen **Falschaussage** ist ein **Rücktritt ausgeschlossen,** da die Tat bereits **vollendet** ist. Allerdings kann die Strafe nach **§ 158 Abs. 1** gemildert oder von ihr abgesehen werden, da T seine falsche Aussage berichtigte. Dies geschah auch im Sinne des § 158 Abs. 2 **rechtzeitig,** da die **berichtigte** Aussage für die Entscheidung noch verwertet werden konnte, durch diese noch kein Nachteil für einen anderen entstanden war und auch noch keine Anzeige gegen T erstattet worden war. Aufgrund der vorliegenden Berichtigung im engsten zeitlichen Zusammenhang mit dem Abschluss der Aussage und ohne ein entsprechendes Hinwirken des Gerichtes spricht viel dafür, dass das Gericht tatsächlich von einer Bestrafung absehen wird.

141. Fahrer wechsel dich

T fuhr mit seiner Verlobten V nach einer durchzechten Nacht nach Hause. T und V hatten jeweils eine BAK von 1,3 ‰. T steuerte den Wagen. Als sie in einiger Entfernung eine Polizeikontrolle sahen, hielt T an und wechselte mit V schnell den Platz, um seinen Führerschein zu retten. So blieben sie sitzen, bis die Polizeibeamten schließlich das Fahrzeug erreichten. V gab vor, das Fahrzeug gelenkt zu haben; anschließend wurde für beide Beteiligten die Entnahme einer Blutprobe angeordnet. Wie haben sich T (von § 316 bzw. gegebenenfalls § 315c abgesehen) und V strafbar gemacht?

Zur Vertiefung: *Wessels/Hettinger,* Rn. 696, 713 f., 733 f.; *Rengier* II, § 50, § 51 Rn. 1, 8–11, 19 f.; *Geerds,* Jura 1985, 617 ff.; *Geilen,* Jura 1984, 251 ff., 300 ff. (zu § 164); *Geppert,* Jura 2000, 383 ff. (zu § 145d).

Eine (versuchte) Strafvereitelung der **V** gemäß **§ 258 Abs. 1** (§§ 258 Abs. 1 und 4, 22) entfällt wegen des **Angehörigenprivilegs** aus § 258 Abs. 6 (i. V. m. § 11 Abs. 1 Nr. 1 Buchst. a). Eine falsche Verdächtigung nach **§ 164 Abs. 1** liegt ebenfalls nicht vor, da V nicht „einen anderen", sondern lediglich **sich selbst verdächtigt** hat. Die Selbstverdächtigung fällt nicht unter § 164 Abs. 1. Zu prüfen bleibt daher lediglich das Vortäuschen einer Straftat gemäß § 145d. Eine Strafbarkeit nach **§ 145d Abs. 1 Nr. 1** scheidet aus, da hier vorausgesetzt wird, dass die vorgetäuschte rechtswidrige Tat tatsächlich nicht begangen worden ist. Dies ist aber nicht der Fall, da eine **Straftat** nach § 316 **tatsächlich** (durch T) **begangen** wurde. V hat sich jedoch nach **§ 145d Abs. 2 Nr. 1** strafbar gemacht. Sie hat **über den Beteiligten** an einer rechtswidrigen Tat zu täuschen gesucht, indem sie den Verdacht des § 316 von T auf sich selbst gelenkt hat. § 258 Abs. 6 ist bei § 145d nach h. M. nicht (analog) anwendbar. Auch die formelle Subsidiaritätsklausel u. a. gegenüber § 258 steht nicht entgegen, wenn die Tat wegen § 258 Abs. 5 bzw. 6 ansonsten straflos ist.

Hinsichtlich des T entfällt eine Anstiftung zur (versuchten) Strafvereitelung gemäß **§ 258 Abs. 1 (§ 22), § 26** zumindest in – zu Gunsten des Täters durch Art. 103 Abs. 2 GG nicht ausgeschlossener – **analoger Anwendung des § 258 Abs. 5:** Die notstandsähnliche Situation, die § 258 Abs. 5 berücksichtigen will, ist beim Täter und Anstifter die gleiche; auch fehlt eine § 257 Abs. 3 Satz 2 vergleichbare Regelung, so dass *arg e contrario* davon auszugehen ist, dass der Gesetzgeber die Teilnahme an der eigenen Begünstigung generell für straflos erachtet. Auch für **§ 164 Abs. 1** ist kein Raum. V hat sich selbst bezichtigt, so dass man nicht sagen kann, T habe die V konkludent durch deren Aussage täterschaftlich verdächtigt. T hat sich aber gemäß **§ 145d Abs. 2 Nr. 1 in mittäterschaftlicher Begehung mit V** strafbar gemacht. Die Täuschung der V ist dem T aufgrund des gemeinsamen Planes, T's Führerschein zu retten, nach § 25 Abs. 2 zuzurechnen. Zwar folgt aus dem Gedanken der straflosen Selbstbegünstigung, dass das bloße Leugnen der Tat nicht unter diesen Tatbestand fällt, selbst wenn der Verdacht dadurch zwangsläufig auf einen anderen gelenkt wird. Hier hat T die Tat aber eben nicht nur geleugnet, sondern durch den einverständlichen Platztausch aktiv mit V zusammen über den Täter einer Tat nach § 316 getäuscht. Auch **§ 258 Abs. 5** ist im Rahmen des § 145d nicht (analog) anwendbar, da jener nur für die **Strafvereitelung** als solche und nicht für andere mit ihr in Tateinheit stehende Taten gilt.

Ergänzende Bemerkung: Die Strafbarkeit der V wäre anders zu beurteilen, wenn sie nüchtern gewesen wäre: Denn die wahrheitswidrige Angabe, es liege überhaupt keine rechtswidrige Tat vor, wird nicht von § 145d Abs. 2 Nr. 1 erfasst.

142. *(entfallen)*

143. Ein Dealer auf der Flucht

X hatte in der Münchener „Szene" einen größeren Drogendeal abgewickelt, wobei ihm jedoch das LKA auf die Spur gekommen war. T, die Ehefrau des X, verhalf ihm zu einer Flucht ins Ausland, nachdem sie hierzu von ihrem gemeinsamen Bekannten A überredet worden war.
a) Wie haben sich T und A strafbar gemacht?
b) Wie wäre es, wenn A dem X direkt bei der Flucht geholfen hätte, indem er ihm Pass und Flugtickets zukommen ließ?

Zur Vertiefung: *Wessels/Hettinger,* Rn. 735; *Rengier* I, § 21 Rn. 25 f., 34 f.

Zu a) T ist trotz ihrer tatbestandsmäßigen Vereitelungshandlung nach **§ 258 Abs. 6 straffrei,** da sie die Tat zu Gunsten eines Angehörigen begangen hat.

A hat sich demgegenüber wegen Anstiftung zur Strafvereitelung gemäß **§§ 258, 26** strafbar gemacht. § 258 Abs. 6 kommt ihm nicht zu Gute, da es sich hierbei um einen **persönlichen Strafausschließungsgrund** handelt und überdies die Angehörigeneigenschaft ein besonderes persönliches Merkmal im Sinne des § 28 Abs. 2 darstellt, das bei A nicht vorliegt.

Zu b) Auf den ersten Blick könnte hier lediglich eine (straflose) Beihilfe zu einer tatbestandslosen Selbstbegünstigung durch X vorliegen. Allerdings werden bei § 258 auch **typische Beihilfehandlungen** regelmäßig zu täterschaftlichen Vereitelungshandlungen erhoben. A ist daher nach herrschender und vorzugswürdiger Ansicht nach § 258 strafbar (anders Teile der Literatur, die auch bei § 258 die allgemeine Unterscheidung von Täterschaft und Teilnahme vornehmen).

Ergänzende Bemerkungen: (1.) Hätte umgekehrt nicht A die T, sondern T den A angestiftet, dem X zu helfen, so wäre A unproblematisch nach § 258 strafbar, während eine Strafbarkeit der T auch im Fall der Anstiftung an § 258 Abs. 6 scheitern würde.

(2.) Aufgrund der mitunter „beihilfeähnlichen" Struktur von Vereitelungshandlungen ist wenig erstaunlich, dass das bekannte Problem der „neutralen bzw. berufsbedingten Beihilfe" (vgl. näher PdW AT, Fall 307) sich in ähnlicher Weise bei der Strafvereitelung stellt (exemplarisch: Macht sich der Tankwart strafbar, der dem flüchtenden Mörder Benzin verkauft? Vgl. näher *Frisch,* JuS 1983, 915 ff. sowie Fall 146).

144. Eine Hand wäscht die andere

Strafverteidiger T wirkte an einer Vereinbarung des von ihm verteidigten Angeklagten A mit der Hauptbelastungszeugin und Geschädigten Z mit. Z verpflichtete sich, in der bevorstehenden Berufungshauptverhandlung ihre ursprüngliche Aussage abzuändern; A verpflichtete sich im Gegenzug, Z ein Schmerzensgeld für den Fall zu bezahlen, dass er nicht wegen versuchten schweren Menschenhandels verurteilt werde. Z sagte gemäß ihrer Zusage aus. T teilte dem Gericht die Vereinbarung über das „Erfolgshonorar" nicht mit. A wurde dennoch verurteilt. Es konnte nicht geklärt werden, welche Aussage der Z zutreffend war. Hat sich T wegen versuchter Strafvereitelung gemäß § 258 strafbar gemacht?
(vgl. BGHSt 46, 53)

Zur Vertiefung: *Wessels/Hettinger,* Rn. 728 ff.; *Rengier* I, § 21 Rn. 39 ff.; *Kudlich/Roy,* JA 2001, 16 ff.; *Martin,* JuS 2000, 1124 ff.

Jedenfalls nach Ansicht des BGH im Ergebnis **nein.** Die **Stellung des Verteidigers** im Strafprozess und das damit verbundene Spannungsverhältnis zwischen seiner Stellung als **Organ der Rechtspflege** und seiner Beistandsfunktion erfordert eine besondere Abgrenzung zwischen erlaubtem und unerlaubtem Verhalten. Der Strafverteidiger darf alle prozessual zulässigen Maßnahmen nach dem einschlägigen Prozessrecht ergreifen. In einem solchen Fall liegt schon der objektive Tatbestand des § 258 nicht vor. Er darf z. B. den Mandanten umfassend über die Rechtslage aufklären, ihn auf das Recht zur Lüge hinweisen (wenngleich ihm eine solche nicht empfehlen) oder Beweismittel und Tatsachen in das Verfahren einführen, deren (entlastende) **Richtigkeit** mit erheblichen Zweifeln belastet ist, der Verteidiger aber jedenfalls für **möglich hält.** Er muss also von der Richtigkeit nicht voll überzeugt sein, da andernfalls eine Wahrnehmung der Mandantenrechte kaum möglich wäre. Auf der anderen Seite muss sich der Verteidiger jeder aktiven **Verdunkelung und Verzerrung** des Sachverhalts enthalten. Er darf keine Beweismittel verfälschen, wissentlich falsche Tatsachen behaupten und hierfür Zeugen benennen oder auf Zeugen mit dem Ziel der Falschaussage einwirken. In diesem Fall liegt es nahe, ein unzulässiges Verteidigerhandeln anzunehmen, da durch die „Honorarvereinbarung" eine konkrete Gefahr dafür bestand, dass Z falsch aussagen und damit eine (wesentliche) **Beweisquelle getrübt** werde. Erschwerend kommt hinzu, dass T die Vereinbarung dem Gericht nicht aufgedeckt hat. Allerdings hat der BGH den subjektiven Tatbestand des § 258 verneint. „Wissentlichkeit" scheide aus, da T eine Falschaussage lediglich für möglich hielt. An das voluntative Element der „Absichtlichkeit" seien bei Verteidigerhandeln strenge Anforderungen zu stellen. Der Verteidiger verwende nämlich zweifelhafte Beweismittel in der Regel mit dem **„inneren Vorbehalt",** das Gericht werde die Glaubhaftigkeit der Aussage einer kritischen Prüfung unterziehen und die Fragwürdigkeit nicht übersehen. Hier liegt zwar die Besonderheit vor, dass T über dem Gericht nicht bekannte **Zusatzinformationen** verfügte, was den (vermuteten) inneren Vorbehalt widerlegen kann. Der BGH hielt es dennoch nicht für ausgeschlossen, dass T davon ausging, Z werde die Vereinbarung in ihrer Vernehmung offenbaren bzw. eindringlich zu ihrer Aussageänderung befragt werden.

144a. Verteidiger leben gefährlich

T war Verteidiger des Angeklagten G. Im Verfahren gegen G wurden anlässlich der Vernehmung die Öffentlichkeit ausgeschlossen und G aus dem Sitzungssaal entfernt. Das Hauptverhandlungsprotokoll enthielt zunächst lediglich eine Begründung für den Ausschluss der Öffentlichkeit, nicht aber für den Ausschluss des G. Mit seiner Revision rügte T die Verletzung formellen und materiellen Rechts und begründete diese u. a. mit der fehlenden Begründung des Ausschlusses des G, wobei er sich auf das Hauptverhandlungsprotokoll bezog und insoweit formulierte: „Das dargestellte Verfahrensgeschehen entspricht im Übrigen – soweit ich anwesend war – meinen Aufzeichnungen und meiner eigenen Erinnerung." Im Anschluss daran gaben die Mitglieder der Strafkammer sowie die Protokollführerin dienstliche Stellungnahmen ab, dass eine Berichtigung des Hauptverhandlungsprotokolls beabsichtigt sei. Dem trat T in einem Schriftsatz entgegen, in dem er u. a. ausführte: „Ich selbst habe keine konkrete Erinnerung mehr an die Vorkommnisse […]. Meine Mitschriften sind zum streitgegenständlichen Aspekt der Verkündung des Beschlusses unergiebig." Im Anschluss wurde das Protokoll berichtigt. Die Staatsanwaltschaft klagt T wegen versuchter Strafvereitelung an. Zu Recht? (vgl. LG Augsburg NJW 2012, 93 m. Anm. *Kudlich,* JA 2011, 948)

Zur Vertiefung: *Wessels/Hettinger,* Rn. 730; *Rengier* I, § 21 Rn. 20–22.

Aus verschiedenen Gründen **nein.** Das LG stellt hier hilfsweise – und insoweit gewiss auch zu Recht – darauf ab, dass T **von einem etwaigen Versuch jedenfalls strafbefreiend zurückgetreten** wäre, da er unter Hinweis auf die Unergiebigkeit seiner Aufzeichnungen die (vermeintlich) falsche Behauptung so jedenfalls nicht mehr explizit aufrechterhalten hat. Ganz unabhängig davon wird man jedoch in der Erhebung einer **Verfahrensrüge** und der **Berufung auf das** nach der Konzeption der StPO bewusst mit Beweiskraft ausgestattete **Hauptverhandlungsprotokoll keine Strafvereitelung** sehen können. Die schwierige Abgrenzung zwischen zulässiger Strafverteidigung und unzulässiger Strafvereitelung muss im Blick haben, dass § 258 gleichsam „**prozessrechtsakzessorisch**" verstanden werden muss: Was prozessual zulässig ist, kann auch den Straftatbestand des § 258 nicht erfüllen. Es ist dem Verteidiger daher grundsätzlich nicht verwehrt, ein aussichtsloses Rechtsmittel einzulegen oder wider besseren Wissens einen Verfahrensfehler unter Berufung auf ein unrichtiges Hauptverhandlungsprotokoll zu rügen. Dass hier formelle und materielle Wahrheit auseinanderklaffen können, ergibt sich bereits aus der formalen Beweiskraft des Hauptverhandlungsprotokolls. Dies verbietet auch eine Gleichstellung mit dem (relativ unstreitig unzulässigen) Fall einer sonstigen Lüge im Sinne einer Trübung der Beweisquelle durch den Verteidiger.

145. Unter Kollegen

T erfuhr, dass sein Arbeitskollege A seit längerer Zeit Gelder aus der Tageskasse unterschlagen hatte. T unternahm nichts. Hat sich T gemäß § 258 strafbar gemacht?

Zur Vertiefung: *Wessels/Hettinger,* Rn. 724; *Rengier* I, § 21 Rn. 14 f.

Nein. Zwar kann § 258 auch durch **Unterlassen** begangen werden. Hierfür ist aber stets eine **Rechtspflicht** zur Mitwirkung an der Strafverfolgung erforderlich. Dies ist bei T keineswegs der Fall.

Ergänzende Bemerkung: Anders kann dies aufgrund des Legalitätsprinzips für Mitglieder der Strafverfolgungsbehörden (Kriminalbeamte, Staatsanwälte) sein. Hier ist fraglich, inwiefern sie bei privater Kenntniserlangung eine nach §§ 258a, 13 strafbewehrte Pflicht trifft, Ermittlungsmaßnahmen einzuleiten. Der Interessenkonflikt aus Legalitätsprinzip und Ermöglichung einer Privatsphäre auch für Strafverfolger löst die h. M. so, dass eine Ermittlungspflicht bei privater Kenntniserlangung nur bei schwerwiegenden Straftaten (etwa aus dem Katalog des § 138) besteht. Vgl. näher *Laubenthal,* JuS 1993, 907 ff.

146. Das Versteckspiel

T vermietete für mehrere Monate ein abgeschieden gelegenes Sommerhaus an A. T war durchaus bewusst, A könnte im Sinn haben, sich in dem Haus vor der Polizei zu verstecken. Sie vermietete es dennoch, um sich die Einnahmen nicht entgehen zu lassen. Die Auffindung und anschließende Verurteilung des A verzögerte sich dadurch um mehrere Monate. Hat sich T nach § 258 strafbar gemacht?

Zur Vertiefung: *Wessels/Hettinger,* Rn. 727 ff.; *Rengier* I, § 21 Rn. 6, 37; *Frisch,* JuS 1983, 915 ff.; *Samson,* JA 1982, 181 ff.

Nein. Zwar stellt nach h. M. auch die **Verzögerung** der Durchsetzung des staatlichen Strafanspruchs **auf geraume Zeit** einen Vereitelungserfolg im Sinne des § 258 dar, wovon jedenfalls bei mehreren Wochen oder Monaten auszugehen ist. Die Vermietung durch T ist allerdings eine „an sich" **sozialadäquate** und damit „neutrale" **Handlung.** Ob eine solche den objektiven Tatbestand des § 258 erfüllt, ist fraglich. Anders als bei sozial unüblichem Sonderverhalten gegenüber dem Vortäter, das gerade auf dessen Straftäterschaft ausgerichtet ist (Verbergen im Keller; Versorgung des in einer Höhle verborgenen Täters mit Nahrungsmitteln durch einen Privatmann), könnte sich T im vorliegenden Fall darauf berufen, ihr Handeln nicht am Vereitelungszweck ausgerichtet zu haben (sondern allenfalls unterlassen zu haben, zwischen verschiedenen Mietinteressenten zu differenzieren, wozu sie aber keine [Garanten-]Pflicht treffe). Es handelt sich dabei ersichtlich um das **Parallelproblem zur „neutralen Beihilfe"** (vgl. PdW AT, Fall 307). Anders als dort ist aber bei § 258 schon dem Gesetzestext eine Hilfestellung daraus zu entnehmen, dass zumindest eine ganze Reihe von Fällen auf der Ebene des **subjektiven Tatbestandes** gelöst werden können (vgl. auch nochmals Fall 144), da hinsichtlich des Vereitelungserfolges direkter Vorsatz vorliegen muss. Wo dieser – wie hier – fehlt, erscheint eine Lösung im subjektiven Tatbestand klarer, als sich auf die fließenden Grenzen zwischen noch sozialüblichem und schon sozial unüblichem Verhalten einzulassen.

146a. Nur nicht übertreiben

T war von D „ordentlich verprügelt" worden, wobei D einen langen Stock verwendete und T ausschließlich auf den Rumpf schlug. Bei seiner Anzeige bei der Polizei und auch als Zeuge vor Gericht gab T demgegenüber an, D habe ihn wie wild mit einer Peitsche geschlagen und ihn dabei auch mehrfach am Kopf getroffen, wodurch vorübergehend auch sein Augenlicht beeinträchtigt worden sei. Hat sich T – außer nach § 153 – auch nach § 164 Abs. 1 strafbar gemacht?
(vgl. OLG München NStZ 2010, 219)

Zur Vertiefung: *Wessels/Hettinger,* Rn. 700; *Rengier* I, § 50 Rn. 10.

Nach h. M. **nein.** Als Tathandlung einer falschen Verdächtigung kommen nämlich nur solche Behauptungen in Betracht, die **den wesentlichen Kern** des den Behörden unterbreiteten Sachverhaltsmaterials betreffen. **Übertreibungen, Ausschmückungen,** Entstellungen und andere Unrichtigkeiten sind demgegenüber nur dann tatbestandsrelevant, wenn damit z. B. eine **Qualifikation eines Tatbestandes** vorgetäuscht wird. Da vorliegend die Ausschmückungen und gegebenenfalls Unrichtigkeiten nichts am Kerngeschehen einer gefährlichen Körperverletzung nach § 224 Abs. 1 Nr. 2 ändern und die vorübergehende Beeinträchtigung des Augenlichts auch nicht zur Qualifikation nach § 226 Abs. 1 Nr. 1 führen würde, wären sie nach dieser Auffassung **nicht tatbestandsrelevant** nach § 164 Abs. 1. Diesem restriktiven Ansatz dürfte auch zu folgen sein, da jedenfalls mit Blick auf die durch § 164 Abs. 1 zumindest auch geschützte Ermittlungstätigkeit der Strafverfolgungsbehörden durch die Ausschmückungen keine Prüfung in Richtung auf einen Tatbestand veranlasst wurde, der objektiv nicht vorgelegen hätte.

G. Urkunds- und Geldfälschungsdelikte

147. Der Urkundsbegriff

Welches sind nach h. M. die drei Strukturelemente des strafrechtlichen Urkundsbegriffs?

Zur Vertiefung: *Wessels/Hettinger,* Rn. 790; *Rengier* II, § 32 Rn. 1–12; *Satzger,* Jura 2012, 106 ff.; *Schuhr,* ZJS 2011, 192 ff.

– Vorliegen einer **verkörperten Gedankenerklärung** („Perpetuierungsfunktion"), die
– zum **Beweis im Rechtsverkehr** bestimmt oder geeignet ist („Beweisfunktion") und
– ihren **Aussteller erkennen** lässt („Garantiefunktion")

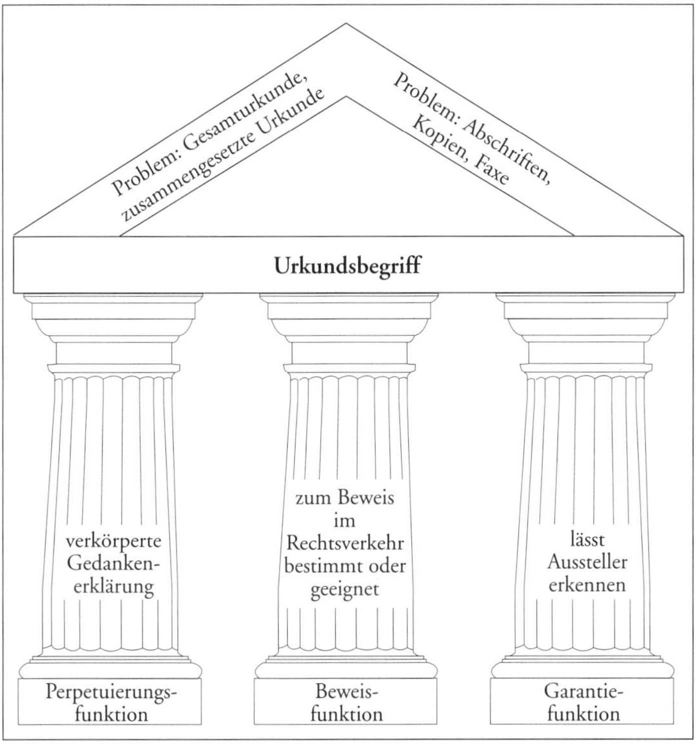

148. Der vernichtete Hassbrief (I)

T und O stritten in ihrem anhängigen Scheidungsverfahren u. a. um schwierige Zugewinnausgleichsfragen. Um bei O etwas mehr Kompromissbereitschaft zu erzielen, beschloss T, zum Schein auch um das Sorgerecht für seine Kinder K und L zu streiten. Bevor er das Thema allerdings auf den Tisch brachte, entwendete er bei einem Besuch in der früheren gemeinsamen Ehewohnung aus dem Schreibtisch der O einen Brief, den er ihr ein Jahr vorher geschrieben

hatte und in dem er betont hatte, wie sehr K und L ihm „auf die Nerven fallen" würden. Er hatte nämlich Angst, O könnte seine Position mit Hilfe dieses Briefes vor Gericht so sehr schwächen, dass die Sorgerechtsentscheidung aus ihrer Sicht keine „Verhandlungsmasse" mehr darstellen würde. Als T seinem Rechtsanwalt R stolz von seiner Tat berichtete, meinte R besorgt, T könne sich wegen Urkundenunterdrückung nach § 274 Abs. 1 strafbar gemacht haben. T meinte, private Briefe könnten unmöglich eine Urkunde im Rechtssinne sein, da es bei solchen nicht um die von §§ 267 ff. doch offenbar geschützte Beweissicherheit im Rechtsverkehr gehe.
Sind die Bedenken des R berechtigt?

Zur Vertiefung: *Wessels/Hettinger,* Rn. 797 f., 888 ff.; *Rengier* II, § 32 Rn. 5.

Ja, denn neben den (bei den Urkundsdelikten zumeist im Mittelpunkt stehenden) **Absichtsurkunden** werden von der h. M. auch sog. **Zufallsurkunden** dem Schutz der §§ 267 ff. unterstellt. Es handelt sich hierbei um Gedankenerklärungen, die zwar nicht ursprünglich zum Beweis im Rechtsverkehr bestimmt sind, jedoch nach ihrer Ausstellung zufällig Beweisfunktion erlangen. Um eine solche Zufallsurkunde handelt es sich hier vorliegend, da ihr Inhalt möglicherweise für den Beweis innerhalb des Sorgerechtsstreits von Bedeutung sein kann. Diese Zufallsurkunde **gehört** auch **nicht dem T** im Sinne des § 274 Abs. 1 Nr. 1, wofür es nicht entscheidend auf die sachenrechtliche Eigentumslage ankommt, sondern das Recht im Mittelpunkt steht, mit der Urkunde Beweis zu führen. Dieses Recht steht hier der O als Adressatin des Briefes zu. Wenn T verhindert, dass O ihr Beweisführungsrecht ausübt, liegt darin auch ein **Unterdrücken** im Sinne des § 274 Abs. 1 Nr. 1. Da es T gerade darauf ankommt, dass O mit dem Brief keinen Beweis führen kann, liegt schließlich subjektiv auch die von § 274 Abs. 1 geforderte **Nachteilszufügungsabsicht** (vgl. auch näher Fall 170) vor.

149. Der ausradierte Erbe

O wollte seinen Nachlass regeln und verfasste dazu einen handschriftlichen (vgl. § 2247 BGB) Brief an seinen Sohn S, der sich immer um ihn gekümmert hatte. Er teilte ihm mit, er vermache ihm zwei Drittel des Nachlasses, dagegen S' Bruder T nur ein Drittel. Den Brief unterschrieb O und steckte ihn in einen adressierten und frankierten Umschlag, ohne diesen zuzukleben und abzuschicken. Fünf Tage später verstarb O. Da an diesem Tag ausnahmsweise T bei ihm war, fand dieser den Brief, radierte seinen und den Namen seines Bruders mit einer Rasierklinge vorsichtig aus und vertauschte sie. Dann schickte er den Brief an S ab. S konnte die Beweggründe seines Vaters nicht verstehen und ließ den Brief von einem Fachmann untersuchen, der die Manipulation entdeckte. Hat sich T wegen Herstellung einer unechten oder wegen Verfälschung einer echten Urkunde strafbar gemacht?

Zur Vertiefung: *Wessels/Hettinger,* Rn. 821 ff., 842 ff.; *Rengier* II, § 32 Rn. 7.

Auf den ersten Blick scheint hier das **Verfälschen** einer echten Urkunde in Betracht zu kommen, was gegenüber dem Herstellen einer unechten Urkunde vorrangig wäre, soweit durch die gleiche Handlung beide Alternativen erfüllt werden. Dafür müsste es sich allerdings bei dem Brief um eine **bereits bestehende** (echte) **Urkunde** handeln. Dies ist vorliegend jedoch zweifelhaft, da der Brief zwar schon vor der Manipulation durch T eine verkörperte Gedankenerklärung enthielt und den Aussteller erkennen ließ, es jedoch wohl an der Beweisfunktion gefehlt hat. Eine solche wird nämlich für bloße **Entwürfe** abgelehnt. Bei dem von O verfassten Brief dürfte es sich um einen solchen Entwurf gehandelt haben. Zwar bedarf ein Testament als einseitige Willenserklärung grundsätzlich keines Zuganges, um wirksam zu werden. Ist ein solches aber in Form eines Briefes abgefasst, so spricht viel dafür, zumindest vor dem Absenden dieses Briefes einen bloßen Entwurf anzunehmen, da der Aussteller es vorher offenbar bewusst noch nicht in der vorgesehenen Form entäußert hat. Geht man daher bei dem Brief nur von einem Testamentsentwurf aus, so fehlt es noch an der endgültigen Beweisbestimmung.

Allerdings hat T eine **unechte Urkunde hergestellt,** da der Brief den Eindruck einer mit Beweisfunktion ausgestatteten verkörperten Gedankenerklärung erweckt, die von O herrührt, während die Erklärung mit diesem Inhalt in Wahrheit von T verfasst worden ist.

Ergänzende Bemerkung: Fasst man den Brief vor seinem Absenden mit den hier genannten Argumenten als bloßen Entwurf auf, so ist er nicht nur keine Absichtsurkunde, sondern auch keine Zufallsurkunde. Denn anders als der Brief in Fall 148 kommt ihm keinerlei rechtlich relevante Beweisfunktion zu, da der durch ein formunwirksames Testament nachgewiesene „an sich bestehende" Wille des Erblassers ohne Bedeutung ist, solange er nicht in eine wirksame Verfügung „gegossen" wurde.

150. Der vernichtete Hassbrief (II)

T aus Fall 148 erwägt, dem Familiengericht stattdessen einen anonymen Brief zu schreiben, in dem er wahrheitswidrig verkündet, die O „schlage ihre Kinder regelmäßig aus völlig nichtigen Anlässen". Wird R auch hiergegen (strafrechtliche) Bedenken erheben?

Zur Vertiefung: *Wessels/Hettinger,* Rn. 802; *Rengier* II, § 32 Rn. 8, 10.

Ja, wenngleich nicht aus Gründen des Urkundenstrafrechts. Ein anonymes Schreiben ist regelmäßig schon deswegen **keine Urkunde,** da es den Aussteller nicht erkennen lässt. Dass die in dem Schreiben enthaltene Aussage möglicherweise inhaltlich unrichtig ist, macht die Urkunde zu keiner unechten, sondern ist nur eine (*sub specie* § 267) **straflose schriftliche Lüge.** Allerdings könnte das Schreiben die Tatbestände des § 145d Abs. 1 Nr. 1 (Vortäuschen einer Straftat), § 164 Abs. 1 (falsche Verdächtigung, wofür es allerdings an der Absicht fehlen dürfte, ein behördliches Verfahren gegen O herbeizuführen) oder § 187 (Verleumdung) erfüllen.

151. Der kranke Namensvetter (I)

Der greise T lag mit seinem Nachbarn N im Streit. Da er aus gesundheitlichen Gründen nicht mehr in der Lage war, dem N selbst einen Brief zu schreiben, diktierte er seinem Sohn, der den gleichen Vornamen wie sein Vater trug,

einen Brief an N und bat ihn, diesen doch auch gleich mit zu unterschreiben. T's Sohn kam dieser Bitte nach und unterschrieb mit Vor- und Zunamen. Aufgrund der Namensgleichheit nahm N zunächst an, T habe den Brief selbst verfasst. Als er später zufällig den wahren Ablauf erfuhr, erstattete er Anzeige gegen T's Sohn wegen Urkundenfälschung. Dieser verteidigte sich damit, dass er doch nichts getan habe, als einen Brief mit seinem tatsächlichen Namen zu unterschreiben. Was ist davon zu halten?

Zur Vertiefung: *Wessels/Hettinger,* Rn. 801, 829; *Rengier* II, § 32 Rn. 9 und § 33 Rn. 16.

T's Sohn hat zwar nicht mit seiner Begründung, wohl aber **in der Sache Recht:** Zwar ist das Herstellen einer unechten Urkunde, das in einem **Auseinanderfallen von tatsächlichem und vermeintlichem Aussteller** liegt, ausnahmsweise auch einmal möglich, wenn man mit seinem tatsächlichen Namen unterschreibt. Dies ist dann der Fall, wenn aufgrund der Umstände mit dem tatsächlichen Namen klar eine **andere Person** in Verbindung gebracht werden muss. Dies ist vorliegend angesichts des Inhalts des Schreibens und der Absenderanschrift der Fall. Dennoch hat T's Sohn im Ergebnis **keine unechte Urkunde** hergestellt, da nicht nur vermeintlicher, sondern **auch tatsächlicher Aussteller T** selbst und nicht sein Sohn war: Nach der herrschenden **Geistigkeitstheorie** kommt es nämlich nicht in erster Linie darauf an, wer die Urkunde „manuell" selbst erstellt hat, sondern von wem der geistige Inhalt herrührt. Dies ist vorliegend jedoch der T, und auch jeder andere hätte grundsätzlich als **Vertreter des T** die Urkunde **mit dessen Namen** unterzeichnen dürfen. Ein solches Auftreten unter fremdem Namen ist zulässig, wenn der Verfasser mit Vertretungswillen handelt (was trotz des Hinweises von T's Sohn auf die „Unterschrift mit seinem tatsächlichen Namen" anzunehmen ist), der Vertretene mit der Vertretung einverstanden ist und kein Fall vorliegt, in dem das Auftreten unter einem anderen Namen unzulässig wäre. Da all diese Voraussetzungen hier vorliegen, durfte T's Sohn mit dem Namen des T unterschreiben.

152. Der kranke Namensvetter (II)

T aus Fall 151 wurde durch den Streit mit N so aufgerieben, dass er sein Ende nahen fühlte. Da er seinen Nachlass noch regeln wollte, sich selbst aber zu schwach zum Schreiben fühlte, bat er seinen Sohn, handschriftlich einen ihm diktierten Text niederzulegen und zugleich zu unterschreiben. Angesichts der Erklärung, die er in Fall 151 erhalten hatte, tat dieser das, ohne zu zögern. Hat er sich dadurch strafbar gemacht?
(vgl. auch RGSt 57, 237)

Zur Vertiefung: *Wessels/Hettinger,* Rn. 830; *Rengier* II, § 33 Rn. 17.

T's Sohn hat zumindest den objektiven Tatbestand des § 267 Abs. 1 Alt. 1 erfüllt, indem er eine unechte Urkunde herstellte. Im Unterschied zu Fall 151 ist nämlich bei der Errichtung eines **Testaments** durch § 2247 BGB die **eigenhändige Niederschrift und Unterschrift** vorausgesetzt, so dass ein Dritter gerade nicht mit dem Namen des Erblassers unterschreiben darf. Angesichts dieser sehr „feinsinnigen"

Unterscheidung zwischen Fall 152 und Fall 151, die letztlich in der „sozialethisch neutralen" Formvorschrift des § 2247 BGB wurzelt, liegt allerdings die Annahme eines **Irrtums** von T's Sohn nahe. Dabei taucht freilich die schwierige Frage auf, ob es sich „nur" um einen Verbotsirrtum nach § 17 oder einen Tatumstandsirrtum nach § 16 Abs. 1 Satz 1 handelt. Da T's Sohn den spezifisch strafrechtlichen Sinn seines Verhaltens ganz richtig erfasst und aufgrund eines Irrtums über eine bloße außerstrafrechtliche Frage (Wirksamkeitsvoraussetzungen eines Testaments) nicht erkennt, dass seine Tathandlung zu einer falschen Urkunde führt, ist die Annahme eines Vorsatz ausschließenden Tatumstandsirrtums überzeugender (a. A. vertretbar).

153. Der kranke Namensvetter (III)

Würde sich in Fall 152 etwas ändern, wenn T selbst wenigstens noch die Kraft zur Unterschrift gefunden hätte?
(vgl. auch OLG Düsseldorf NJW 1966, 749)

Zur Vertiefung: *Wessels/Hettinger,* Rn. 830.

Ja, denn das Testament wäre zwar aufgrund der fehlenden eigenhändigen Errichtung nach wie vor nach § 2247 BGB unwirksam. Allerdings wäre **T** ungeachtet dessen **Aussteller des Testaments,** da er sich mit seiner Unterschrift den von seinem Sohn verfassten Inhalt zu eigen gemacht hat. Entgegen der Ansicht des OLG Düsseldorf (NJW 1966, 749) hätte sich T's Sohn daher nicht strafbar gemacht.

154. Der Bierdeckelfall (I)

T hatte im Lokal des O im Laufe eines Abends drei Cola, zwei Mineralwasser sowie vier Bier bestellt und getrunken. Da er seinen Sitzplatz im Laufe des Abends vom Garten ins Innere des Lokals verlegte, wurde er von der Bedienung, die bei jedem gebrachten Getränk einen Strich auf seinen Bierdeckel gemacht hatte, aufgefordert, den Deckel mit nach drinnen zu nehmen. Die Bedienung im Lokal brachte dennoch einen neuen Deckel und begann, auch auf diesem Striche zu machen, woraufhin T seinen ersten Deckel zerknüllte und in einen Papierkorb warf. Sein Freund, Jurastudent J, wies T darauf hin, dass er sich hierdurch u. a. wegen Urkundenunterdrückung strafbar gemacht habe.
a) T meinte, ein Bierdeckel könne doch wohl unmöglich eine Urkunde sein. Jedenfalls habe er – obwohl er natürlich die Bedeutung der Striche erkannt habe – in keinem Moment daran gedacht, eine Urkunde vor sich zu haben.
b) T war völlig überrascht und meinte, er sei davon ausgegangen, es handle sich um ganz plumpe Versuche der Bedienungen, ihm schrittweise ihre Telefonnummern zukommen zu lassen, da er so ein außergewöhnlich attraktiver junger Mann sei; er sei jedoch an ihnen nicht interessiert gewesen. Dass die Striche irgendetwas mit der Rechnung zu tun haben könnten, sei ihm nicht klar gewesen.
Strafbarkeit des T?

Zur Vertiefung: *Wessels/Hettinger,* Rn. 790, 814 f., 888 ff.; *Rengier* II, § 32 Rn. 13 f.

Zu a) Für den strafrechtlichen Urkundsbegriff kommt es nur auf das Vorliegen der drei in Fall 147 genannten **Strukturelemente** an. Diese liegen auch bei dem Bierdeckel mit den Strichen vor: Jeder **Strich** enthält die **verkörperte Gedankenerklärung,** dass ein bestimmtes Getränk zu bezahlen sei; die Striche dienen der Abrechnung der Zeche und damit dem Beweisverkehr; schließlich lassen die Striche i. V. m. dem benutzten Bierdeckel und den Gepflogenheiten des Lokales auch den (bzw. zumindest einen der) Kellner als Aussteller erkennen. Wenn T diese **Beweisfunktion** der Bierdeckel mit den Strichen **erkannte,** ist es für seine Strafbarkeit unerheblich, ob er selbst davon ausgeht, es handelt sich um eine Urkunde im Sinne des § 267 (bzw. hier: des § 274). Sein diesbezüglicher **Subsumtionsirrtum** ist **unerheblich.**

Zu b) Hier hat T dagegen den **sozialen Sinngehalt** der Striche **nicht erkannt.** Da ihm gerade nicht klar war, dass es um eine zum Beweisverkehr bestimmte Gedankenerklärung ging, hat er das Tatbestandsmerkmal der Urkunde im strafrechtlichen Sinne nicht gekannt, so dass er nach § 16 Abs. 1 Satz 1 ohne Vorsatz handelte. Gemäß § 15 ist dieser Vorsatz jedoch für § 274 erforderlich, so dass T – falls er tatsächlich die behauptete Vorstellung gehabt hatte – hier straflos ist.

Ergänzende Bemerkung: Es wäre vertretbar, in jedem einzelnen Strich eine Urkunde zu sehen, um den strafrechtlichen Schutz bereits im gesamten Verlauf des Abends (und nicht erst mit der Fertigstellung beim letzten Strich) sicher zu stellen. Alle Striche gemeinsam würden dann eine sog. Gesamturkunde bilden (vgl. Frage 155).

155. Zusammengesetzte Urkunde und Gesamturkunde

Wie unterscheiden sich die Figuren der sog. zusammengesetzten Urkunde und der Gesamturkunde?

Zur Vertiefung: *Wessels/Hettinger,* Rn. 814 ff.; *Rengier* II, § 32 Rn. 17–20; *Heinrich,* JA 2011, 423 ff.

Die **zusammengesetzte Urkunde** stellt eine Kombination aus einer Urkunde bzw. einem sog. **Beweiszeichen** und einem **Bezugsobjekt** dar (Beispiel: Das aufgeklebte Preisschild auf einem Gegenstand; das Kfz-Kennzeichen an einem Auto). Ihre Besonderheit liegt darin, dass sich der Inhalt der Urkunde nicht allein aus dem Beweiszeichen vollständig ergibt, sondern erst im Zusammenhang mit dem Bezugsobjekt erschlossen werden kann. Insoweit kann eine zusammengesetzte Urkunde auch dadurch verfälscht werden, dass das Bezugsobjekt oder Beweiszeichen ausgetauscht wird. Demgegenüber handelt es sich bei der **Gesamturkunde** um die **Kombination mehrerer Einzelurkunden.** Die Besonderheit der Gesamturkunde liegt darin, dass sie in ihrer Beweisfunktion über die Summe der Beweiswerte der Einzelurkunden hinausgeht. Diese zusätzliche Beweisfunktion liegt häufig in der Vermutung der Vollständigkeit (Beispiele: Gerichtsakten oder Handelsbücher).

156. Schilder retuschiert

T geriet mit einer Geschwindigkeit von 57 km/h in einer Tempo-30-Zone in eine Radarmessung. Als ihm der Strafzettel zugestellt wurde und er um seinen

Führerschein fürchtete, beschloss T, die Tatumstände nachträglich etwas zu seinen Gunsten zu verändern: Zu diesem Zweck fertigte er vier Klebefolien an, die – wie ein entsprechendes Verkehrszeichen – einen roten Kreis zeigten, in dem auf weißem Untergrund die Zahl „60" stand. Danach überklebte er die Schilder in der Straße, in der er „geblitzt" worden war, mit den Klebefolien. Im Rahmen der Gerichtsverhandlung dokumentierte T dann mit Fotos, die sein Auto zusammen mit der Beschilderung zeigten, dass er sich im Rahmen der zulässigen Geschwindigkeit gehalten hatte. Die Folien wurden erst einige Zeit später wieder entfernt, nachdem Anwohner die Behörden auf die „geänderte Verkehrsregelung" hingewiesen hatten. Strafbarkeit des T nach § 267?
(vgl. OLG Köln NJW 1999, 1042)

Zur Vertiefung: *Wessels/Hettinger,* Rn. 816, 842 ff.; *Rengier* II, § 32 Rn. 18a; *Jahn,* JA 1999, 98 ff.; *Martin,* JuS 1999, 611 ff.; allgemein zu Urkunden (insbesondere) im Straßenverkehr *Lickleder,* JA 2014, 110 ff.

Bei dem **Verkehrszeichen** mitsamt **der Straße** könnte es sich um eine **zusammengesetzte Urkunde** handeln: Das Verkehrszeichen enthält die verkörperte Gedankenerklärung einer bestimmten Höchstgeschwindigkeit; es ist zum Beweis hinsichtlich der entsprechenden Verkehrsregelung im Rechtsverkehr bestimmt und lässt zumindest konkludent seinen Aussteller (d. h. die zuständige Behörde) erkennen. Bezugsobjekt ist der Abschnitt der Straße, für den die Regelung gilt. Demgegenüber hat das OLG Köln (NJW 1999, 1042) die Annahme einer zusammengesetzten Urkunde abgelehnt, da die Vorstellung einer im Einzelfall **kilometerlangen Urkunde** dem **natürlichen Sprachgebrauch** des Begriffs „Urkunde" widerspreche. Außerdem könne beispielsweise bei Wechselverkehrszeichen oder mobilen Verkehrszeichen keine ausreichend feste Verbindung zwischen dem Beweiszeichen und dem Bezugsobjekt vorliegen. Zuletzt erfolge die Verbindung mit der Straße auch nicht durch die Straßenverkehrsbehörde als Aussteller, sondern durch die Straßenbaubehörden. Indes erscheinen all diese Einwände nicht zwingend: Soweit es sich nämlich gerade um **feste Verkehrszeichen** handelt, ist es unerheblich, dass es möglicherweise auch Verkehrszeichen geben kann, bei denen die Verbindung nicht ausreichend fest ist; des Weiteren können nach der **Geistigkeitstheorie** (vgl. Fall 151) die Straßenverkehrsbehörden auch dann als tatsächliche Aussteller angesehen werden, wenn das Zeichen von den Straßenbaubehörden weitgehend selbständig aufgestellt wird. Zuletzt entspricht auch bei den als (zum Teil zusammengesetzten) Urkunden anerkannten Beispielen eines Autos mit seinem Kennzeichen, der Ware mit ihrer Preisauszeichnung oder des mit Strichen versehenen Bierdeckels (vgl. Fall 154) die Bezeichnung als Urkunde kaum dem natürlichen Wortsinn. Insoweit sprechen die besseren Gründe dafür, eine Strafbarkeit nach § 267 Abs. 1 Alt. 2 anzunehmen, da der gedankliche Inhalt der Urkunde durch Manipulation des Schildes verändert wurde.

Ergänzende Bemerkung: Darüber hinaus kommt auch eine Strafbarkeit nach § 303 (da die äußere Erkennbarkeit wesentliche Zweckbestimmung ist), § 304, § 132 Alt. 2 (da Verkehrszeichen nur von Amtsträgern verändert werden dürfen) sowie § 145 Abs. 2 (da die Beschränkung auf Tempo 30 vorrangig den Schutz von Fußgängern gegen Unfälle beabsichtigt) in Betracht.

157. Der Eigenbeleg (I)

T hatte in seiner Fernsehzeitschrift gelesen, dass das Finanzamt unter Umständen auch sog. Eigenbelege anerkenne.
a) Bei seiner Steuererklärung 2003 gab er deswegen u. a. einen von ihm selbst unterschriebenen Zettel mit ab, auf dem er wahrheitswidrig vermerkte, er habe für 50 Euro Briefmarken aus einem Automaten ohne Belegfunktion im Zusammenhang mit seiner beruflichen Tätigkeit erworben.
b) Als er außerdem merkte, dass der inzwischen verstorbene Einzelhändler E ihm versehentlich beim Kauf einer ausschließlich beruflich genutzten elektrischen Schreibmaschine statt 399 Euro nur 299 Euro quittiert hatte, änderte er kurzerhand die Quittung um und setzte den tatsächlich (in bar bezahlten) Betrag ein.
Hat T jeweils unechte Urkunden hergestellt?

Zur Vertiefung: *Wessels/Hettinger,* Rn. 821 ff., 847 ff.; *Rengier* II, § 33 Rn. 1–9, 21–23.

Zu a) Hinsichtlich des „Eigenbelegs" über die Briefmarken liegt keine **unechte Urkunde** vor. Eine solche setzt nämlich das **Auseinanderfallen** von **tatsächlichem** und **vermeintlichem Aussteller** voraus. Hier ist jedoch der vermeintliche zugleich auch der tatsächliche Aussteller; die inhaltliche fehlerhafte Angabe ist als **schriftliche Lüge** *sub specie* § 267 straflos (vgl. auch bereits oben Fall 150).

Zu b) Demgegenüber hat T in Fallvariante b eine Urkundenfälschung – wenngleich nicht in der Variante der Herstellung einer unechten, sondern der insoweit vorrangigen Verfälschung einer echten Urkunde – begangen. Ebenso, wie die schriftliche Lüge als solche mit Blick auf § 267 Abs. 1 straflos ist, ist es umgekehrt **unerheblich,** dass die abgeänderte Quittung **inhaltlich der Wahrheit** entspricht. Entscheidend ist, dass T den gedanklichen Inhalt einer echten Urkunde abweichend von dem Inhalt, den ihr der Aussteller gegeben hat, verändert hat.

158. Juristische Eingebung auf der Toilette

T befürchtete, das zweite juristische Staatsexamen allein nicht bestehen zu können, und bat den G um Hilfe. Er verabredete sich mit G dahingehend, dass T jeweils kurz nach Beginn einer Klausur eine knappe Zusammenfassung des Sachverhalts durch das Toilettenfenster aus dem Prüfungsgebäude reichte, welche G entgegennahm. Dieser löste die Klausur dann, ahmte T's Schrift nach und schrieb die Lösung nieder. Diese Lösung wurde dem T jeweils eine halbe Stunde vor Ende der Bearbeitungszeit durch das Toilettenfenster auch wieder zugereicht. Danach nummerierte T die Blätter durch, trug seine ausgeloste Platzziffer ein und gab die Klausuren jeweils als von ihm geschrieben ab. Strafbarkeit von T und G?
(vgl. BayObLG NJW 1981, 772)

Zur Vertiefung: *Wessels/Hettinger,* Rn. 825, 841, 850; *Rengier* II, § 32 Rn. 12 und § 33 Rn. 7; *Schroeder,* JuS 1981, 417 ff.; zur Urkundenfälschung an einer Schulaufgabe auch AG Pfaffenhofen NJW 2004, 2176.

G könnte zunächst durch das **Beschreiben der Zettel** eine unechte Urkunde hergestellt haben: Insbesondere sind Prüfungsarbeiten evident Fälle, in denen das verdeckte Handeln für einen anderen unzulässig ist. Allerdings ist zu beachten, dass G selbst **noch gar keine Urkunde,** sondern mangels Erkennbarkeit des Ausstellers vor Eintragung der ausgelosten Platzziffer bloße Entwürfe gefertigt hat, so dass er keine täterschaftliche Urkundenfälschung begangen hat.

T hätte eine Urkundenfälschung begangen, wenn tatsächlicher und vermeintlicher Aussteller auseinander fallen würden: **Vermeintlicher Aussteller** ist hier **T** selbst, da durch die Eintragung der Platzziffer er als Bearbeiter der Aufgabe eindeutig zugeordnet werden kann. Allerdings ist T **auch tatsächlicher Aussteller** der Urkunde, da er sich die von G abgegebene **Gedankenerklärung** durch den Eintrag seiner Platzziffer **zu eigen macht.** Im Grunde genommen ist das Vorgehen des T nicht anders zu behandeln, als wenn er den Inhalt von G's Zetteln selbst noch einmal auf eigene Blätter abgeschrieben hätte. Ein solches Vorgehen ist zwar prüfungsrechtlich unzulässig, ändert aber nichts daran, dass T genau diese Gedankenerklärung als seine eigene in den Verkehr bringen möchte.

Mangels Haupttat des T scheidet dementsprechend auch eine Beihilfestrafbarkeit des G aus.

159. Begabungen ungleich verteilt

Wie wäre Fall 158 zu beurteilen, wenn T statt des G seinen juristisch besser begabten Zwillingsbruder Z um Hilfe gebeten hätte und dieser bei den Klausuren für T angetreten wäre?

Zur Vertiefung: *Wessels/Hettinger,* Rn. 821, 829 f.; *Rengier* II, § 33 Rn. 16–18.

In diesem Fall hätte sich Z wegen **Urkundenfälschung** in Form des Herstellens einer **unechten Urkunde** (und T sich gegebenenfalls wegen einer entsprechenden Anstiftung dazu) strafbar gemacht. Die von Z abgegebenen Klausuren wären Urkunden gewesen, deren vermeintlicher Aussteller T, deren **tatsächlicher Aussteller** jedoch Z gewesen wäre. Insbesondere kommt hier auch nach den oben genannten Grundsätzen der Geistigkeitstheorie und des Auftretens unter dem Namen des Vertretenen **keine wirksame Vertretung** des T durch Z derart in Betracht, dass Z mit dem Namen (beziehungsweise hier mit der Platzziffer) des T hätte unterschreiben dürfen. Denn eine solche Vertretung setzt nicht nur voraus, dass der Vertretene sich vertreten lassen will und der Vertreter mit Vertretungswillen handelt, sondern auch, dass in der konkreten Situation eine solche Vertretung rechtlich zulässig ist. Dies ist jedoch bei Prüfungsaufgaben evident nicht der Fall.

160. Ein Vertrag, der sich sehen lassen soll

Der vermögenslose T wollte sich ein Darlehen verschaffen. Um den Darlehensgebern eine nicht existierende Kreditwürdigkeit vorzutäuschen, unterschrieb T einen aus Kopien von verschiedenen echten Verträgen hergestellten und vermeintlich notariell bekundeten Grundstückskaufvertrag, der ihn selbst

als Verkäufer, zwei Käufer und einen Kaufpreis von rund 1,6 Mio. Euro auswiesen. Tatsächlich setzte er diese Kopien allerdings nie ein. Hat T sich strafbar gemacht?
(vgl. BGH NStZ 2011, 91)

Zur Vertiefung: *Wessels/Hettinger,* Rn. 808 ff.; *Rengier* II, § 32 Rn. 21 ff.

Dafür, dass T auch nur unmittelbar zu einem Betrug an den potenziellen Darlehensgebern angesetzt hat, teilt der Sachverhalt nichts mit. Fraglich ist jedoch, ob bereits die Herstellung des vermeintlichen Kaufvertrages als Urkundenfälschung strafbar ist. Soweit T den Vertrag mit seinem eigenen Namen unterschrieben hat, **fehlt** es jedenfalls an einer **Täuschung über den Aussteller** der Gedankenerklärung. Wenn man hier darauf abstellt, dass das unterzeichnete Schriftstück so nie von einem Notar erstellt worden ist, ist darin lediglich eine (*sub specie* § 267 straflos) **schriftliche Lüge** zu sehen. Etwas anders könnte hinsichtlich der beiden genannten Käufer gelten, da diese tatsächlich keine Mitaussteller des Vertrages sind. Allerdings treten sie hier auch nicht – wie für die unechte Urkunde erforderlich – zu Unrecht als vermeintliche Aussteller in Erscheinung, da ihre Namenszüge lediglich kopiert gewesen sind, so dass ihr die **Authentizität einer Originalunterschrift** fehlt. Das Zufügen von (solchen erkennbaren) Kopien der Unterschriften macht das Konglomerat nicht zu einer Urkunde, da das Schriftstück insoweit nach außen als Reproduktion erscheint. Da T nach dem Sachverhalt für die Herstellung der Collage auch lediglich Kopien von Originalverträgen verwendet hat, hat er beim Herstellungsvorgang auch keine echten Urkunden verfälscht.

161. Der uninformierte Rechtsanwalt

T vermittelte dem geschäftsunerfahrenen O ausländische Kreditbriefe. Er erklärte O, dem bei der schwierigen Vermittlung tätig gewordenen Rechtsanwalt R stehe für seine Bemühungen eine Aufwandsentschädigung von 5.000 Euro zu. Bei der Übergabe des Geldes stellte T auf Wunsch des O eine Quittung aus, auf der sich der Stempel des R befand, neben dem T mit „i. V. T" unterschrieb. Tatsächlich war R weder mit der Beschaffung der Briefe betraut gewesen noch hatte er T zur Einziehung von Geld ermächtigt. Strafbarkeit des T nach § 267 Abs. 1?
(vgl. BGH NJW 1993, 2759)

Zur Vertiefung: *Wessels/Hettinger,* Rn. 829 f.; *Rengier* II, § 33 Rn. 11; *Jung,* JuS 1994, 174.

Nach Ansicht des BGH hat T hier **keine Urkundenfälschung** begangen. Im Unterschied zu Fall 160 ist T hier nicht als **vollmachtloser Vertreter** für eine Behörde oder eine Gesellschaft, sondern **für eine natürliche Person** aufgetreten. In diesen Fällen soll nach Ansicht des BGH entsprechend den allgemeinen Grundsätzen der Vertreter, der als solcher auftritt, **selbst Aussteller** der Urkunde sein. T hatte hier also eine echte Urkunde erstellt, in der er nur (*sub specie* § 267) straflos über das Bestehen einer Vertretungsmacht für R täuschte. Obwohl sich diese Entscheidung in die allgemeine Urkunds- und Vertretungsdogmatik einfügt, kann nicht übersehen werden, dass eine Differenzierung zwischen dem Auftreten für eine Behörde, aber auch für eine Handelsgesellschaft einerseits und für eine im Geschäftsverkehr tätige natürliche Person andererseits nicht ganz unbedenklich ist. Auch beim vermeintlichen Auftreten einer Rechtsanwaltskanzlei (mit entsprechendem Briefkopf, Stempel usw.) mag nämlich im Geschäftsverkehr das Auftreten für einen Anwalt und damit ein Organ der Rechtspflege bedeutsamer sein, als die konkrete Person des Unterzeichnenden.

162. Das Rechnungspuzzle (Collagenfall)

T wollte seinem Zahnarzt vortäuschen, die Krankenkasse habe die Zahnarztrechnung noch nicht beglichen, um dadurch eine Stundung des Honorars zu erreichen. Dazu war auf einem Schreiben der Versicherung der Text abgedeckt und der Briefkopf fotokopiert worden; dieser Brief wurde mit einem von T erdachten Text über eine angebliche Zahlungsverzögerung teilweise abgedeckt und zusammenkopiert. Wer diese Kopien gefertigt hatte, ließ sich allerdings nicht mehr feststellen. T legte das Dokument als Kopie eines angeblichen Originalbriefes der Versicherung dem Zahnarzt vor, der die Täuschung aber durchschaute. Strafbarkeit des T?
(vgl. BayObLG NJW 1990, 3221)

Zur Vertiefung: *Wessels/Hettinger,* Rn. 811, 852; *Rengier* II, § 32 Rn. 7, § 33 Rn. 32–34.

T hat zunächst einen **versuchten Betrug** dadurch begangen, dass er sich eine Stundung des Honorars erschleichen wollte. **Dagegen scheidet** auf der Grundlage der h. M. die Strafbarkeit wegen eines **Urkundsdelikts aus.** Zwar wäre ein entsprechendes Schreiben der Versicherung an sich unproblematisch eine Urkunde. Allerdings fallen nach h. M. **Fotokopien grundsätzlich nicht** unter den strafrechtlichen Urkundsbegriff, da sie keine eigene (d. h. vom Original abweichende) Gedankenerklärung enthalten, regelmäßig nur eingeschränkte Beweisfunktion besitzen und überdies den Aussteller der Kopie (im Unterschied zu demjenigen des Originals) nicht erkennen lassen. Insofern finden sich bei jedem der drei Strukturelemente des Urkundsbegriffs Argumente dafür, ihn bei einer bloßen Kopie abzulehnen. Eine **Ausnahme** erkennt die h. M. vor allem in zwei Fällen an: Zum einen, wenn die manipulierte Kopie **als Original vorgelegt** wird; freilich dürfte es in der Regel nicht genügen, wenn der Täter die Kopie als eine solche vorlegt und der Empfänger nur auf den Nachweis des Originals verzichtet. Zum zweiten soll ein **„mittelbares Verwenden“** einer unechten bzw. verfälschten Urkunde darin liegen können, dass von einer solchen eine Kopie gefertigt und diese vorgelegt wird. Im vorliegenden Fall jedoch liegt keine dieser beiden Ausnahmen vor: Dafür, dass T das Schreiben als ein Original ausgab, wird im Sachverhalt nichts mitgeteilt. Die von T verwendete **„Kopiervorlage“** stellt ihrerseits keine (im Anschluss mittelbar verwendete) Urkunde dar, da es bei der geschilderten „Collage“ an der **hinreichend festen Verbindung** der einzelnen Teile **fehlte.**

163. Der unwissende Bürge

T wollte sich nach dem Abschluss seines Jurastudiums endlich eine größere Wohnung leisten. Da Vermieter O Zweifel hatte, ob T sich diese mit seinem

spärlichen Referendargehalt leisten könne, bat er, T's Vater, der Arzt war, solle doch eine kurze Bestätigung schicken, dass er gegebenenfalls für die Mietzinsen geradestehe; da er aber keine unnötige Förmelei betreiben wolle, reiche es, wenn T's Vater ihm das zufaxe. T fuhr daraufhin zu seinen Eltern, verfasste einen Brief, den er mit dem Namen seines Vaters unterschrieb, ging in die Praxis seines Vaters, setzte den Praxisstempel darauf und schickte mit dem Praxisfaxgerät das Schreiben an O, der damit zufrieden war. Strafbarkeit des T? (vgl. auch OLG Zweibrücken NJW 1998, 2918)

Zur Vertiefung: *Wessels/Hettinger,* Rn. 811 f.; *Rengier* II, § 32 Rn. 28; *Beckemper,* JuS 2000, 123 ff.; *Nestler,* ZJS 2010, 608 ff.

Ob T einen **Betrug** begangen hat, hängt davon ab, ob mit Blick auf sein Gehalt die regelmäßige Begleichung des Mietzinses von vornherein und objektiv zumindest ernsthaft gefährdet erschien; hierfür lassen sich mangels genauer Zahlenangaben im Sachverhalt keine endgültigen Aussagen treffen. Daneben könnte T eine **Urkundenfälschung** begangen haben. Ob **Telefaxe** dem strafrechtlichen Urkundenbegriff unterfallen, ist im Einzelnen noch nicht abschließend geklärt. Viel spricht wohl dafür, wie folgt zu differenzieren: Treten die Telefaxe – wie etwa bei einer Bestellung aus einem Versandhauskatalog – nach den Gepflogenheiten des jeweiligen Geschäftsverkehrs und dem Willen der Beteiligten **vollständig an die Stelle von Originalschriftstücken,** so dürften sie generell als Urkunden zu behandeln sein; dies muss insbesondere in solchen Fällen gelten, in denen dem Telefax überhaupt kein „Original" zugrunde liegt (so etwa beim sog. Computerfax). Dient der Telefaxverkehr dagegen nur dem erleichterten Austausch von eigentlich im Original vorliegenden Urkunden, d. h. ersetzt er gewissermaßen nur das postalische Versenden einer Kopie, so erscheint es angemessen, es auch wie eine Kopie zu behandeln. Zwar wird teilweise darauf hingewiesen, dass anders als bei „normalen" Kopien durch die Faxkennung der Aussteller erkennbar sei. Indes ist dies weder bei allen Telefaxen notwendig der Fall, noch ist die fehlende Ausstellererkennbarkeit der einzige Einwand gegen die Urkundseigenschaft (vgl. auch Fall 162). Vorliegend handelt es sich hier um einen Grenzfall: Einerseits kommt es O offenbar nicht darauf an, jemals das Original zu sehen; andererseits handelt es sich um keinen Fall, in dem typischerweise vom Geschäftsverkehr auf Originalbescheinigungen verzichtet würde. Daher spricht mehr dafür, dass die **allgemeinen Grundsätze über Kopien** Anwendung finden. Auch dann hat sich T hier jedoch nach § 267 strafbar gemacht. Denn das von ihm hergestellte Original war eine unechte Urkunde, weil es als vermeintlichen Aussteller T's Vater zeigte, während es tatsächlich von T ausgestellt worden war. Diese unechte Urkunde hat T hergestellt und durch das „Versenden" per Telefax nach Ansicht der (in der Literatur allerdings nicht unbestrittenen) Rechtsprechung mittelbar gebraucht im Sinne des § 267 Abs. 1 Alt. 1 und 3.

Ergänzende Bemerkung: Weiteres Beispiel aus der Rechtsprechung (BGH NStZ 2010, 703): T möchte einem Geldeingang auf einem ausländischen Konto den fehlerhaften Anschein der Seriosität geben und faxt an die ausländische Bank daher den Ausdruck eines eingescannten und sodann manipulierten (in verschiedenen Daten und Beträgen nachträglich abgewandelten) Grundstückskaufvertrages, so dass die Bank dem T den Betrag gutschreibt und das Geld weiter für ihn anlegt. Der BGH lehnt § 267 ab, weil weder der Ausdruck noch das bei der Bank eingehende Telefax eine Urkunde darstellen. Denn beide sind nicht geeignet, den Eindruck einer Originalurkunde zu erwecken.

164. Copy-Shopping

T unterhielt im Copy-Shop des O ein „Kopierkonto", das er durch Zahlungen immer wieder „auflud", um es nach und nach „abzukopieren". Die Abrechnung erfolgte dergestalt, dass T auf einer von O angelegten Karte nach Durchführung eines Auftrages immer im Beisein des O noch die verbleibende Zahl von Kopien eintrug und diesen Eintrag abzeichnete. Einmal änderte T, während O noch einmal den Zählerstand an einem Kopiergerät ablas, um T die richtige Zahl zu nennen, in einem unbeobachteten Moment den vom letzten Besuch bestehenden Stand von noch 650 auf 850 Kopien um. Strafbarkeit des T?
(vgl. auch BGHSt 13, 382)

Zur Vertiefung: *Wessels/Hettinger*, Rn. 842 ff.; *Rengier* II, § 33 Rn. 24.

T hat zunächst einen versuchten **Betrug** begangen, da er bereits zur Täuschung des O unmittelbar angesetzt hat und damit mittelfristig eine selbstschädigende Vermögensverfügung des O herbeiführen wollte. Jedenfalls in dem Moment, in dem O die 200 „hinzugefügten" Kopien bei der nächsten Kopierrechnung akzeptiert, wird es auch zur Vollendung kommen.

Darüber hinaus hat T nach vorzugswürdiger Ansicht eine Urkundenfälschung in Gestalt des **Verfälschens einer echten Urkunde** (§ 267 Abs. 1 Alt. 2) begangen: Das „Kopierkonto" stellt eine Urkunde dar, da es eine Gedankenerklärung des T darüber enthält, wie viele Kopien des von ihm aufgeladenen „Kontos" bereits verbraucht sind, es Beweiszwecken dient und bei jedem konkreten Eintrag (insoweit könnte man auch von einer Gesamturkunde sprechen) den T als Aussteller erkennen lässt. Das Verfälschen einer Urkunde liegt vor, wenn der **gedankliche Inhalt** der Urkunde **verändert** wird, was bei einer Erhöhung der Zahl „650" auf „850" unproblematisch der Fall ist. Fraglich ist alleine, ob auch T **als ursprünglicher Aussteller** der Urkunde diese im Rechtssinne verfälschen konnte. Dies wird teilweise mit der Begründung abgelehnt, dass auch § 267 Abs. 1 Alt. 2 im Ergebnis stets das Entstehen einer unechten Urkunde voraussetze, so dass der tatsächliche Aussteller sie nicht verfälschen könne. Hiergegen spricht jedoch nicht nur, dass § 267 Abs. 1 Alt. 2 dann in **allen Fällen** nur ein spezieller Anwendungsfall der ersten Variante und damit letztlich überflüssig wäre. Vielmehr besteht auch ein entsprechendes Schutzbedürfnis vor Verfälschungen durch den Aussteller jedenfalls dann, wenn dieser das **alleinige Beweisführungsrecht** mit der Urkunde **verloren** hat. Dies ist hier nach der jeweiligen Abzeichnung einer Zahl durch T der Fall, da der aktuelle „Kontostand" ab diesem Moment zumindest auch im Beweisinteresse des O liegt.

165. Der Banderolentausch (Hemdenfall)

In der Textilabteilung des Kaufhauses O steckten die Herrenoberhemden in Pappbanderolen, auf denen sich das jeweilige Preisetikett befand. T nahm zwei Hemden unterschiedlicher Qualität und Preisklasse mit in eine Umkleidekabine, zog sie aus den Banderolen und schob anschließend die Hemden

jeweils in die verkehrte Banderole. Mit dem an sich teureren Hemd, das jetzt in der Banderole mit dem niedrigeren Preis steckte, ging er zur Kasse und bezahlte es. Er kam allerdings nicht weit, da er nach der Kasse von Ladendetektiv L gestellt wurde, der ihn durch einen Überwachungsspiegel in der Kabine beobachtet hatte. Staatsanwalt S überlegt, ob er den T außer wegen Betruges auch wegen Urkundenfälschung anklagen soll. Was ist ihm zu raten? (vgl. OLG Köln NJW 1979, 729)

Zur Vertiefung: *Wessels/Hettinger,* Rn. 816, 846; *Rengier* II, § 33 Rn. 27.

S sollte T **nicht** wegen **Urkundenfälschung** anklagen. Zwar ist vorstellbar, dass Waren in einem Kaufhaus zusammen mit den zugehörigen Preisetiketten eine **zusammengesetzte Urkunde** derart bilden, dass das Preisetikett ein Beweiszeichen und die Ware das jeweilige Bezugsobjekt ist. Da zusammengesetzte Urkunden auch dadurch verfälscht werden können, dass das **Bezugsobjekt verändert** wird, kommt beim Austausch der Ware grundsätzlich auch eine Urkundenfälschung in Gestalt des Verfälschens (§ 267 Abs. 1 Alt. 2) in Betracht. Für das Vorliegen einer solchen zusammengesetzten Urkunde ist jedoch eine **hinreichend feste Verbindung** zwischen Beweiszeichen und Bezugsobjekt erforderlich; nur dann bringt der Rechtsverkehr ihr ein ähnliches Vertrauen entgegen wie einer sonst einheitlich verkörperten Gedankenerklärung im Fall einer „normalen" Urkunde. An einer solchen hinreichend festen Verbindung fehlt es jedenfalls dann, wenn Bezugsobjekt und Beweiszeichen ohne Überwindung irgendeiner Schutzvorrichtung einfach und schnell voneinander getrennt oder miteinander kombiniert werden können. Dies mag bei einem aufgeklebten, perforierten Preisschild als solchem noch nicht der Fall sein; da hier das Preisschild jedoch auf einer Banderole klebte, die offenbar leicht von den Hemden abgezogen werden konnte, wird man von keiner zusammengesetzten Urkunde ausgehen können.

166. Schnell wie der Blitz(er) (I)

**T hatte eine als angebliche „Schutzfolie" im Handel angebotene, spiegelnde Klarsichtfolie erworben, die er über sein Nummernschild klebte. Er ging dabei zutreffend – wovor auch in der Gebrauchsanleitung „gewarnt" wurde – davon aus, dass dadurch die fotografische Erfassung seines Nummernschildes bei eventuellen Radarkontrollen erheblich beeinträchtigt, in vielen Fällen sogar unmöglich gemacht werde. Hat sich T wegen Verfälschens einer zusammengesetzten Urkunde (in Gestalt seines Autos zusammen mit dem Kennzeichen) strafbar gemacht?
(vgl. BGH NJW 2000, 229 und OLG Düsseldorf NJW 1997, 1793)**

Zur Vertiefung: *Wessels/Hettinger,* Rn. 816, 843, 892; *Rengier* II, § 33 Rn. 28; *Fahl,* JA 1997, 925 ff.; *Krack,* NStZ 1999, 602 f.; *Kudlich,* JZ 2000, 426 f.

Nach der vorzugswürdigen Ansicht des BGH (und entgegen der Ansicht des OLG Düsseldorf) **nein.** Zwar handelt es sich bei dem Pkw zusammen mit dem amtlichen Kennzeichen und dem Siegel der Zulassungsstelle um eine **zusammengesetzte Urkunde,** die beweist, dass ein bestimmter Pkw unter einer bestimmten Nummer zugelassen worden ist; auch kann – vgl. Fall 165 – eine zusammengesetzte Urkunde durch Änderungen hinsichtlich des Bezugsobjektes verfälscht werden. Allerdings ist hier das Bezugsobjekt weder ausgetauscht noch in einer Weise manipuliert worden, dass die **Aussage,** die sich aus dem Nummernschild zusammen mit dem Pkw ergibt, dadurch **unrichtig** geworden wäre. Denn nach wie vor ist der Pkw des T unter dem betreffenden Kennzeichen zugelassen. Eine darüber hinausgehende Aussage der zusammengesetzten Urkunde dergestalt, dass die Lesbarkeit und „Fotografierbarkeit" des Nummernschildes stets unbeeinträchtigt bliebe, kann der Zulassungsstelle bei der Vergabe des Nummernschildes selbst dann nicht unterstellt werden, wenn nach den einschlägigen straßenverkehrsrechtlichen Vorschriften grundsätzlich die Wahrnehmbarkeit des Kennzeichens gewährleistet sein soll. Wollte man dies anders sehen, so würde man der Zulassungsbehörde eine Aussage unterschieben, die schon bei jeder Verschmutzung des Kennzeichens unrichtig würde – ein offenkundig absurdes Ergebnis. Näher liegt dagegen die Annahme einer **Urkundenunterdrückung** nach § 274 Abs. 1 Nr. 1; allerdings dürfte auch diese ausscheiden, da die Erkennbarkeit des Zeichens nicht generell, sondern nur in einem ganz speziellen Zusammenhang und auf eine besondere (wenngleich natürlich wichtige) Art und Weise beeinträchtigt worden ist. Vielmehr ist der Unrechtsgehalt von T's Verhalten durch die nebenstrafrechtliche Vorschrift des **§ 22 Abs. 1 Nr. 3 StVG** ausreichend zum Ausdruck gebracht.

166a. Ein Traum in rosa

T hatte auf ihrem geliebten Golf Cabrio nur bis Ende 2010 TÜV und einfach keine Zeit, noch rechtzeitig zur Hauptuntersuchung zu gehen. Sie übermalte die Plakette daher mit ihrem rosa Lieblingsnagellack und fuhr den Wagen fröhlich weiter. Aus der Nähe war die Veränderung offensichtlich. Aus einiger Entfernung wirkte das Ergebnis aber wie eine offizielle (rosafarbene) 2011er-Plakette. Hat sich T nach § 267 strafbar gemacht?
(vgl. AG Waldbröl NJW 2005, 2870 sowie auch OLG Düsseldorf NJW 2011, 2983)

Zur Vertiefung: *Wessels/Hettinger,* Rn. 842 ff.; *Rengier* II, § 33 Rn. 21 ff.; *Kudlich,* JA 2006, 173 ff.

Die auf das hintere Kennzeichen eines Kfz aufgeklebte **TÜV-Plakette verkörpert die Gedankenerklärung,** das Fahrzeug sei einer **Hauptuntersuchung unterzogen** worden und dürfe regelmäßig bis zu dem **aus Aufdruck, Drehung und Farbe erkennbaren Zeitpunkt** am öffentlichen Straßenverkehr teilnehmen bzw. sei spätestens zu diesem Zeitpunkt wieder vorzuführen (§ 29 Abs. 2 Satz 1 Nr. 1, § 47a Abs. 3 Satz 1 StVZO). Nach dem Kontext ist davon auszugehen, dass diese Erklärung von einer zur Durchführung der Hauptuntersuchung berechtigten Stelle herrührt. Die mit dem Auto in der angegebenen Weise verbundene TÜV-Plakette hat daher die Funktion der Perpetuierung der genannten Erklärung, der Garantie durch die Erkennbarkeit ihres Ausstellers und wird im Rechtsverkehr auch zum Beweis der Durchführung der Hauptuntersuchung verwendet, so dass zusammen mit dem Pkw als Bezugsobjekt eine **zusammengesetzte Urkunde** vorliegt (vgl. auch OLG Düsseldorf NJW 2011, 2983).

So, wie die Plakette ursprünglich gestaltet war, ergab sich eine tatsächlich von einer Prüfstelle herrührende Erklärung; die zusammengesetzte Urkunde war also **echt.** Fraglich ist, ob T diese **verfälscht** hat: Anders als beim schlichten Unkenntlichmachen hatte die **neue Farbgebung** der Plakette einen **eigenen Aussagegehalt,** so dass durch Auftragen der rosa Farbe eine **neue,** nunmehr von T statt der Prüfstelle herrührende **Erklärung** entstand. Auch wenn die Manipulation aus der Nähe als solche zu erkennen ist, ist zu berücksichtigen, dass die Farbgebung der Plakette gerade der Beweiserbringung bei **schnellen Kontrollen im fließenden Verkehr auf einige Distanz** dient. In dieser Perspektive ergab sich der Eindruck einer offiziellen Aussage, das Fahrzeug habe noch bis 2011 TÜV. Durch die weitere Teilnahme am Straßenverkehr hat T von der verfälschten Urkunde auch Gebrauch gemacht und somit auch § 267 Abs. 1 Alt. 3 verwirklicht, der aber mit der Alt. 2 zusammen nur ein Delikt bildet (vgl. näher Fall 167).

167. Das verzögerte Weihnachtsgeschenk

T hatte am 24.12. eine Vollmachtsurkunde entworfen, in der seine Mutter M ihm angeblich eine Vollmacht für ihre Bankkonten einräumte, und diese mit der nachgeahmten Unterschrift der M unterzeichnet. Am 6.6. des Folgejahres ging T mit dieser Vollmachtsurkunde zur Hausbank der M und hob unter Vorlage der Urkunde am Schalter 1.000 Euro vom Konto der M ab. Wie viele Urkundenfälschungen hat T verwirklicht?

Zur Vertiefung: *Wessels/Hettinger,* Rn. 853; *Rengier* II, § 33 Rn. 36–38.

Dies kommt nach h. M. darauf an, ob T am 24.12. bereits einen hinreichend **konkreten Verwendungsvorsatz** hatte. Ist dies nämlich der Fall, so liegt nach weitgehend einhelliger Ansicht nur **eine einheitliche Urkundenfälschung** vor, wobei lediglich die Begründung dafür umstritten ist (Urkundenfälschung als unvollkommen zweiaktiges Delikt? Annahme des Herstellens einer unechten Urkunde als mitbestrafte Vortat des Gebrauchens oder aber umgekehrt?). Am überzeugendsten ist es wohl, in solchen Fällen auf das **Gebrauchen abzustellen,** da dieses den intensiveren Rechtsgutangriff darstellt. Hat es dagegen bei der Herstellung der unechten Urkunde noch am konkreten Vorsatz des Gebrauchens gefehlt, so ist der spätere Gebrauch nach überwiegender Ansicht eine neue, selbständige Tat.

Ergänzende Bemerkungen: Es ist also eine Abstufung von drei Möglichkeiten hinsichtlich des Gebrauchsvorsatzes vorstellbar:

(1.) Der Täter hat beim Herstellen bzw. beim Fälschen noch keinerlei Verwendungsabsicht: Hier stellt sich das Konkurrenzproblem nicht, da mangels subjektiven Tatbestandes (Absicht zur Täuschung im Rechtsverkehr) der Herstellungs- bzw. Verfälschungsakt bereits nicht tatbestandsmäßig ist.

(2.) Der Täter hat bei der Herstellung bzw. Verfälschung zwar die Absicht zur Täuschung im Rechtsverkehr, jedoch noch keinen hinreichend konkreten Vorsatz hinsichtlich einer bestimmten Verwendung: Hier liegen nach überwiegender Ansicht zwei selbständige Urkundenfälschungen in Tatmehrheit vor.

(3.) Der Täter hat bei der Herstellung bzw. Verfälschung bereits eine konkrete Verwendung im Sinn, die er auch durchführt: Hier liegt im Ergebnis (mit unterschiedlichen Begründungen) nach einhelliger Ansicht nur eine einzige Tat nach § 267 Abs. 1 vor.

168. Der Eigenbeleg (II)

In Fall 157 erklärt T's Verteidiger V, hinsichtlich der Quittung für die Schreibmaschine habe T jedenfalls nicht „zur Täuschung im Rechtsverkehr" gehandelt, denn er habe doch gerade gewollt, dass durch das Finanzamt der Betrag angesetzt werde, den er auch tatsächlich bezahlt habe. Was ist davon zu halten?

Zur Vertiefung: *Wessels/Hettinger,* Rn. 836 f., 851; *Rengier* II, § 33 Rn. 39–41.

Nichts. Zur Täuschung im Rechtsverkehr handelt, wer den **Willen** hat, durch den Gebrauch der Urkunde einen anderen **über die Echtheit der Urkunde zu täuschen** und ihn damit zu einem durch den Falschheitsgehalt (mit-)motivierten rechtserheblichen Verhalten zu veranlassen. Auf die Übereinstimmung der Erklärung mit der Realität kommt es dagegen nicht an. So, wie umgekehrt die schriftliche Lüge straflos ist, steht also auch der Täuschungsabsicht nicht entgegen, dass der Eindruck, den der Täter hervorrufen möchte, an sich der Wahrheit entspricht. Konkret: Da steuermindernde Aufwendungen nur anerkannt werden können, wenn ein entsprechender Nachweis vorliegt, handelte T zur Täuschung im Rechtsverkehr, weil es ihm darauf ankam, den **Eindruck** zu erwecken, er könne entsprechende **Aufwendungen beweisen.**

169. Blätter ins Klo, Ordner gleich in die Kläranlage

T betrieb ein kleines Baugeschäft. Er geriet in Verdacht, durch fingierte Lohnabrechnungen vom Arbeitsamt unberechtigterweise Erstattungsleistungen erhalten zu haben. Als die Staatsanwaltschaft das Geschäft des T nach Lohnlisten, Stundenabrechnungen u. Ä. durchsuchte, verbrachte T zwei besonders belastende Ordner unbemerkt gerade noch in die Teeküche des Büros. Während die Beamten mit der Auswertung der in den Büroräumen stehenden Unterlagen begannen, gelang es T, die Akten aus dem Büro zu schmuggeln und in einer Kläranlage zu entsorgen. Strafbarkeit des T?
(vgl. BGHSt 29, 192)

Zur Vertiefung: *Wessels/Hettinger,* Rn. 888 f.; *Rengier* II, § 36 Rn. 1–3.

T hat sich wegen **Urkundenunterdrückung** nach § 274 Abs. 1 Nr. 1 strafbar gemacht. Die Lohnlisten, Stundenabrechnungen usw. sind Urkunden, die T vernichtete. Näherer Erläuterung bedarf alleine das Merkmal „welche ihm entweder überhaupt nicht oder **nicht ausschließlich gehört**": Hierbei kommt es entsprechend der Schutzrichtung der Urkundsdelikte **nicht** auf die zivilrechtliche **Eigentumslage,** sondern auf das **Beweisführungsrecht** an. Die Urkunden gehören daher nicht (ausschließlich) dem Täter, wenn er nicht das alleinige Beweisführungsrecht daran hat. Da hier die entsprechenden Unterlagen gerade auch von den Sozialbehörden zur Überprüfung der Erstattungsleistungen herangezogen werden sollten, stand das Beweisführungsrecht nicht alleine dem T zu. Er handelte dabei auch in der **Absicht,** den zuständigen Behörden einen Nachteil zuzufügen, d. h. insbesondere ihnen die **Beweisführung zu erschweren.**

170. Der Bierdeckelfall (II)

In Fall 154 (Fallvariante a) meint T, selbst wenn es sich bei dem Bierdeckel um eine Urkunde handle und man trotz seiner Unkenntnis davon ein vorsätzliches Handeln annehme, so habe es ihm doch jedenfalls an der Nachteilszufügungsabsicht gefehlt. Denn er habe nicht gehandelt, um den O zu schädigen, sondern alleine, um selbst weniger zahlen zu müssen. Von einer zielgerichteten Schädigungsabsicht könne deswegen keine Rede sein. Was ist davon zu halten?

Zur Vertiefung: *Wessels/Hettinger,* Rn. 895 f.; *Rengier* II, § 36 Rn. 8.

Nichts. Zum einen ist bereits fraglich, ob T hinsichtlich der Zufügung eines Nachteils tatsächlich nicht mit Absicht gehandelt hat: Denn da die Beeinträchtigung der Beweisinteressen hier **notwendige Voraussetzung** des von ihm vorrangig beabsichtigten eigenen Vorteils war, ist durchaus fraglich, ob sich die eine Absicht von der anderen trennen lässt. Zum anderen und vor allem aber versteht die h. M. die Nachteilszufügungsabsicht im Sinne des § 274 nicht im Sinne eines *dolus directus* I. Grades, sondern lässt insoweit die **sichere Kenntnis** bzw. Voraussicht (*dolus directus* II. Grades) des Eintritts des Nachteils genügen. Danach würde § 274 nicht notwendig eine Fremdschädigungsabsicht voraussetzen, sondern auch eine Selbstbegünstigungsabsicht oftmals genügen lassen.

171. Dogmatische Natur des § 271

Welche dogmatische Natur hat die Vorschrift des § 271 und welche Besonderheit gegenüber § 267 besteht in ihrer Schutzrichtung?

Zur Vertiefung: *Wessels/Hettinger,* Rn. 912 ff.; *Rengier* II, § 37 Rn. 1–4.

§ 271 ist ein **eigenständig pönalisierter Fall der mittelbaren Täterschaft** zum Tatbestand der Falschbeurkundung im Amt, § 348: Da § 348 ein **Sonderdelikt** ist, dessen Täter nur ein Amtsträger sein kann, scheidet eine mittelbare Täterschaft in solchen Fällen aus, in denen der Amtsträger aufgrund einer Täuschung unvorsätzlich falsch beurkundet. Da mangels vorsätzlicher Haupttat auch eine Anstifterstrafbarkeit ausscheiden würde, bestünde hier eine Strafbarkeitslücke. Insoweit ist § 271 in seiner Funktion mit § 160 (Verleiten zur Falschaussage) bei den (eigenhändigen und daher ebenfalls nicht in mittelbarer Täterschaft begehbaren) Aussagedelikten vergleichbar (vgl. dazu Fall 135).

Eine Besonderheit besteht darin, dass § 271 (ebenso wie § 348) **nicht nur die Authentizität** der Urkunde (d. h. die Übereinstimmung zwischen vermeintlichem und tatsächlichem Aussteller), sondern in gewissen Grenzen **auch** die **inhaltliche Richtigkeit** der Urkunde schützt. Dies beruht darauf, dass öffentliche Urkunden aufgrund ihrer **besonderen Beweiswirkung** für und gegenüber jedermann auch inhaltlich in besonderem Maße schützenswert sind.

172. Ein Freund beim TÜV

T war als Sachverständiger beim TÜV beschäftigt und u. a. für die Durchführung der Hauptuntersuchung nach § 29 StVZO zuständig. Als T's Freund F seinen Wagen brachte, erstellte T trotz schwerer Mängel des Fahrzeugs einen falschen Prüfbericht, erteilte die Prüfplakette und veranlasste die Eintragung eines Termins zur neuen Hauptuntersuchung in den Fahrzeugschein. Hat sich T nach dem StGB strafbar gemacht?
(vgl. BayObLG NStZ 1999, 575; vgl. auch OLG Köln NJW 2007, 1829 m. Anm. *Kudlich,* JA 2007, 657 und BGH NJW 2015, 802 m. Anm. *Kudlich,* JA 2015, 310)

Zur Vertiefung: *Wessels/Hettinger,* Rn. 915 ff.; *Rengier* II, § 37 Rn. 12 ff.; *Puppe,* NStZ 1999, 576 f.

Für eine Strafbarkeit wegen **Bestechungsdelikten** nach §§ 331, 332 ist aus dem Sachverhalt nichts ersichtlich, da keine Vorteile für den T erwähnt sind. In Betracht kommt jedoch eine Strafbarkeit wegen **Falschbeurkundung im Amt** (§ 348): Dabei ist T auch ein Amtsträger im Sinne der §§ 348, 11 Abs. 1 Nr. 2 Buchst. c, da der TÜV als sonstige (behördenähnliche) Stelle tätig ist, die gleichsam als verlängerter Arm des Staates öffentliche Aufgaben wahrnimmt, und T zur Wahrnehmung dieser öffentlichen Aufgabe, nämlich der Durchführung der Hauptuntersuchung nach § 29 StVZO, bestellt worden ist. Fraglich ist jedoch, ob die Eintragung im Fahrzeugschein als insoweit **öffentlicher Urkunde** samt der Erteilung der Prüfplakette vorliegend **„falsch"** im Sinne des § 348 war: Zwar umfasst § 348 anders als § 267 auch die inhaltliche Richtigkeit einer Urkunde. Geschützt sind jedoch nur diejenigen Tatsachen, hinsichtlich derer eine besondere **Beweiswirkung für und gegen jedermann** besteht; insoweit ist stets eine genaue Prüfung erforderlich, wie weit die besondere Reichweite der öffentlichen Urkunde geht. Hinsichtlich der Bestimmung eines **neuen Termins** zur nächsten Hauptuntersuchung ist die Urkunde ohne Zweifel richtig, da diese **auch bestimmt** wurde. Nach Ansicht des BayObLG (NStZ 1999, 575) gilt dies auch hinsichtlich der Bescheinigung als vorschriftsgemäß, da diese **nur beweise, dass die Bescheinigung ausgestellt** worden sei, **nicht** dagegen, dass sie **zu Recht** erfolgt sei und der Prüfer keine Mängel festgestellt hätte. Insoweit wird – wie auch in anderen Konstellationen – der **verwaltungsrechtliche Gedanke** übertragen, dass eine entsprechende Bescheinigung gleichsam nur den Erlass (und die Wirksamkeit) eines Verwaltungsaktes, nicht jedoch seine Rechtmäßigkeit beweise. Jedenfalls im konkreten Fall erscheint dies jedoch wenig überzeugend, da in **§ 29 Abs. 3 StVZO** ausdrücklich angeordnet ist, dass durch die TÜV-Plakette bescheinigt wird, dass der Prüfer das Auto für vorschriftsgemäß befunden hat (wofür in der StVZO auch detailliert die Voraussetzungen aufgezählt sind). Viel deutlicher als mit diesem Hinweis kann der Gesetzgeber kaum zum Ausdruck bringen, dass auch das Vorliegen der **Erteilungsvoraussetzungen Gegenstand** des öffentlichen Glaubens und damit zugleich auch Objekt des Schutzes des § 348 ist.

Ergänzende Bemerkung: Ähnlich hat das OLG Köln (NJW 2007, 1829) keine Beihilfe zu Taten nach § 271 durch die Erstellung einer unzutreffenden Bestätigung über ein Miet- und Wohnverhältnis gesehen, die anschließend benutzt wurde, um eine Meldebestätigung und eine Aufenthaltsbewilligung zu erlangen: Denn die Meldebestätigung beweise neben der hoheitlichen Anmeldung (rechtliche Tatsache) nur die äußere Tatsache, dass ein entsprechender Antrag unter entsprechendem Tatsachenvortrag gestellt worden sei. Entsprechend beweise die Aufenthaltsbewilligung neben dem Erlass des entsprechenden Verwaltungsakts (rechtliche Tatsache) hinsichtlich der hier relevanten Umstände nur, dass der Bereffende sich unter Angabe des Wohnorts angemeldet habe. Im Fall BGH NJW 2015, 802 wurde (im insoweit exakt gleich gelagerten Kontext des § 348) der öffentliche Glaube der Zulassungsbescheinigung Teil II für die darin enthaltenen Angaben zur Person verneint.

172a. Der fehlende Gesellschafter

Notar T beurkundete einen Gesellschaftsvertrag zwischen R und dessen Sohn S über die Gründung einer GmbH. In der notariellen Urkunde stellte T pflichtgemäß fest, dass die genannten Personen vor ihm erschienen und ihm jeweils von Person bekannt seien. Tatsächlich befand sich der geistig behinderte S wegen eines schweren Schädel-Hirn-Traumas zum Zeitpunkt der Beurkundung in intensivmedizinischer stationärer Behandlung und nahm an dem Termin nicht teil. Es ließ sich nicht ermitteln, ob bei der Beurkundung nur R selbst oder auch noch eine andere dritte Person teilnahm, die als S auftrat. Es kann nicht ausgeschlossen werden, dass T diese Person irrig für S hielt. Wegen Falschbeurkundung im Amt nach § 348 angeklagt, beruft sich T darauf, dass die Beweiskraft der Urkunde die tatsächliche Identität der genannten Personen nicht umfasse. Wird ihm das helfen?
(vgl. BGH NJW 2004, 3195)

Zur Vertiefung: *Wessels/Hettinger,* Rn. 915 ff.; *Rengier* II, § 37 Rn. 12 ff.; *Kudlich,* JuS 2005, 278 ff.

Nach Ansicht des BGH: **im Ergebnis ja.** Ähnlich wie in Fall 172 ist **problematisch,** ob die **falsch mitgeteilte Tatsache** (S war nicht anwesend und es war über R hinaus jedenfalls auch keine weitere Person anwesend, die T kannte) von der **Beweiskraft** der Urkunde umfasst wird. Nur dann erfüllt sie den Tatbestand. Dafür spricht, dass der Notar nach **§ 10 Abs. 2 BeurkG** gehalten ist, sich **Gewissheit** über die Person der Beteiligten zu **verschaffen** und in die Niederschrift aufzunehmen, wie er sich diese Gewissheit verschafft hat bzw. mit Sachverhalt niederlegen, dass er sich diese Gewissheit nicht zu verschaffen vermochte. Gleichwohl hat der BGH die Frage und damit auch den Tatbestand verneint. Die **Wirksamkeit der Beurkundung** werde von diesen Fragen **nicht berührt** und die Vorschrift sei nicht zwingend. Im Übrigen sei nach den Feststellungen **nicht einmal ausgeschlossen,** dass eine weitere Person anwesend war und **T** sowohl über deren Identität als auch über seine Bekanntschaft mit ihr **irrte.** In dubio pro reo war also auch nicht von einer vorsätzlichen Tat auszugehen. Eine fahrlässige Begehung ist nicht strafbar.

173. Aus alt mach neu: Kilometerzähler-Fall

T hatte die Tachowelle an seinem alten Wagen manipuliert, so dass dieser schon seit Jahren nur ca. die halbe Laufleistung anzeigte. Nachdem T den Wagen an O verkauft hatte, kam dieser auf die Manipulation und zeigte T an. Die Ermittlungen ergaben, dass der günstige Preis, den O gezahlt hatte, auch für den Wagen mit dem tatsächlichen Kilometerstand durchaus angemessen gewesen wäre.

Staatsanwalt S zögert daher, den T wegen Betruges anzuklagen; er erwägt aber eine Strafbarkeit nach § 268. Worauf sollte S insoweit hingewiesen werden?

Zur Vertiefung: *Wessels/Hettinger,* Rn. 862; *Rengier* II, § 34 Rn. 1–4.

Es sollte darauf hingewiesen werden, dass die **Anzeige** des Kilometerstandes in einem Wagen nach verbreiteter Auffassung **keine technische Aufzeichnung** im Sinne des § 268 ist. Dies liegt daran, dass diese Ansicht als technische Aufzeichnung **nur solche Resultate** eines Aufzeichnungsvorganges anerkennt, die **vom Aufzeichnungsgerät abtrennbar** sowie von einer gewissen Dauer sind. Da die Anzeige auf dem Kilometerzähler sich jedoch (anders als etwa die Scheibe eines Fahrtenzählers oder der Ausdruck eines bestimmten Messprogramms) ständig weiter verändert, käme er als solcher nach dieser Auffassung nicht als technische Aufzeichnung in Betracht.

174. Darf's ein bisschen mehr anzeigen? (I)

T arbeitete als Bedienung an der Fleisch- und Wursttheke eines Supermarkts. Da sie – wenngleich nur in geringem Umfang – am Umsatz beteiligt war, kam ihr beim Bedienen des O eines Tages der Gedanke, die Waage, mit der das vom Kunden gekaufte Fleisch abgewogen wurde und die nach dem Einkauf automatisch den Rechnungszettel auswarf, mit dem Finger etwas nach unten zu drücken. Da T dabei jedoch keinen ausreichend gleichmäßigen Druck erzeugen konnte, nahm die Waage keine Messung auf, solange T ihren Finger darauf hatte, so dass sie das Vorhaben enttäuscht aufgab. Hat sich T nach § 268 strafbar gemacht?

Zur Vertiefung: *Wessels/Hettinger,* Rn. 870 ff.; *Rengier* II, § 34 Rn. 7–9; *Oğlakcıoğlu,* JA 2013, 107, 108 f.

Nein. Zwar könnte man, da letztlich kein manipulierter Rechnungszettel als technische Aufzeichnung zustande gekommen war, grundsätzlich an einen (nach § 268 Abs. 4 auch strafbaren) Versuch denken; von diesem hätte T wegen des Fehlschlagens ihres Plans auch nicht strafbefreiend zurücktreten können. Allerdings erfüllt das von T geplante und begonnene Verhalten nicht den Tatbestand des § 268: Zwar ist der Begriff der **Unechtheit einer technischen Aufzeichnung** (weiter als in § 267, vgl. Fälle 157, 159) nicht nur so zu verstehen, dass die Aufzeichnung überhaupt nicht selbsttätig durch ein technisches Gerät bewirkt worden wäre, sondern umfasst jedenfalls über § 268 Abs. 3 auch Fälle, in denen der **Aufzeichnungsvorgang nicht störungsfrei** (im Sinne von „ohne störende Einwirkungen auf den Aufzeichnungsvorgang") abgelaufen ist. Allerdings werden auch davon nur Fälle erfasst, in denen der Aufzeichnungsvorgang unkorrekt abläuft, nicht dagegen solche, in denen die aufzuzeichnenden Umstände verändert werden, so dass die Aufzeichnung trotz an sich korrekt verlaufenden Aufzeichnungsvorganges ein manipuliertes Ergebnis anzeigt (sog. **täuschendes Beschicken**). Genau ein solcher Fall einer (versuchten) bloßen „Inputmanipulation" liegt hier jedoch vor, da die Waage durchaus korrekt arbeiten und das Wiegeergebnis durch eine Veränderung der zu messenden Umstände manipuliert werden sollte. Dieses Verhalten mag als Betrug strafbar sein, fällt aber nicht unter § 268.

Ergänzende Bemerkung: Nach verbreiteter Auffassung ergibt sich schon aus Sinn und Zweck des § 268 das o. g. weite Verständnis des Begriffs der „Unechtheit", so dass § 268 Abs. 3 nach dieser Ansicht letztlich nur klarstellenden Charakter haben soll.

175. Darf's ein bisschen mehr anzeigen? (II)

T's Kollegin S hat in Fall 174 die T beobachtet und wollte es selbst besser machen. Sie veränderte daher durch einen kleinen Holzkeil den Winkel, in dem die Waagschale nach unten gedrückt wurde, in einer Weise, dass die Waage im Schnitt 10–15 % mehr Gewicht anzeigte. T sah dies, befand die Idee für gut und wog die nächsten Bestellungen ebenfalls an der von S manipulierten Waage ab. Strafbarkeit von S und T nach § 268?

Zur Vertiefung: *Wessels/Hettinger*, Rn. 871 ff.; *Rengier* II, § 34 Rn. 10.

S hat sich nach § 268 Abs. 1 und 3 strafbar gemacht, weil sie durch eine **störende Einwirkung auf den Aufzeichnungsvorgang** das Ergebnis der Aufzeichnung beeinflusst hat. Anders als T in Fall 174 veränderte S auch nicht den (an sich korrekt aufgezeichneten) Aufzeichnungsgegenstand, sondern das Aufzeichnungsgerät.

Eine Strafbarkeit der **T** nach § 268 ist demgegenüber fraglich, weil sie selbst die Waage nicht manipuliert hat. Nach zutreffender h. M. ist nämlich die bloße **Benutzung eines fehlerhaften** (bzw. von einem Dritten fahrlässig oder schuldlos beschädigten) **Geräts** kein Fall des § 268, weil **nicht „störend"** auf das Gerät **eingewirkt** wird. Etwas anderes soll aber nach verbreiteter Ansicht gelten, wenn – wie hier – der Täter ein Gerät benutzt, das der Dritte vorsätzlich manipuliert hat. Denn dadurch „beteiligt" sich der spätere Nutzer daran, dass die vom „Schädiger" bereits eingeleitete störende Einwirkung das Ergebnis des Aufzeichnungsvorganges beeinflusst, oder anders ausgedrückt: Der menschliche Eingriff in den vorbestimmten funktionellen Ablauf wird hier nicht anders fortgesetzt als durch den ursprünglichen „Schädiger" selbst, so dass von einer im Sinne des § 268 Abs. 3 störenden Einwirkung gesprochen werden kann.

176. Fahrtenschreiberfall

Am 13.4. gegen 22.00 Uhr trat T als Fernfahrer eine Fahrt an. Vor Fahrtantritt legte er ein auf den 13.4. datiertes und mit seinem Namen als Fahrer versehenes Schaublatt auf Position 1 (Fahrer) seines Fahrtenschreibers, während er eine zweite Scheibe auf Position 2 (Beifahrer) legte, die ebenfalls mit seinem Namen versehen war. Einen Beifahrer hatte T während dieser gesamten Fahrt nicht. Nachdem T eine Pause eingelegt hatte, fuhr er gegen 4.30 Uhr weiter und tauschte um 6.35 Uhr die beiden Schaublätter aus. Das zunächst auf Position 2 (Beifahrer) befindliche, ebenfalls seinen Namen tragende Schaublatt datierte er nun auf den 14.4., worauf er es anschließend auf Position 1 (Fahrer) des Fahrtenschreibers einlegte. Auf dem jeweils auf Position 2 befindlichen Schaublatt wurde dadurch jeweils für den nicht existenten Beifahrer eine Ruhezeit festgehalten. Gegen 10.30 Uhr wurde T von der

Polizei angehalten. T legte der Polizei zunächst nur die auf Position 1 (Fahrer) befindliche Scheibe, die vom 14.4. datierte, vor. Erst auf deren Verlangen händigte er auch das auf Position 2 befindliche Fahrtenschreiberschaublatt, datiert vom 13.4., aus. Dies tat er, um die Polizeibeamten dahingehend irrezuführen, dass er die gesamte Zeit über mit der sich bei der Kontrolle auf Position 1 befindlichen Scheibe, datiert vom 14.4., unterwegs gewesen sei. Hat sich T nach § 268 strafbar gemacht?
(vgl. OLG Stuttgart NStZ-RR 2000, 11)

Zur Vertiefung: *Wessels/Hettinger,* Rn. 868, 873; *Rengier* II, § 34 Rn. 4, 7, 9; *Kudlich,* JA-R 2000, 82.

Nein. Zwar handelt es sich bei dem **Fahrtenschreiberblatt** mit den entsprechenden Aufzeichnungen um eine **technische Aufzeichnung** im Sinne des § 268 Abs. 1. Dies ist nach der Legaldefinition des § 268 Abs. 2 eine solche „Darstellung von Daten, Mess- oder Rechenwerten, Zuständen oder Geschehensabläufen, die durch ein technisches Gerät ganz oder zum Teil selbsttätig bewirkt wird, den Gegenstand der Aufzeichnung allgemein oder für Eingeweihte erkennen lässt und zum Beweis einer rechtlich erheblichen Tatsache bestimmt ist, gleichviel ob ihr die Bestimmung schon bei der Herstellung oder erst später gegeben wird". Die Aufzeichnung war jedoch im vorliegenden Falle **nicht unecht.** Obwohl insoweit ein paralleler Begriff zu § 267 verwendet wird, kann die dort geltende Definition der Echtheit mangels der Erkennntlichkeit eines Ausstellers und wegen des durch § 268 Abs. 3 zusätzlich bezweckten sachlichen Richtigkeitsschutzes nicht unmittelbar übertragen werden, sondern muss vielmehr vom Schutzzweck der Vorschrift her bestimmt werden: Da das Vertrauen in die technische Zuverlässigkeit des Aufzeichnungsvorganges geschützt wird, ist die Aufzeichnung dann **unecht,** wenn sie **nicht** oder nicht so, wie sie vorliegt, **Ergebnis** eines in seiner Selbsttätigkeit von Störungshandlungen **unbeeinflussten Aufzeichnungsvorganges** ist, obwohl sie diesen Eindruck erweckt. Vorliegend hat jedoch kein Eingriff des T in den automatisierten Herstellungsmodus der Aufzeichnungen des Kontrollgerätes stattgefunden, und auch eine Aufzeichnung als solche wurde nicht manipuliert; die Aufzeichnungen sind daher tatsächlich das Ergebnis eines automatisierten Herstellungsvorganges, der nur durch den nicht vorgesehenen Austausch der Schaublätter nicht den wahren Geschehensablauf widerspiegelte. Insoweit wurde durch das Verhalten des T **nicht** die mit dem technischen Herstellungsvorgang verbundene **Zuverlässigkeit der Schaublattaufzeichnungen beeinträchtigt,** sondern die – von § 268 nicht geschützte – „Verlässlichkeit" des T ist hier geringer als vorausgesetzt. T hat sich daher nicht nach § 268 strafbar gemacht.

Ergänzende Bemerkungen: (1.) Die Abneigung deutscher und insbesondere europäischer Gesetzgebung gegen fragmentarische Regelungen führte im Originalfall dazu, dass die Tat „wenigstens" als Ordnungswidrigkeit des vorsätzlichen nicht ordnungsgemäßen Verwendens von Schaublättern gemäß § 8 Abs. 1 Nr. 2, Abs. 2 a. F. FPersG, § 10 Nr. 3 Buchst. a FPersV a. F., Art. 15 Abs. 2 (I Satz 2) VO (EWG) Nr. 328/85 geahndet werden konnte.

(2.) Beim Merkmal „nicht so, wie sie vorliegt, Ergebnis eines unbeeinflussten Aufzeichnungsvorganges" ist zweifelhaft, ob das vorübergehende Abschalten eines Aufzeichnungsgerätes zu einer unechten technischen Aufzeichnung führt. Einerseits werden während dieser Zeit – jedenfalls bei einem vollständigen Abschalten – keine unechten, sondern gar keine Aufzeichnungen erstellt; andererseits kann bei einer Aufzeichnung der Zweck der selbsttätigen Dokumentation gerade auch dahin gehen, dass diese – soweit sie von Störungen frei bleibt – vollständig sein soll.

177. Schnell wie der Blitz(er) (II)

In Fall 166 erwägt Staatsanwalt S, zu ermitteln, ob es nicht zu irgendeinem unidentifizierbaren Überwachungsfoto gekommen sei. Denn dann könne man T jedenfalls wegen Fälschung technischer Aufzeichnungen nach § 268 Abs. 1 und 3 anklagen. Rechtsreferendar R, der S zur Ausbildung zugewiesen ist, meint, wenn das im Ansatz richtig wäre, dann müsse es für eine Strafbarkeit gar nicht zu einem Foto gekommen sein; allerdings habe er schon am Ausgangspunkt Zweifel, da doch Fotos nach h. M. gerade keine technischen Aufzeichnungen seien. Was ist von R's Einwänden zu halten?

Zur Vertiefung: *Wessels/Hettinger,* Rn. 868, 875; *Rengier* II, § 34 Rn. 3, 6; *Martin,* JuS 2000, 822.

R hat zwar **zu Recht Zweifel** an einer Strafbarkeit nach § 268 Abs. 1 und 3. Seine Begründungen bzw. seine Bedenken treffen jedoch jeweils **nicht den Kern:**

Zwar hat R damit Recht, dass **Fotos grundsätzlich** und als solche in der Regel **keine technischen Aufzeichnungen** sind, da der Vorgang des Fotografierens gerade nicht selbsttätig ausgelöst wird; die Tatsache, dass nach dem Auslösen des Fotografiervorgangs die Abbildung auf dem Film selbsttätig erfolgt, ist insoweit nicht ausreichend. Hier besteht jedoch bei **Verkehrsüberwachungsfotos** die Besonderheit, dass der **Fotografiervorgang** regelmäßig gerade doch **selbsttätig bei bestimmten Messungsparametern** ausgelöst wird, so dass man bei Kameras, wie sie z. B. bei überwachten Ampeln und Radarkontrollen verwendet werden, in der Tat von der Anfertigung von technischen Aufzeichnungen ausgehen kann.

Mit der Aussage „wenn das im Ansatz richtig wäre, müsse es gar nicht zu einem Foto gekommen sein" spielt R wohl auf die **Versuchsstrafbarkeit** nach § 268 Abs. 4 an. Doch selbst wenn man – was durchaus zweifelhaft ist – für ein unmittelbares Ansetzen jedes Losfahren, das eventuell einen falschen Aufzeichnungsvorgang auslösen könnte, genügen lässt, ist hier zu berücksichtigen, dass ein **unscharfes** bzw. überbelichtetes **Foto** gar **keine unechte technische Aufzeichnung** wäre. Zwar steht der Herstellung einer solchen nach § 268 Abs. 3 gleich, „wenn der Täter durch störende Einwirkung auf den einzelnen Aufzeichnungsvorgang das Ergebnis beeinflusst". Nach dem Schutzzweck des § 268 kann jedoch auch diese Tatmodalität nur einschlägig sein, wenn die **Manipulation** des Täters den **Aufzeichnungsvorgang** mittels des Aufzeichnungsgerätes beeinflusst, nicht dagegen wenn der zu fotografierende **Gegenstand unkenntlich** gemacht wird (vgl. auch Fall 174). Denn der Aufzeichnungsvorgang gibt in diesem Fall ja ein naturgetreues Abbild dessen wieder, was mit den konkret zur Verfügung stehenden technischen Mitteln in der jeweiligen Situation abgebildet werden kann.

Ergänzende Bemerkung: Aus dem gleichen Grund wird man richtigerweise auch die Verwendung einer „Gegenblitzanlage" nicht unter § 268 Abs. 1 und 3 subsumieren können. Denn auch hier bleibt der Aufzeichnungsvorgang mit Blick auf das Aufzeichnungsgerät unbeeinträchtigt und es werden nur die äußeren Aufzeichnungsumstände in einer Weise manipuliert, dass das Aufzeichnungsgerät selbst bei idealem Funktionieren kein besseres als das jeweils gelieferte Bild hervorbringen kann (so auch LG Flensburg NJW 2000, 1664; a. A. AG Tiergarten NStZ-RR 2000, 9), vgl. näher Fall 177a.

177a. Die Gegenblitzanlage

T brachte eine Gegenblitzanlage an der Frontscheibe seines Pkw oberhalb des Innenspiegels an. Als T wegen einer Geschwindigkeitsüberschreitung geblitzt wurde, löste diese aus, wodurch T auf dem Foto unkenntlich wurde. Strafbarkeit des T?
(vgl. OLG München NJW 2006, 2132; LG Flensburg NJW 2000, 1664; AG Tiergarten NStZ-RR 2000, 9)

Zur Vertiefung: *Wessels/Hettinger,* Rn. 875; *Rengier* II, § 34 Rn. 9; *Kudlich,* JA 2007, 72 ff. (zu OLG München); *Martin,* JuS 2000, 822 f. (zu LG Flensburg).

Hinsichtlich der Strafbarkeit nach **§ 268 Abs. 1 und 3** gelten im Grunde die **Überlegungen zu Fall 177 entsprechend.** Die Lichtbildaufnahme ist – im konkreten Fall aufgrund der selbstauslösenden Aufnahme – zwar eine technische Aufzeichnung nach § 268 Abs. 2. Es fehlt aber nicht nur an einer Tathandlung nach Abs. 1, sondern auch ein Einwirken auf den Aufzeichnungsvorgang (Abs. 3) liegt nicht vor: Geschützt wird insoweit nämlich nur das **Vertrauen in den manipulationsfreien Herstellungsvorgang,** nicht in die Manipulationsfreiheit des Objekts der Aufzeichnung. Es fehlt also nicht etwa wegen der Unkenntlichkeit an einer technischen Aufzeichnung (darauf abstellend aber das OLG München NJW 2006, 2132; ähnlich Teile der Lit.), sondern diese ist vielmehr insoweit echt und unbeeinflusst, als die **Kamera genau das aufzeichnet, wass sie unter den gegebenen Lichtverhältnissen auch aufzuzeichnen in der Lage ist** (im Ergebnis so auch LG Flensburg NJW 2000, 1664; a. A. AG Tiergarten NStZ-RR 2000, 9).

Das OLG München (NJW 2006, 2132) hat in einem vergleichbaren Fall aber eine Strafbarkeit nach § 303 angenommen. Denn der Gegenblitz behindere den bestimmungsgemäßen Gebrauch des polizeilichen Geräts und sei daher eine Beschädigung desselben. **Mangels jeglicher körperlicher Einwirkung** ist das aber kaum ernsthaft vertretbar und überstrapaziert die Rechtsfigur der **Funktionsbeeinträchtigung,** zumal eine solche eigentlich gar nicht vorliegt: Vielmehr wird ja – vgl. oben – ganz korrekt das aufgenommen, was nach der regulären Funktionalität der Kamera in der konkreten Situation aufzunehmen ist. Die Entscheidung ist daher in der Literatur zu Recht auf verbreitete Kritik gestoßen.

178. *(entfallen)*

179. Das schnelle Geld

T hatte bei Schuhhändler S Schuhe gekauft und mit drei gefälschten 50-Euro-Scheinen bezahlt. Als S abends „die Kasse machte“, fielen ihm die drei Scheine auf, und er erkannte bei näherem Hinsehen, dass es sich um Falschgeld handelte. Da S selbst einerseits mit der Sache nichts zu tun haben, andererseits aber auch nicht „auf seinem Schaden sitzen bleiben“ wollte, erzählte er seinem Freund F davon und gab die drei 50-Euro-Scheine zu einem Gesamtkaufpreis

von 50 Euro an ihn weiter, da F über Erfahrung damit verfügte, Falschgeld wieder in den Wirtschaftskreislauf einfließen zu lassen. Strafbarkeit des S?

Zur Vertiefung: *Wessels/Hettinger,* Rn. 936 ff.; *Rengier* II, § 39 Rn. 13, 16–24.

Eine täterschaftliche Begehung von **§ 146** scheidet jedenfalls aus, da **S selbst** das Geld **weder nachgemacht** hat **noch** sich **in der Absicht verschafft** hatte, falsches Geld als echt in den Verkehr zu bringen.

In Betracht kommt jedoch durch die Überlassung des Falschgeldes an F entweder eine Strafbarkeit nach **§ 147** wegen sonstigen „Inverkehrbringens von Falschgeld" **oder** aber wegen **Beihilfe** zur Geldfälschung nach **§ 146 Abs. 1 Nr. 2, § 27:** Auf den ersten Blick scheint dabei eine Strafbarkeit nach § 147, welche als täterschaftliche Begehung die bloße Beihilfe zur Geldfälschung verdrängen würde, auszuscheiden, da S das falsche Geld bei der Überlassung an F **nicht selbst „als echt"** in den Verkehr gebracht hatte, sondern den F **auf die Falschheit** des Geldes **hingewiesen** hatte. Dies hätte freilich zur Konsequenz, dass S sich stattdessen nach §§ 146, 27 strafbar gemacht hätte, was als Beihilfe zu einem Verbrechen einem **deutlich höheren Strafrahmen** unterliegt als die täterschaftliche Begehung des privilegierten Tatbestandes des § 147. Man wird aber kaum davon ausgehen können, dass derjenige, der es einem anderen überlässt, das als echt empfangene Falschgeld in den Zahlungsverkehr zurückzuschleusen, eine strengere Behandlung verdienen würde als der Täter, der sich nicht scheut, das Falschgeld auch selbst an Arglose abzusetzen. In der Literatur wird des Weiteren angeführt, eine Behandlung derartiger Fälle nach § 147 verstoße auch nicht gegen Art. 103 Abs. 2 GG, da ein „In-den-Verkehr-Bringen als echt" auch dann noch angenommen werden könne, wenn das Geld einem Dritten überlassen wird, der es „als echt" weiter in den Verkehr einschleust (so auch, allerdings in anderem Zusammenhang, BGHSt 42, 162, 168). So plausibel dies in der Sache erscheint, so **fraglich** ist dagegen, ob *de lege lata* dieses Ergebnis wirklich **mit dem Wortlaut des § 147** zu vereinbaren ist. Gerade wenn ein In-den-Verkehr-Bringen immer schon dann vorliegen muss, „wenn der Täter es (d. h. das Geld) derart aus seinem Gewahrsam oder seiner sonstigen Verfügungsgewalt entlassen hat, dass ein anderer tatsächlich in die Lage versetzt wird, sich des Falschgeldes zu bemächtigen, um mit ihm nach eigenem Belieben umzugehen" (vgl. BGHSt 42, 162, 168), liegt dieses erste und damit entscheidende „In-den-Verkehr-Bringen" bereits bei der Übergabe an den „Mittelsmann" (hier also an F). Die Berechtigung eines weitergehenden „mittelbaren In-den-Verkehr-Bringens" etwa nach Art einer mittelbaren Täterschaft ist wenig überzeugend, wenn die Voraussetzungen des § 25 Abs. 1 Alt. 2 nicht vorliegen. Insoweit sprechen also auch gute Gründe dafür, entgegen der wohl h. M. zumindest *de lege lata* hier eine Strafbarkeit nach **§§ 146, 27** anzunehmen, wobei man jedoch von einer **Sperrwirkung des Strafrahmens des § 147** Gebrauch machen könnte.

H. Straßenverkehrsdelikte

180. Der abgehärtete Alkoholkonsument

T wusste, dass er wieder einmal zu viel getrunken hatte. Um einer Polizeikontrolle zu entgehen, wählte er den Heimweg über eine wenig befahrene kleine Straße, auf der ihm auch keine Menschenseele begegnete – bis er in eine Polizeikontrolle geriet. Die daraufhin angeordnete Blutprobe ergab eine Blutalkoholkonzentration (BAK) von 1,4 ‰. Wegen Trunkenheit im Verkehr gemäß § 316 angeklagt, verteidigte sich T damit, dass er zum einen aufgrund seiner Alkoholgewöhnung mit 1,4 ‰ noch prächtig fahren könne und dass zum anderen aufgrund der menschenleeren Straße niemand auch nur im Entferntesten in Gefahr geraten sei. Was ist davon zu halten?

Zur Vertiefung: *Wessels/Hettinger,* Rn. 977, 985 ff., 1024 ff.; *Rengier* II, § 43 Rn. 1, 6–11; *Satzger,* Jura 2013, 345 ff.

Nichts. Was die BAK angeht, liegt nach der Rechtsprechung eine **absolute Fahruntüchtigkeit** im Sinne des § 316 bei einem Grenzwert von **1,1 ‰** vor. Die Grenzwerte der absoluten Fahruntüchtigkeit bilden dabei nach einhelliger Ansicht **unwiderlegliche prozessuale Vermutungen,** d. h. der Gegenbeweis, trotz dieser Alkoholisierung noch in der Lage gewesen zu sein, das Fahrzeug sicher zu führen, wird dem Täter versagt. Hinsichtlich des Arguments, auf der Straße sei niemand „auch nur im Entferntesten in Gefahr geraten", verkennt T (von der Anwesenheit der kontrollierenden Polizisten auf der Straße einmal ganz abgesehen) den Charakter des § 316 als **abstraktes Gefährdungsdelikt.** Unter Strafe gestellt wird die abstrakt gefährliche Verhaltensweise des Fahrens in fahruntüchtigem Zustand als solche, ohne dass es auf eine konkrete Gefahr ankäme. Anders als etwa bei § 306a Abs. 1 Nr. 1 (vgl. Fall 211) wird bei § 316 aufgrund des deutlich niedrigeren Strafrahmens soweit ersichtlich auch keine teleologische Reduktion in solchen Fällen diskutiert, in denen nach den besonderen Umständen des Einzelfalls das Umschlagen der abstrakten in eine konkrete Gefahr praktisch vollständig ausgeschlossen ist.

Ergänzende Bemerkungen: (1.) Die Unwiderleglichkeit der prozessualen Vermutung der absoluten Fahruntüchtigkeit führt zu einem „quasi-materiellen" Charakter der Vermutung. Einschlägige Fälle sind also so zu behandeln, als ob im StGB statt „nicht mehr in der Lage, das Fahrzeug sicher zu führen" explizit stehen würde: „Wer mit einer BAK von 1,1 ‰ […]." Eine solche Wirkung mag unter dem Gesichtspunkt der Gewaltenteilung nicht unproblematisch scheinen; allerdings hat sie Argumente der Rechtssicherheit für sich und ist durch naturwissenschaftliche Erkenntnisse fundiert. Problematisch ist allerdings, wenn entsprechende Grenzwerte von der Rechtsprechung ohne Vorankündigung geändert werden, da solche Änderungen im Ergebnis einer rückwirkenden Verschärfung des materiellen Rechts gleichkommen, ohne dass nach Ansicht der h. M. die Garantie des Art. 103 Abs. 2 GG (Gebot der *lex praevia*) eingreift.

(2.) Neben der absoluten Fahruntüchtigkeit erkennt die h. M. auch eine relative Fahruntüchtigkeit an. Diese soll ab einer BAK von 0,3 ‰ (a. A.: 0,2 ‰) in Betracht kommen, wenn alkoholtypische Ausfallerscheinungen/Fahrfehler hinzukommen.

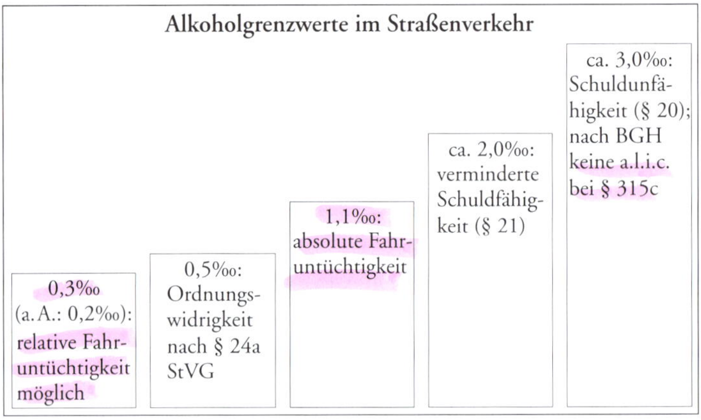

181. Der berauschte Fahrlehrer

Fahrschülerin S absolvierte im Fahrschulauto kurz vor ihrer Prüfung eine tadellose Überlandfahrt. Der neben ihr sitzende, aber zu keinem Zeitpunkt eingreifende Fahrlehrer T hatte dabei eine BAK von 1,49 ‰.
Strafbarkeit des T?
(vgl. OLG Dresden NJW 2006, 1013)

Zur Vertiefung: *Wessels/Hettinger,* Rn. 984; *Rengier* II, § 43 Rn. 1, 3; *Bosch,* JA 2006, 576 ff.; *Jahn,* JuS 2006, 468 ff.; *Joerden,* Blutalkohol 40 (2003), 104 ff.

T könnte sich nach § 316 strafbar gemacht haben. T handhabte die technischen Vorrichtungen des Fahrzeugs **aber nicht selbst** und nahm auf die Antriebskräfte des Gefährts selbst keinen Einfluss. Er hat das Fahrzeug daher nicht selbst geführt. Die bloße **Eingriffsmöglichkeit genügt nicht.** Allein S hat das Fahrzeug geführt. Deren Verhalten ist dem T aber nicht zuzurechnen; eine mittelbare Täterschaft scheidet jedenfalls deswegen aus, weil § 316 nach h. M. ein **eigenhändiges Delikt** ist. Das erscheint auch überzeugend, da die spezifische Gefahr gerade nur durch entsprechende Defizite des Fahrers selbst hervorgerufen wird. Auch eine Teilnahme scheidet aus, da schon keine Haupttat vorliegt (S war nicht betrunken).

Ergänzende Bemerkungen: (1.) Auch der Beifahrer, der einen nicht nur betrunkenen, sondern sogar im Sinne des § 20 schuldunfähigen Fahrer (z. B. ab einer BAK von 3,0 ‰) durch die Straßen lotst, ist somit kein mittelbarer Täter der Trunkenheitsfahrt. Ebenso wenig ist der Beifahrer eines noch nicht schuldlosen, aber absolut fahruntüchtigen Fahrers Mittäter des § 316, selbst wenn er ein übergeordnetes Interesse an der Tat hat und dem Fahrer die Richtung vorgibt. In allen diesen Fällen kommt allenfalls eine Anstiftung oder Beihilfe in Betracht.

(2.) Ein vergleichbares Problem ergibt sich hier bei der – allerdings regelmäßig nur als Ordnungswidrigkeit nach § 23 Abs. 1a StVO bebußten – Nutzung eines Mobiltelefons. Der 4. Strafsenat des BGH (BGHSt 59, 311 m. Anm. *Jahn,* JuS 2015, 372 und *Kudlich,* JA 2015, 232) hat hierzu entschieden, dass ein „Fahrlehrer, der als Beifahrer während einer Ausbildungsfahrt einen Fahrschüler begleitet, dessen fortgeschrittener Ausbildungsstand zu einem Eingreifen in der konkreten Situation keinen Anlass gibt, […] nicht Führer des Kraftfahrzeugs i. S. d. § 23 Abs. 1a 1 StVO" sein soll.

182. Jägertee-Doping

T hatte beim „Bergwirt", der auf seiner Hütte im Winter Skifahrer, im Sommer Wanderer und Mountainbiker bewirtete, in größeren Mengen Enzian und Jägertee konsumiert. Mit einer BAK von 1,8 ‰ schwang er sich auf sein Fahrrad und rollte ohne zu treten mehr oder weniger weite Schlangenlinien fahrend die schmale Straße hinunter, die vom Gipfel ins Tal führte. Als er schließlich alkoholbedingt vom Weg abkam und sich verletzte, wurde von Passanten außer einem Notarzt zugleich auch die Polizei verständigt, die eine Blutalkoholkontrolle anordnete. Wegen Trunkenheit im Straßenverkehr angeklagt verteidigte sich T damit, dass ein Fahrrad doch wohl kaum ein Fahrzeug im Sinne des § 316 sein könne und dass überdies bei einem bloßen Bergabrollen ohne Einsatz eigener Kräfte von einem Führen dieses Fahrzeugs keine Rede sein könne. Was ist davon zu halten?

Zur Vertiefung: *Wessels/Hettinger,* Rn. 988; *Rengier* II, § 43 Rn. 3, 9.

Nichts. § 316 spricht ausdrücklich nur vom Führen eines **„Fahrzeugs", nicht** dagegen eines **„Kraftfahrzeugs"** (obwohl dem Gesetz diese Differenzierung durchaus bekannt ist; vgl. § 316a Abs. 1). Fahrzeuge im Sinne der §§ 316, 315c sind mithin Fahrzeuge jeder Art, die zur Beförderung von Personen oder Sachen dienen und am Verkehr auf der Straße teilnehmen. Dazu zählen unproblematisch **auch Fahrräder.** Das Führen eines Fahrzeuges erfasst solche Bewegungsvorgänge im Verkehr, bei denen der Täter das Fahrzeug unter bestimmungsgemäßer Anwendung seiner Antriebskräfte unter eigener Verantwortung in Bewegung setzt bzw. unter Handhabung der technischen Vorrichtung während der Fahrtbewegung durch den Verkehrsraum lenkt. Da es auf **Bergabstrecken** (zumal bei Fahrrädern) ganz und gar **üblich** ist, streckenweise das Fahrzeug unter bloßer Ausnutzung der Schwerkraft rollen zu lassen, ist vorliegend auch das Führen des Fahrzeuges zu bejahen. Ferner ist im konkreten Fall auch von einer Fahruntüchtigkeit auszugehen. Entsprechende Grenzwerte sind bei Radfahrern nicht so klar und unstreitig wie bei Kraftfahrzeugen und bewegen sich für die absolute Fahruntüchtigkeit zwischen 1,5 und 1,7 ‰; danach wäre T vorliegend sogar absolut fahruntüchtig. Selbst wenn man die Grenze hier noch höher ansetzen würde, käme jedenfalls eine relative Fahruntüchtigkeit in Betracht, da T nicht unerheblich alkoholisiert war und einen alkoholbedingten Fahrfehler begangen hat.

Ergänzende Bemerkung: Für Pferdekutschen ist das OLG Oldenburg BeckRS 2014, 08917 m. Anm. *Hecker,* JuS 2014, 756 wegen eines insgesamt mit Autos vergleichenbaren Gefährdungspotenzials ebenfalls von einem Grenzwert von 1,1 ‰ ausgegangen; für motorisierte Krankenfahrstühle nehmen das BayObLG (NStZ-RR 2001, 26) und das OLG Nürnberg (NStZ-RR 2011, 153) die identische Grenze wie für Kraftfahrzeuge, das AG Löbau (NJW 2008, 530) die identische Grenze wie für Fahrradfahrer an.

183. Auto vs. Fahrrad

a) T war im alkoholisierten Zustand mit seinem Auto auf dem Nachhauseweg. Auf der Landstraße überquerte O mit seinem Fahrrad so plötzlich die Straße, dass T ihn nicht rechtzeitig erkennen konnte. T erfasste O, der sofort tot war.

Die Untersuchungen sowie ein später eingeholtes Gutachten ergaben, dass T z. Zt. des Unfalls 95 km/h schnell gefahren war und eine BAK von 1,3 ‰ hatte. Den Unfall hätte T allerdings auch nicht vermeiden können, wenn er bei der gleichen (zulässigen) Geschwindigkeit nüchtern gewesen wäre, weil O die Fahrbahn zu plötzlich gequert hatte. Strafbarkeit des T?
b) Würde sich etwas ändern, wenn die Untersuchungen ferner ergeben hätten, dass T bei einer dem Grad seiner Alkoholisierung „angemessenen" Geschwindigkeit von 70 km/h den O rechtzeitig hätte erkennen und den Unfall vermeiden können?
(vgl. BGHSt 24, 31 und BGH NStZ 2013, 231)

Zur Vertiefung: *Wessels/Hettinger,* Rn. 985, 990 f., 996; *Rengier* II, § 44 Rn. 11; *Eisele,* JA 2007, 168 ff.; Jäger, JA 2013, 393 f.; *Zimmermann,* JuS 2010, 22 ff.

Zu a) T hat sich (nur) nach § 316 strafbar gemacht, da er im absolut fahruntüchtigen Zustand im Straßenverkehr ein Fahrzeug geführt hat. Dagegen scheidet eine Strafbarkeit nach § 315c Abs. 1 Nr. 1 Buchst. a schon deswegen aus, weil die **Tötung** des O (in der selbstverständlich zugleich eine konkrete Gefährdung liegt) **nicht gerade auf der Alkoholisierung beruhte.** Das Erfordernis dieses Zusammenhanges kommt durch das Tatbestandsmerkmal **„und dadurch"** im § 315c Abs. 1 zum Ausdruck. Danach ist der Tatbestand nicht erfüllt, wenn die Gefährdung unabhängig von der Alkoholisierung eingetreten ist, was hier der Fall ist. Letztlich aus dem gleichen Grund scheidet eine Strafbarkeit nach § 222 aus. Zwar ist der Taterfolg eingetreten, und T hat aufgrund seiner Alkoholisierung auch pflichtwidrig gehandelt. Der Erfolg beruht aber nicht gerade auf der Sorgfaltspflichtverletzung – m. a. W.: Es **fehlt** am sog. **Pflichtwidrigkeitszusammenhang,** da der Erfolg auch bei rechtmäßigem Alternativverhalten des T in gleicher Weise eingetreten wäre.

Zu b) An der Strafbarkeit nach § 316 sowie der Straflosigkeit *sub specie* § 315c würde sich auf keinen Fall etwas ändern. Dagegen ist die **Rechtsprechung** der Ansicht, dass in Fallvariante b eine **Strafbarkeit nach § 222** in Betracht kommt, da eine für den Taterfolg kausale Sorgfaltspflichtverletzung des T darin gesehen werden könne, dass er nicht die „seiner Alkoholisierung angemessene" Geschwindigkeit eingehalten hat. Allerdings ist diese Argumentation problematisch, da von T ja eigentlich nicht gefordert wird, „betrunken und dafür langsamer", sondern gerade nicht alkoholisiert zu fahren. Zwar scheint die Forderung, in betrunkenem Zustand besonders vorsichtig zu fahren, auf den ersten Blick schlüssig; allerdings würde T danach für etwas bestraft, was er selbst bei **wirklich sorgfaltsgemäßem Verhalten nicht hätte verhindern** können. Ein permanentes „Nachjustieren" der Sorgfaltspflichten führt auch zu der Gefahr, dass letzten Endes die **Sorgfaltspflichtverletzung** aus dem Erfolgseintritt mehr oder weniger abgeleitet wird und damit ihre **eigenständige, strafbarkeitsbegrenzende Funktion** verliert. Deshalb ist mit der in der Literatur verbreitet vertretenen Gegenansicht auch in Fallvariante b eine Strafbarkeit nach § 222 abzulehnen.

Ergänzende Bemerkung: An dem erforderlichen Zusammenhang kann es auch fehlen, wenn ein betrunkener Fahrer etwa auf der Flucht vor der Polizei ist und die gefährende Handlung (etwa das Steuern auf die Gegenfahrbahn mit Beinahekollission) nicht der Akloholisierung, sondern der überhöhten Geschwindigkeit in der Fluchtsituation geschuldet ist (vgl. BGH BeckRS 2013, 18828 m. Anm. *Kudlich,* JA 2014, 72). Hier ist genau darauf zu achten, was der Sachverhalt als Ursache benennt.

184. Der übermütige Fahranfänger (I)

T feierte mit seinen Freunden feuchtfröhlich den Erwerb seines Führerscheines. Um trotz der – wie T selbst merkte – erheblichen Alkoholisierung seinem später hinzugekommenen Freund F seine Fahrkünste vorführen zu können, stieg er in F's Auto und fuhr einige Runden auf dem großen, nachts fast leeren Parkplatz eines Supermarktes, auf dem F seinen Wagen abgestellt hatte. Eine Polizeistreife wunderte sich über das im Kreis fahrende Fahrzeug, kontrollierte T und ordnete eine Blutprobe an, die eine BAK von 1,4 ‰ ergab. Strafbarkeit des T? (vgl. auch BGH NStZ 2013, 167 m. Anm. *Kudlich,* JA 2013, 235)

Zur Vertiefung: *Wessels/Hettinger,* Rn. 978, 990 ff., 1024; *Rengier* II, § 43 Rn. 4; zum öffentlichen Verkehr auf einem Betriebsgelände BGH NJW 2004, 1965 m. Anm. *Kudlich,* JuS 2004, 832 ff.

T hat sich nach **§ 316** strafbar gemacht. Einerseits ist auch der **Parkplatz** des Supermarktes der Allgemeinheit, d. h. einem unbestimmten Personenkreis zugänglich und damit **Bestandteil des (öffentlichen) Verkehrs** im Sinne des § 316. Darin hat T im absolut fahruntüchtigen Zustand ein Auto geführt. Andererseits liegt kein Fall des § 315c vor, da es zu **keiner konkreten Gefährdung** eines geschützten Tatobjektes kam: Zum einen ist im Sachverhalt ohnehin nichts von einer konkreten Gefährdung im Sinne eines Beinaheunfalls mitgeteilt; zum anderen würde das hier einzig als fremde Sache in Betracht kommende **Auto** des F nach h. M. als **Tatobjekt ausscheiden,** da es zugleich das **Tatmittel** ist.

Ergänzende Bemerkung: Würde man das anders sehen, wäre bei einem Auto mangels gegenteiliger Angaben davon auszugehen, dass es im Sinne des § 315c von „bedeutendem Wert" ist. Die Grenze wurde lange bei 1.200-1.500 DM gesehen, mittlerweile wird keinesfalls unter 750 Euro, von manchen sogar erst bei 1.300 Euro ein bedeutender Wert gesehen. Der für das Straßenverkehrsrecht zuständige 4. Strafsenat betont in seiner neueren Rechtsprechung allerdings, dass er keinen Anlass sieht, die Grenze höher als bei 750 Euro anzusetzen (vgl. BGH NStZ 2011, 215). Ferner wird betont (BGH NStZ-RR 2008, 289), dass nicht nur der Wert der Sache, sondern auch die Höhe des drohenden Schadens „bedeutend" in diesem Sinne sein muss. Beachte aber: Da § 315c ein Gefährdungsdelikt ist, ist das nicht automatisch deshalb ausgeschlossen, weil ein etwaiger *tatsächlich eingetretener* Schaden unter dieser Schwelle liegt. Wenn also etwa ein Pkw mit einem Wert von 15.000 Euro bei einem Unfall nur „angekratzt" wird und ein Schaden von 500 Euro entsteht, liegt es durchaus nahe, dass die konkrete Gefahr eines Schadens in Höhe von mehr als 750 Euro bestanden hat. Denn schon, wenn der beschädigte Pkw um wenige Zentimeter „zentraler" getroffen worden wäre, hätte dies möglicherweise zu deutlich höheren Reparaturkosten geführt. Schon die Gefahr eines höheren Schadens wird fast nur ausgeschlossen sein, wenn das den Unfall verursachende Fahrzeug extrem langsam aus einer Parklücke manövriert wird o. Ä.

185. Der übermütige Fahranfänger (II)

T sieht in der Antwort zu Fall 184 ein klassisches Beispiel von „Klassenjustiz", denn er wisse genau, dass sein reicher Freund R, dessen Eltern über einen parkähnlichen Garten verfügen, schon öfters im alkoholisierten Zustand in der großen Einfahrt auf- und abgefahren sei, und hier würde sicher niemand auf die Idee kommen, ein Verfahren nach § 316 einzuleiten. Hat T Recht?

Zur Vertiefung: *Wessels/Hettinger,* Rn. 978; *Rengier* II, § 43 Rn. 4.

Nicht wirklich. T hat zwar sicher damit Recht, dass R sich bei den geschilderten Fahrten nicht nach § 316 strafbar machen würde und dass – zumindest in einem rein deskriptiven Sinn – derjenige, der sich einen „nicht öffentlichen Verkehrsraum vorhalten" kann, insoweit tatsächlich bevorzugt ist. Eigentlich geht es aber darum nicht. **Entscheidend** ist allein, dass R bei den Fahrten im Garten seiner Eltern **keine unüberschaubare Personenmenge** (auch nur abstrakt) **gefährdet** und daher das Rechtsgut des § 316 in Gestalt der Sicherheit des öffentlichen Verkehrs nicht berührt ist.

186. Der übermütige Fahranfänger (III)

Wie wäre Fall 184 zu entscheiden, wenn
a) T bei der Fahrt auf dem Parkplatz seine Bekannte B mit im Wagen gehabt hätte, die gerade das Lokal betreten wollte, als T zum Parkplatz ging und daher nichts von T's hoher Alkoholisierung wusste?
b) B den T in Kenntnis seiner Alkoholisierung überhaupt erst auf die Idee mit der Fahrt gebracht hätte und dann auch bei ihm im Wagen gesessen hätte, als er alkoholbedingt um ein Haar gegen einen Betonpfeiler gefahren wäre?
(vgl. BGH NJW 1991, 1120; BGH NStZ 2012, 700 m. Anm. *Hecker,* JuS 2013, 84 und NStZ 2013, 167 m. Anm. *Kudlich,* JA 2013, 235)
c) B in Fallvariante b den T zwar nicht auf die Idee mit der Fahrt gebracht hätte, allerdings in Kenntnis seiner Alkoholisierung mit ins Fahrzeug gestiegen wäre?
(vgl. BGHSt 23, 261)

Zur Vertiefung: *Wessels/Hettinger,* Rn. 991 ff.; *Rengier* II, § 44 Rn. 15 u. 17–20; *Schroeder,* JuS 1994, 846 ff.

Zu a) Hier würde sich T ebenso wie in Fall 184 nach § 316 strafbar machen. Zwar fällt die B als (insbesondere über die Alkoholisierung nicht informierte) **Mitfahrerin in den Schutzbereich des § 315c Abs. 1 Nr. 1 Buchst. a.** Allerdings ist es hier zu **keiner konkreten Gefährdung** gekommen. Entgegen der früheren Rechtsprechung des BGH kann eine solche auch nicht über die Formel, dass es „nur noch vom Zufall abhänge, ob es zu einem Unfall kommt", allein deswegen angenommen werden, weil B einige Zeit im Wagen des alkoholisierten T mitfährt. Eine abstrakte Gefahr wird **nicht allein** durch ihre **längere Dauer** zu einer konkreten, sondern es müsste eine **qualitative Zuspitzung** der Situation in Gestalt eines Beinaheunfalls dazukommen.

Zu b) Hier hat T die B dadurch, dass er fast gegen den Pfeiler gefahren wäre, tatsächlich in eine konkrete Gefahr gebracht. Allerdings fällt B hier nach h. A. **aus dem Schutzbereich** des § 315c, da sie bejahendenfalls **Anstifterin** zu dieser Tat (§ 315c Abs. 1, § 26) gewesen wäre. Teilnehmer sollen vom Schutzbereich jedoch nicht erfasst sein, da sie sonst aufgrund des Prinzips der Akzessorietät durch ihre Einbeziehung in den Schutzbereich ihre eigene Strafbarkeit gleichsam mitbegründen würden.

Zu c) Im bloßen Zusteigen in das Auto ist nicht einmal eine psychische Beihilfe zu sehen, so dass B **grundsätzlich in den Schutzbereich** der Vorschrift fällt. Fraglich ist jedoch, ob sie durch das Mitfahren in Kenntnis der Alkoholisierung mit rechtfertigender Wirkung in die Tatbestandsverwirklichung **einwilligen** konnte. Der BGH lehnt dies ab, da Rechtsgut des § 315c in erster Linie die **Sicherheit des Straßen-**

verkehrs sei, die als **überindividuelles Rechtsgut** nicht zur Disposition des Einzelnen stehe. Demgegenüber wird in der Literatur vielfach überzeugend darauf hingewiesen, dass § 315c Abs. 1 – gerade anders als § 316 – **auch dem Individualschutz** dient. Dieser Individualschutz ist nicht nur eine zufällige Konkretisierung der allgemeinen Verkehrssicherheit, sondern dient konkret den gefährdeten Rechtsgütern und wird insoweit neben der allgemeinen Gefahr für die Straßenverkehrssicherheit zum eigenständigen Schutzzweck des § 315c. Wird jedoch durch die Einwilligung eines von mehreren **kumulativ erforderlichen Unrechtsmerkmalen kompensiert,** scheidet eine Strafbarkeit aus. T hat sich danach nur gemäß § 316 strafbar gemacht, was auch angemessen erscheint, da das nicht durch Einwilligung kompensierte Unrecht seines Handelns auch nur demjenigen entsprach, welches § 316 unter Strafe stellen möchte.

187. Der übermütige Fahranfänger (IV)

Kandidat K weist darauf hin, dass in den Beispielen in Fall 186 der nach § 15 stets erforderliche Vorsatz hinsichtlich der Gefährdung einer Sache oder eines anderen wohl regelmäßig ohnehin nicht gegeben (und insbesondere in der Praxis regelmäßig nicht ohne weiteres nachzuweisen) wäre. Daher seien die Streitigkeiten über das objektive Vorliegen einer Gefährdung in den allermeisten Fällen typische akademische Scheingefechte. Was kann man K darauf antworten?

Zur Vertiefung: *Wessels/Hettinger,* Rn. 995; *Rengier* II, § 44 Rn. 3.

K hat die Möglichkeit einer **Vorsatz-Fahrlässigkeits-Kombination** nach § 315c Abs. 1 Nr. 1 Buchst. a, Abs. 3 Nr. 1 übersehen. Danach macht sich auch strafbar, wer nur vorsätzlich das Fahrzeug im fahruntüchtigen Zustand führt, **hinsichtlich** der **Gefährdung** dagegen **fahrlässig** handelt. Insoweit ist eine genaue Prüfung der objektiven Merkmale nicht nur der wissenschaftlichen Gründlichkeit geschuldet, sondern durchaus auch für die Praxis ergebnisrelevant. Sogar wenn der Täter hinsichtlich seiner Alkoholisierung nur fahrlässig handelt, ist nach § 315 Abs. 1, Abs. 3 Nr. 2 eine Strafbarkeit möglich.

Ergänzende Bemerkung: Auch § 316 kennt in Abs. 2 eine Fahrlässigkeitsstrafbarkeit. Hier besteht die Besonderheit, dass die fahrlässige Begehung den gleichen Strafrahmen hat wie die vorsätzliche. Dies mag vom Gesetzgeber auch deswegen so angeordnet worden sein, um den im Rahmen des § 316 besonders gut vorstellbaren Schutzbehauptungen, man habe nicht ernsthaft mit einer Fahruntüchtigkeit gerechnet, etwas die Bedeutung zu nehmen.

188. Der englische Raser

T hatte sich nach einer anstrengenden Arbeitswoche einen BMW Z8 ausgeliehen und war mit diesem auf einer wenig befahrenen Landstraße unterwegs. Da er von einer Anhöhe aus die nachfolgende Senke gut einsehen konnte und dabei sah, dass auf weite Sicht kein Wagen entgegen kam, fuhr er „aus Freude am zügigen Fahren" die anschließende lang gezogene Rechtskurve nahe an der

zugelassenen Höchstgeschwindigkeit von 100 km/h aus und zog dabei weit nach links auf die Gegenfahrbahn. Plötzlich kam O aus einer kleinen Seitenstraße, aus der er nach rechts auf die Gegenfahrbahn des T abbog. O hatte den T aufgrund der hohen Geschwindigkeit und der Kurve nicht erkennen können, als er vor dem Abbiegen kurz nach rechts gesehen hatte und hatte sich ansonsten im Wesentlichen auf einen eventuellen von ihm aus links kommenden, verkehrsgerecht auf der Spur fahrenden Verkehr konzentriert. O und T konnten nur durch gewagte Lenkmanöver in der letzten Sekunde einen Zusammenstoß bei hoher Geschwindigkeit vermeiden. Gegen T wird ein Strafverfahren nach § 315c Abs. 1 Nr. 2 Buchst. e eingeleitet. Worauf könnte sein Verteidiger V hinweisen?

Zur Vertiefung: *Wessels/Hettinger,* Rn. 997 f.; *Rengier* II, § 44 Rn. 7–9.

T hat zwar die rechte Seite der Fahrbahn nicht eingehalten und dadurch Leib und Leben des O konkret gefährdet. V könnte aber zum einen argumentieren, dass eine **lang gezogene Rechtskurve keine „unübersichtliche Stelle"** im Sinne des § 315c Abs. 1 Nr. 2 Buchst. e darstellt. Nach dem Willen des Gesetzgebers sollte nämlich bei Kurven insbesondere das sog. Kurvenschneiden pönalisiert werden, durch das der Gegenverkehr noch deutlich schwerer gefährdet wird, als beim Ausfahren einer Rechtskurve. Folglich ist es hier im Wesentlichen eine Tatfrage, ob die Voraussetzungen des unbestimmten Rechtsbegriffs „unübersichtliche Stelle" gegeben sind. Nimmt man dies aber an, könnte man weiter erwägen, dass beim Ausfahren einer Rechtskurve regelmäßig **keine „grobe Verkehrswidrigkeit"** im Sinne des § 315c Abs. 1 Nr. 2 vorliegt. Ist dieses nämlich – damit das Merkmal gegenüber der Aufzählung in den Buchstaben a–g nicht leer läuft – nicht einmal notwendig dann gegeben, wenn ein Verstoß vorliegt, der dem Regelbild einer der Nummern entspricht, so ist die grobe Verkehrswidrigkeit um so zweifelhafter, wenn eine zwar vom Wortlaut erfasste, aber nicht typische Konstellation gegeben ist. Zuletzt könnte V darauf hinweisen, dass T jedenfalls **nicht rücksichtslos** im Sinne einer gesteigerten subjektiven Vorwerfbarkeit gehandelt hat. Eine solche liegt vor, wenn sich ein Verkehrsteilnehmer im Straßenverkehr aus eigensüchtigen Gründen über seine Pflichten hinwegsetzt oder aus Gleichgültigkeit von vornherein Bedenken gegen sein Verhalten nicht aufkommen lässt. Allein die **Freude am zügigen Fahren** indiziert nicht notwendig eine solche Rücksichtslosigkeit, insbesondere nicht, wenn die abstrakt zulässige Höchstgeschwindigkeit eingehalten wurde. Da T die Kurve bei der Einfahrt in die selbe gut zu überblicken können glaubte und O für ihn unerwartet aus einer kleinen Nebenstraße einbog, wird man eher von einer nur **momentanen Unaufmerksamkeit** bzw. einer bloßen Fehleinschätzung der Verkehrslage auszugehen haben, die nicht dem gesteigerten Vorwurf entsprechen, der mit diesem, als zusätzliches Korrektiv gedachten Merkmal einhergeht.

189. Ein schmieriger Fall

Um den nach seinem Eindruck stets viel zu unaufmerksam und schnell durch seine Straße fahrenden Autofahrern eine Lektion zu erteilen, kippte T in einer relativ engen Kurve neben seinem Haus einen Eimer Schmieröl auf die Straße.

Als kurze Zeit später O mit (noch vorschriftsgemäßen) 45 km/h auf die Kurve zufuhr und nicht mehr als normalerweise unabdingbar abbremste, kam er auf dem Ölfilm ins Rutschen und wäre um ein Haar gegen die Hausmauer gefahren. Im letzten Augenblick konnte er sein Fahrzeug noch abfangen. Strafbarkeit des T?

Zur Vertiefung: *Wessels/Hettinger,* Rn. 979; *Rengier* II, § 45 Rn. 11.

T hat sich nach **§ 315b Abs. 1 Nr. 2** strafbar gemacht. In dem Schmieröl ist ein **Hindernis** zu sehen, da es geeignet ist, den reibungslosen Verkehrsablauf durch einen verkehrsfremdem Eingriff von außen zu gefährden. Aufgrund der erhöhten Rutschgefahr wurde auch abstrakt die Sicherheit des Straßenverkehrs beeinträchtigt, woraus die konkrete Gefährdung des O resultierte. Wollte man mit Blick auf Art. 103 Abs. 2 GG für das Vorliegen eines Hindernisses einen **massiven Gegenstand** verlangen, so wäre eine Strafbarkeit jedenfalls nach **§ 315b Abs. 1 Nr. 3** zu begründen, da jedenfalls ein ähnlicher, mit dem Hindernis-Bereiten vergleichbarer und daher **„ebenso gefährlicher" Eingriff** vorliegt.

Gemeinsamkeiten und Unterschiede bei §§ 315b, 315c und 316

	§ 316		§ 315c		§ 315b
Handlungselement	Fahren im (v.a. alkoholbedingt) fahruntüchtigen Zustand	↔	• wie § 316 • Fahren trotz körperlicher oder geistiger Mängel • „sieben Todsünden" im Straßenverkehr		• grds. verkehrsfremde Eingriffe von außen nach Abs. 1 Nrn. 1–3 • ausnahmsweise: Zweckentfremdung durch Verkehrsteilnehmer
Gefährdungselement	(–) [*abstraktes* Gefährdungsdelikt]		*konkrete* Gefährdung von • Leib und Leben • fremde Sache von bedeutendem Wert	↔	wie § 315c

190. Die Verfolgungsjagd (I)

T hatte ein Auto gestohlen und wurde in diesem von einem Polizeiwagen verfolgt. Um seine Verfolger abzuschütteln, ließ er sie in einer Kurve relativ nahe an sich herankommen, um sie dann seitlich zu rammen. An beiden Autos entstanden beträchtliche Schäden, gleichwohl fuhr T weiter. Strafbarkeit des T?
(vgl. BGHSt 24, 382)

Zur Vertiefung: *Wessels/Hettinger,* Rn. 979a f.; *Rengier* II, § 45 Rn. 14 ff.

T könnte sich zunächst nach **§ 315b Abs. 1** strafbar gemacht haben. Dabei ist zum einen fraglich, ob T als Verkehrsteilnehmer überhaupt in den persönlichen Anwendungsbereich des § 315b fällt; zum anderen ist zu prüfen, welche Nummer gegebenenfalls einschlägig wäre: Grundsätzlich erfasst § 315b in Abgrenzung zu § 315c verkehrsfremde Eingriffe **von außen.** Fehlverhalten durch den Teilnehmer am fließenden Verkehr werden nur durch die abschließende Aufzählung der „sieben Todsünden" im Straßenverkehr nach § 315c Abs. 1 Nr. 2 erfasst. Etwas anderes soll allerdings gelten, wenn in der konkreten Situation der Fortbewegungszweck in den Hintergrund tritt und das **Fahrzeug** als Waffe **zweckentfremdet** („pervertiert") wird. Eine solche Zweckentfremdung ist zwar nicht bei jedem Zufahren auf einen anderen ohne weiteres anzunehmen, da anderenfalls die Abgrenzung zu § 315c kaum noch durchführbar wäre. Vorliegend ist jedoch davon auszugehen, dass das seitliche Ausscheren zum **Rammen** als solches **der Fortbewegung in keiner Weise** dienlich und dass zugleich erhebliche, **über die typischen Risiken** des Straßenverkehrs **hinausgehende Gefahren** für die Polizisten verursacht wurden. Auch liegt bei einem vorsätzlichen Rammen nicht nur ein Gefährdungs-, sondern auch der nach neuerer Rechtsprechung erforderliche Schädigungsvorsatz (vgl. Fall 191) vor, so dass der thematische Anwendungsbereich des § 315b eröffnet erscheint. Dabei scheidet jedoch das **Zerstören eines Fahrzeuges** nach Nr. 1 aus, da dieses vorliegend die **Folge** und nicht, wie vom Gesetz vorausgesetzt, der Grund für die konkrete Gefährdung war. Man kann aber wohl einen **ebenso gefährlichen Eingriff** im Sinne der Nr. 3 annehmen, da das Rammen mit hoher Geschwindigkeit mindestens ebenso hohe Risiken birgt wie eine von Nr. 2 erfasste Blockade und somit eine ausreichende Vergleichbarkeit vorliegt.

Da T sich mit seiner Aktion einer Festnahme oder zumindest Überprüfung durch die Polizei entziehen wollte, hat er sich ferner nach **§ 113 Abs. 1** strafbar gemacht, der § 240 als *lex specialis* verdrängt. Auch ist der Tatbestand des **§ 303** an beiden Autos verwirklicht.

Schließlich hat T sich angesichts des „beträchtlichen Schadens" auch wegen unerlaubten Entfernens vom Unfallort nach **§ 142 Abs. 1 Nr. 1** strafbar gemacht: Dem steht nicht entgegen, dass T den Unfall vorsätzlich herbeigeführt hatte, da jedenfalls an dem Polizeiwagen ein für deren Fahrer bzw. Halter unerwünschter Schaden eingetreten ist. Dabei wäre es auch ohne Bedeutung für die Feststellungsermöglichungs- bzw. Wartepflichten des T, falls er den Polizeibeamten bekannt gewesen wäre. Denn es bestand ein Feststellungsinteresse des im Hinblick auf das Streifenfahrzeug geschädigten Dienstherrn der Polizeibeamten über die näheren Umstände des Zustandekommens des Unfalls.

Ergänzende Bemerkung: An diesem Fall wird für die Klausurbearbeitung exemplarisch deutlich: Ein (vermeintlicher) Schwerpunkt eines Falles bei den Straßenverkehrsdelikten darf nicht dazu verleiten, die weiteren Delikte (wie hier etwa §§ 113, 303, aber je nach näheren Angaben im Sachverhalt z. B. auch §§ 223 ff.) zu übersehen!

191. Die Verfolgungsjagd (II)

Würde sich in Fall 190 etwas ändern, wenn T den Polizeiwagen nicht gerammt, sondern „nur" einen Überholversuch der Polizisten, die ihn zum

Anhalten zwingen wollten, dadurch vereitelt hätte, dass er das gestohlene Auto langsam nach links zog und eine Kollision der Fahrzeuge nur durch ein starkes Abbremsen des Streifenwagens verhindert werden konnte, mit dem T auch gerechnet und auf das er auch vertraut hatte?
(vgl. BGH NJW 2003, 1613 und OLG Hamm NStZ-RR 2014, 141)

Zur Vertiefung: *Wessels/Hettinger,* Rn. 979 ff.; *Rengier* II, § 45 Rn. 12, 16.

Da es hier anders als in Fall 190 zu keiner Kollision gekommen ist, **scheiden** naturgemäß **§§ 303** und **142 Abs. 1 Nr. 1 aus.** Eine Strafbarkeit nach **§ 113 Abs. 1 Nr. 1** mag dagegen **vertretbar** sein, da in einem zum plötzlichen Abbremsen zwingenden Schneiden zumindest die konkludente Drohung physischer Gewalt lag.

Nach Ansicht des BGH (NJW 2003, 1613) soll in Fällen der vorliegenden Art ferner auch **§ 315b ausscheiden.** Nach der (nicht mehr ganz) neueren Rechtsprechung des **4. Strafsenats** muss nämlich zu dem bewusst zweckwidrigen Einsatz eines Fahrzeuges in verkehrsfeindlicher Einstellung hinzukommen, dass es mit (mindestens bedingtem) **Schädigungsvorsatz** missbraucht wird (zustimmend OLG Hamm NStZ-RR 2014, 141 m. Anm. *Kudlich,* JA 2014, 474). Da T hier fest auf ein Abbremsen der Polizisten vertraute, hatte er insoweit allenfalls Gefährdungsvorsatz, so dass danach eine Strafbarkeit gemäß § 315b ausscheiden würde. Zwar ist an dieser zusätzlichen Einschränkung problematisch, dass auch das vorsätzliche Zwingen zu einem erprobten Bremsen an sich ein verkehrsfremder Vorgang ist, dass ein (über den Gefährdungsvorsatz hinausgehender) Schädigungsvorsatz im Einzelfall schwer nachweisbar sein kann und dass letztlich ein subjektives Element (in Gestalt des Schädigungsvorsatzes) bereits über das Vorliegen des objektiven Tatbestandes mitentscheidet. Für die Ansicht des BGH spricht jedoch, dass **§ 315c** eine **„Sperrwirkung"** bei Vorgängen im fließenden Verkehr zukommt, die nur in besonders gelagerten Fällen eine Strafbarkeit nach § 315b zulässt. Da ein bloßer Gefährdungsvorsatz bereits bei einer Reihe von verkehrswidrigen Verhaltensweisen im Sinne des § 315c vorliegen wird, ist er alleine in der Tat kein geeignetes Abgrenzungskriterium. Die etwas ungewöhnliche Verquickung von objektiven und subjektiven Merkmalen schließlich ist fast notwendige Folge der Voraussetzung „Pervertierung eines Verkehrsvorganges". Stattdessen könnte der vorliegende Fall angemessen von § 315c Abs. 1 Nr. 2 Buchst. b (falsches Fahren bei Überholvorgängen) erfasst werden.

192. Die Sonntagsfahrer

T und M wollten die Versicherung des T betrügen. Zu diesem Zweck inszenierten sie an einem Sonntagnachmittag auf einer selten befahrenen, menschenleeren Straße einen Verkehrsunfall, indem T hinter M herfuhr und diesen, als M plötzlich bremste, rammte. An beiden Autos entstanden mittelschwere Blechschäden. Eine Meldung an die Versicherung erfolgte allerdings doch nicht. Strafbarkeit von T und M?
(vgl. BGH NJW 1991, 1120)

Zur Vertiefung: *Rengier* II, § 45 Rn. 4 ff.

Da es noch zu keiner Meldung des Schadens an die Versicherung kam, scheidet ein (auch nur versuchter) **Betrug** jedenfalls aus. Auch eine Tat nach § 265 **(Versicherungsmissbrauch)** liegt jedenfalls **nicht** vor, weil nicht diejenige Versicherung geschädigt werden sollte, die das beschädigte Objekt sicherte, sondern die Versicherung des T. Da jedoch § 265 speziell auf eine gegen Beschädigung versicherte Sache abstellt, fallen nur Sach-, nicht dagegen Haftpflichtversicherungen in den Schutzbereich.

Zuletzt scheidet auch eine Strafbarkeit nach **§ 315b Abs. 1** aus: Nr. 1 (Beschädigen eines Fahrzeuges) ist bereits aus den gleichen Gründen wie in Fall 190 nicht einschlägig, da die Beschädigung der Fahrzeuge dem möglicherweise tatbestandsmäßigen Verhalten erst nachfolgte und nicht vorausging. Aber auch die Tatbestandsvarianten der Nr. 2 und 3 kommen vorliegend nicht zur Anwendung, da T und M **planmäßig zusammenarbeiteten** und damit für keinen von ihnen die „Verkehrsgefahr [...] vom Zufall bestimmt wurde" (vgl. BGH NJW 1991, 1120), so dass – auch mit Blick auf die geringe Geschwindigkeit – keine über diesen konkreten Vorgang hinausgehende Gefährdung des Straßenverkehrs drohte. Die tatsächlich erfolgte Gefährdung (bzw. sogar Beschädigung) der beiden Fahrzeuge von T und M führen hier zu keinem anderen Ergebnis, da **beide damit einverstanden** waren. Ungeachtet der Frage nach der Möglichkeit einer rechtfertigenden Einwilligung bei den überindividuelle Rechtsgüter schützenden Straßenverkehrsdelikten (vgl. auch Fall 186c) wird man nämlich eine rechtswidrige Gefährdung des Straßenverkehrs dann ausschließen können, wenn alle Verkehrsteilnehmer, die theoretisch von einer Gefahrensituation betroffen werden könnten, damit einverstanden sind.

193. Der rachsüchtige Raser

Nachdem T aufgrund von zahlreichen Verkehrsverfehlungen die Fahrerlaubnis entzogen worden war, hasste er alle Autofahrer, die noch fahren durften. Er stellte sich deshalb auf eine Autobahnbrücke und warf einen faustgroßen Stein so hinunter, dass dieser den Wagen des auf der Autobahn fahrenden O in Höhe der Frontscheibe traf. Als T u. a. wegen § 315b Abs. 1 angeklagt wurde, machte sein Verteidiger geltend, dass zum einen die Beschädigung des Fahrzeuges hier Ergebnis und nicht Mittel der Gefährdung gewesen sei und dass zum anderen gerade und ausschließlich O gefährdet worden sei. Eine solche bloße Individualgefährdung sei aber vom gemeingefährlichen Delikt des § 315b nicht erfasst, da dieses gerade die „Gefährdung der Sicherheit des Straßenverkehrs erfordere". Was ist davon zu halten?
(vgl. BGH NStZ 2003, 266)

Zur Vertiefung: *Wessels/Hettinger,* Rn. 979 f.; *Rengier* II, § 45 Rn. 9 f., 25.

Nichts.

Hinsichtlich der **Beschädigung** des Fahrzeugs durch den Stein ist T zwar zuzugestehen, dass dieses **erst Resultat der Gefährdung** ist, was für § 315b nicht genügt. Allerdings liegt in dem Steinwurf ein „anderer, **ebenso gefährlicher Eingriff**" im Sinne des § 315b Abs. 1 Nr. 3.

Hinsichtlich des Erfordernisses einer **überindividuellen Gefahr** zeigt zwar die Formulierung des § 315b, dass durch eine Tathandlung eine abstrakte Gefahr für die **Sicherheit des Straßenverkehrs** hervorgerufen worden sein muss, die sich ihrerseits zu einer konkreten Gefahr für eines der genannten Schutzobjekte verdichtet, so dass eine **reine Individualgefahr** in der Tat **nicht ausreicht.** Allerdings ist der **Wurf eines Steines** von einer Autobahnbrücke als solches bereits ein **abstrakter Gefahrenherd** für die Straßenverkehrssicherheit, selbst wenn sich die gefährdende Handlung im konkreten Fall in besonders **rascher Weise** zu einer konkreten Gefährdung des O **verdichtet** hat. Eine größere zeitliche Differenz zwischen Eingriff und konkreter Gefahr ist dem Wortlaut des § 315b dagegen als zwingendes Erfordernis nicht zu entnehmen. Ausreichend ist es vielmehr, wenn die Tathandlung, die zu einer Gefahr für die Sicherheit des Straßenverkehrs führt, und ein aus dieser Gefahr tatsächlich herrührender Erfolg in Form einer konkreten Gefahr bzw. sogar Beschädigung des Schutzobjektes gedanklich voneinander zu trennen sind.

194. Zu früh gebremst (Straßenverkehrsgefährdung durch äußerlich verkehrsgerechtes Verhalten?)

T plante, seinen alten Wagen mit Hilfe einer fremden Haftpflichtversicherung zu sanieren. Zu diesem Zweck fuhr er mit vorschriftsgemäßer Geschwindigkeit auf einer innerstädtischen Straße, setzte den linken Blinker und fuhr auf eine Ampel zu, an der man links abbiegen konnte. Allerdings fuhr er nicht bis zu dieser Ampel durch, sondern bremste sein Fahrzeug bereits an der Einfahrt zu einer vor der Kreuzung auf der linken Seite gelegenen Tankstelle ab. Der hinter ihm fahrende O hatte damit – wie von T beabsichtigt – nicht gerechnet, sondern angenommen, T werde erst an der Ampel abbremsen. Er konnte nicht mehr rechtzeitig bremsen und fuhr auf T's Fahrzeug auf. Wegen Straßenverkehrsgefährdung angeklagt, verteidigte sich T damit, dass er sich als Verkehrsteilnehmer im Allgemeinen nicht nach § 315b strafbar machen könne und im Besonderen doch wohl nicht, wenn er sich selbst in jeder Hinsicht vorschriftgemäß verhalten hat. Hat er damit Recht?
(vgl. BGH NJW 1999, 3132)

Zur Vertiefung: *Wessels/Hettinger,* Rn. 979a; *Rengier* II, § 45 Rn. 20; *Freund,* JuS 2000, 754 ff.; *König,* JA 2000, 777 ff.; *Kudlich,* StV 2000, 23 ff.

Im Ergebnis wohl (entgegen der Ansicht des BGH) **ja.** Zwar steht nach herrschender und auch überzeugender Ansicht (vgl. näher Fälle 190 f.) an sich die Tatsache, dass der Täter **Teilnehmer am** fließenden **Verkehr** war, einer Strafbarkeit nach § 315b nicht notwendig entgegen, sofern er seinen Wagen **zweckentfremdet** hat („Perversion des Verkehrsvorganges"). Allerdings sprechen in der Tat gute Gründe dafür, eine solche Zweckentfremdung nicht in ausreichendem Maß anzunehmen, wenn der Täter sich tatsächlich „**in jeder Hinsicht vorschriftsgemäß** verhalten hat". Zwar ist der BGH (NJW 1999, 3132) der Ansicht, dass eine Perversion des Verkehrsvorganges schon darin liege, dass er letztlich in **deliktischer Absicht** vorgenommen wird. Allerdings erscheinen damit die Grenzen zum „Gesinnungsstrafrecht" schon überschritten, wenn tatsächlich äußerlich keinerlei Hinweise auf ein verkehrsfremdes Verhalten vorliegen.

Zwar wurde oben (vgl. Fall 191) betont, dass bei der Beurteilung der Verkehrsfremde bzw. Verkehrsfeindlichkeit des Verhaltens einem subjektiven Element eine wesentliche Rolle zukommt. Allerdings diente dieses ja gerade der Abgrenzung zum Anwendungsbereich des § 315c und damit zu jedenfalls objektiv verkehrswidrigem Verhalten. Eine objektive „Perversion" verkehrsgerechten Verhaltens kann damit jedoch nicht begründet werden. Dies gilt entgegen dem BGH umso mehr, als § 315b **kein reines Erfolgsdelikt** ist, sondern mehr oder weniger verhaltensgebundene **Tathandlungsbeschreibungen** enthält. Ein äußerlich verkehrsgerechtes Verhalten wird aber gerade nicht dadurch zu einem bereits in seiner Handlung näher beschriebenen deliktischen Handeln, weil damit deliktische Zwecke verfolgt werden.

195. Touché

T geriet durch eine Unachtsamkeit für einen kurzen Moment zu weit nach rechts und touchierte das in einer Parkbox am rechten Rand stehende Auto des O leicht. Er blieb kurz stehen und sah sich O's Wagen an, der einen längeren, aber nicht tiefen Kratzer am Lack abbekommen hatte. Da T sich mit Autos gut auskannte, schätzte er den Schaden selbst bei fachmännischer Reparatur nur auf ca. 200 Euro. Ohne auf O zu warten oder eine Nachricht zu hinterlassen, fuhr er nach Hause. Als er nach einigen Tagen ermittelt und wegen unerlaubten Entfernens vom Unfallort angeklagt wurde, verteidigte er sich damit, dass O zum einen ja überhaupt nicht in der Nähe gewesen sei, so dass er keine Feststellungen habe ermöglichen können. Außerdem handle es sich um eine Bagatelle; denn wenn bei anderen Delikten im Straßenverkehr ein kriminelles Unrecht jedenfalls nicht unter einem Schaden von 750 Euro (vgl. Fall 184) angenommen werde, könne doch eine Feststellungspflicht nicht schon bei viel niedrigeren Beträgen angenommen werden. Wird er mit dieser Verteidigung Erfolg haben?

Zur Vertiefung: *Wessels/Hettinger,* Rn. 1004 f.; *Rengier* II, § 46 Rn. 7, 11, 21 ff.; *Bosch,* Jura 2011, 593 ff.; *Waszczynski,* JA 2015, 507 ff.

Nein. Zwar kann in der Tat im Wege einer **teleologisch restriktiven Auslegung** des Tatbestandes des § 142 das Merkmal des „Unfalls" bei **völlig belanglosen Schäden** abgelehnt werden, die üblicherweise nicht im Wege eines Schadensersatzanspruches geltend gemacht werden (Grenze ca. bei 30–50 Euro). Denn hier besteht tatsächlich kein Feststellungsinteresse. Eine weitere Ausdehnung der Straflosigkeit bis zur – in §§ 315b, 315c genannten – Schwelle des „bedeutenden" Wertes bzw. Schadens ist jedoch nicht nur aufgrund der unterschiedlichen Schutzrichtungen der genannten Vorschriften sowie des Fehlens eines entsprechenden Tatbestandsmerkmals in § 142 Abs. 1 und 2 abzulehnen. Vielmehr ergibt sich aus der 1998 eingeführten Möglichkeit des Absehens von Strafe nach § 142 Abs. 4 bei einem „nicht bedeutenden Sachschaden", dass **auch bei** (über der Bagatellgrenze liegenden) **nicht bedeutenden Schäden grundsätzlich** der **Tatbestand erfüllt** ist und auch eine Strafe eintritt, wenn nicht die zusätzlichen Voraussetzungen des § 142 Abs. 4 (insbesondere Meldung innerhalb von 24 Stunden) erfüllt sind. Dass **keine** zur Feststellung berechtigte und bereite **Person anwesend** war, schließt zwar eine Strafbarkeit nach § 142 Abs. 1 Nr. 1 aus; allerdings hätte T auf jeden Fall eine (nach den näheren Umständen zu bestimmende) angemessene **Zeit warten** müssen **(vgl. § 142 Abs. 1 Nr. 2)** oder aber nach Ablauf dieser Wartefrist die Feststellungen unverzüglich **nachträglich ermöglichen** müssen (vgl. **§ 142 Abs. 2 Nr. 1**). T hat sich daher entgegen seiner Ansicht nach § 142 strafbar gemacht.

Ergänzende Bemerkung: Die Grenze für „(nicht) bedeutende Sachschäden" in § 142 Abs. 4 wird unstreitig erst bei etwa 1.300 Euro (und damit je nach Standpunkt etwas höher angesetzt als der bedeutende Wert der fremden Sache in § 315c, vgl. Fall 184). Dies liegt daran, dass entsprechend Wortlaut und Schutzzweck des § 142 der (durch Abschleppkosten, Gewinnmargen bei den Reparaturkosten etc.) oft etwas höhere Wiederherstellungsschaden betrachtet wird. Der 1998 neu eingeführte § 142 Abs. 4 knüpft damit an § 69 Abs. 2 Nr. 3 an, der schon vorher den Begriff des „bedeutenden Schadens" im Zusammenhang mit dem unerlaubten Entfernen vom Unfallort kannte.

196. Ein Uner-Fahren(d)er Fahrer

M hatte zwar den Führerschein, fuhr jedoch nur sehr ungern und sehr unsicher Auto. Da seine Frau T, eine ebenso forsche wie brillante Fahrerin, das Zaudern des M, der sich am liebsten überall von T hätte hinfahren lassen, satt hatte, redete sie energisch auf ihn ein, er solle sich endlich einmal trauen und den nächsten Einkauf allein mit dem Auto besorgen. M fuhr widerwillig aus der Ausfahrt und machte sich auf den Weg, wobei T ihn heimlich beobachtete. Nur wenige Meter von der Ausfahrt entfernt schätzte M bereits die Breite des Fahrzeuges falsch ein und touchierte ein am Straßenrand geparktes Fahrzeug, wodurch bei diesem eine Delle in der Fahrertür verursacht wurde. T dachte, sie könne vielleicht auch für dieses Ereignis zur Verantwortung gezogen werden, und verschwand rasch wieder im Haus. Strafbarkeit der T nach § 142?

Zur Vertiefung: *Wessels/Hettinger,* Rn. 1000; *Rengier* II, § 46 Rn. 8–10; *Berz,* NStZ 1992, 591 f.

Zwar wird man bei einer Delle in der Fahrertür von einem die Bagatellgrenze (vgl. Fall 195) überschreitenden Schaden und daher einem **Unfall** ausgehen können. Allerdings ist **T keine Unfallbeteiligte** im Sinne des § 142 Abs. 1 und 5: Zwar kann ihr Verhalten ohne Zweifel „nach den Umständen zur Verursachung des Unfalls beigetragen haben", und sie war (anders als in vielen anderen Fällen der „Anstifter" zur Fahrt) auch zur Zeit des Unfalls am Unfallort anwesend. Um eine Ausuferung der Strafbarkeit zu vermeiden, muss § 142 Abs. 5 jedoch so verstanden werden, dass nur derjenige ein Unfallbeteiligter sein kann, der **unmittelbar** zur Verursachung des Unfalls beigetragen haben kann, d. h. der sich entweder zur Zeit des Unfalls im Fahrzeug befunden hat oder aber unmittelbar Einfluss auf die unfallverursachende Situation genommen hat. Ein bloßes „Auf-den-Weg-Schicken" kann hierfür jedenfalls dann nicht genügen, wenn ein (und sei es noch so unsicherer) geprüfter und grundsätzlich fahrtüchtiger Fahrer unterwegs ist.

197. Der Pechvogel

Der jetzt völlig verängstigte T aus Fall 196 wurde am nächsten Tag von seiner unbelehrbaren Frau erneut zum Fahren gezwungen und zum Bäcker ein paar Straßen weiter geschickt. Es kam, wie es kommen musste, und T fuhr mit seinem

Wagen in die Beifahrertür des vor einer Bäckerei stehenden Autos der O. Er stieg aus und setzte sich auf eine vor der Bäckerei stehende Bank. Als O das Geschäft verließ, achtete sie nicht auf die Beifahrertüre, stieg ein und fuhr nach Hause. T atmete erleichtert durch, dass er nicht angesprochen wurde, fuhr ebenfalls nach Hause und meldete sich nie mehr bei O. Strafbarkeit des T nach § 142? (vgl. auch BayObLG NJW 1983, 2039 und NJW 1984, 1365; OLG Hamm NJW 1979, 438)

Zur Vertiefung: *Wessels/Hettinger,* Rn. 1002, 1006 f.; *Rengier* II, § 46 Rn. 20, 25, 33 f.

T hat sich nach umstrittener, aber wohl vorzugswürdiger Ansicht zwar **nicht nach § 142 Abs. 1 Nr. 1,** stattdessen jedoch nach **§ 142 Abs. 2 Nr. 2** strafbar gemacht. Zwar traf den T gemäß § 142 Abs. 1 Nr. 1 neben einer Warte- und einer passiven Duldungspflicht zur Ermöglichung der erforderlichen Feststellungen auch ausdrücklich die Pflicht zur „Angabe, dass er an einem Unfall beteiligt ist". Diese – wenngleich keine weitergehende – Äußerung muss gegenüber dem anderen Unfallbeteiligten erfolgen, wenn die Tatsache der Unfallbeteiligung nicht ohnehin bereits bekannt ist. Allerdings ist **Tathandlung** des § 142 Abs. 1 Nr. 1 **nicht** die **Verletzung dieser Mitteilungspflicht, sondern** das **Entfernen** vom Unfallort, bevor diese Pflicht erfüllt worden ist. Da sich T jedoch **erst nach der O** vom Unfallort **entfernte,** war ein weiteres (zeitlich unbegrenztes?) Warten am Unfallort für ihn weder sinnvoll noch zumutbar. Der verbreiteten Ansicht, die in Fällen dieser Art gleichwohl nach § 142 Abs. 1 Nr. 1 bestrafen möchte, ist zwar zuzugestehen, dass der Schutzzweck der Vorschrift dem durchaus entsprechen würde und der Unrechtskern eigentlich in der Nichterfüllung der Warte- und Vorstellungspflicht liegt (vgl. *Lackner/Kühl,* § 142 Rn. 18); allerdings ist sie genötigt, das Wörtchen „bevor" in § 142 Abs. 1 als „ohne zuvor" zu lesen und sich damit deutlich vom Gesetzeswortlaut zu entfernen. Dafür besteht jedoch kein echtes Erfordernis, da eine Strafbarkeit **näher am Gesetzestext** nach **§ 142 Abs. 2 Nr. 2** begründet werden kann. Da die feststellungsberechtigte Person vor T den Unfallort verlassen hat, hat er sich im Sinne des § 142 Abs. 2 Nr. 2 **berechtigt** entfernt und hätte daher die Feststellungen **unverzüglich nachträglich ermöglichen** müssen. Da er dies nicht getan hat, ist er im Ergebnis dennoch nach § 142 strafbar.

197a. Rasen auf Rollsplitt

T hatte beim verbotswidrigen Überholen Rollsplitt aufgewirbelt, wodurch am Fahrzeug des O ein Schaden in Höhe von 1.900 Euro entstand. Als O wenig später T an einer Tankstelle traf, machte er ihn auf den Schaden aufmerksam. T hielt das innerlich zwar für möglich, bestritt den Überholvorgang aber kurzerhand und entfernte sich, ohne dem O Feststellungen nach § 142 Abs. 1 Nr. 1, Abs. 3 zu ermöglichen. Dass T das schadensverursachende Ereignis vor dem Hinweis durch O bemerkt hatte, konnte nicht nachgewiesen werden. Strafbarkeit des T nach § 142? (vgl. BVerfG NJW 2007, 1666)

Zur Vertiefung: *Wessels/Hettinger,* Rn. 1013 ff.; *Rengier* II, § 46 Rn. 26 ff.; *Dehne-Niemann,* Jura 2008, 135 ff.; *Jahn,* JuS 2007, 689 ff.; *Kudlich,* JA 2007, 549 ff.; *Mitsch,* JuS 2010, 303 ff.

Durch das Weiterfahren unmittelbar nach dem Überholen könnte T zunächst den **Entfernenstatbestand** in einer der in § 142 Abs. 1 genannten Varianten erfüllt haben: Die Beschädigung von O's Fahrzeug war ein Unfall, der auch im Straßenverkehr stattfand. Als Fahrer war T Beteiligter im Sinne des § 142 V. Er hat seine aktive und passive Feststellungspflicht nicht erfüllt, sich aber durch Weiterfahren gleichwohl von der Unfallstelle entfernt. Der **objektive Tatbestand** des § 142 Abs. 1 Nr. 1 ist mithin **erfüllt.** In *dubio pro reo* ist aber davon auszugehen, dass T das Aufwirbeln von Rollsplitt und damit den Unfall nicht bemerkt hatte, so dass sein Verhalten nach § 16 Abs. 1 Satz 1 **unvorsätzlich** war. Fahrlässige Unfallflucht steht nicht unter Strafe. Ein anderes Ergebnis lässt sich auch nicht durch eine ausdehnende Auslegung des Entfernens „vom Unfallort" erzielen, das auf den Zeitpunkt der Erkenntnis abstellt, dass ein Unfall verursacht wurde (falls diese sich noch in einem wie auch immer zu bestimmenden, nicht zu weiten Umkreis vom eigentlichen Umfallort einstellt). Damit würde nicht nur der Begriff des Unfallortes überdehnt, sondern es wäre auch inkonsequent, auf verschiedene „Orte" abzustellen, je nachdem, ob es darum geht, ab wo der Tatbestand durch Verlassen des Ortes vollendet ist, oder darum, von wo man sich entfernt (vgl. auch BGH NStZ 2011, 209 m. Anm. *Jahn,* JuS 2011, 274).

Auch wenn mithin das Entfernen an sich straflos ist, kommt aber nach § 142 Abs. 2 eine Strafbarkeit wegen der **fehlenden nachträglichen Ermöglichung der Feststellungen** in Betracht: Die strafgerichtliche Rechtsprechung (BGHSt 28, 134; OLG Köln NJW 1977, 2257) hat dabei einen Fall des § 142 Abs. 2 Nr. 2 angenommen (und damit dann das vorsatzlose dem berechtigten oder entschuldigten Entfernen gleichgestellt), wenn der Täter in engem räumlich-zeitlichen Zusammenhang Kenntnis vom Unfall erlangte. Nur so ließen sich Wertungswidersprüche und Strafbarkeitslücken vermeiden. Teile der Lit. haben dem schon lange die **Wortlautgrenze** entgegengehalten. Rechts- und umgangssprachlich gibt es einen Unterschied zwischen „unvorsätzlich" und „berechtigt oder entschuldigt". Auch das BVerfG (NJW 2007, 1666) hat sich dem angeschlossen und sieht in der Gleichstellung dieser Fälle einen Verstoß gegen Art. 103 Abs. 2 GG. T hat sich nicht nach § 142 strafbar gemacht.

Ergänzende Bemerkung: Anders kann der Fall gelagert sein, wenn der Fahrer in ganz engem raumzeitlichen Zusammenhang mit dem Unfall von seiner Unfallbeteiligteneigenschaft erfährt, so dass das Sich-Entfernen letztlich erst vollendet (oder jedenfalls: erst beendet) wird, wenn er bereits Kenntnis hat (vgl. OLG Düsseldorf NStZ-RR 2008, 88). Dann ist allerdings „ganz normal" § 142 Abs. 1 Nr. 1 einschlägig.

198. Gescheiterter Überholversuch

T hatte durch einen Überholversuch an einer unübersichtlichen Stelle einen schweren Unfall verursacht, bei dem drei Fahrzeuge zu Schaden kamen. T selbst wurde erheblich verletzt und von einem herbeigerufenen Rettungsfahrzeug sofort ins Krankenhaus gebracht, ohne nach dem Unfall das Bewusstsein wieder erlangt zu haben. Als er am Abend wieder zu sich kam, erinnerte er sich sofort wieder an den Unfall und rechnete damit, dass jeden Moment ein Polizist, zumindest aber an einem der nächsten Tage der Brief eines Anwalts eines der anderen Unfallbeteiligten kommen würde, um sich nach dem Her-

gang des Unfalls zu erkundigen. Als er überrascht feststellte, dass erst einmal nichts passierte, ließ er die Sache auf sich beruhen. Die Polizei kam erst vier Wochen später zu T und fragte dabei nicht nur nach dem Unfall, sondern eröffnete ihm zugleich, dass ein Verfahren wegen unerlaubten Entfernens vom Unfallort gegen ihn eingeleitet wurde. Zu welchem Ergebnis wird dieses kommen?

Zur Vertiefung: *Wessels/Hettinger,* Rn. 1008 f.; *Rengier* II, § 46 Rn. 19, 31.

Das Verfahren dürfte **wohl eingestellt** werden. Nach vorzugswürdiger Ansicht sollte eine solche Einstellung bereits deswegen erfolgen, weil ein **„Entferntwerden"** im bewusstlosen Zustand kaum unter den Wortlaut des § 142 („sich [...] entfernt") zu fassen ist. Daher muss eine Strafbarkeit – ungeachtet der Frage nach der Kenntnis vom Unfall (vgl. dazu Fall 197a) – jedenfalls dann ausscheiden, wenn das Verlassen der Unfallstelle **ohne Willen** des Unfallbeteiligten erfolgte (d. h. insbesondere in Fällen der Bewusstlosigkeit, wohl aber auch eines Verbringens vom Unfallort mit *vis absoluta*). Würde man dies anders sehen, so läge **jedenfalls** im konkreten Fall aufgrund der Bewusstlosigkeit **kein Entfernen mit aktuellem Vorsatz** hinsichtlich des Unfalls vor, so dass eine Strafbarkeit nur unter den in Fall 197 genannten Voraussetzungen über § 142 Abs. 2 Nr. 2 in Betracht käme; hier wäre dann aber fraglich, ob bei einem späteren Erwachen aus der Bewusstlosigkeit im Krankenhaus der selbst von der Rechtsprechung geforderte räumliche und zeitliche Zusammenhang noch besteht.

199. Das Ende einer Einkaufsfahrt

T hatte mit seinem Einkaufswagen das Auto des O geschrammt. Als er merkte, dass niemand kam, stellte er den Wagen ab und fuhr schnell nach Hause. Am Abend begann sich jedoch sein schlechtes Gewissen zu melden und er bekam auch Angst, dass ihn vielleicht doch auf dem Parkplatz jemand gesehen haben könnte. Welchen Gesichtspunkt sollte T bei der Abwägung, ob er sich bei der Polizei meldet oder nicht, jedenfalls berücksichtigen?
(vgl. auch OLG Düsseldorf NStZ 2012, 326)

Zur Vertiefung: *Wessels/Hettinger,* Rn. 978, 1016 f.; *Rengier* II, § 46 Rn. 37 f.

Zunächst sollte T bedenken, dass auch die Kollision zwischen einem Einkaufswagen und einem parkenden Fahrzeug grds. ein Unfall im Straßenverkehr ist. Auch (für jedermann befahrbare) Parkplätze gehören zum öffentlichen Straßenverkehr (vgl. auch Fall 184), und das „Manövrieren" eines Einkaufswagens über einen solchen Parkplatz zwischen den Pkws hindurch stellt (noch) ein verkehrstypisches Risiko dar. Darüber hinaus sollte er auf jeden Fall § 142 Abs. 4 in seine Erwägungen einbeziehen (vgl. dazu auch bereits Fall 195). Danach kann das Gericht die Strafe mildern oder sogar von einer Strafe ganz absehen, wenn „der Unfallbeteiligte innerhalb von 24 Stunden nach einem Unfall außerhalb des fließenden Verkehrs, der ausschließlich nicht bedeutenden Sachschaden zur Folge hat, **freiwillig** die Feststellungen **nachträglich ermöglicht**". Geht man also davon aus, dass die Schramme am Auto des O eine absolute Bagatellgrenze (von ca. 30–50 Euro [für Letzteres OLG Nürnberg NStZ-RR 2008, 56], unterhalb derer es wohl am Merkmal des Unfalls fehlt) überschreitet, könnte T durch eine nachträgliche Meldung innerhalb von **24 Stunden** straflos werden, obwohl er im Sinne des § 142 Abs. 1 Nr. 2 den Unfallort verlassen hat, bevor er „eine nach den Umständen angemessene Zeit gewartet hat, ohne dass jemand bereit war, die Feststellungen zu treffen", da auch die übrigen Voraussetzungen des § 142 Abs. 4 (außerhalb des fließenden Verkehrs; nicht bedeutender Sachschaden, d. h. unter ca. 1.000–1.300 Euro, vgl. Fall 195) vorliegen. Kurz gesagt: Meldet sich T überhaupt nicht, kann er Glück haben und unentdeckt bleiben, aber im Falle seiner Entdeckung nach § 142 Abs. 1 Nr. 2 bestraft werden. Meldet er sich, so hat er ebenfalls gute Chancen straflos zu bleiben, jedenfalls aber eine mildere Strafe zu erhalten.

Ergänzende Bemerkung: Kein „typisches Risiko des Straßenverkehrs" mehr hat das AG Tiergarten in Berlin in einem Fall angenommen, in dem der Täter beim Beladen seines Transporters ein parkendes Auto mit einem aufzuladenden Sichtschutzzaunelement beschädigt hat (AG Tiergarten NJW 2008, 3728).

200. Nicht getroffen

Prüfer P schildert folgenden Fall: T kam mit seinem Lkw an einer Unfallstelle vorbei, an der A den Radfahrer O angefahren hatte und nunmehr zu Fuß ins nächste Haus gelaufen war, um Hilfe zu holen. Infolge seiner Unaufmerksamkeit wäre T beinahe auf den am Straßenrand stehenden Wagen des A aufgefahren, konnte allerdings das Steuer noch im letzten Moment herumreißen. Da es infolge des Lenkmanövers im Laderaum seines Wagens erheblich rumpelte, glaubte T irrtümlich, etwas gerammt zu haben. Im Rückspiegel sah er voller Entsetzen das Fahrrad sowie den grotesk verbogenen O auf der Straße liegen und dachte, er habe bei seinem Ausweichversuch den Radfahrer getroffen. Er hielt für möglich, dass O noch leben und gerettet werden könnte, wollte aber für den Unfall nicht zur Verantwortung gezogen werden und fuhr daher weiter, ohne sich um O zu kümmern. Kandidat K prüft und bejaht zutreffend den (untauglichen) Versuch eines Tötungsdelikts durch Unterlassen. Sein Nebenmann N wird gefragt, ob daneben auch § 142 einschlägig sein könnte. Was wird N antworten?

Zur Vertiefung: *Wessels/Hettinger,* Rn. 1000; *Rengier* II, § 46 Rn. 8.

N wird antworten, dass eine Strafbarkeit nach **§ 142 ausscheidet:** Zwar hat es einen Unfall im Straßenverkehr gegeben, und T hat sich auch nach § 142 Abs. 1 vom Unfallort entfernt (wobei die Angaben im Sachverhalt eher nahe legen, dass keine feststellungsberechtigte Person anwesend war, so dass nicht Nr. 1, sondern Nr. 2 einschlägig wäre); allerdings ist **T kein Unfallbeteiligter** im Sinne des § 142 Abs. 5 gewesen, da sein Verhalten tatsächlich nicht zur Verursachung des bereits vorher erfolgten Unfalls beigetragen haben kann. Auch eine **Versuchsstrafbarkeit scheidet aus,** da T zwar Vorsatz hinsichtlich seiner Unfallbeteiligung gehabt hatte, so dass der erforderliche Tatentschluss nach §§ 142 Abs. 1 Nr. 2, 22 vorliegen würde; allerdings ist § 142 ein **Vergehen,** bei dem keine Versuchsstrafbarkeit eigens angeordnet ist, so dass der Versuch des unerlaubten Entfernens vom Unfallort nach § 23 Abs. 1 straflos ist.

I. Brandstiftungsdelikte

201. Der eifersüchtige Feuerteufel (I)

Die eifersüchtige T ließ den Sportwagen ihres Ex-Freundes O in Flammen aufgehen, da sie der Meinung war, dass es O nur mit dessen Hilfe gelungen sei, „bei dem billigen Flittchen F zu landen", deretwegen O die T verlassen hatte. Rechtsreferendar R, dem von seinem Ausbildungsstaatsanwalt S der Fall zur Bearbeitung übertragen worden ist, überlegt, ob neben einer Strafbarkeit nach § 306 Abs. 1 Nr. 4 nicht noch idealkonkurrierend eine solche nach § 303 treten müsse, da § 306 ausweislich seiner Stellung im Gesetz eine gemeingefährliche Straftat darstelle und durch eine Verurteilung auch nach § 303 zum Ausdruck kommen müsse, dass die T darüber hinaus fremdes Eigentum verletzt habe. Was ist davon zu halten?
(vgl. auch BGH NJW 2001, 765)

Zur Vertiefung: *Wessels/Hettinger,* Rn. 953; *Rengier* II, § 40 Rn. 1 f.; *Müller/Hönig,* JA 2001, 517 ff.; *Wrage,* JuS 2003, 985 ff. (jeweils allgemein zu den Brandstiftungsdelikten).

Nichts. Zwar ist **§ 306** – obwohl er ausweislich seines Wortlautes nur das In-Brand-Setzen bestimmter fremder Sachen verlangt und keinen Eintritt einer irgendwie gearteten Gemeingefahr voraussetzt – **systematisch** im Abschnitt über die **gemeingefährlichen Straftaten** eingeordnet. Der BGH (NJW 2001, 765) geht deswegen hinsichtlich des Konkurrenzverhältnisses zu § 306a auch davon aus, dass § 306 verdrängt werde, da einerseits § 306a zumindest auch (wenngleich nicht ausschließlich) fremde Gebäude schütze, § 306 Abs. 1 aber (zumindest im Fall der Nr. 1, was aber für Nr. 4 ähnlich gelten dürfte) auch „ein Element der Gemeingefährlichkeit" anhafte.

Das ändert aber nichts daran, dass § 306 zumindest **vorrangig fremdes Eigentum** vor einer speziellen Form der Beschädigung bzw. Zerstörung schützt und daher den Unrechtsgehalt des **§ 303 vollständig mitumfasst** – m. a. W.: Durch eine Verurteilung nach § 306 kommt hinreichend zum Ausdruck, dass T fremdes Eigentum angegriffen hat, so dass § 303 (der tatbestandlich selbstverständlich erfüllt ist) auf Konkurrenzebene zurücktreten kann.

Ergänzende Bemerkung: Aus diesem Grund spricht aufbaumäßig einiges für den mitunter gegebenen Ratschlag, § 306 in Zusammenhang mit §§ 303, 305 (welche dieser im Fall des In-Brand-Setzens eines Gebäudes verdrängt) zu prüfen und dann zu den „im eigentlichen Sinne" gemeingefährlichen §§ 306a ff. zu kommen.

202. Der eifersüchtige Feuerteufel (II)

Würde sich an der Strafbarkeit der T in Fall 201 etwas ändern, wenn O reumütig zu ihr zurückgekehrt wäre und ihr gestattet hätte, dass sie seinen Sportwagen als Symbol seines zutiefst bereuten Fehltritts in Flammen aufgehen lässt?
(vgl. auch BGH NJW 2003, 1824)

Zur Vertiefung: *Wessels/Hettinger,* Rn. 956; *Rengier* II, § 40 Rn. 1, 3.

Ja. Denn unabhängig davon, ob man in § 306 über den Wortlaut hinaus aufgrund seiner Stellung auch ein Element der Gemeingefährlichkeit sieht (vgl. Fall 201), liegt sein **Schwerpunkt** ganz klar auf der **Verletzung fremden Eigentums,** welches insoweit auch unverzichtbare Voraussetzung des Tatbestandes ist. Deshalb dürfte nach allen Ansichten eine (rechtfertigende oder nach a. A. sogar tatbestandsausschließende, vgl. PdW AT, Fall 114) **Einwilligung** möglich sein, die hier in Form von O's Gestattung vorliegt.

203. Freiheitsstrafe für ein Kartoffelfeuer?

O züchtete auf einem kleinen Stück Land biologisch angebaute Kartoffeln. Bei der Ernte bat er seinen Freund T, ihm zu helfen. Als T und O nach getaner Arbeit beim „Kartoffelfeuer" zusammen saßen, fragte T den O, wie er sich denn die Bezahlung für die Mitarbeit so vorstelle. O entgegnete daraufhin, T solle froh sein, dass er sich einmal wieder an der frischen Luft bewegt habe, und lehnte jede Entlohnung ab. In einem unbeobachteten Moment schüttete T einen kleinen Sack der geklaubten Kartoffeln des O in das Feuer, wo diese nach kurzer Zeit verbrannten. Hat sich T nach § 306 Nr. 6 strafbar gemacht?

Zur Vertiefung: *Wessels/Hettinger,* Rn. 959; *Rengier* II, § 40 Rn. 5 f.; *Sinn,* Jura 2001, 803 ff.

Nein. Zwar ist der **Wortlaut** der Vorschrift erfüllt, da es sich bei den Kartoffeln unzweifelhaft um **land- bzw. ernährungswirtschaftliche Erzeugnisse** handelt. Allerdings ist angesichts der Mindeststrafe von einem Jahr Freiheitsstrafe eine **restriktive Auslegung** der teilweise weit gefassten Tatobjekte des § 306, insbesondere seiner Nrn. 3 und 6, auf solche Gegenstände (d. h. bei Nrn. 3 und 6: auf Vorräte und Erzeugnisse in einem Umfang) geboten, die eine gewisse **Erheblichkeitsschwelle** überschreiten. Wo diese im Detail liegt, ist noch nicht geklärt und wird sich letztlich auch stets nur im Einzelfall bestimmen lassen. Einen gewissen Anhaltspunkt kann aber der Vergleich mit den anderen in § 306 genannten Tatobjekten bilden. Sowohl hinsichtlich des Wertes des Objekts als auch hinsichtlich eventueller Folgegefahren ist jedoch ein „kleiner Sack" Kartoffeln mit Gebäuden, Betriebsstätten oder Kraftfahrzeugen gewiss nicht zu vergleichen. Gegen eine solche auf die Quantität abstellende Begrenzung wird zwar vorgebracht, dass der Gesetzgeber in § 306 Abs. 1 Nr. 6 gerade keine „Vorräte" und daher keine größere Menge vorausgesetzt habe (vgl. *Sinn,* Jura 2001, 803, 806); dementsprechend wird man die Strafbarkeitsschwelle nicht beliebig hoch setzen und etwa wirtschaftlich wirklich bedeutsame Mengen fordern können. Einer restriktiven Auslegung, die das auch sonst aus den Eigentums- und Körperverletzungsdelikten bekannte **Bagatellprinzip** heranzieht, dürfte diese Überlegung jedoch angesichts des hohen Strafrahmens des § 306 Abs. 1 auch mit Blick auf die Erhaltung der Verfassungskonformität der Regelung nicht entgegenstehen.

204. Rauch aus dem Papierkorb

Buchhalter T bekam von seinem Chef O ein Kündigungsschreiben, weil er unzuverlässig gearbeitet habe. Voller Zorn zerknüllte T die Kündigung, zündete

sie an und warf sie – ohne sich dabei etwas Böses zu denken – in den Papierkorb seines Büros. Ohne dass T dies vorhergesehen hätte, entwickelte sich in dem vollen Papierkorb rasch ein Feuer, das nach ca. zehn Minuten auch auf das Mobiliar und kurz darauf auf die Wände des Büros übergriff. T beobachtete die Entwicklung des Feuers mit Interesse und einer plötzlich in ihm aufsteigenden Schadenfreude. Er unternahm nichts dagegen, obwohl ihm das ohne weiteres möglich gewesen wäre, da er der Ansicht war, dem O „geschehe dies nur ganz gerecht". Wegen Brandstiftung nach § 306a Abs. 1 Nr. 3 angeklagt, entgegnete T, er habe beim Entzünden des Kündigungsschreibens in keiner Weise daran gedacht, dass das ganze Gebäude Feuer fangen könne. Wird ihm das helfen?

Zur Vertiefung: *Wessels/Hettinger,* Rn. 966 ff.; *Rengier* II, § 40 Rn. 10 f., 23.

Nein. Bei dem Bürogebäude handelt es sich um eine **Räumlichkeit,** die **zeitweise dem Aufenthalt von Menschen dient,** und sie wurde auch zu einer Zeit in Brand gesetzt, zu der sich Menschen dort aufzuhalten pflegen, so dass ein taugliches Tatobjekt nach **§ 306a Abs. 1 Nr. 3** vorliegt. Zwar fehlte es T beim Anzünden des Kündigungsschreibens tatsächlich insoweit am **Vorsatz,** da er gerade nicht damit rechnete, dass ein Gebäude im Sinne des § 306a Abs. 1 Nr. 3 Feuer fangen könnte; allerdings hat es T, den insoweit wegen des unvorsichtigen Hantierens mit dem brennenden Kündigungsschreiben und dem Papierkorb eine **Garantenpflicht kraft Ingerenz** trifft, unterlassen, das Übergreifen auf das nach § 306a Abs. 1 Nr. 3 geschützte Gebäude zu verhindern, obwohl ihm dies offenbar physisch-real möglich gewesen wäre. Aus diesem Grund liegt ein In-Brand-Setzen durch Unterlassen vor; da T insoweit die Entwicklung „mit Interesse und Schadenfreude" verfolgte, ist auch zumindest von einem bedingten **Vorsatz** hinsichtlich dieser **Brandstiftung durch Unterlassen** auszugehen.

205. Der Gaststättenbrand

T drang in den frühen Morgenstunden in die Gaststätte des O ein und plünderte die Kasse leer. Um sämtliche Spuren zu verwischen, schüttete er Benzin auf dem Fußboden aus und zündete dieses an. Schon nach kurzer Zeit fingen zwei Tische und fünf Stühle Feuer. Kurz bevor das Feuer auch auf die eingemauerte Theke des O übergriff, konnte es von Nachbarn, die im Dunkeln den Lichtschein entdeckt hatten, gelöscht werden. Nach § 306 Abs. 1 Nr. 1 angeklagt, verteidigt sich T damit, dass hier allenfalls ein Versuch vorliegen könne, da das Gebäude des O noch nicht gebrannt habe. Richter R überlegt demgegenüber, ob sich T nicht noch über die Anklage hinaus wegen (versuchter oder vollendeter) besonders schwerer Brandstiftung nach § 306b Abs. 2 Nr. 2 strafbar gemacht hat. Wie ist die Rechtslage?
(vgl. BGHSt 48, 14)

Zur Vertiefung: *Wessels/Hettinger,* Rn. 957, 964, 971 f.; *Rengier* II, § 40 Rn. 7 f., 23, 25.

Hinsichtlich der Frage nach **Versuch** und Vollendung der Brandstiftung hat **T Recht:** Eine vollendete Brandstiftung setzt voraus, dass ein geschütztes Tatobjekt in einer Weise Feuer fängt, dass es auch **nach Entfernen des Brennstoffes** (d. h. hier nach dem Verbrennen des Benzins) **selbständig weiterbrennt.** Dies war zu dem Zeitpunkt, als das Feuer gelöscht wurde, nur hinsichtlich der Tische und Stühle der Fall, die keine möglichen Tatobjekte des § 306 Abs. 1 darstellen. Etwas anderes würde zwar hinsichtlich der **eingemauerten Theke** gelten; allerdings hatte auf diese das Feuer gerade **noch nicht übergegriffen.** Soweit der BGH vereinzelt (BGHSt 48, 14) genügen zu lassen scheint, dass das Feuer auf „für das jeweilige Gebäude wesentliche brennbare Bestandteile hätte übergreifen können", wäre das angesichts des Wortlauts des § 306, der gerade ein In-Brand-Setzen des Gebäudes und nicht nur die Verursachung einer entsprechenden Brandgefahr fordert, nicht überzeugend. Auch für ein vollendetes teilweises oder vollständiges Zerstören des Gebäudes durch die Brandlegung enthält der mitgeteilte Sachverhalt keine Anhaltspunkte.

Die Staatsanwaltschaft hat sich zu Recht auf § 306 Abs. 1 Nr. 1 beschränkt, da nach dem Sachverhalt nicht davon auszugehen ist, dass sich in der **Gaststätte** in den **frühen Morgenstunden** „Menschen aufzuhalten pflegen", so dass kein taugliches Tatobjekt nach § 306a Abs. 1 Nr. 3 vorliegt. Auch für eine – grds. ausreichende – **Mischnutzung** des Gebäudes (z. B. mit Gaststätte im Untergeschoss und Wohnraum im Sinne des § 306a Abs. 1 Nr. 1 im Obergeschoss) gibt es keine Anhaltspunkte. Mangels einer Tat nach § 306a scheidet aber auch die Qualifikation des § 306b Abs. 2 (deren subjektives Element hinsichtlich der beabsichtigten Verwischung von Spuren des Einbruchs nach Nr. 2 durchaus erfüllt wäre) aus: Denn anders als § 306b Abs. 1 oder § 306c baut **§ 306b Abs. 2** ausdrücklich **nur auf Fällen des § 306a** auf, so dass § 306 alleine kein taugliches Grunddelikt zu dieser Qualifikation darstellt.

206. Ärger um die Zucchini (I)

Schrebergärtner T ärgerte sich über seinen Kollegen und Nachbarn O, da dieser den Wettbewerb um die größte Zucchini wieder einmal für sich hatte entscheiden können. Um seiner Wut Luft zu machen, setzte er das Gartenhäuschen des O in Brand, das vollständig abbrannte, ohne dass jemals die Gefahr eines Übergreifens auf ein weiteres Häuschen bestanden hätte. Als T nach § 306 Abs. 1 Nr. 1 angeklagt wird, stellt sich sein Verteidiger V auf den Standpunkt, dass bei einer ja offenbar gebotenen restriktiven Auslegung des § 306 (vgl. oben Fall 203) ein einziges Gartenhäuschen keinesfalls unter § 306 Abs. 1 Nr. 1 subsumiert werden könne, da die Vorschrift eindeutig den Plural verwende. Insofern sei die Bejahung des Tatbestandes beim In-Brand-Setzen eines einzelnen Häuschens sogar mit Art. 103 Abs. 2 GG unvereinbar. Hat V damit Recht?

Zur Vertiefung: *Wessels/Hettinger,* Rn. 959.

Nach herrschender und auch überzeugender Ansicht **nein.** Zwar scheint der **Wortlaut** in der Tat nahe zu legen, dass in allen Nummern des § 306 jeweils eine **Vielzahl von Tatobjekten** betroffen sein müsste; dies gilt um so mehr, als der Gesetzgeber etwa in § 306a durchaus mit dem Singular arbeitet („ein Gebäude, ein Schiff, eine

Hütte […]; eine Kirche; eine Räumlichkeit"). Andererseits kann selbst bei noch so restriktiver Auslegung nicht überzeugen, dass etwa nicht einmal das In-Brand-Setzen eines einzigen Waldes genügen würde, sondern nach § 306 Abs. 1 Nr. 5 gleich mehrere Wälder niedergebrannt werden müssten. Dies gilt umso mehr, als gerade in § 306a bereits das In-Brand-Setzen einzelner Tatobjekte einem sogar noch höheren Strafrahmen unterworfen wird. Auch wenn sich der Gesetzgeber hier insoweit den Vorwurf einer etwas „schlampigen" Formulierung machen lassen muss, wird man trotz Art. 103 Abs. 2 GG die **Wortlautgrenze nicht so eng** ziehen können, dass aus der **aufgrund einer leichteren Lesbarkeit gewählten Pluralfassung** zwingend das Erfordernis der Verletzung mehrerer Tatobjekte abgeleitet werden kann. Da der Schutzzweck des § 306 **insoweit** eine restriktive Auslegung nicht fordert, wird man eher von einer grammatikalischen Zufälligkeit ausgehen müssen.

Ergänzende Bemerkung: Für das insoweit vergleichbare Problem in § 152a (wo das Verfälschen von „Zahlungskarten" unter Strafe steht) hat auch der BGH (BGHSt 46, 146, 150) eine entsprechende weite Auslegung gebilligt, die die Erfüllung einer Tathandlung hinsichtlich einer einzelnen Zahlungskarte zulässt, obwohl dort eine restriktive Auslegung vielleicht noch näher gelegen hätte. Denn beim Fälschen oder Nachmachen einer einzelnen Zahlungskarte mag es sich im Einzelfall noch eher um eine Bagatelle handeln als beim In-Brand-Setzen eines (großen) Gebäudes oder eines Waldes.

207. Ein zündender Einfall

T zündete im Keller eines dreigeschossigen Mehrfamilienhauses, in dem er zur Tatzeit auch selbst wohnte, einen Läufer, der über einen die Kellerabteile trennenden Lattenrost gespannt war, in der Erwartung an, über weitere Holzverschläge und Holztüren einen Brand zu entfachen. Er erkannte, dass sich bei In-Brand-Setzen des Lattenrosts der Brand auf den gesamten Keller hätte ausbreiten können. Diese möglichen Folgen seines Tuns nahm T billigend in Kauf. Das Feuer wurde jedoch alsbald entdeckt und gelöscht, bevor es wesentliche Gebäudeteile erfassen konnte. Welcher Frage wird Staatsanwalt S bei seinen Ermittlungen insbesondere nachzugehen haben?
(vgl. BGH NJW 1999, 299)

Zur Vertiefung: *Wessels/Hettinger,* Rn. 961 ff.; *Rengier* II, § 40 Rn. 7 f.

S wird insbesondere der Frage nachzugehen haben, ob T nicht nur ein **Übergreifen** des Brandes auf den Keller, sondern **auch auf die Wohnräume** des Mehrfamilienhauses zumindest im Sinne eines **bedingten Vorsatzes** für möglich gehalten hat. Obwohl das Gesamtgebäude hier sicher Wohnzwecken diente und auch nicht durch das Handeln des T als einem von vielen Bewohnern alleine davon „entwidmet" werden konnte (vgl. näher Fall 211), wäre für eine Vollendung des § 306a Abs. 1 Nr. 1 nach dem **Schutzzweck** der Vorschrift, der in der Gefährdung der Hausbewohner liegt, erforderlich, dass sich „das Feuer auf weitere **Gebäudeteile** ausbreiten kann, die für dessen **bestimmungsgemäßen Gebrauch** (d. h. hier den Wohnzweck) **wesentlich** sind" (vgl. BGH NJW 1999, 299). Wenn dabei freilich der BGH ausführt, der „Versuchstatbestand könne nicht weitergehen", so ist dies zumindest missverständlich: Zutreffend ist, dass auch kein ausreichender Tatentschluss für einen Versuch des § 306a Abs. 1 Nr. 1 vorliegt, falls sich T's Vorsatz nur darauf erstreckt hätte, dass das Feuer von der Bespannung auf Teile des Kellers übergreifen würde; soweit T's Vorsatz jedoch auch das Übergreifen des Feuers auf Wohnräume umfassen würde, wäre damit der Tatentschluss des § 306a Abs. 1 Nr. 1 erfüllt, zu dem T auch bereits unmittelbar angesetzt hatte.

207a. Im Imbiss riecht's verbrannt

T legte in dem von ihm im Erdgeschoss eines Gebäudes betriebenen Imbisslokal nachts nach Betriebsschluss an mehreren Stellen Feuer, um die Versicherungssumme für das Inventar zu erlangen. Der Brand zerstört das Inventar fast vollständig, wurde aber von der Feuerwehr gelöscht, bevor Gebäudeteile so erfasst wurden, dass sie selbständig weiterbrennen konnten. Die Brandschäden, Rußablagerungen und das Löschwasser machten die Räume des Lokals allerdings unbenutzbar. Wäre das Feuer später entdeckt worden, hätte es sich über den Abluftschacht der Dunstabzugshaube auch auf das gesamte Gebäude und damit auch auf die im zweiten Obergeschoss gelegenen Wohnungen ausbreiten können. Hat sich T wegen vollendeter besonders schwerer Brandstiftung nach § 306b Abs. 2 Nr. 2 strafbar gemacht?
(vgl. BGH NStZ 2010, 452)

Zur Vertiefung: *Wessels/Hettinger,* Rn. 964, 966; *Rengier* II, § 40 Rn. 25 ff.; *Kraatz,* JuS 2012, 691 ff.

Die drei unterschiedlichen Qualifikationen des § 306b Abs. 2 sind die einzigen im Bereich der Brandstiftungsdelikte, die als **Grunddelikt zwingend § 306a** voraussetzen (und für die nicht auch § 306 genügt). Da der Imbiss zu einer Zeit entzündet wurde, in dem sich dort keine Menschen aufzuhalten pflegten, kommt es mithin darauf an, ob die **Mischnutzung des Gebäudes** mit den Wohnungen im Obergeschoss ausreichend ist, um insgesamt die Tat an einem Wohnzwecken dienenden Gebäude anzunehmen. Grundsätzlich genügt zwar für ein vollendetes Inbrandsetzen nach § 306a Abs. 1 Nr. 1 Alt. 1, wenn in einem einheitlichen, teils gewerblich, teils zu Wohnzwecken genutzten Gebäude nur solche Gebäudeteile selbständig brennen, die für die gewerbliche Nutzung wesentlich sind, wenn nicht auszuschließen ist, dass das Feuer auf die Wohnteile übergreift. Die in § 306a Abs. 1 Nr. 1 unter Strafe gestellte abstrakte Gefahr besteht bereits dann, wenn „das Gebäude brennt" und der Brand sich ausweiten kann. Vorliegend ist bei § 306a allerdings nicht die **Variante** des Inbrandsetzens, sondern allein diejenige **der ganzen oder teilweisen Zerstörung der Räume** durch die Brandlegung betroffen. Dies führt nach Auffassung des BGH auch dann nicht zu einer vollendeten schweren Brandstiftung nach § 306a Abs. 1 Nr. 1, wenn die Gefahr bestand, dass das Feuer auf den Wohnzwecken dienenden Teil des Gebäudes übergreift; denn eine (teilweise) Zerstörung kann auf vielfältigen durch die Brandlegung ausgelösten Umständen beruhen und ist deshalb – wenn sie die gewerblichen Räume betrifft – nicht typischerweise auch mit einer Gefährdung der Personen verbunden, die sich in dem zu Wohnzwecken genutzten Gebäudeteil aufhalten. Hinsichtlich dieser Gebäudeteile gilt dann nichts anderes als bei einer Brandlegung, bei welcher der Erfolg gänzlich ausgeblieben ist.

Ergänzende Bemerkung: Das Problem der „Mischnutzung" (das sich insbesondere beim Inbrandsetzen stärker auswirken kann als im vorliegenden Fall der Zerstörung) kann sich nicht nur hinsichtlich des Wohnzwecks nach § 306a Abs. 1 Nr. 1 stellen, sondern theoretisch auch bei anderen Nummern. So steht in der Entscheidung BGH NStZ 2011, 214 etwa im Raum, ob innerhalb einer Ladenpassage zur Nachtzeit, in der zwar die Geschäfte geschlossen sind, ein ebenfalls darin befindliches Fitnessstudio aber noch geöffnet war, bei der Brandlegung innerhalb eines der bereits geschlossenen Geschäfte gleichwohl § 306a Abs. 1 Nr. 3 verwirklicht wurde, weil es sich um ein Gebäude mit einer Mischnutzung hinsichtlich des „Aufenthalts von Menschen dienend zu einer Zeit, in der sich Menschen dort aufzuhalten pflegen" handelt.

208. Mach kaputt, was Dich kaputt macht (I)

T, der im Sportunterricht immer als Letzter in die Fußballmannschaft gewählt wurde, beschloss frustriert die Turnhalle seiner Schule abzufackeln. Er drang in den Sommerferien eines Nachts in die Turnhalle ein, goss Benzin auf dem Boden aus und entzündete dieses. Die Turnhalle selbst fasste zwar kein Feuer, wurde jedoch durch die Verrußung und das Schmelzen des Bodens vollständig zerstört. Als gegen T nach § 306 Abs. 1 Nr. 1 ermittelt wird, betont T's Verteidiger V, dass T fest mit einem Niederbrennen der Halle gerechnet habe und deswegen die stattdessen erfolgte Zerstörung auf anderem Wege eine wesentliche Abweichung vom vorgestellten Kausalverlauf sei, so dass T insoweit ohne Vorsatz gehandelt habe. Rechtsreferendar R, der dem ermittelnden Staatsanwalt S zur Ausbildung zugewiesen ist, meint demgegenüber, es komme sogar ein Fall des § 306a Abs. 1 Nr. 2 in Betracht, da er sich aus seiner eigenen Schulzeit noch gut daran erinnern könne, dass in der Turnhalle Schuljahresanfangs- und Weihnachtsgottesdienste stattgefunden hätten, so dass es sich dabei um ein „anderes der Religionsausübung dienendes Gebäude" handele. Wer hat Recht?

Zur Vertiefung: *Wessels/Hettinger,* Rn. 958, 965; *Rengier* II, § 40 Rn. 12–16, 22.

Keiner von beiden.

Auch V bestreitet nicht, dass der **objektive Tatbestand** des § 306 Abs. 1 Nr. 1 in Gestalt des **ganz oder teilweisen Zerstörens durch eine Brandlegung** erfüllt worden ist. Diese Variante war 1998 durch das 6. StrRG vom Gesetzgeber eingefügt worden, da mit der Zunahme feuerresistenter Baustoffe die Vollendung des Tatbestands in Gestalt der bis dahin allein existierenden Tathandlung des In-Brand-Setzens (und damit eines selbständigen Weiterbrennens des Tatobjekts) zunehmend ausscheiden musste, obwohl die Schäden für das Opfer in Gestalt der Unbrauchbarkeit des Gebäudes und auch die damit verbundene Gemeingefahr durchaus vergleichbar waren. Eine teilweise oder vollständige Zerstörung kann etwa **durch Verrußung, Schmelzen** oder auch **Verseuchung mit giftigen Gasen** aufgrund der Brandentwicklung erfolgen. Subjektiv hatte T hier zwar in der Tat eine **abweichende Vorstellung,** da er von einem Niederbrennen der Turnhalle ausgegangen war. Da der **Gesetzgeber** jedoch **beide Varianten** im objektiven Tatbestand als **gleichwertige Alternativen nebeneinander** gestellt hat, ist bei einer normativen, an der Gesetzesformulierung ausgerichteten Betrachtung davon auszugehen, dass gerade nur eine

unwesentliche Abweichung vom vorgestellten Kausalverlauf vorliegt, wenn statt der einen Tathandlung die andere erfüllt wird.

Selbst wenn man – was der Wortlaut nahe legt – darauf verzichtet, dass sich in den Räumlichkeiten nach Nr. 2 im Moment der Tat Menschen aufhalten, ist der Tatbestand des § 306a Abs. 1 Nr. 2 nicht erfüllt: Wenn der Gesetzgeber – in durchaus zweifelhafter, aber hinzunehmender Weise – **Stätten der Religionsausübung** gegenüber anderen Stätten oder Orten, an denen sich turnusmäßig eine Vielzahl von Menschen einfindet (z. B. Sport- oder Konzerthallen) einem **erweiterten Schutz unterstellt,** so kann dieser einem Gebäude **nicht schon dann** zuteil werden, wenn nur **ausnahmsweise und ganz untypisch** entsprechend **religiöse Zwecke** in ihm **verfolgt** werden. Obwohl bei manchen modernen Kirchen architektonisch kein großer Unterschied zu Turnhallen festzustellen ist, sind Letztere doch weder nach dem natürlichen Sprachgebrauch noch nach der Betrachtung des täglichen Lebens als Gebäude anzusehen, welches der Religionsausübung dient. Auch die für die privilegierte Behandlung solcher Stätten möglicherweise heranzuziehenden Gedanken eines **speziellen „Friedensschutzes"** bzw. des **besonderen Vertrauens** eines Kirchenbesuchers auf die traditionelle **Unantastbarkeit** eines „heiligen Ortes" greifen bei einer Schulsportturnhalle kaum in gleicher Weise ein.

209. Mach kaputt, was Dich kaputt macht (II)

Wie wäre Fall 208 zu beurteilen, wenn T in der Turnhalle noch während des laufenden Schuljahres einen Zündsatz mit Zeitsteuerung deponiert hätte, der aufgrund eines Fehlers in der Elektronik nicht erst nachts, sondern schon am Nachmittag zum Entstehen des Brandes geführt hätte, während eine Klasse aus seiner Schule noch regulär am Sportunterricht teilnahm?

Zur Vertiefung: *Wessels/Hettinger,* Rn. 958, 966, 975; *Rengier* II, § 40 Rn. 23, 59 f.

T hätte in diesem Fall zwar den **objektiven Tatbestand des § 306a Abs. 1 Nr. 3** verwirklicht, denn die Schulsporthalle dient teilweise dem Aufenthalt von Menschen, und das Feuer entstand – anders als in Fall 208 – an einem „normalen" Nachmittag während der Schulzeit auch zu einem Zeitpunkt, zu dem sich Menschen in der Turnhalle aufzuhalten pflegen (wobei es auf den tatsächlichen Aufenthalt der Klasse in der Turnhalle nicht einmal entscheidend ankommt). Da T jedoch hinsichtlich **dieses Zeitpunktes keinen Vorsatz** hat, fehlt es am subjektiven Tatbestand des § 306a Abs. 1 Nr. 3. Für eine fahrlässige oder leichtfertige Verursachung einer schweren Gesundheitsschädigung eines der Kinder bzw. sogar seines Todes (vgl. § 306b Abs. 1, § 306c) liegen keine Anhaltspunkte vor, so dass insoweit nur eine Strafbarkeit nach § 306 Abs. 1 Nr. 1 bleibt (welcher die gleichfalls verwirklichten §§ 303, 305 verdrängt). Unterstellt man, dass T hinsichtlich des Ausbruchs des Feuers zu einem Zeitpunkt, zu dem sich Menschen am Tatort aufzuhalten pflegen, **fahrlässig** gehandelt hat, könnte man an eine Strafbarkeit nach **§ 306d Abs. 1** denken, welche allerdings aufgrund des gegenüber § 306 Abs. 1 geringeren Strafrahmens diesen nicht verdrängen, sondern zu ihm in Idealkonkurrenz treten würde (vgl. näher auch Fall 217).

Ergänzende Bemerkung: Nach Sinn und Zweck des § 306a Abs. 1 Nr. 3 muss es für die „Zeit, in der sich Menschen dort aufzuhalten pflegen" abweichend von § 8 nicht auf die Tathandlung in Gestalt des letzten Täterhandelns, sondern auf den Zeitpunkt ankommen, in dem das Feuer ausbricht. Die besondere Strafwürdigkeit des Täters liegt nämlich nicht darin, dass er zu diesem Zeitpunkt eine Handlung vornimmt, die später möglicherweise in geplanter Weise zu einem Feuer führt, sondern dass das Feuer bzw. die Zerstörung als gemeingefährliche Zustände in diesem Zeitpunkt eintreten.

210. Feuer und Flamme – oder: Ein Landstreicher kommt selten allein

Bauer T steckte des Nachts die Scheune seines Nachbarn O an, obwohl er wusste, dass in dieser Scheune häufig die beiden Landstreicher L und M nächtigten. Wie von T erhofft und auch fest angenommen, brannte die Scheune ab, ohne dass L oder M irgendein Schaden zugefügt wurde, da die beiden in dieser Nacht noch überhaupt nicht „zu Bett gegangen waren". Strafbarkeit des T?
(vgl. BGHSt 23, 60)

Zur Vertiefung: *Wessels/Hettinger,* Rn. 966 ff.; *Rengier* II, § 40 Rn. 20.

Nach Ansicht des BGH (BGHSt 23, 60) hat sich T nach **§ 306a Abs. 1 Nr. 3** strafbar gemacht. Zwar ist eine Scheune insbesondere nachts **objektiv an sich kein Ort,** der dem Aufenthalt von Menschen dient. Nach der Ansicht des BGH soll es **jedoch allein** auf den **„tatsächlichen Zustand",** d. h. nicht auf „die (eigentliche) Zweckbestimmung einer Räumlichkeit oder ihre Eignung [...], sondern [auf] ihre tatsächliche Verwendung" ankommen. Da der Wortlaut der Vorschrift – insbesondere in Abgrenzung zu § 306a Abs. 1 Nr. 1 – eine solche Auslegung wohl noch deckt, ist ihr der Vorzug zu geben, da Sinn und Zweck sowie Systematik der Vorschrift in der Tat für eine so weite Auslegung sprechen. „Dass der Gesetzgeber [...] allein auf den tatsächlichen Zustand abstellen wollte, wird [...] dadurch unterstrichen, dass er die besondere Strafbarkeit [...] auf eine Zeit beschränkte", in der Menschen sich dort aufzuhalten pflegen (vgl. BGHSt 23, 60, 62); auch der **Schutzzweck** der Vorschrift deutet in diese Richtung, da die **abstrakte Gefahr** für die Menschen, die sich an einem bestimmten Ort „aufzuhalten pflegen" nicht vorrangig davon abhängig ist, ob dieser Ort auch nach objektiver Zweckbestimmung üblicherweise dem Aufenthalt von Menschen dient.

211. Die undankbare Tochter (I)

T und seine Frau S waren Miteigentümer eines frei stehenden und geräumigen Einfamilienhauses, das ihnen M, die Mutter der S, überschrieben hatte. Zum Ausgleich dafür durfte M, die sich alleine in dem großen Haus gefürchtet hatte, in einer im ersten Stock liegenden Einliegerwohnung kostenlos wohnen. Da T und S trotz dieser großzügigen Zuwendung mit M nicht auskamen und einen Vorwand suchten, sie ins Altenheim abschieben zu können, beschlossen sie, das Haus anzuzünden. Sie warteten ab, bis M für

zwei Wochen zu ihrem Bruder B zu Besuch gefahren war, durchsuchten das Haus gemeinsam noch einmal nach rettenswerten Erinnerungsstücken und vergewisserten sich dabei zugleich, dass sich auch wirklich niemand sonst im Haus aufhielt. Danach setzten sie das Haus in Flammen. Strafbarkeit von T und S?

Zur Vertiefung: *Wessels/Hettinger,* Rn. 959, 963, 968; *Rengier* II, § 40 Rn. 21, 23–29.

T und S haben (neben einer nahe liegenden Sachbeschädigung an M's Habe) zunächst **mittäterschaftlich** eine schwere Brandstiftung nach **§ 306a Abs. 1 Nr. 1** erfüllt: Das Einfamilienhaus diente grundsätzlich der Wohnung, d. h. dem dauerhaften Aufenthalt von Menschen. Zwar kommt nach h. M. grundsätzlich eine sog. **Entwidmung** von solchen Wohnzwecken in Betracht, wenn **alle Bewohner** des Hauses gemeinsam dieses in Brand setzen (bzw. damit einverstanden sind), wodurch der Wohnzweck konkludent aufgehoben würde; eine solche Bewohnerin des Hauses stellte allerdings – unabhängig von den Eigentumsverhältnissen – neben T und S auch die M dar, die ebenfalls in dem Haus wohnte. Diese war mit der Aufhebung des Wohnzwecks aber gerade nicht einverstanden. Nach überzeugender h. M. ist eine Strafbarkeit von T und S auch nicht etwa deswegen ausgeschlossen, weil sie vorher das **Haus durchsuchten** und sich vergewisserten, „dass sich auch wirklich niemand sonst im Haus aufhielt". Angesichts des hohen Strafrahmens des § 306a mag zwar eine **teleologische Reduktion** des Tatbestandes zu erwägen sein, wenn selbst eine abstrakte Gefahr für Menschen auf jeden Fall ausscheiden muss. Allerdings ist eine solche teleologische Reduktion bei einem **abstrakten Gefährdungsdelikt** grundsätzlich eher ein „Fremdkörper" und muss auf **eindeutige Fälle beschränkt** bleiben. Insoweit hat der BGH zu Recht betont, dass eine teleologische Reduktion des Tatbestandes allenfalls dann in Betracht kommen kann, wenn es sich um **kleine Gebäude** handelt, die mit einem Blick **vollständig überschaubar** sind, was regelmäßig nur bei einem einzigen Raum vorliegen kann. Bei einem großen, mehrstöckig bewohnten Einfamilienhaus scheidet diese Möglichkeit deswegen aus.

Dagegen haben T und S **nicht** den Tatbestand des **§ 306 Abs. 1 Nr. 1** erfüllt: Da M keine Eigentümerin mehr war, kommt es für die Fremdheit der Sache nur auf die Eigentumsverhältnisse von T und S an. Da sie als **Mittäter** handelten, sind sie insoweit gewissermaßen wie ein fiktiver einziger Täter zu betrachten, für den **das Haus nicht fremd** war, da er beide Miteigentumsanteile vereinte. Eine Lösung über eine wechselseitige rechtfertigende Einwilligung (führt letztlich zwar zum selben Ergebnis, aber) erschiene dem gegenüber unnötig umständlich und wird auch nicht der Tatsache hinreichend gerecht, dass aufgrund der wechselseitigen Zurechnung von objektiven Tatbeiträgen die Mittäter gewissermaßen als Einheit betrachtet werden können.

Ergänzende Bemerkung: Der Wohnung von Menschen dient ein Gebäude nur dann, wenn es von seinen Bewohnern zumindest vorübergehend tatsächlich als Mittelpunkt ihrer (privaten) Lebensführung zu Wohnzwecken genutzt wird. Indizien hierfür können neben der Gebrauchsdauer das regelmäßige Übernachten, das Zubereiten von Speisen sowie die postalische Erreichbarkeit sein. Bloße Aufenthalte zur Hausreinigung und Gartenpflege (so etwa bei einem geerbten Haus, das für den Verkauf „in Schuss gehalten" werden soll) genügen hingegen nicht (vgl. BGH NStZ 2012, 39).

212. Das Scheidungs-Feuer

T lebte mit seiner Frau F und dem gemeinsamen Sohn S in einer den beiden Ehegatten gemeinsam gehörenden Doppelhaushälfte. Die zweite Doppelhaushälfte wurde von ihrem Nachbarn O bewohnt. Nachdem es zwischen den Ehegatten zu massiven Zerwürfnissen gekommen war, zog F gemeinsam mit S in Trennungsabsicht aus dem Haus aus und mietete sich eine kleine Wohnung in der Stadt; dabei nahm sie alles, was sie für das tägliche Leben benötigte, mit, ließ aber auch einen erheblichen Teil ihrer Habe im Haus. Durch den Auszug der F zutiefst verletzt beschloss T, die Doppelhaushälfte als Erinnerung an die gemeinsame Zeit niederzubrennen und entfachte an vier unterschiedlichen Stellen des Hauses ein Feuer. Dabei vertraute er fest darauf, dass die Hälfte der Familie O aufgrund der zwischen den beiden Häusern gezogenen Brandschutzmauern nicht in Mitleidenschaft gezogen werden würde. Das Haus von T und S brannte nieder. Auf die Hälfte des O griff das Feuer nicht über, jedoch wurde es durch das Löschwasser der Feuerwehr massiv zerstört. Hat sich T außer nach §§ 303 und 306 auch nach § 306a Abs. 1 Nr. 1 strafbar gemacht?
(vgl. BGH StV 2001, 576)

Zur Vertiefung: *Wessels/Hettinger,* Rn. 957 ff., 961ff; *Rengier* II, § 40 Rn. 16; *Schröder,* JA 2002, 367 ff.

Obwohl dies auf den ersten Blick überraschend erscheinen mag, wohl **nein.**

Hinsichtlich der **T und F gemeinsam gehörenden Doppelhaushälfte** scheidet eine Strafbarkeit aus, da das Haus im Moment der Tathandlung keinen Wohnzwecken mehr „diente". Dadurch, dass **F** zusammen mit S in Trennungsabsicht das Haus verlassen hat, hat sie es **als Wohnsitz** offenbar **aufgegeben;** dass es für sie nach wie vor einen Wert darstellte und sie auch noch Gegenstände darin lagerte, spielt insoweit keine Rolle, da dies allein nicht zur für § 306a Abs. 1 Nr. 1 eigentümlichen erhöhten abstrakten Gemeingefahr für Leib und Leben der Bewohner führt. Hinsichtlich des **T selbst** ist davon auszugehen, dass er das Haus von seinen eigenen Wohnzwecken durch die Brandlegung **„entwidmet"** hat (vgl. Fall 211).

Hinsichtlich der **Hälfte des O** würde zwar ein taugliches Tatobjekt nach § 306a Abs. 1 Nr. 1 vorliegen. Allerdings ist dieses **von T nicht in Brand gesetzt** worden. Zwar stellt sich das Doppelhaus optisch als ein Gebäude dar. Nach natürlicher Auffassung handelt es sich jedoch **nicht um ein zusammenhängendes Gebäude** (wenn nicht ausnahmsweise gemeinsame Zimmer, Durchgänge o. ä. vorhanden sind), sondern um nur „zufällig" bzw. aus Platz- und Kostengründen zusammengebaute eigenständige Gebäude, was durch den in der Regel fehlenden Durchgang sowie im konkreten Fall auch durch die **eingezogene Brandschutzmauer** unterstrichen wird (vgl. BGH StV 2001, 576). In der diesem Fall zugrunde liegenden Entscheidung hat der BGH aber für möglich gehalten, dass – einen entsprechenden (zumindest bedingten) Vorsatz des Täters vorausgesetzt – die **Tathandlung der teilweisen oder völligen Zerstörung** in Betracht kommt; dass eine solche nach Aufnahme dieser Tathandlung durch das 6. StrRG auch bei einer **Zerstörung durch Löschwasser** möglich sein soll, entspricht der h. M. **Zweifelhaft** erscheint jedoch, ob bei einer Beurteilung der beiden Doppelhaushälften wirklich konsequent eine Tathandlung in Gestalt der Zerstörung durch eine Brandlegung angenommen werden kann, wenn das **Feuer** nur in einem **anderen Tatobjekt gelegt** worden ist. Zwar wird bei der Tathandlung der Zerstörung durch Brandlegung auf ein eigenständiges Weiterbrennen gerade verzichtet; dennoch dürfte der Gesetzgeber wohl den Fall vor Augen gehabt haben, dass die Brandlegung zumindest in bzw. an einem der geschützten Tatobjekte des § 306a erfolgt ist und die tatbestandlichen Brandfolgen nicht mehr oder weniger zufällig an einem ganz anderen Objekt eingetreten sind (a. A. vertretbar).

213. Die undankbare Tochter (II)

Wie wäre Fall 211 zu beurteilen, wenn S und T zugleich beabsichtigt hätten, die Versicherungssumme für das gut versicherte Einfamilienhaus zu lukrieren, um ihre finanziellen Engpässe auszugleichen?
(vgl. BGHSt 45, 211)

Zur Vertiefung: *Wessels/Hettinger,* Rn. 972; *Rengier* II, § 40 Rn. 47–55; *Kudlich,* JA 2000, 362 ff.; *Rönnau,* Jus 2001, 328 ff.; *Zopfs,* JuS 1995, 686 ff. (zu BGHSt 40, 106 und 251).

Fraglich ist, ob T und S hier zusätzlich den Tatbestand des § 306b Abs. 2 Nr. 2 verwirklicht haben: Zwar liegt eine Straftat nach § 306a vor (vgl. Fall 211), und S und T handelten auch in der **Absicht,** durch den Brand einen **Versicherungsbetrug (§ 263)** zu ermöglichen. Ob diese Absicht jedoch für eine Strafbarkeit nach § 306b Abs. 2 Nr. 2 genügt, ist zweifelhaft und war nach der Einfügung der Vorschrift durch das 6. StrRG lebhaft **umstritten.** Nach der Vorläufervorschrift des § 307 Nr. 2 a. F. war eine Strafbarkeit nur gegeben, wenn der Täter die Brandlegung zur Begehung einer Straftat „ausnutzen" wollte; daraus hatte der BGH (BGHSt 40, 106 und 251) geschlossen, dass nur Straftaten in einem **engen raumzeitlichen Zusammenhang** genügen, bei denen zugleich die **Allgemeingefahr** durch die Brandlegung (Paniksituationen etc.) ausgenutzt wird. Demgegenüber ist der BGH (BGHSt 45, 211) in seiner neueren Rechtsprechung davon ausgegangen, dass angesichts der gegenüber der Vorläufervorschrift **geringeren Strafandrohung** und des **erweiterten Wortlautes** („ermöglichen" statt „ausnutzen") auch die Absicht der Begehung eines Betruges an der Brandversicherung den Tatbestand erfüllen soll. In der Literatur ist dies auf zumindest bedenkenswerte Kritik gestoßen: Zum einen werden entsprechende Fälle durch § 263 Abs. 3 Nr. 5 sowie § 265 schon (möglicherweise ausreichend) geregelt; zum anderen ist der Sprung im Strafrahmen von §§ 303, 265, 52 bzw. §§ 303, 263 Abs. 1, Abs. 3 Nr. 5, § 53 (Freiheitsstrafe von sechs Monaten bis zu zehn Jahren) zu § 306b Abs. 2 Nr. 2 (Freiheitsstrafe von fünf bis 15 Jahren) in einer Weise erheblich, welche durch den erhöhten Gefährdungsgrad des für § 306b erforderlichen Grunddelikts des § 306a (nach dessen Abs. 2 etwa die konkrete Gefahr einer Gesundheitsschädigung für einen einzelnen anderen Menschen genügt) kaum zu rechtfertigen ist.

Folgt man dem BGH dennoch, so ist bei der Frage nach den **Konkurrenzen** zu beachten, dass zwar durch § 306b Abs. 2 Nr. 2 zusätzlich das geschützte Rechtsgut desjenigen Delikts, das durch die Brandstiftung ermöglicht werden soll, geschützt wird; dennoch ist **keine Idealkonkurrenz zwischen § 306a und § 306b Abs. 2 Nr. 2** anzunehmen. Gerade weil § 306b Abs. 2 insgesamt nur auf § 306a (und nicht auch auf § 306) aufbaut, wird bereits durch eine Verurteilung nach § 306b Abs. 2 deutlich, dass auf jeden Fall auch eines der konkreten oder abstrakten Gefährdungselemente des § 306a verwirklicht sein muss.

214. Der rettende Hausmeister

Student T war ebenso verzweifelt wie verärgert, weil er auch im letzten Anlauf das Juristische Staatsexamen nicht bestanden hatte. Um sich an seinen – nach seiner Ansicht dafür allein verantwortlichen – Professoren zu rächen, beschloss er, ihnen ihre Arbeitsgrundlage zu entziehen und die Universität in Brand zu setzen. Um ein eventuelles Löschen des Feuers durch den als aufmerksam und tatkräftig bekannten Hausmeister H zu verhindern, lief T durch das Gebäude und entleerte sämtliche Feuerlöscher in eine Toilette. Bei dieser Gelegenheit wurde er von H gestellt. Staatsanwalt S überlegt, ob er T wegen des Versuchs einer besonders schweren Brandstiftung nach § 306b Abs. 2 Nr. 3 anklagen kann, da dieser ja immerhin mit der Tathandlung der Verhinderung des Löschens des Brandes begonnen habe. T's Verteidiger V meint, § 306b Abs. 2 Nr. 3 sei keinesfalls einschlägig, da nach dem Wortlaut eindeutig eine Tathandlung nach dem Entstehen des Brandes gefordert werde. Was ist davon zu halten?

Zur Vertiefung: *Kühl,* § 15 Rn. 50 f.; *Wessels/Hettinger,* Rn. 957, 972.; *Kraatz,* Jura 2012, 627 ff.

Sowohl **V** als auch **S irren:**

Zwar kann das qualifizierende Merkmal des § 306b Abs. 2 Nr. 3 durchaus auch **bereits vor der Brandlegung** erfüllt werden, wenn es denn zu einem späteren Brand kommt (bzw. im Versuchsstadium erfüllt werden, wenn ein späterer Brand beabsichtigt ist). Die Voraussetzung, dass „das Löschen des Brandes" verhindert oder erschwert werden muss, bezieht sich nicht darauf, dass die „Verhinderungs- oder Erschwernishandlung" erst beim Vorliegen eines Brandes durchgeführt werden darf, sondern es ist vielmehr ausreichend, wenn sich die **Handlung** in dem Moment, in dem es zu einem Brand kommt, tatsächlich **„löschverhindernd"** oder **„löscherschwerend" auswirkt.** Wäre es deshalb zu einem Feuer gekommen, hätte T tatsächlich den Tatbestand des § 306b Abs. 2 Nr. 3 verwirklicht, soweit man unterstellt, dass die Universität im konkreten Fall eine Räumlichkeit nach § 306a Abs. 1 Nr. 3 dargestellt hätte.

Allerdings hat T **noch nicht unmittelbar zur Tathandlung des Grunddelikts** des § 306a, also zum In-Brand-Setzen, **angesetzt,** so dass entgegen der Ansicht des S eine Versuchsstrafbarkeit ausscheiden muss. Denn nach allgemeinen Grundsätzen kann auch zum qualifizierten Delikt erst dann unmittelbar angesetzt werden, wenn auch zum Grunddelikt angesetzt wird (und nicht schon allein dadurch, dass ein Qualifikationsmerkmal erfüllt wird, falls darin noch nicht zugleich das unmittelbare Ansetzen zum Grunddelikt liegt, vgl. PdW AT, Fall 224).

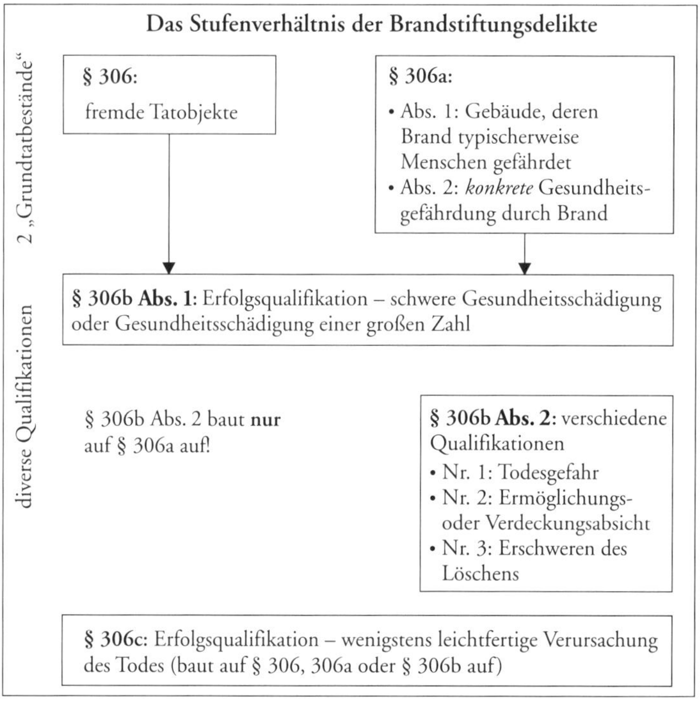

215. Warme Sanierung

W wollte sein von ihm allein bewohntes Wohnhaus „warm sanieren“. Um nicht selbst in Verdacht zu geraten und ein Alibi zu haben, verreiste er und bat stattdessen seinen Freund T, das Haus anzuzünden. Als T gerade dabei war, das Feuer zu legen, bemerkte er im Untergeschoss des Hauses die Putzfrau P des W, die nach dem Rechten sah. T ging zutreffend davon aus, dass die Gesundheit der P wohl konkret gefährdet würde, sie letztlich jedoch unversehrt davonkommen dürfte, und zündete das Haus an. Bei den Löscharbeiten wurde Feuerwehrmann O in zwar nicht vorhergesehener, jedoch leichtfertig von T nicht bedachter Weise tödlich verletzt. Nach § 306c angeklagt, verteidigte sich T damit, dass es zum einen „nicht seine Sache sei“, wenn O sich freiwillig seinem Berufsrisiko aussetze, und dass er für den O schon deswegen nicht verantwortlich sei, weil er allenfalls bedingten Vorsatz hinsichtlich einer Gefährdung der P, nicht aber auch des O gehabt habe. Was meint T damit und werden ihm diese Ausführungen helfen?
(vgl. auch BGHSt 39, 322)

Zur Vertiefung: *Wessels/Hettinger,* Rn. 191, 973a, 969; *Rengier* II, § 40 Rn. 43–44d, 57; *Bernsmann/Zieschang,* JuS 1995, 775 ff.; *Kudlich,* NStZ 2003, 458 ff.; vgl. auch OLG Stuttgart NJW 2008, 1971 m. Anm. *Kudlich,* JA 2008, 740.

Eine Strafbarkeit nach § 306c würde voraussetzen, dass T entweder den Tatbestand des § 306 oder den des § 306a erfüllt hat: T hat sich aufgrund der rechtfertigenden **Einwilligung** des W (vgl. auch oben Fall 202) **nicht** nach **§ 306** und aufgrund der in der Bitte des W an T liegenden **Entwidmung** des einzigen Bewohners auch **nicht** nach **§ 306a Abs. 1 Nr. 1** strafbar gemacht. Auch die Voraussetzungen des **§ 306a Abs. 1 Nr. 3** sind nicht ganz unproblematisch, da fraglich ist, ob man **während der Urlaubszeit** des W generell davon ausgehen kann, dass sich tagsüber Personen in dem Gebäude aufhalten; die Tatsache, dass sich eine konkrete Person im Gebäude aufgehalten hat, kann dafür ausweislich des klaren Wortlauts jedenfalls nicht genügen und ist vorliegend vielmehr nach **§ 306a Abs. 2** zu berücksichtigen, da nach dem Sachverhalt die **Gesundheit der P konkret gefährdet** wurde und T insoweit auch Vorsatz hatte. Da § 306a ein mögliches Grunddelikt zu § 306c ist und auch der O zu Tode gekommen ist, könnte sich T daher wegen Brandstiftung mit Todesfolge strafbar gemacht haben.

Der **erste Einwand** des T geht dahin, dass **O** sich **freiwillig der Gefahr ausgesetzt** hat und sich dabei auch noch sein Berufsrisiko verwirklicht hat. Es geht damit um das in den sog. **Retterfällen** diskutierte Problem der objektiven Zurechnung bei eigenverantwortlicher Selbstgefährdung des Opfers. Freilich ist zu beachten, dass O sich keineswegs einer etwa auf einer Naturkatastrophe beruhenden Gefahr eigenverantwortlich ausgesetzt hat, sondern dass T durchaus **pflichtwidrig eine erhöhte Gefahr geschaffen** hat, die sich letztlich im Tod des O realisiert hat. Gerade weil O Feuerwehrmann ist, kann man auch nicht davon sprechen, dass er in jeder Hinsicht „frei verantwortlich" handelte, sondern sein Handeln war gerade durch seine **Berufspflichten vorgeprägt.** Anders gewendet: Es ist gerade nahe liegend, dass möglicherweise ein Feuerwehrmann, den besondere berufliche Gefahrtragungspflichten treffen, bei einem Brand ums Leben kommt. Eine tatbestandsausschließende Eigenverantwortlichkeit wird man daher (auch und gerade) in diesen Fällen nur annehmen können, wenn das eingegangene Risiko evident außer Verhältnis zu dem zu erwartenden Nutzen durch die Rettung steht. Da es sich um ein Wohnhaus handelte, dem von außen nicht ohne weiteres angesehen werden kann, ob sich noch Menschen darin befinden, ist mangels näherer gegenteiliger Angaben nicht davon auszugehen, dass O sich in völlig unverantwortlicher Weise in die Gefahr begeben hat.

Der Einwand des T, er sei für die Schädigung des O nicht verantwortlich, weil er allenfalls hinsichtlich einer Gefährdung der P vorsätzlich gehandelt habe, kann sich selbstverständlich nicht darauf beziehen, dass ihm hinsichtlich des Todes des O der Vorsatz fehlt; denn insoweit genügt die (hier wohl zu bejahende) Leichtfertigkeit als gesteigerte Form der Fahrlässigkeit. Man könnte allenfalls erwägen, der **Tod des O** führe deshalb **nicht** zu einer Strafbarkeit nach **§ 306c,** weil es sich bei diesem um ein **anderes Gefährdungs- bzw. Verletzungsobjekt** handelt **als bei der P,** die als Gefährdungsobjekt gerade erst dazu geführt hat, dass der Tatbestand des § 306a als Grunddelikt des § 306c verwirklicht ist – m. a. W.: Möglicherweise ist eine Strafbarkeit nach § 306c (und in vergleichbarer Weise etwa auch nach § 306b Abs. 1, Abs. 2 Nr. 1) ausgeschlossen, wenn es an der **„Identität der Gefährdungsobjekte"** fehlt. Dafür könnte unter dem Gesichtspunkt der objektiven Zurechnung, der bei erfolgsqualifizierten Delikten wie § 306c im Erfordernis des spezifischen Gefahrzusammenhangs wieder auftaucht, sprechen, dass sich im Tod des O nicht die typische Gefahr der konkreten Gefährdung der P verwirklicht. Damit würden jedoch die **Anforderungen an eine Zurechnung** bei § 306c **überspannt.** Dies wird zunächst schon daraus deutlich, dass das Grunddelikt zu § 306c auch eine Tat nach § 306 (welcher gar keine Gefährdung voraussetzt) oder § 306a Abs. 1 (welcher keine konkrete Gefährdung für eine Person voraussetzt) sein kann. Außerdem erhöht die **Tatsache,** dass eine **Person** im Sinne des § 306a Abs. 2 **konkret gefährdet** wird, tendenziell durchaus auch die Wahrscheinlichkeit, dass eine andere Person zu Tode kommt, sei es, weil die Gefährdung der ersten Person überhaupt ein Indiz dafür ist, dass es sich um ein für Menschen üblicherweise zugängliches Gebäude handelt, sei es, weil die eine Person die andere (schließlich getötete) Person benachrichtigt, sei es, weil die andere Person von sich aus etwas zur Rettung der ersten (nach § 306a Abs. 2 gefährdeten) Person unternimmt.

Im Ergebnis werden dem T seine Ausführungen deshalb nicht helfen.

Ergänzende Bemerkung: Bei der Frage, ob die Zurechnung wegen eines völlig unangemessen riskanten Verhaltens des Retters ausgeschlossen ist, hat das OLG Stuttgart (NJW 2008, 1971 m. Anm. *Kudlich,* JA 2008, 740, da die Brandstiftung nur fahrlässig war, nicht zu § 306c, sondern zum parallelen Problem des § 222) überzeugend entschieden, dass dem Retter bei arbeitsteiligen Rettungshandlungen (z. B. Löschtrupp der Feuerwehr) Fehler seiner „Mitretter" gleichsam zuzurechnen sind (vgl. dazu auch PdW AT, Fall 45a).

216. Blockade aus Feuer

Der irrsinnige T hatte das Objekt seiner Begierde, die schöne O, in deren Garage überrascht. Als O sich weigerte, dem T die von ihm gebotene ewige Liebe zu schwören, schüttete er einen in der Garage befindlichen Benzinkanister aus und markierte mit dem Benzin eine „Absperrung", über die O nicht hinausgehen dürfe. Dann zündete er mit wirrem Blick ein Streichholz an, um es in das Benzin zu werfen. Dabei nahm er in Kauf, dass die der O gehörende Garage vollständig zerstört würde. O rannte an T vorbei, rutschte auf dem schmierigen Benzinfilm aus und schlug mit dem Kopf so unglücklich auf den Boden der Garage, dass sie auf der Stelle tot war. Da T wie gebannt auf O starrte, vergaß er völlig, das Benzin zu entzünden, und das Streichholz brannte in seiner Hand ab, ohne dass es zu einem Brand gekommen wäre. Hat sich T (vorbehaltlich des § 20) wegen versuchter Brandstiftung mit Todesfolge nach §§ 306c, 22, 23 strafbar gemacht?

Zur Vertiefung: *Wessels/Hettinger,* Rn. 973 f.; *Rengier* II, § 40 Rn. 45.

Nein. Ein Versuch des § 306c kommt vorliegend mangels Tötungsvorsatzes des T sowie mangels vollendeter Brandstiftung nur in Gestalt des sog. **erfolgsqualifizierten Versuchs** in Betracht (wobei in dem Entzünden des Streichholzes gewiss ein unmittelbares Ansetzen zum Versuch des § 306 Abs. 1 Nr. 1 liegt). Zwar dürfte ein solcher bei § 306c wie bei den meisten erfolgsqualifizierten Delikten **grundsätzlich möglich** sein, da auch hier die Gefahr, die sich im Eintritt des qualifizierenden Erfolges realisiert, typischerweise zumindest nicht ausschließlich am Erfolg des Grunddelikts anknüpft, sondern auch bereits der Tathandlung des In-Brand-Setzens anhaftet. So kann durchaus auch ein Feuer, das letztlich nicht auf das Tatobjekt übergreift, zu einer tödlichen Gefahr des Opfers werden. Allerdings wird man von einem **tatbestandsspezifischen Gefahrzusammenhang** wohl nur dann sprechen können, wenn die Gefahr gerade durch das In-Brand-Setzen oder zumindest die beginnende Zerstörung des Tatobjekts hervorgerufen wird. Hier waren es jedoch **keine Einwirkungen durch das Feuer** (Hitze oder Rauchentwicklung), die zum Tod der O geführt haben, sondern das Ausrutschen auf dem Brennstoff. Dies wird man nicht einmal unter Berücksichtigung der Tatsache genügen lassen können, dass die rasche Flucht der O durchaus auch dem drohenden Brand geschuldet war. Mangels Erfüllung des tatbestandsspezifischen Gefahrzusammenhangs liegt daher keine Strafbarkeit nach §§ 306c, 22, 23 vor (a. A. vertretbar).

Ergänzende Bemerkung: Die vorliegenden Überlegungen stehen einer Strafbarkeit nach § 222 nicht notwendig entgegen, da sich T ohne Zweifel pflichtwidrig verhielt und dadurch den Tod der O verursachte. Nimmt man das Erfordernis eines tatbestandsspezifischen Gefahrzusammenhangs ernst, erschöpft sich § 306c eben nicht in „Brandstiftung + leichtfertiger § 222". Eine typische Brandgefahr kann sich aber ohne jedes Feuer kaum im Erfolg realisiert haben.

217. Vom Sportboot zum U-Boot

T zündete das Sportboot des ihm verhassten O an. Das Boot brannte nieder, ohne dass jemand zu Schaden kam oder auch nur gefährdet wurde. Rechtsreferendar R, der dem Verteidiger V zur Ausbildung zugewiesen ist, fragt V, ob es für T nicht paradoxerweise günstiger gewesen wäre, wenn durch das Feuer ganz unvorhergesehener Weise auch noch jemand in Gefahr geraten (wenngleich im Ergebnis doch nicht verletzt) worden wäre. Worauf spielt R damit an und hat er letztlich Recht?

Zur Vertiefung: *Wessels/Hettinger,* Rn. 959, 969; *Fischer,* NStZ 1999, 13 ff.

R spielt darauf an, dass der **Strafrahmen** einer hier von T verwirklichten Tat nach **§ 306 Abs. 1 Nr. 4** bei einer Freiheitsstrafe von einem bis zu zehn Jahren liegt, während der Wortlaut des § 306d (fahrlässige Brandstiftung) für eine Vorsatzfahrlässigkeitsqualifikation nach **§ 306a Abs. 2** i. V. m. § 306d Abs. 1 Alt. 3 nur eine Geldstrafe oder eine Freiheitsstrafe bis zu fünf Jahren vorzusehen scheint. Dann würde aber der Täter, der nur ein Tatobjekt nach § 306 in Brand setzt, ohne irgendeine weitere Gefährdung zu schaffen, härter bestraft als derjenige, der durch seine Tat zugleich noch fahrlässig eine konkrete Gefahr für einen Menschen verursacht. Dieses offensichtlich absurde Ergebnis kann dadurch vermieden werden, dass in Fällen der vorliegenden Art zwischen § 306 Abs. 1 und § 306d Abs. 1 i. V. m. § 306a Abs. 2 eine **klarstellende Idealkonkurrenz** angenommen wird; diese ist auch begründbar, da § 306a Abs. 2 mit seinem Verweis auf „§ 306 Abs. 1 Nr. 1 bis 6" (und nicht alleine auf „§ 306 Abs. 1") von der h. M. so verstanden wird, dass das in § 306 Abs. 1 vor die einzelnen Nummern gezogene Merkmal der Fremdheit nicht vorliegen muss. Da somit **§ 306a Abs. 2** i. V. m. § 306d Abs. 1 bei einer fahrlässigen konkreten Gefährdung **auch** beim In-Brand-Setzen **eigener Tatobjekte** vorliegen kann, ist aufgrund der unterschiedlichen Voraussetzungen der betroffenen Rechtsgüter eine Idealkonkurrenz zu § 306 vorzugswürdig, der zwingend nur fremdes Eigentum schützt. Bei einem solchen, letztlich allein überzeugenden Verständnis hätte R also mit seinen Ausführungen nicht Recht. Denn dann würde nach § 52

Abs. 2 trotz der zusätzlichen fahrlässigen Gefährdung eines Menschen der Strafrahmen § 306 als der Vorschrift mit der höheren Strafobergrenze entnommen, und im Rahmen der konkreten Strafzumessung wäre die zusätzliche Verwirklichung des § 306 Abs. 1 i. V. m. § 306a Abs. 2 strafschärfend zu berücksichtigen.

218. Ärger um die Zucchini (II)

In Fall 206 schämte sich T seiner Missgunst gegenüber O, schöpfte einen Eimer Wasser aus der Regentonne und löschte das Feuer am Gartenhäuschen, das soeben zu brennen begonnen hatte, bevor ein größerer Schaden eintreten konnte. T's Sohn S, der im zweiten Semester Jura studiert, ist der Meinung, sein Vater könne nicht bestraft werden, weil er nach § 24 strafbefreiend vom Versuch zurückgetreten sei. Hat S Recht?

Zur Vertiefung: *Wessels/Hettinger*, Rn. 957; *Rengier* II, § 40 Rn. 64–67.

Nein. Da das Gartenhäuschen in dem Moment, in dem T mit seinen Rettungsbemühungen begann, **bereits zu brennen begonnen** hatte, liegt schon eine **vollendete Tat** nach § 306 vor, von der nach allgemeinen Grundsätzen ein Rücktritt gemäß § 24 nicht möglich ist. **Allerdings** kommt dem T die Vorschrift über die **tätige Reue** nach § 306e zu Gute: Danach kann das Gericht u. a. in Fällen des § 306 die Strafe nach seinem Ermessen mildern oder von der Strafe absehen, wenn der Täter freiwillig den Brand löscht, bevor ein erheblicher Schaden entsteht. Das Kriterium der **Freiwilligkeit** ist **wie in § 24** auszulegen und vorliegend bei einer „plötzlichen Scham über die eigene Missgunst" unzweifelhaft erfüllt; da das Gartenhäuschen auch erst „soeben zu brennen begonnen hatte", ist davon auszugehen, dass noch kein erheblicher Schaden entstanden ist.

J. Straftaten gegen die Umwelt

219. Schutzzweck der Umweltdelikte

Wie lässt sich die Schutzrichtung der unterschiedlichen Umweltdelikte der §§ 324 ff. skizzieren?

Zur Vertiefung: *Wessels/Hettinger,* Rn. 1055 ff., 1058; *Rengier* II, § 47 Rn. 2 f.

Eine Systematisierung ist hier nicht ganz einfach, da die Delikte teils nach dem Handlungsobjekt, teils nach der Tathandlung näher ausgestaltet sind.

So sind die **verschiedenen Medien der Umwelt** geschützt in
- § 324 (Gewässer),
- § 324a (Boden),
- § 325 (Luft) und in
- § 329 (schutzbedürftige Gebiete).

Stärker auf die **Tathandlung** stellen dagegen ab
- § 325a (Lärm, Erschütterungen und nicht ionisierende Strahlen),
- § 326 (gefährliche Abfälle),
- § 327 (unerlaubtes Betreiben von Anlagen) und
- § 328 (radioaktive und andere gefährliche Stoffe).

Dies führt naturgemäß zu mehr oder weniger großen **Überschneidungen** zwischen den Tathandlungen, die oft im Sinne einer **Idealkonkurrenz** aufzulösen sein werden, wenn einerseits ein bestimmtes Medium beeinträchtigt, andererseits ein bestimmtes Verhaltensverbot verletzt wurde, um zum Ausdruck zu bringen, dass der Unrechtsgehalt beider, jeweils unterschiedlich ansetzender Tatbestände erfüllt ist (vgl. aber auch die ergänzende Bemerkung (3) zu Fall 222).

220. Die ganze Welt ist eine Kläranlage

T hatte ein größeres Motorschiff erworben und an einen Liegeplatz am Rhein überführt, um darin mit seiner insgesamt vierköpfigen Familie zu wohnen sowie unter Mitarbeit seiner Ehefrau und eines Angestellten ein Restaurant zu betreiben. Entgegen den in der Genehmigung des Restaurantbetriebes enthaltenen Vorgaben besaß T auf seinem Schiff nur einen um über die Hälfte zu kleinen Sammeltank für Abwässer. Deshalb und weil der Abtransport der Abwässer dem T zu teuer war, leitete T binnen eines Jahres ca. 350 cbm Abwässer aus der auf dem Schiff befindlichen Wohnung und dem Restaurant sowie die mit Fäkalien vermischten Abwässer aus den beiden Gästetoiletten des Schiffes unmittelbar in den Rhein. Nach § 324 angeklagt, erklärte T, zum einen könne „eine Kloake wie der Rhein“ ohnehin nicht noch mehr verunreinigt werden; zum anderen könne man angesichts der im Verhältnis zur gesamten Wassermenge des Rheins verschwindend geringen Mengen an (noch dazu nicht unmittelbar giftigen) Abwässern kaum davon

sprechen, dass er in nennenswerter Weise den Rhein „verunreinigt" habe. Wird ihm das helfen?

Zur Vertiefung: *Wessels/Hettinger*, Rn. 1069 ff.; *Rengier* II, § 48 Rn. 1–8.

Nein. § 324 soll einen **umfassenden Gewässerschutz** bieten, der vor der Aufnahme der Vorschrift in das StGB im Jahre 1980 in einer Vielzahl von verstreuten Einzelvorschriften geregelt war. Damit dieser Schutz nicht vollständig leer läuft, ist eine Verunreinigung grundsätzlich schon dann anzunehmen, wenn das Gewässer sich in seinem äußeren Erscheinungsbild nach dem Eingriff des Täters als **„weniger rein"** darstellt als zuvor. Ein darüber hinausgehender Schaden (etwa in Gestalt eines epidemiehaften Fischsterbens) ist nicht erforderlich. Zwar wird man – obwohl eine § 326 Abs. 6 vergleichbare „Minimalklausel" nicht vorhanden ist – ähnlich wie auch bei anderen Delikten **Bagatellbeeinträchtigungen** (z. B. Ausschwenken eines Kochtopfes von einem Hausboot aus) aus dem Tatbestand **ausscheiden** müssen. Da es sich jedoch bei den Abwässern eines Mehrpersonenhaushaltes samt Restaurant um eine **Menge** handelt, die in anderen rechtlichen Zusammenhängen (etwa bei der Dimensionierung von Kläranlagen) durchaus **ins Gewicht** fällt, kann von einer Bagatelle keine Rede mehr sein. Ebenso wenig zutreffend ist T's Überlegung, ein verschmutztes Gewässer könne nicht weiter verunreinigt werden; entsprechend der o. g. Umschreibung des Verunreinigens ist vielmehr ausreichend, wenn das Gewässer nach der Tat des Täters **„noch unreiner"** ist als vorher. Ähnlich, wie ein bereits kranker Mensch noch weiter in seiner Gesundheit beeinträchtigt oder auch eine bereits beeinträchtigte Sache weiter zerstört werden kann, ist auch eine weitere Verunreinigung eines bereits verunreinigten Gewässers möglich. Dass der bereits vor der Tat bestehende Verunreinigungsgrad möglicherweise für die Frage nach der Bagatellegrenze (vgl. oben) von Bedeutung sein könnte, steht dem Vorliegenden nicht entgegen; denn angesichts der hier in Rede stehenden Abwassermengen wird man davon ausgehen können, dass bei jeder (und sei es auch nur zu Anteilen erfolgenden) Einleitung **im konkreten Teil des Gewässers** eine gegenüber der vorherigen Qualität signifikante Verschlechterung der Wasserreinheit eingetreten ist.

221. Win-Win-Situation

T hatte vor, eine Abfallentsorgungsanlage im Sinne des Kreislaufwirtschafts- und Abfallgesetzes zu errichten und zu betreiben. An sich ging er zwar davon aus, dass die von ihm geplante Anlage den gesetzlichen Genehmigungserfordernissen (vgl. § 35 Abs. 1 KrWG) entsprach, beschloss jedoch zur Sicherheit, dem zuständigen Amtsträger A gleichwohl eine Geldzahlung zukommen zu lassen. Die Erteilung der Genehmigung fiel dem A nicht schwer, da die materiellen Genehmigungsvoraussetzungen vorlagen; das Geld steckte er gleichwohl gerne ein. Im Zusammenhang mit einem Verfahren gegen A (der des Öfteren auf ähnliche Weise vorging) wegen Vorteilsannahme stieß die Staatsanwaltschaft auch auf den Betrieb der Abfallentsorgungsanlage. Staatsanwalt S überlegt, ob er auch ein Ermittlungsverfahren gegen T wegen unerlaubten Betreibens von Anlagen nach § 327 Abs. 2 Nr. 3 einleiten soll. Als er den Fall mit seinen Kollegen beim Mittagessen diskutiert, meint K 1

spontan, da die materiellen Genehmigungsvoraussetzungen vorlägen, könne es auf die „Förmelei der Genehmigung" ohnehin nicht ankommen; sein Kollege K 2 meint demgegenüber, aufgrund des korrumpierten Verhaltens des T sei die Genehmigung nichtig, so dass T auf jeden Fall nach § 327 Abs. 2 Nr. 3 zu bestrafen sei. Wer hat Recht?

Zur Vertiefung: *Wessels/Hettinger,* Rn. 1059 ff.; *Rengier* II, § 47 Rn. 12, 15 f., 20.

Keiner von beiden. Angesprochen ist im vorliegenden Fall das Problem der sog. **„Verwaltungsrechtsakzessorietät" des Umweltstrafrechts,** d. h. die Tatsache, dass die Tatbestände der §§ 324 ff. häufig ein „unbefugtes" Verhalten bzw. ein Handeln „ohne bzw. unter Verstoß gegen die erforderliche Genehmigung" voraussetzen. Hier wird die historische Wurzel des Umweltstrafrechts deutlich, das vor seiner Implementierung in das StGB auf viele Einzelvorschriften in umweltrechtlichen Gesetzen verteilt war und dort letztlich besonders schwerwiegende Fälle verwaltungsrechtswidrigen Handelns unter Strafe stellte. Dabei ist das Umweltstrafrecht allerdings nicht nur verwaltungsrechts- sondern mitunter auch „verwaltungs**akts**akzessorisch", d. h. die Strafbarkeit ist nur beim Vorliegen einer wirksamen Genehmigung ausgeschlossen:

Aus diesem Grund kommt es bei § 327 **nicht allein** auf das **materielle** Vorliegen der **Genehmigungsvoraussetzung** an (welches aber selbstverständlich bei der Strafzumessung berücksichtigt werden müsste), sondern der Täter ist nur dann straflos, wenn tatsächlich eine wirksame Genehmigung vorliegt. Insoweit hat K 1 Unrecht.

Entgegen der Ansicht von K 2 führt allerdings aufgrund der im Verwaltungsrecht geltenden **Unterscheidung zwischen der Wirksamkeit und der Rechtmäßigkeit eines Verwaltungsakts** nicht jeder Fehler des Verwaltungsakts zu dessen Nichtigkeit. Wie sich insbesondere aus § 48 Abs. 2 Nr. 1 VwVfG ergibt, ist ein Verwaltungsakt, der durch **Bestechung** eines Amtsträgers erwirkt worden ist, zwar unter erleichterten Bedingungen zurücknehmbar, jedoch **nicht per se nichtig** und damit unwirksam. Eine Nichtigkeit ergibt sich vielmehr nur in Fällen des § 44 VwVfG. Die daraus für das Strafrecht resultierenden Schwierigkeiten hat der Gesetzgeber durch die Vorschrift des **§ 330d Nr. 5** zu minimieren versucht, nach der einem Handeln ohne Genehmigung auch ein Handeln „auf Grund einer durch Drohung, Bestechung oder Kollusion erwirkten oder durch unrichtige oder durch unvollständige Angaben erschlichenen Genehmigung" gleich steht. Allerdings spielt vorliegend doch wieder eine Rolle, dass die **materiellen Genehmigungsvoraussetzungen** vorlagen, so dass der A bei der Erteilung der Genehmigung **keine Amtspflicht** verletzt hat, was dazu führt, dass eine **Bestechung** nach § 334 im engeren Sinne **ausscheiden** würde (vgl. auch Fall 224). Selbst wenn man davon ausgeht, dass der Begriff der Bestechung in § 330d abweichend von dem des § 334 zu verstehen ist, so führt dies doch regelmäßig nur dazu, dass sogar Verhaltensweisen, die unter § 334 zu subsumieren wären, für eine „Bestechung" im Sinne des § 330d Nr. 5 nicht genügen würden (so etwa wenn der Amtsträger nur den Anschein der Bestechlichkeit erweckt, was für § 334 genügen kann, jedoch für die verwaltungsrechtliche Entscheidung noch nicht notwendig zu einem [Ermessens-]Fehler führen muss). Da sich somit A's Verhalten **allenfalls** als **Vorteilsannahme,** nicht jedoch als Bestechlichkeit darstellt, sind die Voraussetzungen des § 330d Nr. 5 nicht erfüllt. Dies erscheint auch wertungsmäßig konsistent: Selbst wenn man die materiell-rechtliche Genehmigungsfähigkeit allein nicht genügen lassen möchte, so ist doch zu berücksichtigen, dass eine wirksame Genehmigung vorliegt, die auch inhaltlich mit den verwaltungsrechtlichen Anforderungen übereinstimmt. Der Weg, auf dem sie zustande gekommen ist, mag mit Blick auf die Amtsdelikte strafrechtlich relevant sein; mit Blick auf das geschützte Rechtsgut des § 327 ist dies jedoch nicht der Fall, so dass sich T nicht nach § 327 strafbar gemacht hat.

222. Der unsaubere Bürgermeister

T war Bürgermeister der Stadt S. Bevor es dort zum Bau einer leistungsstarken Großkläranlage kam, hatten nach der Abwassersatzung der Stadt die Grundstückseigentümer eigene (Vor-)Kläreinrichtungen anzulegen und zu betreiben. Dennoch leiteten einige Grundstückseigentümer nicht vorgereinigte Abwässer in die Kanalisation ein, was zur Verunreinigung mehrerer Bäche führte, in welche die Kanalisationen mündeten. T wusste davon, unternahm jedoch längere Zeit nichts dagegen, um „keine Wähler zu vergraulen". Erst nach mehrmaligem und intensivem Intervenieren der Aufsichtsbehörde wurde T zögerlich tätig und begann, die betreffenden Anwohner zu einer Einhaltung der Abwassersatzung anzuhalten. Hat sich T, der selbst eine ordnungsgemäß funktionierende Vorklärung betrieb, nach § 324 strafbar gemacht?
(vgl. BGHSt 38, 325)

Zur Vertiefung: *Wessels/Hettinger,* Rn. 1071; *Rengier* II, § 47 Rn. 30–34.

Nach Ansicht des BGH **ja,** und zwar durch **Unterlassen.** Der Erfolg in Gestalt der Gewässerverunreinigung ist eingetreten (vgl. auch Fall 220) und wäre mit an Sicherheit grenzender Wahrscheinlichkeit – zumindest in der tatsächlichen Größenordnung – verhindert worden, wenn T schon früher für die Einhaltung der Abwassersatzung gesorgt hätte. Fraglich ist damit allein, ob T insoweit eine **Garantenstellung** trifft: Man mag zwar daran zweifeln, ob jeden Amtsträger in einer Umweltbehörde eine umfassende Garantenpflicht hinsichtlich der kompletten Umwelt innerhalb seines räumlichen Wirkungskreises trifft; zumindest hinsichtlich des **Bürgermeisters** einer Gemeinde wird man dies jedoch für den Fall der **Abwassereinleitung** annehmen können. Denn nach dem Wasserhaushaltsgesetz (WHG) sowie den entsprechenden landesrechtlichen Vorschriften obliegt einer Gemeinde grundsätzlich als eine im Rahmen der kommunalen Selbstverwaltung wahrzunehmende **Pflichtaufgabe** die **Beseitigung** des in ihrem Gebiet anfallenden **Abwassers.** Da für die Einleitung nicht vorgeklärten Abwassers keine Erlaubnis der Wasserbehörde vorlag, verdichtete sich die allgemeine Pflicht der Gemeinde, Gewässerverunreinigungen zu verhüten, hier zu dem – den Bürgermeister als Organ der Gemeinde treffenden – Handlungsgebot, „diejenigen Grundstückseigentümer, die […] nicht vorgeklärtes Abwasser zuführen konnten, an der Fortsetzung dieses Tuns zu hindern" (vgl. BGHSt 38, 325, 335).

Ergänzende Bemerkungen: (1.) Neben der vorliegenden Begehung durch Unterlassen kann sich ein Amtsträger im Umweltbereich auch als mittelbarer Täter bzw. Mittäter strafbar machen, wenn er etwa in überlegenem Wissen einem Bürger eine unwirksame Genehmigung zu einer umweltgefährdenden Handlung erteilt bzw. mit dem Bürger insoweit kollusiv zusammenwirkt. Freilich ist eine Strafbarkeit hier nur insoweit möglich, als der Amtsträger überhaupt tauglicher Täter ist, d. h. insbesondere soweit es sich bei den Umweltdelikten nicht um Sonderdelikte handelt, welche nur ein bestimmter Personenkreis verwirklichen kann (so z. B. nur die Anlagenbetreiber bei §§ 325, 325a, 327).

(2.) Nach allgemeinen Vorschriften können sich Amtsträger dann wegen eines Umweltdelikts strafbar machen, wenn dieses beim Betrieb der Anlage der kommunalen Selbstverwaltungskörperschaft verwirklicht wird, d. h. beispielsweise der zuständige Beamte bzw. die Verwaltungsspitze beim Betrieb einer gemeindeeigenen Anlage nach § 327 ohne die erforderliche Genehmigung.

(3.) Im vorliegenden Fall hatte das Landgericht darüber hinaus auch eine Verwirklichung des § 326 in Idealkonkurrenz angenommen, da es sich bei den Abwässern auch um Abfall im Sinne des strafrechtlichen Abfallbegriffs handele. Für eine solche klarstellende Idealkonkurrenz spricht, dass § 324 ein bestimmtes Tatobjekt, § 326 ein bestimmtes Tatmittel im Blick hat (vgl. auch Fall 219c); der BGH (BGHSt 38, 325, 335) hat demgegenüber einen Vorrang von § 324 angenommen, da der Schutzzweck des Gefährdungsdeliktes des § 326 Abs. 1 Nr. 4 Buchst. a (Eignung, ein Gewässer nachteilig zu verändern) vollständig im Erfolgsdelikt des § 324 (Verunreinigung des Gewässers als Erfolg) aufgehe.

K. Straftaten im Amt

223. Tätereigenschaft der §§ 331 ff.

Welche Personen sind als „Bestochene" taugliche Täter einer passiven Korruption nach §§ 331 ff.?

Zur Vertiefung: *Wessels/Hettinger,* Rn. 1099; *Rengier* II, § 59 Rn. 6–9; *Kuhlen,* JuS 2011, 673 ff.; *Walther,* Jura 2010, 511 ff.

Taugliche Täter sind zunächst Amtsträger gemäß § 11 Abs. 1 Nr. 2, also
- Beamte im staatsrechtlichen Sinn (Nr. 2a),
- Personen, die in einem sonstigen öffentlich-rechtlichen Dienstverhältnis stehen, z. B. Minister, Notare (Nr. 2b) sowie
- „sonst bei einer Behörde oder sonstigen Stelle" (d. h. auch staatlich gesteuerte Unternehmen) „Bestellte" (z. B. Angestellte einer Gemeinde oder einer Allgemeinen Ortskrankenkasse, Vorstände von Sparkassen, Geschäftsführer kommunal beherrschter Müllverbrennungsanlagen u. Ä., vgl. Nr. 2c).

Hinzu kommen
- Richter (§ 11 Abs. 1 Nr. 3) sowie
- **„für den öffentlichen Dienst besonders verpflichtete" Personen,** d. h. nach **§ 11 Abs. 1 Nr. 4** Nicht-Amtsträger, die bei den genannten Organisationen als „verlängerter Arm" des Staates staatliche Daseinsvorsorge in privatrechtlicher Form erbringen (sog. Verwaltungsprivatrecht), falls sie gemäß dem VerpflichtungsG „förmlich verpflichtet" worden sind

Ergänzende Bemerkung: Keine Amtsträger im Sinne des § 11 Abs. 1 Nr. 2 sind Abgeordnete. Auch deren korruptive Beeinflussung ist jedoch unter Strafe gestellt. Die entsprechende, erst jüngst neu gefasste Regelung dazu findet sich in § 108e (vgl. dazu eingehend *Satzger,* Jura 2014, 1022 ff.).

224. Ein gieriger Herzchirurg

Professor T war Chefarzt der Abteilung Herzchirurgie des Universitätsklinikums U. Er war dort für die Auswahl und den Einsatz der von der Medizintechnikfirma M dem Klinikum gelieferten Herzschrittmacher und Defibrillatoren zuständig. T hatte mit M vereinbart, dass diese ihm „Boni" in Höhe von 5 % ihrer Umsätze mit U gewähren und an einen von ihm gegründeten und dominierten gemeinnützigen Förderverein überweisen würde. Der Verein beglich Reisekosten von Mitarbeitern zu Kongressen, erwarb büro- und medizintechnische Geräte und bezahlte auch Vergütungen für an verschiedenen Projekten tätige Beschäftigte des Klinikums. T hatte die Universitätsverwaltung über diese Vorgänge nicht informiert. Er verwendete jedoch keinerlei Gelder für private Zwecke, sondern brachte sogar noch eigene Mittel in den Verein ein. Ferner wäre die M auch nicht bereit gewesen, ohne die Zahlungen zu niedrigeren Preisen zu liefern und bestand darauf, die Forschung zu fördern. Die Medizintechnikfirma K war ein Konkurrent der M und stellte ebenfalls hervorragende Herzschrittmacher und Defibrillatoren her. Nachdem sie trotz eifriger Marke-

tingmaßnahmen U nicht als Kunden gewinnen konnte, stellt sie Strafanzeige gegen T und die Verantwortlichen der M wegen „Bestechlichkeit und Bestechung". Werden die Beschuldigten nach §§ 332, 334 verurteilt werden? (vgl. BGHSt 47, 295; 48, 44)

Zur Vertiefung: *Wessels/Hettinger,* Rn. 1101, 1107, 1112 f., 1117; *Rengier* II, § 60 Rn. 12a, 16–20; *Rönnau,* JuS 2003, 232 ff.

Nein. Zwar war T als Amtsträger gemäß § 11 Abs. 1 Nr. 2 Buchst. a tauglicher Täter des § 332 Abs. 1; es bestand jedoch nach den Vereinbarungen von T und M kein Gegenleistungsverhältnis zwischen einer konkreten, **pflichtwidrigen Diensthandlung** (bzw. unterlassenen Diensthandlung, vgl. § 336) des T und den Zahlungen der M, da sich T bei der Ausübung seines Ermessens im Rahmen der Auftragsvergabe an M nicht durch die an den Verein als sog. Drittvorteile geleisteten Zahlungen beeinflussen lassen sollte.

Es kommen jedoch die Tatbestände der **Vorteilsannahme bzw. -gewährung** gemäß §§ 331 Abs. 1, 333 Abs. 1 in Betracht. Denn diese erfordern nach der Neufassung durch das Korruptionsbekämpfungsgesetz im Jahre 1997 **kein konkretes Gegenleistungsverhältnis** zwischen dem Vorteil und einer bestimmten **Diensthandlung,** sondern begnügen sich mit einem Zusammenhang des Vorteils mit der **Dienstausübung.** Es genügt demnach, wenn der Amtsträger bloß allgemein im Hinblick auf irgendeine, in seinen Zuständigkeitsbereich fallende Handlung günstig gestimmt bzw. sein „Wohlwollen" erkauft werden soll (sog. gelockerte Unrechtsvereinbarung). Des Weiteren umfassen die §§ 331 ff. seit 1997 auch die sog. **Drittvorteile,** so dass die Zahlungen der M an den Verein des T den Tatbestand erfüllen, weil sie die Arbeits- und Forschungsbedingungen verbesserten. Zwar können dennoch Bedenken an der Strafbarkeit der Beteiligten bestehen, da Zuwendungen der Industrie im Rahmen von Forschungsverträgen oder Spenden (sog. Drittmittel) angesichts leerer öffentlicher Kassen nicht nur unverzichtbar, sondern auch in den Hochschulgesetzen der Länder und § 25 HRG erwünscht sind. Allerdings muss auch berücksichtigt werden, dass es neben der ersten Ebene des – u. U. tatsächlich rein wissenschaftlich motivierten – Forschungsauftrags der Firmen noch eine zweite, rein kommerzielle Ebene der Belieferung der Kliniken gibt. Daher können Zuwendungen auf der ersten Ebene die Sachlichkeit der Entscheidungen auf der zweiten Ebene zu Lasten der Kliniken, der Konkurrenten und der Allgemeinheit gefährden. Der BGH hat in seiner Leitentscheidung (BGHSt 47, 295, 307 ff.) versucht, dieses Spannungsverhältnis durch Herstellung eines „Wertungsgleichklangs" aufzulösen. Demnach ist bereits der Tatbestand der §§ 331, 333 nicht erfüllt, wenn

- es sich bei den Vorteilen ihrem sachlichem Gehalt nach um Drittmittel handelt,
- die Mitteleinwerbung angezeigt und in dem hochschulrechtlichen Verfahren genehmigt worden ist (Offenlegung, vgl. auch §§ 331 Abs. 3, 333 Abs. 3).

Da es an einer solchen Anzeige und Genehmigung der Drittmittel fehlte, haben sich auf der Grundlage der Rechtsprechung des BGH T und die verantwortlichen Mitarbeiter der Firma M nach §§ 331, 333 strafbar gemacht.

Ergänzende Bemerkung: Eine Bestechungsstrafbarkeit wird nicht nur für Ärzte in öffentlich-rechtlichen Kliniken diskutiert, sondern auch für „normale" Ärzte (z. B. selbständig als niedergelassene Mediziner praktizierende Kassenärzte). Hier ist insbesondere die Frage nach der Bewertung des „Pharma-Sponsoring“ (d. h. etwa für Geschenke von Arzneimittelfirmen als Gegenleistung für die bevorzugte Verschreibung eines ihrer Medikamente statt eines Konkurrenzprodukts) aufgeworfen worden. Aufgrund der sozialrechtlichen Einbindung des Kassenarztes in die Versorgung der Bevölkerung mit Medikamenten als einer Aufgabe u. a. der gesetzlichen Krankenkassen als Körperschaften des öffentlichen Rechts könnte man sowohl an eine Amtsträgerstellung nach § 11 Abs. 1 Nr. 2 Buchst. c („sonst dazu bestellt [...], bei einer Behörde oder bei einer sonstigen Stelle oder in deren Auftrag Aufgaben der öffentlichen Verwaltung [...] wahrzunehmen“) als auch an eine Qualifikation als Beauftragter der Krankenkasse als geschäftlicher Betrieb (§ 299 Abs. 1 – Angestelltenbestechung) denken. Der Große Strafsenat (BGH NJW 2012, 2530 m. Anm. *Hecker,* JuS 2012, 852) hat diese Frage aber im Ergebnis letztlich verneint. Der selbständige Vertragsarzt werde nämlich „im konkreten Fall nicht aufgrund einer in eine hierarchische Struktur integrierten Dienststellung tätig, sondern aufgrund der individuellen, freien Auswahl der versicherten Person. Er nimmt damit eine im Konzept der gesetzlichen Krankenversicherung vorgesehene, speziell ausgestaltete Zwischenposition ein, die ihn von dem in einem öffentlichen Krankenhaus angestellten Arzt, aber auch von solchen Ärzten unterscheidet, die in einem staatlichen System ambulanter Heilfürsorge nach dem Modell eines Poliklinik-Systems tätig sind“. Auch die sozialrechtlich geregelte vertragsärztliche Verordnung, welche den Leistungsanspruch des Versicherten gegen die Krankenkasse konkretisiert, ändere daran nichts. In der Folge dieser Entscheidung ist es in durchaus langwierigen Gesetzgebungsbemühungen nunmehr zum Entwurf eines § 299a StGB im Entwurf eines Gesetzes zur Bekämpfung von Korruption im Gesundheitswesen gekommen (vgl. dazu *Brettel/Duttge/Schuhr,* JZ 2015, 929 ff.). Ob und in welcher Form diese Vorschrift in Kraft tritt, bleibt (zum gegenwärtigen Stand der Manuskripterstellung) noch abzuwarten.

225. Kläranlage gegen Wohnhaus

T war Abteilungsleiter eines Bauamtes und beabsichtigte, sich ein Haus zu bauen. Er trat zu diesem Zweck an den Bauunternehmer B heran, der sich soeben bei der Ausschreibung eines Kläranlagenbaus beworben hatte. T schlug dem B während eines Gesprächs in der Senator-Lounge des örtlichen Flughafens vor, dass ihm der B sein Haus mit einem ordentlichen Rabatt bauen solle. Im Gegenzug werde er der Firma des B statt einem der preisgünstigeren Konkurrenten den Zuschlag für den Bau der Kläranlage erteilen, denn schließlich sei „der Billigste nicht immer der Beste“. B zeigte sich einverstanden und bot dem T nach Einsicht in dessen bereits existierenden Planungszeichnungen des Hauses an, dieses für 300.000 Euro zu bauen. Dieser Preis liege 20 % unter seinem üblichen Marktpreis und sei daher ein „Schnäppchen“. T und B wurden zu diesen Konditionen handelseinig, so dass sowohl der Bau des Hauses als auch derjenige der Kläranlage nach einem Jahr vollzogen waren. Tatsächlich hatte der mit allen Wassern gewaschene B den T allerdings „über den Tisch gezogen“, da das Haus nur exakt 300.000 Euro wert war. Als wenig später Staatsanwalt S durch den Tipp der zwischenzeitlich geschiedenen Ehefrau des T auf den Sachverhalt aufmerksam wird, überlegt er, ob er T und B wegen versuchter oder vollendeter Bestechung anklagen solle. Was ist S zu raten?
(vgl. BGH NJW 2001, 2558)

Zur Vertiefung: *Wessels/Hettinger,* Rn. 1107; *Rengier* II, § 60 Rn. 9, 35; *Kudlich,* JR 2001, 516 f.

Da der T **Amtsträger** ist und sich in der „Unrechtsvereinbarung“ mit B zu einer **pflichtwidrigen** und durch den versprochenen Hausbau beeinflussten, zukünftigen **Ermessensausübung** bereit erklärt hat (vgl. § 332 Abs. 3), stellt sich nur die Frage, ob in Anbetracht des **nur scheinbaren Rabatts** bzw. „Vorteils" **vollendete oder nur versuchte Taten** vorliegen. Ein **Vorteil** ist jede Zuwendung, auf die der Täter keinen Anspruch hat und die seine wirtschaftliche, rechtliche oder persönliche Lage objektiv verbessert. Man könnte nun argumentieren, dass die Einräumung eines Rabattes stets ein Vorteil ist. Die Tatsache, dass der Rabatt hier objektiv nicht wirtschaftlich vorteilhaft war, könnte man mit der Erwägung für unbeachtlich erklären, dass bereits durch das Fordern, Anbieten usw. eines Vorteils die Rechtsgutskomponente des Vertrauens in die Nichtkäuflichkeit von Diensthandlungen als externe Funktionsbedingung erschüttert wird. Für eine Vollendung könnte ferner sprechen, dass die Bestechungsdelikte **keine Vermögensdelikte** sind, so dass ein ausbleibender finanzieller Nachteil des Bestechenden unbeachtlich ist. Dagegen spricht jedoch, dass das Gesetz als **objektives Tatbestandsmerkmal** einen **„Vorteil"** fordert. Da hier keine immateriellen Vorteile ersichtlich sind, stellt sich allein die Frage, wie ein materieller Vorteil beschaffen sein muss. Unter Berücksichtigung der im Rahmen der Vermögensdelikte anerkannten Grundsätze könnte man wie folgt argumentieren: Wenn etwa beim Betrug die irrige Opferansicht, ein besonders gutes Geschäft zu machen (während es in Wahrheit den angemessenen Preis zahlt), allein keinen Vermögensschaden begründen kann, sollte umgekehrt auch **allein die Tätersicht** bei den §§ 331 ff. **keinen Vorteil** begründen können. Ferner ist für die Frage eines Vermögensschadens unbeachtlich, ob der getäuschte Käufer einen noch besseren Preis verhandelt hätte, wenn er gewusst hätte, dass er lediglich den „korrekten" Marktpreis zahlt. Daher muss es für das Vorliegen eines Vorteils ebenso **unbeachtlich** sein, ob der Täter **hypothetisch** auch einen **zu hohen, „unkorrekten" Preis** gezahlt hätte. Hätte schließlich B mit T einen 20 % über dem Marktpreis liegenden Preis vereinbart, so wäre T in dieser Höhe geschädigt worden. Das **Fehlen dieses Schadens** bei einem „richtigen" Preis stellt aber noch keinen Vorteil, sondern nur den **Normalzustand** her. Die Argumentation mit dem Rechtsgut ist irreführend, da Rechtsgüter stets nur fragmentarisch gegen bestimmte Angriffsweisen geschützt werden, so dass ihre Berührung nichts über die Erfüllung des Tatbestands aussagt. B ist daher mangels objektiv existierenden Vorteils nur wegen versuchter Bestechlichkeit anzuklagen; T hat sich mangels Anordnung einer Versuchsstrafbarkeit in § 334 Abs. 1 nicht nach den §§ 331 ff. strafbar gemacht.

226. Tatbestand der Rechtsbeugung

Der Tatbestand der Rechtsbeugung erfordert, dass ein Richter, ein anderer Amtsträger oder ein Schiedsrichter bei der Leitung einer Rechtssache zu Gunsten oder zum Nachteil einer Partei „das Recht beugt". Definieren Sie das Tatbestandsmerkmal der „Leitung einer Rechtssache" und die – höchst unbestimmte – Tathandlung der „Beugung des Rechts"!

Zur Vertiefung: *Wessels/Hettinger*, Rn. 1130 ff.; *Rengier* II, § 61 Rn. 10 ff.

Eine **Rechtssache** ist eine Rechtsangelegenheit, in der sich **mehrere Beteiligte mit widerstreitenden Interessen** oder Belangen gegenüberstehen können und über die in einem **förmlichen Verfahren** nach Rechtsgrundsätzen **zu entscheiden** ist (insbesondere Straf- und Zivilsachen vor Gericht, aber auch das staatsanwaltschaftliche

Ermittlungsverfahren, soweit die StA eigenverantwortlich entscheiden kann). Von bloßer Verwaltungstätigkeit unterscheidet sie sich dadurch, dass die beim „Richten" verstärkt erforderliche Unparteilichkeit durch eine Person in einer besonders herausgehobenen Funktion gewährleistet wird. Der Täter **leitet** diese Rechtssache, wenn sein Handeln objektiv auf seiner Leitungskompetenz beruht.

Die erfolgsbezogene Tathandlung der **„Beugung des Rechts"** kann durch eine Verletzung prozessualer oder materieller Normen verwirklicht werden (z. B. unzutreffende Sachverhaltsfeststellung, Verletzung von Aufklärungspflichten, Nichtgewährung rechtlichen Gehörs, Vornahme unzulässiger Maßnahmen). Insbesondere die Rechtsprechung fordert jedoch einen **eindeutigen, elementaren und evidenten Verstoß** gegen die Rechtspflege, der die Grenze des Vertretbaren klar überschreitet. Strittig ist allerdings, ob dieser Verstoß **objektiv** anhand des Maßstabs des tatsächlich geltenden Rechts (so die wohl h. M.), **subjektiv** (also nur bei Rechtsanwendung in bewusstem Widerspruch zur Überzeugung des Richtenden) oder gemäß der **Pflichtverletzungslehre** (so z. T. die neuere Rechtsprechung, vgl. auch Fall 228) auch dann zu bejahen ist, wenn das Ergebnis objektiv zwar im Interpretationsrahmen bzw. Ermessensspielraum liegt, aber auf sachfremden Erwägungen beruht. Die neuere Rechtsprechung des BGH (BGHSt, 59, 144 m. Anm. *Jahn,* JuS 2014, 850) hat aber jedenfalls überzeugend klargestellt, dass der subjektive Tatbestand nicht voraussetzt, dass der Richter entgegen seiner eigenen Überzeugung oder aus sachfremden Erwägungen handelt; ausreichend ist subjektiv, dass er die Unvertretbarkeit seiner Ansicht erkennt oder für möglich hält. Erachtet er sein Handeln gleichwohl für „gerecht" (etwa weil er die gesetzliche Regelung selbst ablehnt oder ihre Anwendung im konkreten Fall für überflüssig hält), unterliegt er allenfalls einem unbeachtlichen Subsumtionsirrtum.

227. Der kochende Schmuggler

O war Koch bei der Schweizer Botschaft in der DDR. Er konnte aufgrund dieses Status die Grenzkontrollen zwischen Ost- und Westberlin nahezu unkontrolliert passieren. Dies nutzte er im November 1974, um mit seiner im Kofferraum seines Pkw versteckten Verlobten – einer DDR-Bürgerin – einen Kurzbesuch in West-Berlin zu machen. Im selben Monat verhalf er auf die gleiche Weise der in der DDR lebenden Freundin eines westdeutschen Bekannten zur Flucht. Wenig später verhandelte er mit zwei anderen DDR-Bürgerinnen darüber, sie samt ihren Kindern gegen eine Vergütung von ca. 10.000 DM nach West-Berlin zu bringen. Als O im Februar 1975 erneut versuchte, mit seiner im Kofferraum versteckten Verlobten die DDR-Grenze zu passieren, wurden beide jedoch verhaftet. Richter R verurteilte O daher wenig später wegen zweier Fälle der Beihilfe zum „ungesetzlichen Grenzübertritt", wegen Beihilfe zu einem entsprechenden Versuch und wegen mehrfacher Beihilfe zu entsprechender Vorbereitung zu fünf Jahren Freiheitsstrafe. Dieses Strafmaß war im Vergleich zu Schuldsprüchen bei „normalen" Fällen der Mitwirkung an „ungesetzlichen Grenzübertretungen" überdurchschnittlich hoch. Dennoch wies später ein Strafsenat die auf die Überprüfung des Strafmaßes beschränkte Berufung des O einige Tage später einstimmig als

offensichtlich unbegründet zurück. Hat sich R dadurch wegen Rechtsbeugung strafbar gemacht?
(vgl. BGHSt 40, 30; 41, 247; BGHR StGB § 336 DDR-Recht 25)

Zur Vertiefung: *Wessels/Hettinger,* Rn. 1133; *Kirchner,* Jura 1998, 46 ff.

Nein. Zunächst ist zu berücksichtigen, dass wegen des Vertrauensschutzes im Hinblick auf Art. 103 Abs. 2 GG auf die **Sicht von DDR-Justizangehörigen zur Tatzeit** abzustellen ist. Vor diesem Hintergrund hat der BGH (BGHSt 40, 30, 42 f.; 41, 247, 254) für Richter und Staatsanwälte der DDR eine Rechtsbeugung in drei Fallgruppen für möglich gehalten, nämlich wenn

- Straftatbestände unter **Überschreitung des Gesetzeswortlauts** oder unter Ausnutzung ihrer Unbestimmtheit bei der Anwendung derart überdehnt worden sind, dass eine Bestrafung als **offensichtliches Unrecht** anzusehen ist,
- die verhängte **Strafe** in einem **unerträglichen Missverhältnis** zu der abgeurteilten Tat gestanden hat, so dass die Strafe auch im Widerspruch zu Vorschriften des DDR-Strafrechts stand und als grob ungerecht und **schwerer Verstoß gegen die Menschenrechte** erscheinen muss, oder wenn
- Menschenrechtsverletzungen durch die Art und Weise der Durchführung von Verfahren erfolgt sind, namentlich bei Strafverfahren, in denen die Strafverfolgung und die Bestrafung überhaupt **nicht der Verwirklichung von Gerechtigkeit,** sondern der Ausschaltung des politischen Gegners oder einer bestimmten sozialen Gruppe gedient haben.

Zwischen den Fallgruppen gibt es fließende Übergänge und Mischfälle, bei denen eine Gesamtbetrachtung geboten sein kann (vgl. BGHSt 41, 247, 261 f.). Die hier einzig in Betracht kommende, zweite Fallgruppe liegt jedoch nicht vor, da O im Vergleich zu „üblichen" Fällen der Mitwirkung an „ungesetzlichen Grenzübertretungen" **mehrere, als erschwerend bewertbare Umstände** verwirklichte (z. B. den Missbrauch seines Status als Botschaftsangehöriger). Daher lag kein unerträgliches Missverhältnis zwischen Tat und Strafmaß und auch kein grob ungerechter, schwerer Verstoß gegen die Menschenrechte vor. R hat sich daher nicht wegen Rechtsbeugung strafbar gemacht.

228. Wer stört, muss schmoren

Während einer von Strafrichter T geleiteten Verhandlung am 19.5. kam es zu erheblichen Störungen durch Zuhörer, die lautstark ihren Unmut über T äußerten und demonstrativ sitzen blieben, als dieser das Urteil verkünden wollte. Trotz einer Abmahnung durch T und Androhung von Ordnungshaft blieben die Zuhörer sitzen. Der Zuhörer O versuchte sogar, die Barriere zum Richterpult zu übersteigen. T verhängte daraufhin drei Tage Ordnungshaft gegen O. O's Anwalt legte eine Stunde danach Beschwerde gegen die Ordnungshaftbeschlüsse ein. Obwohl T hiervon noch am Nachmittag desselben Tages erfuhr, bearbeitete er die Beschwerden an diesem Tag nicht mehr. Am Vormittag des folgenden Tages erledigte er zunächst private Besorgungen und auch am Nachmittag bearbeitete er die Beschwerden nicht mehr. Erst am 21.5.

gegen 16 Uhr brachte er die Akte mit den Beschwerdebegründungen zum OLG als Beschwerdegericht. T ging auf diese Weise vor, da er von der (zwar bestrittenen, aber vertretenen) Auffassung ausging, für die Beschwerde gelte die Drei-Tages-Frist des § 306 Abs. 2 StPO, so dass es ihm völlig freistehe, wann er innerhalb dieser Frist die Sache dem Beschwerdegericht vorlege. Wenn er aber diese Freiheit schon habe, so solle der O wenigstens „auf alle Fälle etwas schmoren", falls das OLG den Ordnungshaftbeschluss aufheben sollte. Das OLG tat wenig später genau dies aus formellen Gründen, weil die Darstellung der Vorgänge, die zur Anordnung der Ordnungshaft geführt hatten, entgegen § 182 GVG fehlte. Zur materiellen Rechtslage bemerkte das OLG, dass eine mehrtägige Ordnungshaft angesichts der massiven Störungen durchaus nahegelegen habe. Hat sich T wegen Rechtsbeugung strafbar gemacht?
(vgl. BGHSt 47, 105)

Zur Vertiefung: *Wessels/Hettinger,* Rn. 1133; *Rengier* II, § 61 Rn. 15 f.; *Kühl/Heger,* JZ 2002, 201 ff.; *Wohlers/Gaede,* GA 2002, 483 ff.

Ja, wenn man die Ansicht des BGH in einem ähnlich gelagerten Fall zugrunde legt. Die Begründung des BGH ist freilich relativ komplex. Zwar kann der Tatbestand des § 339 durch eine **Verletzung von Verfahrensrecht** und dabei speziell auch des Beschleunigungsgebots erfüllt werden. Es genügt jedoch auch hier nicht jede unrichtige Rechtsanwendung und nicht einmal eine unvertretbare Entscheidung, sondern nur eine schwerwiegende, evidente Verletzung des Rechts. Auch der dem Richter zur Gewährung seiner **grundgesetzlich garantierten Unabhängigkeit** zuzubilligende, großzügige **Ermessensspielraum** schließt allerdings strafrechtlich relevante Verstöße nicht in jedem Fall aus. Solche können vorliegen, wenn der Richter gegen zwingende Konkretisierungen des Beschleunigungsgebots verstößt (z. B. § 115 StPO) oder (etwa bei der Freilassung eines Inhaftierten nach der Aufhebung des Haftbefehls) sofortiges Handeln zwingend geboten ist, was hier freilich nicht einschlägig ist. Auch die Tatsache, dass dem Beschwerdeführer bei voller Ausschöpfung der Frist kein effektiver, über die Feststellung der Rechtswidrigkeit hinausgehender Rechtsschutz gewährt werden könnte, soll keinen Sonderfall begründen, so dass T die äußeren Grenzen des Ermessens nicht überschritten hatte. Allerdings soll nach Ansicht des BGH (BGHSt 47, 105, 113) „bei zögerlicher Bearbeitung einer Rechtssache innerhalb eines objektiv vertretbaren Zeitraumes [...] ein schwerwiegender Rechtsverstoß [...] dann in Betracht (kommen), wenn der Richter mit seiner Verfahrensweise aus **sachfremden Erwägungen gezielt** zum Vorteil oder Nachteil einer Partei handelt". Anders formuliert: Im Streit um das Verständnis des Begriffs der Rechtsbeugung (vgl. Fall 226) wird eine **Position** bezogen, die auch Elemente der **Pflichtverletzungslehre** beinhaltet. Danach kann auch eine objektiv vertretbare und subjektiv als vertretbar empfundene Entscheidung den Tatbestand erfüllen, wenn der Entscheidende sich von sachfremden Motiven leiten lässt. Das ist allerdings nicht unproblematisch, da hiermit die Erfüllung des äußeren Merkmals der Rechtsbeugung alleine von inneren Beweggründen und damit die Erfüllung des objektiven Tatbestandes letztlich von Motiven des Handelnden abhängig wird.

Ergänzende Bemerkungen: (1.) Im zugrunde liegenden Fall gab der BGH der Revision des Angeklagten statt, weil das Tatgericht die subjektiv sachfremde Motivation nicht hinreichend dargelegt habe. Dieses hatte sich etwa auf eine Erklärung des Angeklagten gegenüber einem Journalisten bezogen, in welcher dieser äußerte, „er müsse ja nicht gleich springen, wenn Anwälte etwas von ihm wollten. So etwas müsse sorgfältig und in Ruhe geprüft werden", aber das sei nicht zitierfähig. Auch hatte der Angeklagte Kollegen, die ihm beim Mittagessen Vorhaltungen gemacht hatten, er verschleppe das Beschwerdeverfahren, mit einer Lüge zurückgewiesen. All dies soll aber nach Ansicht des BGH auch noch mit dem Bestreben des Angeklagten erklärbar sein, gegenüber Öffentlichkeit und Kollegen in keinem schlechten Licht zu erscheinen, und daher keine ausreichenden Anhaltspunkte dafür bilden, dass er sachfremde Erwägungen hatte und etwas „vertuschen" wollte.

(2.) Wird die „rechtsbeugende" Entscheidung nicht von einem Einzelrichter, sondern von einem Kollegialgericht getroffen, verlangt die wohl h. M. für eine Strafbarkeit jedes einzelnen Richters den Nachweis, dass er bei der Abstimmung für die rechtsbeugende Maßnahme gestimmt hat. Dieser Nachweis ist aufgrund des Beratungsgeheimnisses des § 43 DRiG im Einzelfall schwierig. Die Gegenansicht lässt daher genügen, wenn der Richter das fehlerhafte Urteil mit unterschrieben hat. Instruktiv zur Problematik OLG Naumburg NJW 2008, 3585 m. Anm. *Jahn*, JuS 2009, 79.

229. Ein verspätetes Urteil

T war Vorsitzender Richter einer Berufungskammer am Landgericht. Als er merkte, dass er ein Urteil nicht in der (nicht verlängerbaren) Frist des § 275 Abs. 1 Satz 2 StPO würde absetzen können, gab er dieses in nur unvollständig abgesetzter Form zur Geschäftsstelle und ergänzte die Urteilsgründe nach Ablauf der Frist unzulässigerweise heimlich. Dadurch gingen die betroffenen Angeklagten der Revisionsrüge des § 338 Nr. 7 StPO (absoluter Revisionsgrund bei verspäteter Urteilsabsetzung) verlustig. Staatsanwalt S bekommt den Fall zu Bearbeitung und ist sich unsicher. Er bespricht sich deswegen mit seinem Referendar R. Während R meint, T habe sich wegen Rechtsbeugung und Urkundenfälschung strafbar gemacht, zweifelt S angesichts der „strengen Anforderungen an eine Rechtsbeugung nach der Rechtsprechung" an der Verwirklichung des § 339 und meint, dass in diesem Fall wegen der „Sperrwirkung der Vorschrift" auch eine Verurteilung wegen Urkundenfälschung ausscheiden müsste. Wer hat Recht?
(vgl. OLG Naumburg BeckRS 2012, 10191 m. Anm. *Jahn*, JuS 2012, 950 und BGH NStZ 2013, 655 m. Anm. *Hecker*, JuS 2014, 85)

Zur Vertiefung: *Wessels/Hettinger*, Rn. 1130 ff., 1136, 1143 f.; *Rengier* II, § 61 Rn. 10 ff., 21.

Nach Auffassung des OLG Naumburg hat keiner von beiden vollständig Recht: Hinsichtlich der Auffassung des S wird hier zwar zugestanden, dass eine Rechtsbeugung grundsätzlich auch bei einem **Verstoß gegen Verfahrensvorschriften möglich** ist und dass die dem T zur Last gelegte nachträgliche Abänderung der bereits abgesetzten Urteilsfragmente ein **elementarer Verstoß** gegen die Rechtspflege darstellt. Allerdings sei hier weder zu Gunsten noch zum Nachteil einer Partei gehandelt worden, wie es § 339 voraussetzt: Allein **aus der Nichteinhaltung der Urteilsabsetzungsfrist** und aus dem Verstoß gegen das in § 275 Abs. 1 Satz 3 StPO statuierte Verbot, nach Ablauf der Frist die Urteilsgründe zu ändern, sollen nämlich den Beteiligten **keine greifbaren Vor- oder Nachteile** erwachsen sein. Dass ein Einfluss einer Fristversäumung auf den Urteilsinhalt grundsätzlich ausgeschlossen ist, werde auch daraus deutlich, dass für diese Fälle § 338 Nr. 7 StPO einen absoluten Revisionsgrund statuiert, da nämlich ein Beruhensnachweis (und damit eine Auswirkung des Fehlers auf den Urteilsausgang) nicht geführt werden könne. Dass durch die nachträgliche Änderung gerade die Gefahr besteht, dass den Verfahrensbeteiligten dieser absolute Revisionsgrund „genommen" wird, stelle allein einen prozessualen Nachteil dar.

Wenn man dem folgt, stellt sich in der Tat die von S angesprochene Frage einer **Sperrwirkung des Rechtsbeugungstatbestandes** dahingehend, dass richterliches Fehlverhalten nicht strafbar sein soll, wenn es nicht zugleich auch eine Rechtsbeugung darstellt. Der Anwendungsbereich dieser Sperrwirkung wird aber darauf zu beschränken sein, dass die den anderweitigen strafrechtlichen Vorwurf begründende Verhaltensweise **mit der Leitung oder Entscheidung einer Rechtssache in einem inneren funktionalen Zusammenhang** steht. Stellt sich das richterliche Verhalten dagegen auch unabhängig von der Frage, ob es als elementarer Rechtsverstoß zu Gunsten oder zum Nachteil einer Partei zu werten ist, als Straftat dar, soll die Sperrwirkung nicht eingreifen. Dies ist auch überzeugend, da **anderenfalls ein rechtsfreier Raum geschaffen** würde, in dem einerseits der Rechtsbeugungstatbestand nicht erfüllt werden kann, andererseits gerade deswegen eine Sperrwirkung für alle anderen Tatbestände eintreten würde – ein offensichtlich sinnloses Ergebnis. Ist damit nun der Weg zur Überprüfung der Urkundsdelikte eröffnet, so hat der T hier eine **echte Urkunde** im Sinne des § 267 Abs. 1 Alt. 2 durch die Veränderung der gedanklichen Erklärung **verfälscht.** Dies kann er nach h. M. auch als Aussteller, wenn er insoweit bereits die Abänderungsbefugnis verloren hat (vgl. oben Fall 164), was nach dem Ende der Urteilsabsetzungsfrist der Fall ist.

Anders hat dies in der gleichen Sache der **BGH** gesehen (zu dem der Fall in der Revision gelangt war, nachdem das OLG Naumburg nach einem Nicht-Eröffnungsbeschluss des LG das Verfahren auf die Beschwerde der Staatsanwaltschaft hin vor einem anderen LG eröffnet hatte, vgl. §§ 210, 311 StPO). Der 4. Strafsenat geht davon aus, dass die Leitung der Rechtssache sämtliche Maßnahmen umfasst, die auf die Erledigung der Sache abzielen, mithin also auch die Absetzung des schriftlichen Urteils im Strafverfahren. Dabei hat der Angeklagte nicht nur in elementarer Weise gegen Recht und Gesetz verstoßen, sondern sein Handeln sei auch geeignet gewesen, sich **zum Nachteil des jeweiligen Revisionsführers** auszuwirken. Da die ursprünglichen Urteile ohne Sachverhaltsdarstellung und ohne Beweiswürdigung bereits auf die allgemeine Sachrüge hin stets vom Revisionsgericht aufzuheben gewesen wären, habe der Angeklagte die spätere Ergänzung der Urteile zum Nachteil der Revisionsführer **rechtlich relevante Tatsachen verschleiert**. Für den Nachteil kommt es nämlich nicht entscheidend bzw. allein auf die materielle Richtigkeit der „Endentscheidung" an, sondern diese könne auch in der Verschlechterung der prozessualen Situation eines Prozessbeteiligten liegen.

Sachverzeichnis

Die Zahlen bezeichnen die Nummern der Fälle.